随感录第二辑

法治：良法与善治

王利明 著

北京大学出版社
PEKING UNIVERSITY PRESS

序

"法治"一词有多种解读,诸如"条文之治""规则之治""良法之治",众说纷纭。但中国共产党十八届四中全会报告中提出了"法律是治国之重器,良法是善治之前提"。这就将良法、善治的概念结合起来,准确表述了法治的内涵。这一概括源自对法治内涵的深刻把握,充分借鉴了世界各国的优秀发展经验,同时充分结合了我国的历史与现实,为我们建设法治国家提出了目标,并指明了方向。

法治即依法治理,是一种与人治相对立的治国方略或良好法律秩序,法治本身不是法条之治,而是良法之治,良法不是指道德层面的善良,而是价值、功能层面的优良。顾名思义,法治就是指依法治理。它是一种与人治相对立的治国方略或良好法律秩序,其形式上要求具备"依法办事"的制度安排及运行体制机制,实质上则强调法律至上、制约权力、保障权利、程序公正、良法之治的法律精神和价值原则。法治既是一种治国方略,又是一种国家治理的目标和所追求的价值。古人所说的"天下大治",也表明了"治"包含社会状态层面的含义。此处的"治"强调其目的意义,即建成法治国家、法治政府、法治社会,实现国家长治久安、社会稳定有序、人民生活幸福。

良法和善治的有机结合充分彰显了法治的基本价值和内涵。所谓善治(Good Governance),从狭义上理解,就是要全面推进依法治国的战略方略，把法治真正作为治国理政的基本方式，真正实现国家治理的现代化。从广义上理解，善治还包括民主治理、社会共治、礼法合治等内容。良法不等于善治，仅有良法也无法实现善治，其只是为善治的实现提供基础和条件。要达到善治，既需要良法的有效实施和运行，也需要其他社会治理手段的综合运用。

良法和善治的有机结合是法治建设的目标和方向。良法之治也是善治要追求的目标。法治所蕴含的良法价值追求与善治相得益彰。推进治理能力的现代化、法治化，关键是实行良法善治，把法治理念、法治精神贯穿到政治、经济、文化、社会和生态建设之中。善治的依据是良法，而不是管理者的个人意志。立良法不是目的，而是要促善治、保善治。善治本身是规则之治，没有良好的规则、规则缺乏或者规则相互冲突，均不能实现善治。

良法和善治的有机结合必将形成良好的秩序和状态。这种状态的具体体现就是政治清明、社会公正、国泰民安、长治久安。民族要复兴，改革无止境。建设法治国家，推进法治昌明，是党和政府的奋斗目标，是亿万人民的美好期盼，是实现中华民族伟大复兴的中国梦的必然选择，厉行法治，必将使中华民族屹立于世界民族之林。

良法和善治是十八届四中全会决定所提出的重要概念。该决定描绘了法治建设的新蓝图，提出建设中国特色社会主义法治体系和社会主义法治国家的战略目标，并对依法治国方略实施的具体步骤作了全面部署和顶层设计，表明我国的法治建设已经进入新的历史阶段。古人说："天下之事，不难于立法，而难于法之必行"。我们正在走向一个崇尚法治、信守法治、厉行法治的新时代，虽然道路漫漫，但目标已定，前途一片光明。

目 录

第一编 法治的一般理论

全面推进依法治国的着力点　　3
法治：良法与善治　　10
厘清"法治"的概念　　23
重视法治在国家治理体系中的重要作用　　28
儒家文化对法治的影响　　33
迈向法治建设新征途　　40
为什么正义女神要戴着眼罩？　　43
充分认识法治在社会治理中的地位　　48
实施依法治国战略　推进"三位一体"建设　　54
法治为何能为核心价值观？　　60
守规矩与守法　　64
全民信法是法治的基础　　70
从地铁"热干面"事件看公共道德的法治培育　　76
人文主义和契约精神
　　——《威尼斯商人》读后感　　81
中国有自然法的理念吗？　　88
法律的本土化与国际化　　95

浅谈情与法	102
依法治国的"法"是否包括国际法？	107
改革必须于法有据	112
稳步推进法治建设	121

第二编 立法制度

完善法规体系　以良法保善治	127
法治现代化需要一部"百科全书"	132
呼唤有21世纪特征的民法典	135
民法典是法官用法的宝典	141
如何制定一部系统完整的民法典	146
民法总则是民法典的总纲	150
建设法治国家需坚持税收法定	154
天外飞石归谁所有？	159
网络不是档案馆	
——谈谈被遗忘权	165
要制定统一的不动产登记法	171
慈善捐赠需要法律规制	175
从"商人跑路"现象看个人破产法	182
寺庙财产商业化与宗教财产	188

第三编 法治的实践

从法律体系迈向法治体系	197

加快推进法治社会建设 　　　　　　　　205

食品安全需从"管理"走向"治理" 　　　　210

从"嫖客救人被拘"说起 　　　　　　　　216

民法要扩张　刑法要谦抑 　　　　　　　221

从"雷政富案"看人格尊严的保护 　　　　228

网络谣言需要区分治理 　　　　　　　　233

死者也有人格尊严 　　　　　　　　　　239

行政机关不应享有名誉权 　　　　　　　244

谈谈集体经济组织成员权 　　　　　　　251

法律应尽量保障见义勇为者权益 　　　　255

负面清单管理模式的优越性 　　　　　　260

行政执法要依什么法？ 　　　　　　　　264

以权力清单规范公权 　　　　　　　　　269

是"依法行政"还是"依罚行政"？ 　　　274

小议市场主体法定原则 　　　　　　　　278

从《我不是潘金莲》的故事说起 　　　　282

经由罗马法　超越罗马法 　　　　　　　290

第四编　司法制度及其实践

用判决书说理促公正 　　　　　　　　　299

从"薄案"审判谈司法公开 　　　　　　302

清官能断家务事 　　　　　　　　　　　308

多从法律职业共同体中选拔法官 　　　　313

程序是人身安全的保障 　　　　　　　　315

不宜鼓励被告人揭发律师的伪证行为	321
深化司法改革　保障司法公正	325
一项防范干预司法的重要举措	330
关于巡回法庭制度的几点思考	335
推进法院人员分类管理	341
谈谈刑事诉讼以审判为中心	345
完善检察院提起公益诉讼制度	349
创造良好仲裁法治环境	354
友好仲裁应当慎用	358
裁判方法研究：依法公正裁判的源泉	363
从"律师被逐出法庭"谈律师的职业定位	369

第五编　法学教育

大力培养法治创新人才	377
构建中国民法学理论体系	384
法学教育需要弘扬人文精神	388
积极参与立法工作，服务国家法治建设	394
大数据时代的法学	398
两大法系法律思维方式的区别	404
论法律人的素质	
——从所罗门审判谈起	411
私法自治与责任自负	416
什么样的案例才是教学案例？	421
"要办成一个团结、包容的学会"	

——记佟柔老师在民法学会创立与发展中的贡献

426

我国为什么缺乏科技创新？　　　　　429

第六编　人生感悟

实事求是永无止境　　　　　　　　　437
从纪录片《寿司之神》看职业精神　　440
要有大海一般的胸怀　　　　　　　　444
读"风雪夜归人"有感　　　　　　　　448
也谈十年磨一剑　　　　　　　　　　454
我是快乐的园丁　　　　　　　　　　458
三人行必有我师　　　　　　　　　　462
读圣贤书，所学何事　　　　　　　　466

后　记　　　　　　　　　　　　　　473

法治：良法与善治

第一编
法治的一般理论

法治应当包含两重意义：已成立的法律获得普遍的服从，而大家所服从的法律本身又应该是制定得良好的法律。

——亚里士多德

全面推进依法治国的着力点*

依法治国是人类社会进入现代文明的重要标志，也是国家治理体系现代化的基本特征。党的十五大报告提出"依法治国"口号之后，"依法治国，建设社会主义法治国家"被写入宪法，上升为宪法确立的基本原则，并成为党和国家治国理政的基本方针和行动指南。党的十八大报告对十五大报告提出的"依法治国，建设社会主义法治国家"作了深化，分别加上了"全面"和"加快"的要求。这表明，我国的依法治国蓝图已经进入了新的阶段。习近平同志进一步强调了依法治国的重要性，提出了"法治中国"的治国目标，并将其定位为中国梦宏伟蓝图的重要内容。法治是固根本、稳预期、利长远的制度保障。依法治国，是治理国家的基本方略；依法执政，是执政党的基本执政方式；依法行政，是政府行政权运行的基本原则。这表明我们党对社会主义法治建设有了更加完整系统的规划，各项事业的推进有了更加清晰具体的目标。

十八大以来，新一代领导集体高度重视法治建设，大大加速了我国的法治建设进程。从立法来看，社会主义法律体

---

* 原载《光明日报》2014年9月24日。

系形成之后，正在不断走向完善，在党的十八届三中全会决议中，全面部署了司法改革的总体目标和具体措施，各项改革措施正在逐步实现保障司法机关独立、公正行使职权的目标，司法改革重新掀起高潮，方兴未艾。与此同时，从严管党，从严治党，将权力关进制度的笼子，也成为依法执政的重要内容。依法行政，建设法治政府，已经成为三位一体的法治建设中的重要一环。简政放权、转变政府职能等诸多措施的施行，为建设高效廉洁的服务型政府，奠定了良好的基础。尤其是自十八大以来，党在反腐行动中"拍苍蝇"和"打老虎"并举，取得了丰硕的成果，得到了社会的广泛好评。从已经披露的反腐案件来看，被抓出来的腐败分子级别越来越高，地位和影响力越来越大，打破了以前"级别越高越安全""刑不上大夫"的观念，真正做到了"反腐无禁区"，对腐败"零容忍"。这些措施深受人民群众的拥护，得到了国内外舆论的一致好评和高度赞扬，同时也表明近年来法治建设已经取得了明显成效。

　　十八大以来，党对于依法治国事业的新的部署，是基于对我国法治建设已有成就和存在的问题的总结和评估而作出的。法治是一个长期的系统工程，不可能一蹴而就。我国的法治建设已经取得了重大成就，但仍然面临诸多问题。法律体系虽然已经建立，但有法不依、执法不严、违法不究的现象依然存在。司法不公、司法腐败问题依然严峻，司法的公信力和权威未能有效确立。我国近期的反腐实践就表明，对公权力制度约束的缺位导致贪污腐败之风未能有效遏制，涉案数额不断递增、所涉高官的级别越来越高、各种权钱交易和官商勾结现象备受诟病。近些年来，食品安全事件、环境污染案件、重大生产事故，严重威胁着人民群众的生命健康。这些问题的存在，在一定程度上影响了人们对于我国法治现状以及法治水平的客观评价。甚至有不少人认为,过去若干年的法治是原地踏步甚至是倒退的。但这恰好说明了,全社会对法治的认识和渴求程度比以往任何时候都更为强烈,人们对法治重要性的认识比以往任何时候都更为清晰,而推进依法治国的战略目标也比以往任何时候都显得急迫。

但是,我们不能因为这些问题的存在,否定30年来法制建设的整体成就,更不能因此而丧失对未来法治建设的信心。正所谓"不积跬步,无以至千里",法治不能"大跃进",不能脱离国家社会发展水平。正视现实中存在的各种问题,通过不断完善法治来妥善解决这些问题,这也是我们法治建设中所必须经历的过程。中共中央提前两个多月将十八届四中全会的主题确定为"依法治国",凸显了四中全会对依法治国这一问题的重视。四中全会将就如何全面推进依法治国,加快社会主义法治国家建设进行顶层设计和战略部署,为社会主义法治国家建设进程制定"路线图"。这份"路线图"将对法治这一宏伟目标的最终到达作出具体规划和全面部署,这次会议的议题,事关我们党执政兴国、事关人民幸福安康、事关党和国家长治久安。四中全会必将为我国全面推进依法治国的事业开启新的篇章。

依法治国,本质上就是要用良法治国。法治的固有含义包含了良法(good law)和善治(good governance)两方面内容。一方面,只有那些反映了最广大人民群众的意志和利益、符合公平正义要求、反映了社会发展规律的法律,才具备良法的特点。只有良法才能最大限度地得到民众的认同,充分发挥法治的效力。我国法律体系虽然已经形成,但是法律体系并不等于法治体系,这个体系应当不断地依据社会发展的需要而逐步完善。以关于社会主义市场经济运行的法治建设为例,我们需要尽快健全和完善与市场交易相关的民商事法律。特别是，当前应当加快民法典的制定，真正实现民事立法体系化和科学化，保持民事立法的逻辑自洽性、价值一体性和实施的有效性。再如，我国要进一步推进有关民生方面的立法，保障人民群众的基本民生需要，尤其是要对之前过多反映部门利益的原有法律进行修改、补充和完善，从而促进法律体系更加科学合理。另一方面，善治就是要将民主法治化，通过法治切实保障宪法法律赋予人民的各项管理国家和社会的权利。只有良法才能促善治、保善治。实现善治，核心是依宪治理、依法治国，构建法治国家、法治政府与法治社会。而全面推进依法治国，关键要从以下几个方面着手：

——依法治国，首先是依宪治国；依法执政，关键是依宪执政。宪法以国家根本法的形式，确立了党和国家的根本任务、基本原则、重大方针、重要政策。宪法确立了国家治理的基本结构和基本机制，依宪治国是国家治理体系和治理能力现代化的根本保障。依宪治国，就是要坚持人民的主体地位，保障人民的基本权利。依宪治国，就是要用宪法约束公权力，把公权力关进宪法制度的笼子。依宪治国，就必须保障宪法的实施。习近平同志指出，宪法的生命在于实施，宪法的权威也在于实施。要保障宪法的实施，就必须建立和完善宪法实施的监督制度。为此，必须进一步健全宪法实施监督机制和程序，加强最高国家权力机关的宪法解释和宪法监督职能，建立承担宪法监督职能的具体机构，明确宪法监督的具体程序，从而把全面贯彻实施宪法提高到一个新水平。

——依法治国，要落实党的依法执政方略。依法治国是党领导人民治理国家的基本方略，法治是治国理政的基本方式，这就要求党必须实现执政方式的转变，要明确党必须在宪法法律范围内活动，不能拥有任何超越宪法和法律的特权。依法执政要求党要领导立法、保证执法、带头守法,任何组织与个人都不能凌驾于宪法和法律之上;任何权力都要受到宪法和法律的约束,不能允许任何人以权代法、以权压法、以权废法。领导干部要运用法治思维和法治方式深化改革、推动发展、化解矛盾,维护稳定。党领导人民进行的改革开放的伟大事业已经取得了举世瞩目的成就。有些人错误地认为,改革就是要突破法律,这种观点实际上是把改革和法治对立起来了。习近平同志特别强调,"凡属重大改革都要于法有据",强调改革过程中,执政党要学会运用法治思维和法治方法,要让法治在改革中发挥引领和推动的作用,要加强相关立法工作,确保改革事业在法治轨道上推进。这是对党的依法执政理论的重要完善。此外,按照依法执政的要求,各级党组织从方向和组织上实现对政法工作的领导,但在具体工作中,要理顺党委、政法委和司法机关之间的关系,支持司法机关依照宪法法律独立行使职权,而不能非法干预,甚至越俎代庖。

——依法治国,要求全面实现依法行政。其中,最重要的是要落实行政机关的职权法定,"法无授权不可为"。法治政府,一定是有限政府。所谓有限,就是政府只能做法律允许和法律授权政府做的事情,而不能超越法律做事。国家治理能力的现代化,首先是要求国家治理的法治化,依法治理要求依照宪法和法律对国家权力进行合理配置,并通过制度设计实现各个国家权力机关之间的相互监督与制约,各个国家机关都必须依据宪法所赋予的职权来行使权力,并依据宪法的规定切实保障公民的合法权益。就依法行政而言,要求政府职能应当由法律来确定,"无法律则无行政"。为此,应当通过科学民主与依法决策机制的健全来实现权力运行的制约监督,落实权力及其运行的公开化、透明化。需要转变政府职能、压缩政府审批权限、进一步界定政府与市场、社会的关系、厘定政企关系、政事关系；进一步明确行政权力界限、规范行政行为程序、加强行政信息公开，通过权力问责机制，加大对违法、失职行为的追惩力度。建立完善关于行政职权配置、行政活动过程、行政责任承担的具体法律制度，通过法治手段和法治思维来实现规范行政权行使、防止行政权扩张、转变政府职能的目标。

——依法治国，要求加快司法改革，保障司法公正。习近平同志指出，要让人民群众在每一个司法案件中感受到公正，这为司法改革确立了最高目标。只有深化司法改革，切实保障司法机关依法独立、公正行使审判权和检察权，才能促进和保障司法公正。为此，要真正实现司法机关的去地方化，逐步消除地方政府对司法机关人事权和财政权的管控，让司法机关有依法独立、公正司法的人力和财力基础。最高人民法院有必要探索通过向地方派出巡回法庭的方式，负责审理某些跨地区的、案情较为复杂的民事、行政案件。需要顺应司法规律、推进法官的职业化和专业化建设，推进检法人员分类管理改革，保障一线办案法官的数量和素质，并使优秀法官能够真正充实在办案一线。借助于分类管理，建立少而精的法官队伍，为法官提供充分的职业保障机制，并全面提升法官的办案水准。应当强化法官责任制，改变当前因审判集体负责而导致的审者不判、判者不审、审与判脱节、职责不清的现象。应当进一步全面深化司法公开，包括实行办案流程公开、庭审公开、裁判文书上网公开，尤其是要强化判决书的说理，以理服人，真正让人民群众从个案中感受到司法的公平正义。通过司法公开可以有效地促进司法公正，提高司法的公信力和权威性。

——依法治国，要求建设法治社会。建立法治社会就是要全社会成员有序参与法治建设进程，真正实现民主的法治化、人人守法、和谐有序。一方面，要营造"全民信法、全民守法"的社会氛围，引导公民树立社会主义法治理念、养成遵纪守法和用法律途径来解决问题的良好习惯，真正使法治精神深入人心。另一方面，通过法治确保社会自治。通过法律对公权力的约束，保障社会自我调节的功能空间，确保社会自治得以有效进行。从社会管理向社会治理转化，必然要求社会的自我管理、自我服务、自我约束的功能得以发挥，使得社会自治和国家管理保持良性的互动关系。此外，要实现法律与道德、依法治国与道德教化的有机结合。法律是成文的道德，道德是内心的法律。司马迁在《史记·太史公自序》曾言："夫礼禁未然之前"而"法施已然之后"。中国的传统文化重视法律与道德的互补，我们要从传统文化中汲取精华，高度重视道德对公民行为的规范作用，引导公民既依法维护合法权益，又自觉履行法定义务，做到享有权利和履行义务相一致。法治本身就是一种规则之治，只有人人诚实守信，崇尚道德，遵守规矩，才能奠定法治的基础。

"年年老向江城寺，不觉春风换柳条。"我们已经迎来了共和国的法治春天。建设法治国家，推进法治昌明，是党和政府的奋斗目标，是亿万人民的美好期待，是实现中华民族伟大复兴的中国梦的必然选择。厉行法治，将使中国社会生机盎然、生生不息，将使中华民族永远屹立于世界民族之林。

法治：良法与善治

党的十八届四中全会报告提出了全面推进依法治国的总目标和具体任务。该报告提出了良法、善治的概念，这实际上是表达了法治的核心含义。"法治"的理念可追溯至古希腊哲学家亚里士多德，在其著作中曾提到过作为多数人的统治方式，"法治应当优于一人之治"，"由法律来统治优于一人之治"。千百年来，人们对"法治"一词有许多种解读，诸如"条文之治""规则之治""良法之治"等等，但我个人更倾向于将其解读为"良法善治"，正如亚里士多德所指出的："法治应当包含两重意义：已成立的法律获得普遍的服从，而大家所服从的法律本身又应该是制定得良好的法律。"当前，这种含义的法治已被广泛接受。从这一概念出发，关于法治的基本内容，主要可以概括为两个方面：一是良法，二是善治。

一、良法（good law）是善治之前提

何为良法？对此，形式法治派和实质法治派存在截然不同的观点：形式法治派认为只要是按照民主程序得到全体国民一致同意的法律就是良法；实质法治派则认为，只有法律的内容体现了民主精神、体现了公平正义、维护了人的尊严

的法律才是良法，那些反人类、反人道、反民意的法不能叫作良法。这两种看法都不无道理，但是判断一个法律是否为良法，主要应从内容的角度进行判断。尽管学理上也曾有"遵守法律，即使恶法亦然"的说法，但其主要强调法律的权威性及其普遍适用性对于法律实施的意义，并没有否定良法的重要性。例如，德国纳粹政府在统治期间所颁布的许多法律都具有反人类的特点，纳粹战犯并不能以其行为属于依法执行法律作为其无罪的抗辩。显然，这些恶法只具有形式上的合法性，并不具有实质上的合法性。

"法令者，民之命也，为治之本也"（《商君子·修权》）。法律是治国之重器，良法是善治之前提。在法治体系建设中，首先还是要强调以良法为基础和前提。只有良法才能出善治，也只有良法才能保善治。只有良法才能最大限度地得到民众的认同，才能最大程度地发挥法治的效力。在全面推进依法治国的方略中，有一种观点认为，立法多多益善，事无巨细均纳入法律治理即可实现依法治国。其实，立法并非是多多益善的。繁杂但又不实用的法律，不仅会耗费大量的立法成本，也使得有些法律会形同虚设，影响法律的权威和人们对法律的信仰。古人云："法令滋彰，盗贼多有。"正是反映了这一道理。《法国民法典》之父波塔利斯在两个世纪前就曾告诫后世的立法者："不可制定无用的法律，它们会损害那些真正有用的法律。"这句话在今天仍然有相当的启示意义。现在，西方学者已经开始反思社会的"过度法律化"问题，哈贝马斯称其为法律"对于人类生活世界的殖民化"[1]。过多的法律可能会使得人们在规范选择面前变得无所适从，法官的法律适用也变得异常

---

[1] Jürgen Habermas, "The Theory of Communicative Action", Volume 2, *System and Lifeworld: A Critique of Functionalist Reason*, Boston, MA: Beacon Press (1987a).

困难。

诚然，法治首先要做到有法可依，建设中国特色社会主义法治体系，必须坚持立法先行，发挥立法的引领和推动作用。但是，有法可依也并非要通过大规模的立法活动来完成。关键在于制定良法，提高立法质量。什么是良法？古典自然法学派认为，良法是符合自然法的法律，法律的效力来自于其合道德性。古罗马法学家认为，自然法具有先验性，其主要反映一种自然的规律。自然法是实定法的准则和依据。如果实定法不符合自然法，那么它就不是法律，"不公正的法律就不属于法律"（lex iniusta non est lex），与自然法相冲突的法律实际上失去了道德的拘束力。从这一意义上说，自然法实际上起到了检验实定法正当性的作用。然而，以奥斯丁、凯尔森、哈特、边沁等为代表的分析法学派虽然也从伦理道德角度观察法律，但其认为，法律的本质不在于它符合某种普遍性的道德价值而在于它是由社会权威机关制定或认可的。因此，他们主张"恶法亦法"。

按照十八届四中全会决定，良法"要恪守以民为本、立法为民理念，贯彻社会主义核心价值观"，要"符合宪法精神、反映人民意志、得到人民拥护"。所谓良法，是符合法律的内容、形式和价值的内在性质、特点和规律性的法律。良法应当反映最广大人民群众的意志和利益，符合公平正义要求，维护个人的基本权利，促进人与社会的共同发展，反映社会的发展规律。在立法过程中，要坚持以民为本、立法为民，努力反映社会发展的客观规律，最大限度地反映人民群众的意志和利益。具体而言，良法至少应当符合以下标准：

一是反映人民的意志和根本利益。良法应当是最广大人民群众利益和意愿的反映，而不是地方利益、某一部门甚至是某一利益集团的产物，要努力避免立法的部门化和地方保护主义法律化的倾向。在法律的制定中，各种利益诉求的争执与博弈必不可少，立法者对此应有序引导，按照一定的程序真正把最广大人民群众的意志和意愿反映在立法中。为了实现这一目的，在立法程序中，不仅仅要民主立法，也要"开门立法"，要把公正、公平、公开原则贯穿立法全过程，尽力扩大民众参与，充分听取各方面意见，广泛汇集民众的意见和智慧。要完善体现权利公平、机会公平、规则公平的立法理念，保障公民人身权、财产权、基本政治权利等各项权利不受侵犯，保障公民经济、文化、社会等各方面权利得到落实，实现公民权利保障法治化。

二是反映公平、正义等价值需求。真正的良法，应当有坚实的价值根基。其中，最关键的，是在法律中充分贯彻公平、正义的价值理念。这就是说，立法要贯彻社会主义核心价值观，充分体现公平正义的价值要求。"法乃公平正义之术"，正义首先是一个法律范畴，也是法律的基本价值，没有正义就没有法律。在西方，正义常常与法律是同一个词。许多西方思想家认为，正义是法的实质和宗旨，法只能在正义中发现其适当的和具体的内容。在这点上，东西方的看法是一致的，中国古代"法平如水""法不阿贵"等，都表达了同样的思想，即法律应当以公平、正义的价值基础为其正当性的来源，所以，良法首先要以正义为核心价值，并以实现公平正义为其主要目标。正如约翰·罗尔斯在《正义论》中所指出的："正义是社会制度的首要价值，正像真理是思想体系的首要价值一样。"[①]

三是符合社会发展规律。法律本身是一种社会现象，应当能够起到

[①] 〔美〕约翰·罗尔斯：《正义论》，何怀宏等译，中国社会科学出版社2005年版，第3页。

维护社会秩序、保障社会安定有序的功能，其必须有效反映社会发展、演进的规律，并将这些规律以一定的技术整合为法律规则，并最终促进社会发展。为此，必须加强科学立法，立法本身是一门科学，要求立法者能够按照科学的要求，准确把握社会经济的规律、对未来的发展作出一定前瞻性的预见，并且能够引导市场秩序朝着一个正确的方向发展，而不是盲目地交给市场这个无形的手去控制。立法者需要考虑"人类社会的性质，社会科学所需要运用的技术"，适度预见和引导社会的发展。[1] 立法既要保持其适度抽象，又要保持其可操作性。

四是要反映国情、社情、民情。"法与时转则治，治与世宜则有功"（《韩非子》）。法律作为一种社会生活规范，其本身就要追求良好有序的社会效果。要充分发挥法律调整社会生活的效果，必须要从实际出发，密切联系实际，解决现实存在的问题。自改革开放以来，我国的经济发展取得了巨大的成就，但也因此产生了贫富差距扩大、社会冲突加剧、环境恶化等问题，这与我国一些法律制度不完善存在密切关联，即在经济发展过程中，相关的规则设计和制定落后于经济发展的实践。这要求我们一方面要根据现实问题加强立法；另一方面，要根据国情、社情与民情的发展变化而不断修改和完善法律，在立法中也要保持一定的开放性，为未来的发展留下一定的调整空间。法律要与社会的发展进步同行，要根据社会的变化坚持立、改、废、释并举，以增强法律法规的及时性、系统性、针对性、有效性。

五是具备科学、合理的体系。法律只有实现形式的一致性、内在的一致性、逻辑上的自足性和内容上的全面性，才能够发挥法律应用的调

---

[1] Geoffrey Samuel, *Epistemology and Method in Law—Applied Legal Philosophy*, Dartmouth Pub Co, 2003, p.115.

整社会生活的作用。美国学者富兰克林指出,"每个法律条文,都表现出存在的理性,而条文的结构整体也呈现出组织的原则"①。其各部分内容应当相互协调、相互配合,而不能相互冲突。良法要求基本覆盖社会生活的基本方面,实现社会的规则治理,同时实现法律与道德、习惯以及社会自治规则等方面的分工与协调,形成完备的、融贯的、科学的规则系统。

六是符合法定程序,具有程序正当性。法律是全民意志的反映,其必须具有程序正当性。即便法律的内容属于良法,但如果在创制程序上有瑕疵,那么实际上也不符合良法的标准。

良法要求法律规则制定从广大人民群众的根本意志和利益出发,以科学、合理为主要特征,符合国情、社情、民情和符合逻辑,尤其是要符合公平正义的价值理念。良法要求把每一部法律真正打造成能够在社会生活中发挥重要调整作用的精品。

二、善治(good governance)是法治之目标

"治民无常,唯法为治"(《韩非子·心度》)。法治追求的目标并非仅仅是获得良法,而关键是通过良法之治实现"善治"。中国几千年的历史中,有的历史阶段,政通人和,百业兴旺,路不拾遗,夜不闭户,称为"盛世"。一般认为,这已经是善治。《史记·商君列传》描述商鞅变法之后的秦国社会形态:"道不拾遗,山无盗贼,家给人足……乡邑大治。"这其实也是当时善治的理想状态。盛唐时期,民富国强,社

---

① Franklin, "On the Legal Method of the Uniform Commercial Code", 16 *L. & Contemp. Prob.* 330 (1951), and Hawkland, "Uniform Commercial 'Code' Methodology", 1962 *U. Ill. L. F.* 291.

会生活中"牛马遍野，百姓丰衣足食"，四海升平，八方宁靖，经常被史学家称为"大治"。实际上，社会发展到今天，善治的标准并不完全一样。虽然我国历史上出现了"文景之治""贞观之治""开元盛世""康乾盛世"等所谓的"盛世"，我认为，这无非说明，与同时代其他地区、与此前的社会发展相比，这些历史阶段的社会经济发展水平达到了较高的程度，在社会治理层面无疑是成功的，从而使中华文明曾经在世界上长期处于领先地位。今天我们要实现的中华民族伟大复兴事业，毫无疑问要从古代的治国理政中吸取经验，承继古代善治的思想，但同时也要适应我们今天社会经济发展和民主法治发展的趋势，深化善治的内涵。我认为，在当今社会，建设一个政治开明、经济发达、人民幸福、国泰民安的法治国家就是当前社会经济条件下的善治。

何为善治？联合国亚太经济社会委员会（United Nations Economic and Social Commission for Asia and the Pacific）在其发布的《什么是善治？》（What is Good Governance?）中，对于善治提出了八项标准，分别为共同参与（participation）、厉行法治（rule of law）、决策透明（transparency）、及时回应（responsiveness）、达成共识（consensus oriented）、平等和包容（equity and inclusiveness）、实效和效率（effectiveness and efficiency）、问责（accountability）。我认为，"善治"所说的"治"，包含了双重含义：一是指一种治理的方式和模式，作为一种治理模式，善治本身是良法之治。其实质就是要全面推进依法治国的战略方略，把法律真正作为治国理政的基本方式，真正实现国家治理的现代化。二是指一种秩序、一种状态、一种结果。正如菲尼斯教授指出，"法治通常是指法律制度得到合法、良好运作的一种状态"。① 所谓"天下大治"指的

---

① John Finnis, *Natural Law and Natural Rights*, Oxford University Press, 1980, p.270.

就是"善治",其最终目的是实现人民生活幸福、社会和谐有序、国家长治久安。作为一种治国理政的方略,善治应当包括如下几个方面的内容:

——善治是民主治理。全体公民共同参与国家和社会治理是善治的关键,而在现实社会中,民主是此种参与的最佳方式。我国是社会主义国家,国家和社会的治理本质上应当是人民群众当家作主,依法管理国家、管理社会,也只有最广大人民群众参与国家治理,才能在最广泛的范围内汇集民众智慧,提高国家和社会治理的科学性,并使此种治理符合最广大人民群众的根本利益。民主之治正是我们所说的"善治"与封建社会善治的根本区别所在。毛泽东同志曾说过,只有让人民来监督政府,政府才不敢松懈。只有人人起来负责,才不会人亡政息。在我国,随着新中国的建立,人民才翻身当家作主。我国《宪法》第2条规定:"中华人民共和国的一切权力属于人民。"民主需要一定的制度保障,这就要求将民主法治化。在中国共产党的领导下,全国人民通过各级人民代表大会,将自己的意志转化为国家的法律。通过法律切实保障人民群众依据宪法和法律所享有的治理国家的权力。所以,依法治国与人民当家作主密不可分。一方面,法治以民主为前提,依法治国要坚持人民的主体地位,在民主基础上的法治才是真正的人民的法治。而不以民主为前提的法治只可能是所谓少数人的"法治"。所以,民主是依法治国必备的政治基础。另一方面,民主又必须依靠法律保障。人民群众管理国家和社会都是通过宪法和法律规定的权限与程序进行的。民主的完善必须要通过法律使其制度化和程序化,并由法律提供充分的制度保障。总之,离开法治搞民主必然会导致社会混乱无序,甚至出现无政府的、反法治的状况,也无法真正实现民主。离开民主搞法治,也会使法治丧失根基，无法真正建立法治国家。所以，推进依法治国的战略方针必须与社会主义民主政治的建设相配合、相协调。

——善治是依法治理。德国著名法哲学家拉德布鲁赫有句名言：民主的确是一种值得赞赏之善，而法治国家则更像是每日之食、渴饮之水和呼吸之气。① 这就是说，仅仅只是强调民主，并不能自然导致法治。要实现社会有效治理，需要在民主的基础上全面推进法治。依法治理的内涵非常丰富：一是全面推进法治国家、法治政府、法治社会的建设，通过法律对公权力进行规范和约束，才能真正保障私权利。在此意义上，法治要从根本上约束和限制公权力，为公权力套上"紧箍咒"。一个成熟的法治社会，不仅要通过法律约束老百姓，更要约束官吏，并有效制衡公权力，在私主体受到公权力的侵害之后，法律应当对其提供充分的救济。② 总之，只有建立法治政府，才能真正将权力关进制度的笼子中，也才能切实保障公民的合法权益不受侵害。二是要利用法治化解社会矛盾，维护社会安定有序、长治久安。一个社会要和谐稳定，更加需要通过法治解决纠纷，化解矛盾，平衡利益冲突。现阶段社会贫富之间的矛盾、官民之间的矛盾，在性质上并非不可调和的阶级冲突，应当通过法治的手段加以解决。法治的优点在于，它通过规则之治，使人们在具有平等性、交涉性、可预期性的程序规则之下解决矛盾和冲突，法治是现代社会化解矛盾、解决冲突最有效的方式。三是要依法保障人权，保障民生，维护全体社会成员的基本权利。公平的实施法律需要有独立的、廉洁的司法和执法机关予以保障。

---

① 参见〔德〕拉德布鲁赫：《法律智慧警句集》，舒国滢译，中国法制出版社2001年版，第49页。

② 参见宋功德：《建设法治政府的理论基础与制度安排》，国家行政学院出版社2008年版，第5页。

——善治是贤能治理。善治是贤能之治，注重选择贤与能参与国家和社会治理。我国古代的善治主要是贤能治理。它主要强调选举贤能的人来治理国家，儒家学说的核心即在于"举贤才"（《论语·子路》），即选贤任能、贤人治理。贤能一般是指有德有才，德才兼备的"君子"，孔子说："君子尊贤而容众，嘉善而矜不能"（《论语·子张》）。孟子则强调"尊贤使能，俊杰在位"（《孟子·公孙丑上》）。在西方，柏拉图将"哲学王"治理尊为最理想的治理选择，与我国古代的选择异曲同工。但并不能将此种善治等同于当今法治时代的善治。我认为，尽管我们强调法治，但这不意味着我们要将贤能之治排除在外。事实上，贤能之治也是我们现代法治社会中善治的一部分内容，因为善治的主体仍然是人，这些人应当真正具有治理国家的能力、具有较好的道德品行和较高的素质。要实行贤能之治，就必须真正施行科教兴国、人才兴国战略，开启民智，培育人才，并完善人才评价、选拔和任用机制，真正使个人学有所用、人才各得其所、人尽其用、人尽其才。个人才能得到充分施展，个人智慧得到充分发挥，个性得到全面发展。

——善治是社会共治。当今社会，因全球化的推进和社会经济生活的发展变化，国家治理和社会管理的理念也在发生深刻的变化，主要体现是从传统上单纯的统治（government）理念转向治理（governance）理念，从单纯依赖政府的管理转向多种社会治理方式的结合。国富民强、社会长治久安需要各种社会治理方式和治理机制的有效衔接与配合。为此，社会共治强调实现社会自治与社会管理的有序衔接。在我国社会转型中出现的食品安全、环境污染、诚信缺失等问题，都是复杂的综合性的社会问题，需要通过社会共治才能解决。习近平同志强调，治理与管理仅一字之差，体现的是系统治理、依法治理、源头治理、综合施策。

治理和管理存在本质区别，表现在：一方面，在管理模式下，主要强调政府的行政强制，而在治理模式下，要发挥全社会的力量，形成民众对治理的广泛参与，充分发挥私法自治的功能，激发社会的活力，推进社会组织的健康发展，实现政府治理与社会调节、居民自治的良性互动，形成国家治理与个人权利行使、保护之间的有序衔接。另一方面，管理具有单方性，是从政府的角度去对社会进行管理；而在治理模式下，则具有多面性的特征，使不同主体共同参与到社会事务的治理之中。在治理的模式下，政府依法有权行使公权力，但需要注重吸纳公众的广泛参与，运用协商和沟通的机制，充分反映协商民主的精髓，尊重民意、听取民声、反映民愿、吸纳民智。总之，社会治理是一种综合了法治与其他治理机制的制度安排，包括了信息机制、决策机制、评价机制、监督机制等各种机制的有机整体，按照此种社会共治的形式进行社会治理，是善治的基本方式。

——善治是礼法合治。中国传统社会的治国经验就是"礼法合治"、"德主刑辅"，"礼"在我国有几千年的历史，对人们的行为有潜移默化的影响，内化于心，外化于行，成为治国理政的重要经验。在社会主义法治建设中，也应当注重发挥"礼"对人们行为的调整作用，以促进法律的有效实施，达到良好的社会治理效果。十八届四中全会决定指出，坚持依法治国和以德治国相结合。一方面，要在全面推进依法治国的方略中充分发挥道德的教化作用。法律是最低限度的道德规则，其调整范围是十分有限的，大量的生活领域还主要依靠道德规则进行调整。"国无德不兴，人无德不立。"司马迁在《史记·太史公自序》也言："夫礼禁未然之前"而"法施已然之后"。这就是说，道德规矩重在对个人的行为进行事先的教化，重在对相关违法行为进行预防，而法律规则则主要是对违法行为进行制裁,主要进行一种事后的预防。从今天来看,法律也要积极发挥预防和引导的功能,但社会的道德教化是法律能够有效实施的前提,法治本身就是一种规则之治,只有全社会人人诚实守信、崇尚道德、遵守规矩,才能奠定良好的法治基础。另一方面,需要充分发挥法律和道德的互动作用,以法治体现道德理念、强化法律对道德建设的促进作用,以道德滋养法治精神、强化道德对法治文化的支撑作用,使得法律和道德相辅相成、法治和德治相得益彰。

三、法治是良法与善治的有机结合

十八届四中全会报告指出,良法是善治之前提。这就深刻地阐述了良法和善治的相互关系。从根本上说,法治就是良法和善治的有效结合。一方面,要以良法促善治、保善治。在中国古代社会,凡是所谓"盛世"时期,虽然主要是人治,但也有自成体系的法律制度。例如汉唐盛世期间,就形成了比较完备的法典。今天,我们要实现善治,就需要坚持立法先行,发挥立法的引领和推动作用。通过立法规定相关的程序、制定行为规则、划定行为自由的界限等方式,达到合理配置社会资源、合理分配权利义务、明确权力与责任等目的。只有制定了良法,治理才有充分的依据。善治本身是规则之治,没有良好的规则,规则缺乏或者规则相互冲突均不能实现善治。只有良法才能保善治。善治的应有之义就是厉行良法,善治的各项治理方式都必须靠良法来确认。良法之治也是善治要追求的目标。"法立而能守,则德可久,业可大。"另一方面,善治以贯彻实施良法为核心。必须认识到,仅仅只有良法,不能当然实现善治,也不能实现法治。虽然我国法律体系已经形成,但法律体系只是强调立法层面问题,并没有强调法律的实施及其实效,只有在法律体系得到有效实施之后，才能形成法治体系。还应当看到，良法和善治必须有机结合，才能体现法治的基本内涵。良法之治也是善治要追求的目标。法治所蕴含的良法价值追求与善治相得益彰。推进治理能力的现代化、法治化，关键是实行良法善治，把法治理念、法治精神贯穿到政治、经济、文化、社会和生态建设之中。

良法和善治必将形成良好的秩序和状态。古人所说的"天下大治"，也表明了"治"包含社会状态层面的含义。此处的"治"强调其目的意义，这种状态的具体体现就是政治清明、社会公正、国泰民安、长治久安，建设法治国家，推进法治昌明，是党和政府的奋斗目标，是亿万人民的美好期盼，是实现中华民族伟大复兴的中国梦的必然选择。自清末变法以来，法治成为中国人矢志不渝的梦想。百年以来，虽然中国的社会发展与法治建设历经坎坷，但是法治梦始终是中国梦，是中国人不懈追求的社会理想。十八届四中全会描绘了法治建设的新蓝图，提出建设中国特色社会主义法治体系和社会主义法治国家的战略目标，并对依法治国方略实施的具体步骤作了全面部署和顶层设计，表明我国的法治建设已经进入新的历史阶段。

厘清"法治"的概念

党的十五大报告提出"依法治国"口号之后,"依法治国,建设社会主义法治国家"被写入宪法,上升为宪法确立的基本原则,"法治"的概念被宪法正式确认。十八届四中全会提出了建设法治体系和法治中国的总目标之后,法治已成为正式的法律术语。

但是,多年来,法学界就"法制"(legal system)与"法治"(rule of law)的区别,曾展开过许多争论,通常称为"刀制"与"水治"的争论,在实践中,"法制"与"法治"这两个术语常常被交替使用。不少人认为,对二者的争论只不过具有语义学上的意义,并不具有多大的现实意义。但事实上,二者在社会治理理念、治理方式等方面存在本质区别,仍有进行区分的必要。对二者的区分涉及法律的地位以及功能等,因此,只有区分这两个概念,才能在此基础上厘清法治的概念。

从字面含义上看,"法制"是法律制度的简称,属于制度的范畴,侧重描述一个国家或地区各项具体的法律制度,通常指代一个国家或地区现行法律规范的总和。法制主要从法律规则的层面强调法律体系的完整性,关注法的规范性和有效性,但并没有表达法律的目的价值,而只是将法律作为一种治理工具。从历史发展来看,"法制"从法律出现伊始就存在了。其伴随着人类社会中国家的出现而产生,在奴隶社会国家治理中就已经存在。传说皋陶造狱、"画地为牢"时,法制就已产生;此后,法家主张"严刑峻法""执法公正""使法择人""使法量功",即以法为最高准则,提倡"官不私亲,法不遗爱,上下无事,唯法所在"(《慎到·君臣》)。其实,中国古代具有深厚的法制积淀,韩非子甚至提出"治民无常,唯法为治"(《韩非子·心度》),但却始终没有形成"法治"。其根本原因在于皇权至上,可以凌驾于既有法律之上;皇帝口含天宪,言出法随。故宫养心殿有一副对联:"唯以一人治天下,岂为天下奉一人。"这也说明了,在封建帝王眼中,法律仍然不过是专制的手段和工具,国家处于虽有"法制",但无"法治"的状态。

从思想发展史上看,"法治"的理念可追溯至亚里士多德,在其著作中曾提到过作为多数人的统治方式,"法治应当优于一人之治"。但亚里士多德并没有系统地提出法治的理论。严格地说,法治是资产阶级革命的产物,是资本主义时代才产生和确立的,所以讨论法治一般都从近代西方资本主义法律中去寻找来源,尤其是从英国普通法能够约束王权等寻找源头。从历史上看,法治"rule of law"一词形成于13世纪的英国,在著名法官柯克与国王查理二世的争论中,柯克提出"法律是国王""王在法下"的论断,这在实质上提出了现代法治的基本内涵,即法律至上。但学界一般认为,现代意义上的"法治"一词是由英国学者戴西(A. V. Dicey)所创。他在1885年出版的《英国宪法导论》一书中,多次提到"法治"一词,并对其进行了深刻阐述。按照戴西的观点,法治包含三层含义:一是对任何人的惩罚必须遵守法定程序;二是任何人平等地受到法律的约束,任何人无权超越法律;三是"法律至上",这也是法治的核心特征。① 在欧洲其他国家,法治的概念采用了不同的文字表述,如在德国对应的是"Rechtstaat"一词,在法国对应的是"état de droit"一词,意思是指"法治国",表示一个国家要依法行政、依法办事,这些概念与形成于普通法国家的"法治"概念并无二致,体现了相似的权力约束观念。

近现代以来,法治之所以被采纳为国家、社会治理的主要方式,主要是因为这种国家治理方式具有明显的优势。一方面,法治作为一种国家治理能力现代化的工具,是国家治理、社会治理的最佳方式。另一方面,法治也是现代社会治理国家的首选方式。因为其强调法律至上,进而使社会行为规则具有稳定性和可预期性;因为追求制约公共权力而充分保证公民的私权和自由;因为强调程序之治而更好地保证实质正义的实现。

在我国,法治就是指依法治理。它是一种与人治相对立的治国方略或良好法律秩序,其形式上要求具备"依法办事"的制度安排及运行体制机制,实质上则强调法律至上、制约权力、保障权利、程序公正、良法之治的法律精神和价值原则。法治既是一种治国方略,又是一种国家治理的目标和所追求的价值。从广义上说,法治可以涵盖法制的概念。法治本身不仅要求良法之治,而且还要求法律制度的完备性和体系性。从这一意义上说,法制是法治在法律体系层面的基本要求。没有相对完备的法律制度,也就无所谓依法而治了。但有了法制并不一定就实现了法治。后者作为一种国家治理和社会生活方式,有赖于人们对法律制度的普遍信仰和遵守。作为两个被翻译过来的概念,法制与法治的英文原

---

① 〔意〕布鲁诺·莱奥尼:《自由与法治》,冯辉译,载《律师文摘》2011年第1辑。

词也反映了这样的区别：法制的英文为 legal system；而法治则是 rule of law。更具体地说，法制和法治的区别主要体现在如下几个方面：

第一，对法律功能的认识不同。法制是一个国家或地区法律制度的总称，主要从法律规则的层面强调法律体系的完整性。法制将法律作为社会治理的一种工具，法律的地位并不是至高无上的，统治者可能基于不同的需要而对法律的功能进行调整，法律的地位也可能因此发生变化。而对法治而言，法律则具有至高无上的地位。

第二，所包含的价值不同。法制主要强调有法必依、执法必严、违法必究，强调规则必须遵守；而法治作为一种社会治理模式，则包含了约束所有公权力的内涵，这就意味着要运用法律约束国家、政府的权力，实现立法者在利益分配上的平衡。法治的固有含义，是以规范公权、保障私权为目的的。一是规范公权。法治主要是治官而不是治民，法治是一种控权的工具，而不是简单的管理老百姓的工具。二是保障私权。法治以保护老百姓的权益为其基本宗旨。当然，法治的内涵和价值是多元的，其应当遵循的准则也是多样的，例如法律面前人人平等、良法之治、无法律则无行政、无罪推定、司法公正等。

第三，与民主制度的关系不同。一般认为，法制自古有之，但其与民主之间并不存在必然联系，而现代法治则以民主为基础，只有在民主的基础上，人民才能自主选择治理国家的模式，真正实现法治。法治是现代社会治理的主要方式。法治是按照大多数人民的意愿治理国家，而不是按照单个人的意愿进行治理。这样一种治理模式就能够避免个人的专断、臆断和武断。在我国，依法治国的主体是人民，人民才是治国安邦的决定力量和主体，人民当家作主的基本内容是人民有权管理国家事务，管理经济文化事业和社会事务，但人民管理这些事务都必须依法进行,所以依法治国的目标就是为了保障人民民主实现。按照法律办事,就是按照最大多数人的意愿来办事。

第四,是否属于治理的目标不同。法治不仅是一种社会治理方式,还有另外一层含义即意味着良好的治理状态和结果。从这个意义上说,法治也是社会治理所追求的目标。法治也体现为一种理想的状态,它是我们社会治理过程中不断追求实现的一种动态秩序,古人所说的"天下大治",也表明了"治"包含社会状态层面的含义。而法治的"治"还具有目标价值,即建成法治国家、法治政府、法治社会,实现国家长治久安、社会稳定有序、人民生活幸福。相比而言,法制则是一种静态秩序,其可以为法治的含义所包涵。

需要指出的是,我国社会主义法治不是对西方法治的简单复制,而是以社会主义基本经济制度和政治制度为基础,实行党的领导、人民当家作主和依法治国的统一。我国实行人民代表大会这一根本政治制度,不实行西方社会的"三权分立"模式。我国的法治建设始终立足于中国国情,走具有中国特色的社会主义法治道路。

总体上,我们之所以区分法治和法制,就是要看到,法治和法制并不等同,现代社会所理解的法治是"以民主为基础和前提的法制",有法制并不一定就意味着法治,而法治则必然需要具备健全法制的要素。应当说,我国正处于"法治"观念的塑造过程中。实践中也提出了许多口号,如依法治山、依法治水、依法治农、依法治省、依法治市等,毫无疑问,这都是推进法治的重要步骤。但这并不意味着我们实现了法治,依法而治与法治之间并不能完全等同,法治的内涵更为宽泛。因此,我们应当坚持《宪法》所确立的法治的概念,并按照十八届四中全会所提出的建设法治体系和法治中国目标,全面推进依法治国的基本方略。

重视法治在国家治理体系中的重要作用*

十八届三中全会决议将"完善和发展中国特色社会主义制度、推进国家治理体系和治理能力现代化"作为全面深化改革的总目标，这标志着我们国家治国理政理念的重大转变，凸显了依法治国在国家治理体系中的重要作用。十八届四中全会以"依法治国"为主题，对依法治国战略进行总体部署和全面规划，进一步深化了国家治理体系现代化的内涵，是我国治国理政理念的进一步深化和发展。

依法治国是国家治理体系现代化的重要标志。国家治理体系是在党领导下管理国家的制度体系，包括经济、政治、文化、社会、生态文明和党的建设等各领域体制机制、法律法规安排，也就是一整套紧密相连、相互协调的国家制度。它是以法治为基础建立的规范体系和权力运行机制。习近平同志指出，国家治理体系和治理能力是一个国家制度和制度执行能力的集中体现。依法治国是人类社会进入现代文明的重要标志。有没有法治，是否通过法律调整和规范社会生活，是一个国家治理体系现代化最为重要的标志。主要理由在于：

---

* 原载《经济日报》2014年10月21日。

首先，法治是民主的重要保障。国家治理是以人民为主体的治理，是党领导人民依照法律规定，通过各种途径和形式，管理国家事务，管理经济和文化事业，管理社会事务。国家治理体系的现代化就是要通过法律充分保障人民所享有的选举权、知情权、参与权、表达权、监督权，最广泛地动员和组织人民依法通过各种途径和形式管理国家和社会事务、管理经济和文化事业，需要强调通过法治推进民主，通过法治对行为进行规范和制约；需要健全民主决策机制和程序，建立问责和纠错制度，从根本上保障权力行使符合人民群众的根本利益。离开法治谈民主必然导致社会的混乱无序，也无法真正实现国家治理体系的现代化。

其次，法治是国家治理能力现代化的具体体现。国家治理能力是运用国家制度管理社会各方面事务的能力，包括改革发展稳定、内政外交国防、治党治国治军等各个方面。法治作为国家治理能力现代化的具体体现，一方面，它要求我们必须通过制度手段，对政府部门的职能分工进行明确安排，建立完善的行政职权配置、行政活动过程、行政责任承担的具体法律制度，通过法治手段和法治思维实现规范行政权行使、防止行政权扩张、转变政府职能的目标，使权力的运行公开化、透明化，便于社会公众依法进行监督。国家治理的一个重点在于建设法治政府，只有政府带头依法行政，才能有效带动全社会依法行事，从而使国家能够依照法律进行治理，实现治理手段的法治化、现代化。另一方面，法治要求运用法治思维、法律方法化解矛盾、维护社会秩序稳定。当前，我国的改革已经进入了深水区和攻坚阶段，只有通过法治创新，发挥法律对改革的引领和保障作用，才能够真正形成制度红利。例如，推进负面清单管理模式，就成为激活市场主体活力、有效转化政府职能的重要举措。

再次，法治是维持社会秩序、维护社会正常运转的重要保障。现代社会治理的复杂程度与过去有质的差异。随着人类社会的发展，人的自主性和个体性也日益增强，价值观念日趋多元，利益关系日益复杂，交易方式多样化，各种纷繁复杂的社会现象层出不穷，如人口的大量、急剧流动使得社会治理较之以往更加困难，原来人治社会的管理模式与这些需求难以相容，法治应当成为现代社会的基本治理模式。一方面，法治具有民主性。作为一种治理模式，法治能够有效地将人民的意志通过法律制度的形式加以确认，并有效地调整社会生活的方方面面。在法治社会，法律的形成与颁布，是众人参与的结果，立法的过程可以说是集众人之长，法治有利于实现各个领域的协同、配合。另一方面，法治具有科学性。在法治的社会治理模式下，依法治国可以有效保障规则的统一性和明确性，更具有平等性、确定性和可预期性。所以，法治具有人治不可比拟的优点。没有法治，就没有社会的正常运转，更谈不上治理体系的现代化。

最后，法治是社会长治久安的根本保障。法治本质上具有稳定性和长期性，有利于提高人们行为的可预期性，可以有效构建稳定的社会秩序，促进人际关系的和谐，保障社会发展的稳定性和有序性。法律不会因人而异，因人而废，历史经验证明，只有实行法治，才能保障国家稳定、人民生活幸福、社会长治久安。

人民的福祉是最高的法律，一个国家治理体系是否成功，关键看其能否保障社会公平正义，增进人民福祉。在我国，实现党的领导、人民当家作主和依法治国三者的有效统一，促进法治国家、法治政府、法治社会三位一体的建设，都是为了实现国家富强、民族振兴、人民幸福。

法治是一个长期的系统工程，不可能一蹴而就，需要多方面努力。

一方面，自改革开放以来，我们的法治建设取得了巨大成就，中国特色社会主义法律体系已经形成，但法律体系需要与时俱进，不断完善。以关于社会主义市场经济运行的法治建设为例，我们需要尽快健全和完善与市场交易相关的民商事法律。特别是当前应当加快民法典的制定，真正实现民事立法体系化和科学化，保持民事立法的逻辑自洽性、价值一体性和实施的有效性。另一方面，还要通过法治切实保障宪法法律赋予人民的各项管理国家和社会的权利，构建法治国家、法治政府与法治社会。为此，应当进一步维护宪法的权威，进一步健全宪法实施的监督机制和程序；要落实党的依法执政方略，领导干部要运用法治思维和法治方式深化改革、推动发展；要全面实现依法行政，政府职能应当由法律来确定，并不断依法完善科学、民主的决策机制，实现对权力运行的制约和监督，尽快建成法治政府。要全面推进司法改革，切实保障司法机关依法独立、公正行使审判权和检察权，提升司法公信力，促进和保障司法公正；要加快建设法治社会，让全社会成员有序参与法治建设进程，营造"全民信法、全民守法"的社会氛围，引导公民树立社会主义法治理念、养成遵纪守法和用法律途径来解决问题的良好习惯，真正使法治精神深入人心。

"徒法不足以自行"，从我国目前法律实施的情况来看，法律在国家治理中的作用还没有充分发挥，依法治国的社会环境仍有待改善。一方面，中国社会是一个人情社会，"人情大于王法"的观念仍然存在，一些执法者"灵活通融"，手下留情，甚至徇情枉法等，导致法律不能有效实施。另一方面，由于社会诚信缺失、道德滑坡，也导致人们缺乏规则意识，在一定程度上影响了法律实施的社会效果。为此，需要崇法尚德，礼法合治，实现法律与道德、依法治国与道德教化的有机结合。

建设一个富强、民主、文明、和谐的社会主义法治国家，是几代中国人孜孜以求的梦想，是"中国梦"的重要内容。法治是固根本、稳预期、利长远的制度保障。党的十八届四中全会将依法治国作为主题，并对此作出全面的战略部署，必将对国家治理体系的现代化和国家的长治久安产生重大而又深远的影响。

儒家文化对法治的影响

中华文明上下五千年，我们的祖先创造了灿烂辉煌的、以儒学为代表的中华文化，其中也蕴含着丰富的法律文化。然而，近代尤其是"五四"以来，诸多学者认为儒家奉行人治，与现代法治的精神是对立的，实行法治必须摒弃儒家思想，不少人一提及古代的法律文化，即认为其与封建皇权专制相关联，对今天的法治建设并无益处。

诚然，法治的概念是一个外来词，中国虽然有法制，但并没有形成现代意义上的法治。自清末变法以来，我们的法律制度也主要是借鉴大陆法系国家的成文法经验，从而也被纳入大陆法体制之中。我们在今天全面推进依法治国方略的过程中，面临怎样对待本国传统文化的现实问题，是应当汲取中华法律文化精华，取其精华去其糟粕？还是应当全盘照搬外国的法治经验？这是我们的法治建设无法回避的问题。

人类社会的法治文明发展史表明，尽管一个国家的法律观念和制度最初可能是外来的，但成功的法治文化必须是本土的。法治文明既要吸收和借鉴世界各国的先进成果，又要尊重和挖掘本土资源。正如沃顿所指出的："每一民族均有她自己的法律，如同其语言，烙有其特定的民族精神的印记。正是在民族的共同意识里，实在法获得了自己的生存之处,并以激励一个民族所有成员的共同精神为导向,逶迤前行。"① 千百年来,以儒家文化为代表的中华传统文化,对人们的思想和行为有着潜移默化的影响,积淀了中华民族最深沉的精神追求,包含着中华民族最根本的精神基因,是中华民族生生不息、发展壮大的丰厚滋养。正如习近平同志所指出的:"中华传统文化是我们民族的'根'和'魂',如果抛弃传统、丢掉根本,就等于割断了自己的精神命脉。"因此,我们在法治建设中,应当以我们的传统文化为根基,并在此基础上培育我们的法治文化,否则,法治就会像浮萍一样没有根基,难以真正形成法治文化。每个国家和民族的历史传统、文化积淀、基本国情不同,其发展道路必然有着自己的特色。法治建设也是如此,一个国家的治理体系和治理能力是与这个国家的历史传承和文化传统密切相关的。我们说在法治建设中要坚持从中国实际出发,就意味着既要从我国的现实国情出发,也要从我们的传统文化出发,法治的大树必须植根在传统文化的土壤上。

诚然,儒家文化中确实有不少思想与现代法治理念是不相符的。例如,孔子曰:"听讼,吾犹人也,必也使无讼乎!"(《论语·颜渊》)这种无讼思想其实过度强调道德教化,忽略司法在解决纠纷中的作用,显然不符合现代法治的精神。但是,中华传统文化的主流思想和主张是能够为现代法治建设所吸收的。近几十年来,与我国近邻的一些国家,如韩国、新加坡等,在儒家文化的基础上厉行法治,取得了巨大的成功。这足以说明,我国传统文化是可以和现代法治建设相衔接的。如果简单地将儒家文化归结为人治,并将其与法治相对立,那么我们可能将要在

---

① 〔美〕F. P. 沃顿:《历史学派与法律移植》,许章润译,载《比较法研究》2003年第1期。

一片荒地上建设法治，此种看法也与法治发展的经验不符。

在法治建设中充分吸收我国文化传统中的养分，也有利于促进法律的有效实施，提高法律适用的社会效果。那么，儒家文化中，究竟有哪些思想是可以为现代法治所容纳、能够与现代法治形成互补作用呢？

一是儒家文化建构了现代法治所需要的秩序文化。儒家文化历经两千多年，在维持社会秩序中具有重要作用。从社会关系层面讲，儒家强调礼制，构建了个人对他人、对家庭、对国家的义务，并通过这些义务来维持社会的基本秩序。这与西方文化中从个人利益、个人权利出发的路径截然不同。西方法律文化因受自然法思想和人权哲学的影响，崇尚个人主义，强调自由、平等、意思自治以及责任自负等。而儒家文化更注重集体本位、义务本位，侧重于从义务的角度约束个人的行为，注重构建家国一体的秩序。儒学提倡"己所不欲勿施于人"，避免了过度的个人主义本位对家庭伦理和社会伦理关系的危害。在今天看来，儒家思想的秩序观念也是现代法治所追求的，因为现代法治就是为了建设和谐、稳定的秩序。法治的实质在于良法善治，善治的重要内容就是实现社会和谐，所以，社会和谐也是法治所追求的目的。此外，儒学主张"中庸"以及"和为贵"等理念，也有利于维护社会和谐稳定。

二是儒家文化强调道德教化的作用，尤其是法治和德教的互补作用。儒学虽然主张德主刑辅，但从未否定法律在社会管理中的作用。而事实上，儒学仍然主张礼法合治，这也符合现代法治的理念。儒家传统主张，人之初，性本善。因而，人心向善，人人均可教化，即所谓"人皆可为尧舜"。儒学认为，道德是个人行为规范的基础，个人一切行为都应当通过道德自省来约束自己。所谓修身、齐家、治国、平天下，修身是国家治理的基础，社会是可以借助道德的力量来维持的，因此，一个和谐稳定的社会需要道德教化。《孝经治要》引述孔子的话说，"而德教加于百姓，形于四海"。那么，如何才能达成有效的道德教化呢？在儒学看来，首先是个人要行君子之道，"修身养性"，"修己以安人"，践行"修己以安百姓"的求仁之道。君子要三省吾身，遇事多从自己身上找原因。孔子曰："君子求诸己"（《论语·卫灵公》）。其次是为政者必须严于律己，以身作则。孔子说，"为政以德，譬如北辰，居其所而众星共之"（《论语·为政》）。最后是孝悌为本、讲究礼节、主张礼数、注重礼让。这些主张实际上都是要人们遵循礼教道德。在今天看来，依法治国和道德教化的相互配合是任何法治国家都要采取的社会治理模式。道德教化具有培育法治文化、滋养法律精神、促进法律实施、增进社会文明等重要作用。道德教化不仅引导人心向善，而且对相关的违法行为具有一种预防功能。儒家经典中对此有大量的论述，如"礼之教化也微，其止邪于未形，使人日徙善远恶而不自知"（《礼记·经解》）。

三是儒家文化注重维护家庭伦理，能为现代法治构建和谐家庭关系奠定伦理基础。家庭是社会最基本的细胞，家庭稳定是社会稳定的基础。儒家文化主张修身齐家治国平天下，家国一体，这就为维护社会稳定奠定了坚实的基础。儒学所主张的家庭伦理思想，其核心是"孝"，"孝"是千百年来中国社会维系家庭关系的道德准则。"父严母慈子孝"是传统家庭追求的标准。《孝经》中明确提出："夫孝，天之经也，地之义也，人之行也。"这实际上是把"孝悌"与天道联系起来了。儒学所强调的个人对家庭和社会的义务有利于促进人与人之间的互助互爱，以及家庭和社会之间的和谐。孟子曾言，人人亲其亲长其长，而天下平。这样就把"孝悌之行"作为治国平天下的根本出发点。在今天看来，家庭关系大量涉及情感，很难完全靠法律手段来调整，主要应当依靠道德教化实现家庭和谐，法律不应当过度介入家庭关系。在家庭关系中，更多的是应该怎么做，而不是法律要求怎么做。

四是儒家文化主张以民为本，这与现代法治精神也是契合的。法律本身需要贯彻民本思想，以民为本，民之所欲，法之所系。《后汉书·皇甫规传》注引《孔子家语》："孔子曰：'夫君者舟也，人者水也。水可载舟，亦可覆舟。君以此思危，则可知也。'"儒家主张君王要施仁政，仁政的核心是以民为本，顺乎民心，泽被天下苍生。孟子曰："民为贵，社稷次之，君为轻"（《孟子·尽心下》）。民贵君轻思想曾影响我国数千年，成为统治者治国理政的精要。今天，我们实行法治，首先也是要树立立法为民、执法为民、司法为民的理念，将人民的福祉作为最高的法律。应当看到，中国古代虽然有民本的思想，但并没有民权的理念，而儒学作为一个基本的文化传统，像西方的基督教传统一样，重视和尊重人的尊严，这也是现代法治所要奉行的基本理念，儒学所主张的民本思想和人文关怀理念，也应当作为法治的基础。

五是儒家思想强调精英治理。儒学强调选贤任能，这与法治的理念也是吻合的。孔子向往"三代"，主张"天下为公，选贤与能"（《礼记·礼运》）。贤能一般是指有德有才、德才兼备的"君子"。孔子说："君子尊贤而容众，嘉善而矜不能"（《论语·子张》）。孟子则强调"尊贤使能，俊杰在位"（《孟子·公孙丑上》），也带有精英政治和民本的思想。孟子主张主权在民，治权在贤。为政之要莫先于得人、治国先治吏，为政以德、正己修身等，"政者，正也。子帅以正，孰敢不正"（《论语·颜渊》）。事实上，贤能之治也是现代法治社会中的善治的一部分内容,因为"徒法不足以自行",善治的主体仍然是人,这些人应当真正具有治理国家的能力、具有较好的道德品行和较高的素质。这些思想都应该作为当代法治建设的重要思想资源。

六是儒家文化宣扬的信义观,是现代法治赖以发展的基础。儒家把仁义礼智信作为做人的基本内容。孔子主张天下为公、讲信修睦,在其看来,讲究信义是个人修身立命之本,也是"仁"的基本内容。所谓"人而无信,不知其可也"(论语·为政》)。"诚信"是处理人际关系的准则。所谓"与朋友交而不信乎"(《论语·学而》),"与朋友交,言而有信"(《论语·学而》),孔子不仅把诚信看作是一种君子之道,而且将其上升为一种治国之术,所谓"自古皆有死,民无信不立"。孔子的这一思想被孟子进一步发扬,孟子提出了"五伦说",即"父子有亲,君臣有义,夫妇有别,长幼有序,朋友有信"(《孟子·滕文公上》)。"君子信而后劳其民,未信,则以为厉己也"(《论语·子张》)。这种信义观,滋生出"民有私约如律令"的契约精神,为现代法治的发展提供了诚信土壤。依法治理一个国家,一个社会,关键是要立规矩、讲规矩、守规矩。弘扬儒学所倡导的诚信观念,必将为此奠定深厚的社会基础。

"落红不是无情物,化作春泥更护花。"儒学经典就像一张航海图,中国的许多统治者都是靠这张图来驾驶中国这艘大船。世易时移,朝代更替,中华民族经历了多少社会动乱,战胜了多少天灾人祸,渡过了多少激流险滩。中华民族生生不息,屹立在世界民族之林,中华文明依然能够延续并保持旺盛的生命力,其中儒家学说所具有的感召力和凝聚力发挥了重要的作用。今天,我们在推进全面法治建设过程中,也需要从传统文化中寻找治国理政的经验,取其精华,去其糟粕,既不能一味地固守传统,厚古薄今,也不能完全否定传统,厚今薄古。

《慎子》有云:"法者,非从天下,非从地出,发乎人间,合乎人心而已。"法律本身也是一种文化,法治文化作为社会文化的一部分,离开了其他文化要素存在的土壤,法治文化不能独存。因此,培育法治文化,需要认真对待传统文化。

迈向法治建设新征途

党的十八届四中全会以全面推进依法治国为主题，审议通过了《中共中央关于全面推进依法治国若干重大问题的决定》，其中提出了建设中国特色社会主义法治体系和社会主义法治国家的战略目标，并对依法治国方略实施的具体步骤作了全面部署和顶层设计。在社会主义法律体系已经形成的背景下，十八届四中全会提出了建设法治体系的目标，从法律体系迈向法治体系，这表明我国的法治建设已经进入新的历史阶段。如果说十一届三中全会拨乱反正，将"以阶级斗争为纲"转变为"以经济建设为中心"，是一个重要的历史转折，那么，十八届四中全会则是一个新的历史转折，经济建设和法治建设共同成为新时期党的工作的重心。在我们党九十多年的历史中，针对不同时期的历史任务，党的工作重点有过多次的转变。在中国经济社会建设取得伟大成就的今天，我们党将依法治国确定为新时期的工作重点，是着眼于国家长治久安和中华民族长远利益的、具有远见卓识的战略部署，开创了社会主义伟大事业的新篇章。

十八届四中全会在国家法治建设的历史进程中具有里程碑意义，与四中全会相关的多个"第一"足以载入史册：

——中共中央第一次将中央全会的主题确定为"依法治

国"，凝聚了全党的共识，反映了广大人民群众共同的心愿。这是党的历史上第一次以"法治"作为主要议题的全会。

——四中全会第一次就如何全面推进依法治国，加快社会主义法治国家建设进行顶层设计和战略部署，在决议中第一次提出建设"法治体系"和"法治国家"的总目标。

——四中全会第一次提出了"中国特色社会主义法治道路"。这条道路就是在党的领导下，以中国特色社会主义制度为基础，以社会主义法治理论为指导，以建设中国特色社会主义法治体系和社会主义法治国家为总目标，并以推进依法治国战略的各项任务为内容，形成了符合中国国情、独具中国特色的法治道路。

——四中全会第一次提出落实依法治国方略的"路线图"。包括形成完备的法律规范体系、高效的法治实施体系、严密的法治监督体系、有力的法治保障体系，形成完善的党内法规体系，坚持依法治国、依法执政、依法行政共同推进，坚持法治国家、法治政府、法治社会一体建设，实现科学立法、严格执法、公正司法、全民守法。

——四中全会第一次将对推进依法治国具有重要意义的改革举措分解为一百八十多项举措，并把这些举措"纳入改革任务总台账，一体部署、一体落实、一体督办"，形成了具体的操作方案，这也是绝无仅有的。

此外，四中全会还第一次提出了许多新概念、新理论，例如"法治体系"、"法治保障体系"、"党内法规体系"、党的领导是法治的"题中应有之义"、"良法是善治之前提"等等。四中全会决定是对社会主义法治理论的重大创新，是对法治概念内涵的进一步发展，也为我国未来的法治建设指明了方向。

建设中国特色社会主义法治体系和法治国家，对中国人来说，是一项前无古人的伟大事业。它体现了广大人民群众的共同意志，凝聚了广大人民的共识。在我国，法治既是一种伟大的社会实践，又是一种崇高的社会理想，它激励着我们为实现法治社会而不断追求、努力。但不积跬步，无以至千里。法治不能"大跃进"，不能脱离国家社会发展的实际水平。从法律体系迈向法治体系，四中全会的决定为中国未来的法治建设描绘了一幅宏伟的蓝图。这一蓝图不仅立意高远，而且附有明确的路线图，有比较强的可实践性和可操作性。不过，"天下之事，不难于立法，而难于法之必行"。我们能否将这一重要的历史机遇及时转化为法治中国的建设成就，取决于我们能否继续坚持不懈地追求法治梦。科技的发明和创新使人类学会了如何驾驭自然，而法律的创制和践行则使人类学会如何驾驭自己。

我们正在迈向一个崇尚法治、信守法治、厉行法治的新时代，虽然道路漫漫，但目标已定，前途一片光明。

为什么正义女神要戴着眼罩？

在世界许多地方，都矗立着正义女神的雕像，她戴着一副眼罩，一只手拿着天平，另一只手握着长剑。正义女神名叫"Justitia"，是正义的守护神，她的名字被译为英语中的"Justice"，后又衍生出"正义""法官"等内涵。在正义女神雕像的背面，往往刻有古罗马的法谚："为实现正义，哪怕天崩地裂（Fiat justitia, ruat caelum）。"可以说，正义女神寄托了人们对正义的渴望和追求，激励着法律人为实现正义而奋斗。

正义女神一只手拿着天平，另一只手握着长剑，这一形象传递了关于正义的何种观念呢？德国学者鲁道夫·冯·耶林对此有一段精辟的解释："正义之神一手提着天平，用它衡量法；另一只手握着剑，用它维护法。剑如果不带着天平，就是赤裸裸的暴力；天平如果不带着剑，就意味着软弱无力。两者是相辅相成的，只有在正义之神操剑的力量和掌秤的技巧并驾齐驱的时候，一种完满的法治状态才能占统治地位。"这就是说，正义女神用天平衡量是非，用宝剑砍去邪恶，从而维护社会公平。

在这一点上，正义女神形象的寓意与中国古典的法律和正义观念具有惊人的相似之处。在古汉语中，"法"被写为

"灋",对其的解释为:刑也,平之如水;从水,廌所以触不直者去之,从去。也就是说,在功能上,法律不仅要像水一样平直,而且还需要以"廌"这类神兽祛除邪恶(不直)。所谓"廌",又名解廌或解豸,根据《论衡》和《淮南子·修务篇》的描述,它额头上长着一支独角,故民间普遍称其为独角兽,其寓意就是祛除邪恶,维护正义。由此可以看出,在我国,法律从其文字生成的那一天起,就把公平正义作为内在精神,这一点至今未变。还要看到,在我国,无论官方还是民间,天平和利剑一向被视为公平、正义的代表,天平用以平衡不同主体的利益,象征着裁量的公平;利剑用以刺破不当利益的化身,象征着法律的制裁。也就是说,天平和长剑能生动刻画并传递女神的正义信息。

但正义女神为什么带着眼罩呢?对此我一直百思不得其解,也查阅了很多资料,未发现有统一的解释。在形形色色的解释中,有一种较为流行的说法是:正义女神不愿看到人间太多的不公正,尤其是把时代背景放在黑暗的中世纪,这种解释完全符合人们对正义的强烈追求和渴望。但仔细琢磨,不难看出,这种说法只能反映当时人们对现实的不满和无奈,并无法合理解释正义女神为什么带着眼罩,因为正义女神既然手持宝剑,可以祛除邪恶,难道还不愿正视人间的不公正吗?从逻辑上讲,正义女神之所以降临人间,正是为了看清世间万象,用天平衡量可能存在的不公正,并用宝剑祛除不公正,戴着眼罩,怎么能合理运用天平和长剑的衡量和维护公正、祛除不公正的作用?

从古罗马的传说来看,有一种解释较为合理,即裁判官应当用理智来判别公平,而不是用眼睛来判断是非。在古罗马时代,为了确保法官的独立性和公正性,法官往往并不主动搜集或调查证据,而只是在案件审判过程中,通过当事人双方所提交的证据来确定案件事实。在案件审理之前，法官对案件事实往往一无所知，这有利于避免法官就案件事实形成不合理的前见，避免先入为主作出评判。此外，还有与上述解释接近的、相对合理的解释：一是正义女神在裁判案件时，需要用心灵观察，而不是用眼睛观察。戴上眼罩无视被告的容貌、权力、身份、家世、地位，绝不先入为主，对感官的物质视而不见，从而保障法官裁决的公正性。二是法官的职责是"裁断"而不是发现，所以眼睛应该蒙上，不会因为看见诉讼双方而产生主观上的倾向性，也不会因为受到各种干扰而难以实现正义，就如她身后的法谚所表明的，她为实现正义应该是无所畏惧的。三是法官的裁判要不受任何的干扰，不应被动人的话语打动，更不应受金钱的诱惑，而应当做到公正裁判。罗尔斯在《正义论》中提出了"无知之幕"（Veil of ignorance）理论，也可以对此作出诠释。受上述解释的启发，我认为，正义女神戴上眼罩与其手持天平、宝剑，构成了一个意义相融的整体，指明了法官应当追求正义的价值导向，以及实现该价值的必由之路。正义女神一手持天平、一手持宝剑，表明法官应当追求正义，而正义的实现，必须依靠法官独立、客观、不受任何干扰地裁判案件，正义女神的眼罩正是这种要求的象征。从法官实际的裁判活动来看，法官要想独立、客观、不受任何干扰地裁判案件，就应严格在法律程序中依法办案，就此而言，不妨说眼罩代表了法律和正义的程序性品格。正义女神戴上眼罩，其实就是在强调程序的公正性。

"正义不仅应得到实现，而且要以人们看得见的方式加以实现。"这是一句现时代法律人耳熟能详的话，它表明，司法的特点在于通过法定的诉讼程序解决相关争议和矛盾，把各种社会冲突通过诉讼和审判机制予以吸收和中和，把尖锐的矛盾转化为技术问题，把一般性的问题转化为个别化的问题，从而使纠纷通过一定的程序而得到公正的解决。司法的权威正是依靠法定程序来保障的，而且正是从程序的正当性中体现出司法的权威性，一个裁判的结果首先应当追求的是程序公正，因为程序公正是看得见的公正。正当的程序包括裁判者的独立、中立，法官不得对任何一方存有偏见和歧视，应当在认真听取双方意见的基础上，按照法定程序认定案件事实和适用法律，诉讼主体处于平等的诉讼地位、享有平等的诉讼权利等内容。此外，法官还应当严格遵循证据规则，依法保持程序的公开性，增加司法的透明度。所有这些都是法官在裁判过程中所应当遵循的基本要求。

故而，戴上眼罩的正义女神，正如在正当程序中的法官，没有眼罩和正当程序，正义女神的天平和利剑恐怕会因人和事而有偏差，法官的裁判同样可能会因各种案外因素而受影响。因此，在笔者看来，正义女神戴上眼罩，意味着法官在案件裁判过程中应当严格遵循程序要求，排斥各种外在干扰。再延伸一点，为正义女神戴上眼罩，象征着为法官裁判设置正当程序，这有利于确保每个当事人平等地进入法官的评判视野，不受个人身份、地位、财富或者其他异质性因素的影响。这正如罗尔斯所提出的"无知之幕"的概念，他认为，原初状态的观念旨在建立一种公平的程序，以使任何被一致同意的原则都将是正义的。为达此目的，我们假定各方是处在一种无知之幕的背后，他们不知道各种选择对象将如何影响他们自己的特殊情况，没有人知道他在社会中的地位，他的阶级出生，也不知道他的天生资质和自然能力的程度等情形，各方不得不仅仅在一般考虑的基础上对原则进行评价。[1] 就此意义上来说，正

---

[1] 参见〔美〕约翰·罗尔斯：《正义论》，何怀宏、何包钢、廖申白译，中国社会科学出版社1988年版，第24页。

义女神的眼罩正是起到了一种"无知之幕"的作用，这是符合罗尔斯的正义观的。放在我们的裁判实践活动中，就是要求法官在裁判过程中，应当有排除外界干扰的程序机制，如法官不能与案件事实和利益有任何牵连，不能以其个人的价值、情感等因素作出预断，不得在案件审判前主动提前介入案件，不得歧视或者偏袒任何一方当事人，更不得先定后审、与一方当事人串通、非法取证，或与当事人打成一片。

　　再回过头来进行中外对比，很容易就能看出，我国传统法律和正义观念中虽然不乏正义女神手中的天平和利剑，但往往缺乏其眼罩所表征的通过程序实现正义的观念。可以说，我们既没有这方面的传说，也没有这方面的记载，因为我们注重的是实体公正，而并不重视法律程序在实现正义过程中的作用。例如，中国古代存在着拦轿喊冤的传统，因为裁判官个人的素质和品行决定了裁判结果，只要实体是公正的，可以不考虑程序是否妥当。这种传统思想至今仍影响着人们的行为。在这种意识中，法律如同战场，要的仅仅是最终成功地攻城略地，至于如何攻占城池，无关紧要。幸运的是，如今我们日益强烈地认识到了法律程序的重要性，特别是近几十年来不断发生的冤假错案一再警示我们，程序价值与实体正义都不可或缺。不讲程序正义，无法保证结果正义的实现。为了推进法治中国建设进程，我们应高度重视正当程序的地位和作用，使我们的每一个法官都能戴上"程序正义"这个无形的"眼罩"。

充分认识法治在社会治理中的地位*

经过改革开放三十多年的发展，我国已经成为世界第二大经济体，但是，仅仅是 GDP 的提升并不等于国富民强。中华民族的复兴、国力的富强，很大程度上取决于我们要有符合中国实际需要的法律制度，通过制度的有效运行来实现社会治理，化解各种矛盾和冲突，使社会保持稳定、和谐。正如有学者所指出的，"经济是一个国家的血肉，但法治是国家的骨架和脊梁"。必须在发展经济的同时通过法治建设维护社会稳定，为构建和谐社会，实现社会的长治久安提供制度保障。

一、法治是中国进入现代社会的必然要求

我国历史上存在过许多盛世时期，如文景之治、贞观之治、康乾盛世等等，并曾经创造了灿烂的文化，在世界上产生了深远的影响，从历史发展的惯性规律上来讲，传统社会治理模式中有不少可援用的经验。但是，人类社会已经进入到了现代化时期，过去的一些做法已经不合时宜。比如，在封建社会，一个县官可以仅带着一两个随从

---

* 原载《北京日报》2012 年 11 月 5 日。

去治理有着十余万人的大县。这与当时的农业社会"超稳定结构"、无讼的乡土观念以及农业社会的自治结构等是相适应的。但从社会发展状况来看,在我国逐渐摆脱农业社会,进入到工业社会乃至所谓后工业社会后,社会关系的性质与状况发生了重大的变迁,日益从原来的"熟人社会"演变为"陌生人社会"。在这一背景下,我们的现代化进程中遇到了一些前所未有的新的矛盾和挑战,传统的农业社会和计划经济时代的治理结构很难适应和应对这些新生的矛盾,以法治为中心的"规则之治"对于社会的治理和发展便至关重要。

在现代中国,由于工业化、城市化的进程加快,人的个体性大大增强,交易方式日益复杂化,传统的治理手段对人的控制大大弱化,必须通过法治来加强对人的保护和对个人行为的规范。同时,随着社会经济的发展,社会各个阶层也有了比较明显的分化,要保证国家和社会之间的良性互动,在社会各阶层之间建立良好的关系,也需法治予以调整。再者,在我国当前,权力作为社会中枢的特征在社会经济领域也在发生变化。这在一定程度上就需要通过法治合理地规范权力。我国正处于并将长期处于社会主义初级阶段,经济体制深刻变革、社会结构深刻变动、利益格局深刻调整、思想观念深刻变化,再加上发展不平衡、不协调等问题短期内难以根本解决,人民内部各种具体利益的矛盾难以避免地会经常地表现出来。要处理好各种利益关系,解决好各种利益冲突,唯有借助法治的力量。

二、法治是市场经济发展的基本保障

从市场经济发展的角度看,法治是构建市场经济秩序的基本保障。市场经济本质上是法治经济,市场和法治是同一硬币的两面,缺一不可。与计划经济时代不同，市场经济对资源的配置是通过竞争机制实现的，这就必须依循一套完善的规则，以实现通过市场"看不见的手"对经济的调整。法治在市场经济中的作用具体体现在：

一是法治构建了交易正常进行的法律基础。市场经济本质上是交易的总和，物权法、知识产权法等确定了明晰的产权，为交易确立了前提；合同法等法律则明确了正常的交易秩序和交易规则；侵权法、刑法则为产权的保护提供了法律依据，从而基本建构了正常的市场秩序。

二是维护正常的市场秩序。在市场经济条件下，市场主体为利益所驱动而相互竞争，彼此间有密切的利害关系，这种利害关系容易逾越正常的市场秩序。如果没有事先安排的规则去抑制彼此可能造成的损害，经济难以正常运行。这就有必要通过法治，明确政府对市场的干预权力和界限，通过政府依法适当干预形成正常有序的市场经济秩序。例如，通过反垄断法、反不正当竞争法遏制不当竞争，防止垄断对市场秩序的破坏，为企业创新和资源配置提供优化的法律环境；通过合同法的违约责任制度以及相关法律责任，促进当事人信守合同、严守允诺等等。

三是维护市场的合理预期。无论是房地产市场、商品市场、劳动力市场，还是证券市场以及货币市场，其稳定的基础在于制度的构建，尤其是金融市场赖以建构的虚拟经济极其脆弱，更是依赖于人们对规则、制度的信心与预期。现代健全的金融市场体系，实际上都是以法律制度的健全性为基础，以交易当事人对制度的合理预期为前提的，只有最大程度地依法保护此种预期，才能有效实现市场经济的正常运转。

四是通过保护交易当事人人身的安全和财产的安全形成市场经济体制下社会经济的"稳定器"和"安全阀"。在财产与人身的安全中，人身的安全更为重要，只有有效保护这两项利益，人们才能有投资的信心、置产的愿望和创业的动力。健全的法治，才能保护人才、汇聚人才，保障人尽其用，鼓励技术创新，促进财富增长。

五是有效防止市场发展所带来的负外部化效应。在市场经济发展过程中，有的地方也出现了诸如环境污染、资源浪费、生态破坏等问题。其中一个深刻的原因在于未严格地依法办事，以及政府部门的不作为等。

六是可以提供有效的、可信服的纠纷解决机制。市场是交易的综合，其中充满了平等主体间的利益冲突。面对这些冲突，最有效的解决方法就是通过规则和程序来解决纷争。

三、法治是解决社会现实矛盾、维护社会稳定的有效手段

发展是硬道理，稳定是硬任务。当前，我国社会经济发展已经从低收入国家迈进中等收入国家，这一阶段的重要特征就是社会进入矛盾凸显期。伴随着城镇化进程，失地农民增加、城镇居民就业压力加大等都有可能引发一些社会问题。解决这些矛盾和问题，需要司法程序发挥应有的、作为社会矛盾主要化解机制的巨大作用。各种社会矛盾的解决，可以依靠"协商""调解""仲裁"和"裁判"等多种方式，其中每一种解决方式都应当纳入法治的轨道。从一定意义上说，当前正是建设健全法治的良机。法治化解社会矛盾的特点主要在于：

一是通过程序来实现正义，将纠纷通过技术的手段化解，而不至于转化为严重的社会问题。从实践来看，一些社会矛盾和冲突在发生之后，出现了非程序化和失范性的特点。一些纠纷不是诉诸理性的诉讼方式，而是通过"大闹大解决、小闹小解决、不闹不解决"等非正常方

式。其结果不仅不能解决矛盾，反而会导致矛盾激化、秩序受损。我认为，在今后相当长的时间内，信访制度的存在仍然具有其合理性。但是，着眼于建设社会主义法治国家的战略目标，我们应当尽量鼓励公民依据法定的程序表达诉求，引导公民尽可能通过现行的法律制度和程序来化解矛盾和纠纷，而不应该鼓励程序外的纠纷解决机制发挥主导作用。凡是能够通过调解、诉讼、仲裁等方式化解矛盾，或者已经进入法定程序解决的，应当依循这些程序来解决纠纷。

尊重法定程序是中国实现法治的必然途径。因为程序正义是"看得见"的正义，如果离开了一定的程序来解决纠纷，对实体问题的判断就有可能出现"仁者见仁，智者见智"的现象，造成同一问题不同的处理结果，反而无法保证实体正义，甚至引发新的纠纷。尤其应当看到，通过公正的司法程序解决纠纷，能够充分发挥法律引导人们正当行为的功能，形成对遵守规则的合理预期。对于各类突发的矛盾，一旦形成依法解决的机制，对于未来同类的纠纷，便可作出相同的处理，甚至为当事人自身提供自行解决纠纷的参照，最终可以有效地化解和减少纠纷。

二是法治本身是一种"控权"机制，法律在赋予公权力机关国家权力的同时，也一并确立了其权力的界限、责任和行使程序。健全的控权制度以及保护私权的机制，可以有效协调好政府与民众之间的关系，维护好最广大人民的根本利益，从而最有效地化解社会矛盾。实践中存在的个别行政权的不当行使、执法不文明等问题完全可以通过进一步加强法治、规范公权、保障私权的机制来有效遏制。

总之，法治是实现国富民强的根本保障。只有实现法治，才能解决好我国社会、经济、政治等一系列问题，维护国家稳定，实现国家繁荣。当然，法治绝不意味着以法律来治理一切。法律的作用也是有限的，社会上大多数纠纷和摩擦还需要依靠公共道德、党纪政纪等社会规范来解决。法律确立了社会生活的基本规则，规定了社会的底线；违背法律就是违背了社会最低限度的道德要求，不应当被社会所允许和接受。

实施依法治国战略　推进"三位一体"建设[*]

两个"三位一体"建设是十八大以来我们党对法治建设所提出的新目标和新任务。十八届四中全会决定以依法治国为主题，对全面推进依法治国方略作出了周密部署，围绕建设社会主义法治体系和法治国家的总目标，强调坚持两个"三位一体"建设，即坚持依法治国、依法执政、依法行政共同推进，坚持法治国家、法治政府、法治社会一体建设。法治国家、法治政府、法治社会的"三位一体"，首先意味着三者是一个统一体。所谓统一，首先是领导力量的统一，也就是要将法治国家、法治政府、法治社会建设统一到党的领导下来。其次是目标的统一，也就是将两个"三位一体"建设统一到全面推进依法治国方略上来，统一到建设社会主义法治体系和法治国家的总目标上来。大力推进两个"三位一体"建设，是实现总目标的具体任务。"坚持依法治国、依法执政、依法行政共同推进"是从治理层面对建设法治体系和法治中国所进行的概括，而"坚持法治国家、法治政府、法治社会一体建设"则更多地是从治理的效果或者状态的层面，对建设法治体系和法治中国这一总目标所进行的概

---

[*] 原载《中国社会科学报》2015年3月13日。

括。再次，步骤和作用的统一。法治国家、法治政府、法治社会"三位一体"建设，意味着三者之间不存在主次关系，应当同步推进，全面落实。既不能把国家和社会截然分离，也不能把政府和社会对立，而应当从三个不同的维度共同推进。此外，三者之间是相互支持、互相补充的关系。单个层面的推进，都不能达到整体建设的目标，都会留下覆盖领域的死角，只有不同层面作用的协同，才能使国家、政府、社会各个方面的治理都走向法治化。两个"三位一体"建设的提出，表明我们党对治国理政的规律有了更为深刻的认识。

两个"三位一体"建设的提出，对依法治国进行整体规划、系统安排，符合全面推进依法治国方略的思想。法治本身就具有系统性，法治建设也是一个系统工程。两个"三位一体"建设从多个维度对法治中国建设进行了目标设计和路径安排，作出了科学合理的整体规划。两个"三位一体"建设，意味着法治建设不能仅从某一层面或者某一角度实施，而应当整体推进，这也是我国改革开放以来法治建设经验的总结。改革开放三十多年来，我国的法治建设取得了重大成就，法律体系已经形成，依法行政逐步落实，司法改革稳步推进，人权保障不断进步，但是由于法治建设各个层次的协同不足，缺乏整体性的顶层设计以及系统全面的部署，导致法治建设在一定程度上缺乏有效整合，这也影响了法治建设的整体效果。例如，早在1993年，党的十四届三中全会通过的《中共中央关于建立社会主义市场经济体制若干问题的决定》提出："各级政府都要依法行政，依法办事。"这是党的正式文件中第一次提出"依法行政"，开始推进法治政府建设；但法治社会的概念直到近期才被明确提出，导致实践中法治社会建设明显不足。尽管我国很早就确立了市场经济体制，但相应的法治保障不足，市场仍然无法真正在资源配置中发挥基础性作用。事实上,缺乏法治的市场经济,不是完善的市场经济。此外,法治社会建设与法治政府、法治国家建设之间并没有形成良好的互动机制,这也影响了法治政府、法治国家建设的进程。

两个"三位一体"建设是国家治理理念的重要转变,是建设中国特色社会主义法治体系和法治国家、全面推进依法治国的根本途径。新时期,改革进入"深水区",面临重大任务攻坚,社会矛盾多发叠加,国际形势纷繁复杂,法治建设所面临的情况更为复杂、任务更为艰巨,如果不在法治建设总体思路上作出调整和创新,就将无法实现法治建设的预定目标。因此,我们党因应形势的变化,及时调整方针战略,提出要通过两个"三位一体"建设全面推进法治建设,为新时期法治建设确立了总体框架和指导思想。两个"三位一体"建设是党治国理政经验的总结,是我国法治建设进入精细化、规范化、民主化发展阶段的时代任务,是深化改革、促进国家治理体系和治理能力现代化的必然要求。

两个"三位一体"建设也是对人类社会法治建设经验、教训的理论总结。人类社会的经验表明,凡是成功的法治建设,莫不强调法治与本国或本地区的经济、社会现实和历史发展阶段的结合,并注重整体性、系统性安排,将法治建设放到国家和社会发展的大局中谋划。某些国家和地区虽然也启动了法治改革,但主要是机械仿照西方的法治模式,并没有使法治结合本国的社会实际,不是从整体推进,从而不能使法治在本国内落地生根。在这些国家和地区,部族势力、无政府主义、黑社会、极端宗教势力等不断干扰法治进程。造成这一后果的重要原因在于,其只是从形式层面或者制度层面借鉴西方的法治经验,而没有从国家、政府、社会的总体层面推进法治建设,因此,法治建设进程经常因受到来自国家、政府以及社会层面的影响而停滞。所以,我们党提出两个"三位一体"建设,是对人类社会法治建设的经验和教训两个方面的深刻总结,是对法治建设规律的准确把握。

在全面落实依法治国的战略中,如何有效推进两个"三位一体"建设?我认为,应重点处理好如下几方面的关系:

一是要处理好党的领导和法治建设之间的关系。党和法治的关系是法治建设的核心问题。十八届四中全会提出,党的领导是全面推进依法治国的题中应有之义;党的领导和社会主义法治是一致的,社会主义法治必须坚持党的领导,党的领导必须依靠社会主义法治。为了处理好党的领导和法治建设之间的关系,全会提出"三统一"、"四善于",并作出了系统部署。在依法治国、依法执政、依法行政"三位一体"建设中,依法执政是关键,依法执政就意味着执政党要将其一切活动纳入法治的轨道,各级党组织和党员干部要按照法定程序、在法定范围内活动,并接受法律的监督。为此,要处理好党和政府之间的关系。中国共产党作为执政党,党的政策、方针必须通过政府来落实和实现,但这不意味着要实现党政不分、以党代政。因此,如何有效厘清党和政府之间的关系,实现党和政府关系的法治化,也是全面推进法治建设能否成功的关键。

二是要处理好政府和社会之间的关系。长期以来,我们在社会治理方面采取的是传统的管理模式,此种模式强调政府对社会的管理,这种管理一般是单向的、强制性的,社会本身成为被管理的对象,缺乏政府和社会之间的良性沟通和互动,社会自治空间不足,国家主义观念盛行,"强政府、弱社会"的现象十分明显,从而不利于发挥社会主体在社会治理中的作用。实践中,环境污染、食品安全等领域问题频发,国家权力应接不暇,社会主体无法有效参与,各种力量缺乏有效协同,治理效果不如人意。要从根本上改变这一状况，必须从管理向治理转化，强调政府和社会的互动、合作和协调，培育民间力量参与社会治理，在治理方式上要注重治理主体之间的平等交流和协商对话，从而形成社会共治的良性机制。

处理好政府和社会之间关系的另一个重要层面是处理好政府和市场之间的关系。当前，计划经济时代遗留的陈旧思维观念还没有被完全消除，政府随意过度干预市场、不信任市场调节手段、过度依赖行政手段的情况依然存在。十八届三中全会决议已经指出，要实行统一的市场准入制度，在制定负面清单基础上，各类市场主体可依法平等进入清单之外领域。据此，我国在市场主体的准入方面，将以实行负面清单管理制度作为改革的突破口，并以此作为深化改革的重要内容。在负面清单模式下，对市场主体而言，"法不禁止即自由"，而对政府而言，则实行"法无授权不可为""法无授权即禁止"。这必将充分释放市场活力，培育经济领域的社会自治，形成自生的良好的市场运行机制。但是，仅在市场经济领域确立负面清单模式还是不够的，必须从"将公权力关进制度的笼子"的指导思想出发，明确政府职权法定原则，确立政府权力清单、责任清单，明确政府和市场之间的功能边界，形成政府和社会之间的良性互动。

三是处理好公权力和私权之间的关系。法治国家、法治政府、法治社会一体建设，其中的核心就是要稳妥处理好公权与私权之间的关系。例如，实践中出现的"维稳"和"维权"之间的矛盾，反映了一些地方政府和官员缺乏保障公民权利的主动意识，存在将"维稳"和"维权"对立起来的思维惯性。某些地方简单地采用高压维稳方式，漠视民众依法维权的正当性，未能形成重心下移、力量下沉的法治工作方式和机制。十八大强调,要"坚持人民的主体地位",人民的合法权利的落实,是法治建设的重要目标,不能充分保障人民权利的法治,不是合格的法治。在维稳中,应该正确面对人民的权利诉求,不要把正当的权利主张看作不稳定因素,而是要依法正确引导权利的表达和权利的落实,维稳是手段或任务,维权才是根本或目标。"家和万事兴",人民权利得到充分保障,社会自然安定繁荣。因此,有效推进两个"三位一体"建设,强调从整体上推进依法治国方略,应当妥当处理好公权与私权之间的关系。

有效推进两个"三位一体"建设,不仅需要靠政府有效地组织和自上而下的推动,而且需要培育法治的社会基础,形成法治的良好氛围和社会根基。《慎子》有云:"法者,非从天下,非从地出,发乎人间,合乎人心而已。"法治建设必须扎根于社会生活,法治建设必须培育良好的社会基础。这也要求重视自下而上的法治生成机制,尊重社会的自我管理、自我调节、自我完善的规律,将社会的自身秩序予以法治化,形成两个"三位一体"建设的有效互动,全面推进依法治国战略部署的实现。

法治为何能为核心价值观?

十八大报告第一次将法治纳入社会主义核心价值观,这对于全面推进依法治国、建设社会主义法治国家具有重要意义。

核心价值观是我们的精神追求,是亿万人民的价值共识,它引领我们朝着预期的目标前行,召唤着我们为共同的理想而奋斗。核心价值观是整个社会评判是非曲直的价值标准,也确立了我们每个人应当依循的道德准则。

法治是我们的理想,是我们的追求,是我们实现中华民族伟大复兴中国梦的重要内容。那么,法治能否作为核心价值观?其作为核心价值观的意义何在?我认为,法治与自由、平等、公正一样作为核心价值观,体现了我们对法治精神的追求与向往。将法治纳入社会主义核心价值观至少具有如下几个方面的意义:

一是进一步凸显依法治国作为国家战略方略的重要意义。迄今为止,法治是人类社会历史实践证明最为有效的社会治理模式,法治包括了三个层面的含义:从国家层面来看,它是治国理政的最佳方式;从社会层面来看,它是社会治理的最佳方式;从个人层面来看,它也是个人行为的基本准则。实现社会和谐、建设美好社会,始终是人类孜孜以求的社会理想，也是我们党不懈追求的目标。要保持国家长治久安、人民生活幸福，必须要推进法治。将法治作为核心价值观，就是要在法治的旗帜下凝聚民众的意志，万众一心，共同为实现法治的理想和目标而奋斗。

二是向世人展示党和政府厉行法治的承诺和态度。迄今为止，人类历史经验表明，法治建设是最为成功的治国理政方式。依法治国是人类社会进入现代文明的重要标志，也是国家治理体系和治理能力现代化的基本特征。前苏联、东欧社会主义国家的失败教训警示我们，不坚持法治，就很容易出现特权横行、个人崇拜，最后导致社会主义事业遭受重大挫折。没有法治就不可能有成功的社会主义，社会主义只有与法治结合，才能实现国家长治久安和人民生活幸福。西方资本主义国家有着比较深厚的法治传统，建成了健全的法治体系，资本主义与法治有效的结合，使资本主义保持了相当的生机和活力，这是过去几百年的历史事实，也为我国社会主义法治建设提供了不少经验。但是，资本主义国家所面对的法治问题与我国所面对的法治问题存在重大差别，中国必须走自己的法治道路，而决不能照搬照抄某一个国家或地区的既有模式。将法治作为核心价值观，也是我们党对历史上治国理政经验的深刻总结，它凝聚了全党的共识，反映了广大人民群众共同的心愿，同时向世人展示了党和政府厉行法治的鲜明态度。

三是有利于培养社会公众的法律意识，提高民众的法律素养，在全社会范围内形成对公平、正义等法的价值理念的认同，增进民众对法律的信仰，形成以守法为荣、违法为耻的良好风尚。古今中外很多著名法学家都深刻地认识到法治信仰的重要性。伯尔曼曾言："法律必须被信仰，否则它将形同虚设。"法国学者卢梭曾经说过："一切法律中最重要的法律，既不是刻在大理石上，也不是刻在铜表上，而是铭刻在公民的内心里。"法治中国目标能否实现，一个重要的衡量标准就是法治是否成为人们的共识，是否成为人们的信念和准则。所以将法治作为核心价值观，无疑有助于强化人们的法治信仰。

四是有利于在全社会形成良好的权利意识、责任意识和依法维权的意识。改革开放以来，我国公民的权利意识不断增强，这是社会进步的一种表现，但在权利意识增长的同时，也应当进一步增加依法维权的意识，这两者相辅相成，不可或缺。有了权利意识，还需要正确行使权利、理性表达诉求、依法维护权利，这也应当成为全社会的共识。将法治作为社会主义核心价值观，有利于培养人们形成法律意识，包括权利意识和依法维权的意识，为法治社会建设打下良好的基础。

五是有利于增强我们在国际舞台上的法治话语权。我国是一个政治、经济大国，同时也应当成为一个法治大国。将法治作为核心价值观，有利于增强我国在全球治理中的法治话语权。法治化是全球治理的大趋势，也是各国公认的最佳治理模式。在当今世界，法治已经成为国际社会相互交往、相互尊重、互相合作的一个重要基础，在这个过程中，法治也成为检验一国文化软实力的重要标准。改革开放以来，我国的法治建设取得了明显成效，与此同时，我国的文化软实力也在不断提升。但我们还需要进一步增强我国在国际法治领域的话语权，并进一步展示一个倡导法治、厉行法治、追求法治的中国形象，这也符合我们作为全球第二大经济体和联合国常任理事国的国际地位。

在核心价值观体系中，应当将法治放在突出的位置，因为法治是践行其他价值观的重要保障，也是其他价值观能够得以实现的基础。例如，公平、正义的价值本身就是法治追求的目标。古罗马法学家曾言：

"法律乃公正善良之术。"公平正义是一切法律所追求的价值,是法律的精髓和灵魂。正义体现了某种秩序的内在要求,是构建普适性秩序的内在需要。自由、民主的价值,需要法治的保障。只有在法治基础上实行的自由和民主,才是有序的自由和民主,否则将陷入混乱和无序的泥潭。

总之,将法治作为核心价值观,是党和国家厉行法治的郑重承诺,是增进全体公民崇尚法治、信守法治的有力措施,也是促进社会和谐、维护国家长治久安的重要保证。

守规矩与守法

在现实生活中,不讲规则、不守规矩的现象相当普遍。小的如行人违反交通规则的"中国式过马路",三轮车、电动车在马路上逆向疾驰,甚至从呼啸而过的车内扔出各种垃圾、杂物,等等。这些几乎随处可见的行为,既破坏了交通秩序,也会危及自身的安全。大的如坑蒙拐骗,假冒伪劣,行贿受贿,官商勾结……凡此种种,不胜枚举。

毋庸讳言,这些不良现象严重破坏了社会秩序,带坏了社会风气。产生这些现象的原因有很多:一方面,我国当前正处于社会转型时期,社会矛盾凸显,贫富分化加剧,官民对立情绪上升,群体性事件频发。另一方面,受市场经济消极因素影响,拜金主义盛行,腐败加剧,社会价值扭曲,社会成员的规则意识欠缺,公民的伦理意识、责任意识匮乏,"撑死胆大的,饿死胆小的"等观念盛行。另外,由于法制不健全,整个社会存在着违法成本低、守法成本高的问题,一些没有遵守规则的人没有被及时追究责任,导致此类行为产生"劣币驱逐良币"的效果,特别是在某些领域,不守规则的人获得了巨大的利益,而守规则的人反而吃亏。如不良商人在食品中掺杂使假,其遭受的罚款远低于其违法所得,就仍然有动力继续从事违法活动。而其他守规矩的企业由于价格、成本等方面的劣势反而在竞争中处于劣势地位。

其实，中华民族历来是一个讲规矩的民族，我们被称为礼仪之邦、文明古国，就是因为我们有守规矩的传统。19世纪，美国传教士阿瑟·史密斯曾经游历中国，认为"中国人具备许多令人赞叹的品质，其中之一便是与生俱来的尊重律法。"① 钱穆先生曾说："现代的一般人，都说中国人不讲法，其实中国政治的传统毛病，就在于太讲法。"② 我认为，钱穆先生在此处所讲的法，主要指的是守规矩的传统。古人云，无规矩不成方圆。在规矩方面，中国古代可以说是"法繁于秋荼，而网密于凝脂"。传统的儒家文化实际上就是训导人们恪守礼教，这就是教导人们要遵守规矩。所以，遵规守矩是中华民族的优秀传统，甚至可以称为引以为豪的民族精神。

市场经济发展到今天，人们的价值观念多元化、利益复杂化，但中华民族守规矩的好传统不能忘、礼仪之邦的美誉不能丢。遵守法律的意识是中华民族的基因，现在再予倡导，并非革新再造，而是"恢复体质"，接续传统。治理好一个国家，一个社会，关键是要立规矩、讲规矩、守规矩。有规矩、讲规矩，社会才能有安定秩序，国家才能繁荣强盛，人民生活才能幸福安康。习近平同志在中央政治局第十八次集体学习时强调要从"礼法合治，德主刑辅"这一中国古代治国理政的精髓要旨中寻找治国理政的经验。今天，我们立规矩、讲规矩、守规矩，实质就是要实行礼法合治。这就是说，要以法律治理国家和社会，同时要以道德教化民众，以道德维护社会秩序，以道德弥补法律

---

① 参见〔美〕阿瑟·史密斯：《中国人的性情》，晓敏译，中国法制出版社2014年版，第187页。
② 参见钱穆：《中国历代政治得失》，三联书店2001年版，第126—127页。

的不足，保障法律更好地实现其调整社会生活的效果。

——守规矩，首先要守法。规矩不都是法，但法都是规矩，也是最基本、最重要的规矩。"法令行则国治，法令驰则国乱。"法律是社会生活的调节器，法律是社会公正的守护神，法律是社会秩序的维护者，法律规则体现底线道德的基本要求，也是人们基本的行为规则。法律就是治国理政最大的规矩。从法律和道德的关系来看，法律是最基本的道德，道德的标准常常要高于法律的要求。我们不能要求每一个人都是品德高尚的人，但要求每一个人都必须是遵纪守法的公民，这也是对每个公民最基本的要求。所以，法律是最基本的规矩。守法不仅是法律义务，也是重要的道德义务，违法本身也是不道德的。可以说，守法是守规矩的最低标准。在众多的社会规矩中，法律是对人们行为所作出的最低限度的强制要求。如果连法律都不守，很难想象这样的人能够遵守其他更高标准的规矩。所以，守规矩的核心是守法。立规矩首先要立法，讲规矩首先要倡导守法。为此，需要培养社会成员的守法意识，严格依法办事，以守法为荣、以违法为耻；需要公正司法，只要是合理合法的诉求，通过法律程序就应该得到合理合法的结果。需要坚守法律面前人人平等原则，培育人们的法治观念。

——守规矩，要崇德向善。树立规则意识必须要遵守道德规则。国无德不兴，人无德不立。道德教化就是教人求真，劝人向善，促人尚美。法律和道德是不同范畴的规则，其外在表现、地位和作用机制有很大差异，遵守法律和遵守道德因此也有不同的意义，但这不意味着，倡导守法的意识与倡导遵守道德的意识存有矛盾，实际上两者是相互保障、和谐并存的。法律是最基本的道德底线，遵守法律也因此就是守住基本的道德底线，许多道德规则也会转化为法律规则，故而，倡导守法的意识实际上就是倡导遵守最基本道德的意识。道德可以使法律更善，可以增强法律的德性，还可以教化民众，提升人的内在素质和外在品行，遵守道德因此能促使人们自觉遵守法律，保障法律的有效实施。因此，倡导遵守道德的意识有助于提升人们自觉守法的意识。

不仅如此，道德重在对个人行为进行事先的教化，而法律主要是对违法行为进行事后的制裁，道德因此有弥补法律不足的作用。正如司马迁在《史记·太史公自序》中所言，"夫礼禁未然之前"而"法施已然之后"。冯友兰先生也曾指出："礼所规定，多为积极的。法所规定，多为消极的。"① 还应当看到，对一些违反公德的行为，如夏天袒胸露背上街，在装修中制造噪音影响邻里生活安宁等，通过法律制裁是难以操作的，更多地需要通过道德的谴责等方式发挥积极作用。故而，倡导遵守道德的意识对倡导守法意识有着配合作用。

——守规矩，要信守诺言。契约是行为人基于相互信赖而自创的规则，它在当事人之间有相当于法律的效力，就此而言，契约也是规则，且是建立在信任基础上的规则。既然如此，树立规则意识，就还包含了树立遵守契约的意识。"民有私约如律令"、"言必信，行必果"、"君子一言，驷马难追"，这些都是中华民族的优良传统。契约精神把法律和道德有机融合起来，它既是具体化的守法意识，也是具体化的生活道德或商业道德。在此意义上，不遵守契约、不信守承诺的人，实际上就是不守法、不道德的人。在市场经济社会，人人都讲诚实、重信用、守合同，才能保障良法和善德真正得到普遍遵守。

——守规矩，要遵守善良风俗。善良风俗是人们长期形成的规矩，对人们的行为有潜移默化的作用。其中许多内容蕴含了深刻的社

---

① 冯友兰：《中国哲学史》（上册），中华书局1961年版，第414页。

会道理，大量地内化于人们的思想或意识之中，有利于形成良好的社会秩序。例如，公共场所不得大声喧哗，待人要彬彬有礼，人与人之间要相互谦让，交谈尽量寻求相互理解等。孔子所说的"己所不欲勿施于人"等，都属于此类规矩。与法律和契约相比，善良风俗一般由人们口耳相传，是经由社会交往而内化成无形的规矩，无须国家强制力作为实施的后盾。有些善良风俗也在乡规民约中得到体现，与道德相比，善良风俗并不都要求个人积极为一定的行为，只要行为人知悉并尊重通常习惯和规矩，就很容易让自己的行为符合善良风俗。善良风俗不仅在社会生活中发挥着重要作用，在法律规制中也有相当重要的地位。如民事主体所为的行为通常不得违背善良风俗，否则，合同行为就有可能无效，实施加害行为就有可能构成侵权行为。既然善良风俗不同于其他规则，又在社会和法律中发挥着重要作用，那么，树立规则意识，当然也应在全社会倡导遵守善良风俗的意识。

树立规则意识，需要每个人从小事做起，从身边的事做起，从日常行为做起。"合抱之木，生于毫末；九层之台，起于累土。"如果人们在日常生活中没有规则意识，在重大利益的选择面前，更遑论遵法崇德。而要从细微处着手来培养和树立规则意识，首先应加强规则意识的教育，特别是在青少年儿童中，要加强规则理念的反复熏陶。我国仍是人情社会，人们在交往时往往较为注重相互间的各种感情交往，对应有的交往规则看得不重，结果导致一些必要的规则不明晰，必要的规则意识也因此缺失。对此，我们一定要花大气力培养出遵守规则的文化，使规则意识内化于我们的内心，约束人的行为。

历史的经验告诉我们，讲究秩序的生活能够使我们更加安定和幸福，同时也会使我们变得更为文明和进步。而要形成这样的生活状态，离不开规则意识的树立,离不开人人讲规矩、守规矩。

我们要建设一个富强、法治、民主的社会,首先应当建立一个民众普遍遵守规矩的社会。中国人的灵活聪明是世人所称赞的,但如何将这一素质与"规则意识"结合起来,则是我们在21世纪所面临的新挑战。

全民信法是法治的基础

当谈到为信仰法律而献身时，人们常常会想到"苏格拉底之死"的故事。在这个故事中，古希腊哲学家苏格拉底因坚持无神论并主张言论自由而被诬陷引诱青年和亵渎神圣。根据当时的雅典法律，如果苏格拉底向法庭认错道歉，便可得到法庭宽恕。但苏格拉底拒绝认错，最后被判服毒自杀。他的弟子们都劝他秘密逃往国外避难，均遭他严正拒绝。苏格拉底认为，对他的审判虽然违背正义，但自己有服从城邦法律的义务。逃避法律制裁将有违正义原则。最后，苏格拉底当着弟子们的面从容服下毒药。

苏格拉底为信仰法律而死，因此被誉为人类历史上为法律殉身的第一人。千百年来，人们传颂着苏格拉底之死的故事，实际上也表达了对苏格拉底信仰法律行为的敬佩。实际上，中国古代也不乏信仰法律、信仰正义、执法如山的形象。人们传颂包拯、海瑞的故事，都源于他们对法律、正义的信仰与坚守。其实，信仰法律就是信仰正义。正如罗马的法谚所云："为实现正义，哪怕天崩地裂（Fiat justitia, ruat caelum）。"

法律能否或应否被信仰，一直面临争议。伯尔曼在《法律与宗教》一书中提出了著名的"法律必须被信仰"的论断。在他看来，宗教之所以对社会生活有重要的规范和引领作用，就在于宗教及其戒律得到了教民发自内心的信仰。法律也面临类似的信仰问题。自罗马法复兴后，西方法律传统经过数百年的发展，在20世纪初遭受了比较严重的信仰危机，法律的社会治理功能也随之衰减。因此，伯尔曼希望努力重新唤起人们对法律的信仰，以充分发挥法律的作用。在伯尔曼看来，如果法律不被信仰，则可能导致出现普遍违法的现象，难以有效维护法律秩序。

当然，也有观点（如自然法学家）认为，法律规则本身并不能成为信仰的对象，因为法律有善法与恶法之分，并非所有的法律都值得信仰。关于这一点，有一个经典案例：1991年9月，两德统一后，柏林的一家法院审理了举世瞩目的柏林围墙守卫案。被告是4名年轻的东德守卫，在柏林墙倒塌前，他们曾经射杀了一名偷偷攀爬柏林墙企图逃向西德的人。被告的律师辩称，依据东德的法律，被告不仅有权力而且有职责那样做。但法官严厉地斥责被告："东德的法律要你杀人，可是你明明知道这些逃往西德的人是无辜的。明知他无辜而杀他，就是有罪。作为警察，不执行上级命令是有罪的；但作为一个心智健全的人，你可以选择把枪口抬高一厘米。这也是你应当承担的良心义务。"据此，法院最终判处开枪的卫兵三年半徒刑，并不予假释。在自然法学家看来，那些要求东德士兵开枪射击逃兵的法律或其他类似的法律就不能成为信仰的对象。

必须承认，并非所有法律都是良法。有的法律因后来被证明为恶法、违背人民的意志而被修改或废除。甚至在一些特定的时空背景下，一个国家或地区的大量法律是违背人民意志的，不符合自然法学家所称的良法的标准。但这些偶然现象并不能否认法律必须被信仰这一命题。

事实上，伯尔曼所提出的"法律必须被信仰"这一著名论断，并不是强调培养民众对每一个具体法条的信仰，而主要强调培养公民对法律的尊重或尊崇，养成守法所必需的法律意识和法律思维。原则上，守法就是正义的，而违法就是非正义的，这就是信仰法律的意义之所在。

具体回到中国的现实环境下，提倡法律必须被信仰对中国建设法治社会具有重要意义。

只有全民信法，才能实现社会稳定、和谐、有序。中国几千年并不存在法治传统，几千年的封建思想和传统也成为了当前法治建设的一大障碍。正如邓小平同志所指出的："旧中国留给我们的，封建专制传统比较多，民主法制传统很少。"在社会生活中，人们的权利意识和民主法治观念依然淡薄。中国经过三十多年来的改革开放，在经济建设和法治建设上取得了巨大成就。但改革开放以来的社会、经济和法治改革实践也表明，由于诚信缺失、道德滑坡、法治观念淡薄等原因，有法不依、执法不严、违法不究的现象仍然广泛存在，社会生活中不讲法纪、不讲规矩的现象仍频繁发生。在这样的社会背景下，要实现社会和谐、稳定、有序，就必须要树立全民对法律的信仰，培养人们对法治的信仰与尊崇，实现从人治向法治社会的转型。

只有全民信法，才能树立法律的权威，保障法律的实施。全面推进依法治国的重点应该是保证法律严格实施，做到"法立，有犯而必施；令出，唯行而不返"。一方面，人人信法意味着每一个社会成员从内心自愿接受法律约束。守法是公民的基本义务，也是道德良心的基本要求。应以守法为荣、违法可耻。基于这样一种信仰，人人自觉遵守法律、服从法律，并依据法律规定安排自己的行为。只有社会全体成员信仰法律，才能保障法律的有效实施。在这个意义上，卢梭的概括极为精辟:"一切法律中最重要的法律,既不是刻在大理石上,也不是刻在铜表上,而是铭刻在公民的内心里"。另一方面,只有把法律作为一种信仰,才能引导公民树立社会主义法治理念、养成遵纪守法和用法律途径来解决问题的良好习惯,真正使法治精神深入人心,最大限度降低法律实施的成本。

只有全民信法,才能建成法治社会。这就是说,全体社会成员要相信,只有依靠法律才能有效化解社会矛盾和权益纠纷,保障人民的人身和财产安全,维护社会的公平正义。相反,如果"信权不信法"、"信钱不信法"、"信访不信法",甚至认为出现纠纷时,应通过"大闹大解决,小闹小解决,不闹不解决"的办法来化解纠纷,就不可能真正实现公平正义、真正建成法治国家或法治社会。另外,只有全体社会成员都能够尊重法律,遇事找法,解决问题靠法,发生纠纷后都能够依法合理地表达诉求,才能真正建成法治社会。法治是人类社会历史所证明的最为有效的社会治理模式,法治具有权威性、稳定性、可预期性,能够在最大范围内调和人们的各种利益诉求。只有人们信仰法律,使各种社会矛盾纠纷都能够纳入法律的范围内解决,纠纷解决的结果都具有可预期性和公正性。只有人与人之间的各种关系纳入法律的轨道,法治社会的建设才能最终完成。

只有全民信法,才可以在最大范围内凝聚人们的共识,实现社会的有效治理。我国当前的改革已经进入到深水区,处于攻坚战阶段,触及到深层次矛盾和重大利益调整,牵一发而动全身。各种社会矛盾纷繁复杂、频发叠加。在这样的背景下,若存在对法律的信仰,则可以在法治框架下解决有关的矛盾冲突,从而最有效地化解矛盾,凝聚共识,推进改革的有序进行,促进社会经济健康发展。

必须强调的是，信仰法律并不是指信仰法律的具体规则。法律规则事无巨细，无法被信仰。信仰法律，主要是对法律权威的信仰。中国不缺具体而有形的法，而是缺乏对法的精神的理解，缺乏对法的敬畏。信仰法律，体现为法律思维和法治精神的形成，体现为对公平、正义的不懈追求。苏格拉底为信仰法律而献身，就彰显了信仰的力量。从苏格拉底身上，我们也看到，信仰法律就是对正义的不懈追求。这种追求有两种方式，一种是在法律的框架下完成，一种是在非法律的框架下完成。在后一框架下，即便结果正义，也无法通过法律规范有效地巩固该正义的结果。只有在法律的框架下追求正义，才能真正地、持久地实现正义。法治的社会就是一个充满公平正义的社会。只有在树立法律的信仰之后，正义的光辉才能持久闪耀。

信仰法律，就是要真正将法律内化于心，外化于行。这需要改善法治环境，培育法治文化。信仰法律意味着人们应当自觉守法、自愿守法而不是被迫守法、被动守法，因为法律是保护每一个社会成员利益的规则，人人守法也就是在维护我们每一个人的自身利益。以交通规则为例，它保护了每一个人的安全，但又需要我们每一个人去遵从，否则就会形同虚设。信仰也是一种理想，是一种追求。法治在发展过程中总会遇到一些挫折，而不会是一帆风顺的，特别是在社会转型时期，更应当树立全体社会成员对法治的信仰，才能树立法治的理想，支撑人们前行。

如何才能使人们信仰法律？对此，通常的回答是加强普法教育，深入开展法治宣传。毫无疑问，这项工作是必要的。但是，必须认识到，仅仅依靠普法是难以真正树立法治信仰的。事实上，我国从1986年起就开始了普法教育活动，到现在已是"六五普法"，但普法的效果并不显著。由于公民的法律信仰具有亲历性，最关键的问题，还是要从科学立法、严格执法和公正司法三方面着手。首先，通过科学立法和民主立法，打造良法，在立法过程中恪守以民为本、立法为民的理念，最大限度地汇聚民智、反映民意、凝聚共识，使每一项立法都符合宪法精神、反映人民意志、得到人民拥护，从而提升法律权威性，为促使法律被信仰奠定良好的基础。其次，严格执法，树立法律权威。古人说，以吏为师。虽然今天对此有不同的理解，但必须认识到政府机关依法行政、各级党政领导干部带头守法的榜样和示范作用。如果政府都不诚信、不守法，则上行下效，要求民众守法的正当性就不复存在。如果领导干部以言代法、以权压法、徇私枉法，就会破坏法律面前人人平等的原则，降低法律权威，损害人们对法律的信仰。要树立民众崇法、尚法的理念，国家机关及其工作人员应当率先守法。再次，信仰法律，需要保障司法公正，使人民群众从每一个公正的裁判中感受到公平与正义，只要是合理合法的诉求，通过法律程序就能得到合理合法的结果。要完善人权的法律保障制度，切实保障公民的人身权益不受侵害，如此才能树立对法治的信仰。正义是从每一个具体个案中彰显的，法律的权威也是在每一个案件的审理过程和审理结果中体现的。如果个案裁判不公，对社会正义的破坏力和杀伤力是重大的，也会从根本上动摇人们对法治的信仰。正如培根所言："一次不公的（司法）判决比多次不公平的举动为祸尤烈。因为这些不公平的举动不过弄脏了水流，而不公的判决则把水源败坏了。"

正如十八届四中全会所提出的，法律的权威源自人民的内心拥护和真诚信仰。人民权益要靠法律保障，法律权威要靠人民维护。一个真正的法治社会，应当是一个普遍遵守、敬畏和信仰法律的社会。全民信法是法治建设的重要社会基础。

从地铁"热干面"事件看公共道德的法治培育

据报载,2013年3月29日,在武汉地铁2号线上,一名女乘客在地铁车厢内吃热干面,在数人劝阻无效的情况下,另一名乘客叶女士用手机拍下这一照片,食面女子就上前抢手机,想要删除照片,两人发生拉扯,食面女子将未吃完的热干面砸在了叶女士脸上。两人被其他乘客劝开后,食面女子在循礼门站迅速下车,叶女士到光谷站下车后报警。警方称,因叶女士并未受伤,并不构成治安案件。① 但经媒体报道,这一"热干面事件"随即引发了网民的广泛关注和热烈讨论。网民普遍认为,为了保持地铁内的环境卫生,乘客不应当在地铁内食用热干面。

"热干面事件"让公共道德问题再次走入公众视野,促使我们去深入思考公共道德应如何培育和形成的问题。的确如个别网民所言,个人有乘坐地铁的自由,有携带私人物品乘车的权利,一些上班族因为急于上班,为节省时间而不得已在地铁车厢内饮食。但任何自由都是有限度的,不是无拘无束的,不能因自身的方便而妨碍他人,地铁车厢内饮食的

---

① 参见《女子地铁吃热干面不听劝阻 网友拍照遭当头砸面》,载《长江日报》2013年3月29日。

行为同样如此。众所周知，地铁车厢的环境相对封闭，空气流通性差，且乘客较多，在此环境下饮食，无疑会增加车厢内空气的浑浊度，破坏乘车环境的舒适感，且会影响车厢的卫生。就此说来，在地铁车厢内饮食，的确会妨碍其他乘客的利益，影响公共环境和卫生，有违公共道德。其实，在地铁的宣传资料以及标识上，都有禁止在地铁车厢内饮食的提示，但"热干面事件"及其类似的情形却屡屡发生，这表明公共道德的约束机制存在明显的不足。

可能还会有人认为，即便在地铁车厢内饮食会给他人带来不适感，但这也只是一个无伤大雅的行为，谈不上有违公共道德。这种观点显然不妥。在地铁车厢内饮食的行为不是单纯的个人事务，因为它毕竟是在公共场所实施的，的确会给他人带来不便，且客观上会影响公共环境和卫生，若不及时制止，经年累月之后，被众人效仿，地铁环境将会受到严重破坏，成为脏、乱、差的场所，人们乘坐地铁也谈不上有任何舒适感，这当然会损害公众的利益。从这个意义上说，认定此种行为有违公德，并未言重。古人云，"勿以善小而不为、勿以恶小而为之"，虽然在地铁车厢内饮食的行为是小事，但从遵规守矩层面来看，也不能这么做。

公共场所处于众目睽睽之下，遵守公德、遵守规矩更为重要。凡是在东京等国外发达城市乘坐过公共交通工具的人都知道，在那里乘车时，很少见到"禁止饮食"的明确标识，也很少听到相应的广播，但极少看到在交通工具内进食的行为，甚至连打电话、大声喧哗的现象都比较少见。之所以如此，不外乎在这些公共场合禁止饮食、大声喧哗已经作为基本的公民道德准则，深入人们的内心，并引导人们自觉遵守该准则，如有人违背，他人就可能出来谴责。因此，从"热干面事件"可以看出，在我国，公德观念、规矩意识的培育仍然十分必要。

要培育和提升公民的公共道德观念，使之成为内化于心的基本行为习惯，首先需要道德教化，因为与法律规则这种经专业缜密分析而形成的外在规则不同，道德规范主要是通过日常的道德教化形成的内心信念和行为规范。道德教化如春风化雨，需长久熏陶。遵守公德应当从身边的事做起，从日常行为做起。"合抱之木，生于毫末；九层之台，起于累土。"道德教化的培育机制是多元化的，家庭教育、学校培养和大众传媒都可以在这方面积极努力，以促成良好道德风尚的形成。而且，这些道德教化的培养机制具有成本低廉、不依赖国家强制力等优势。

不过，仅通过道德教化是不够的，因为一方面，道德虽然能够为人们的行为提供指引，也能够通过舆论对不道德的行为予以谴责，但其强制力仍然有限。公共道德还没有明确的外在制裁机制，其约束力取决于人们的自觉和社会的监督，其缺乏必要的强制实施的机制，这就使得违反道德的行为仅仅只是受到舆论的谴责而已，缺乏强制力的约束。另一方面，公共道德的内涵较为抽象，在特定场合，人们不确定某种行为是否有违公共道德。如有人根本就不知道还有"地铁车厢内不得饮食"这样的公共道德准则，或者有人虽然知道"地铁车厢内不得饮食"，但并不知道它是公共道德准则。此外，某些公共道德的形成过程具有自发性的特点，形成过程比较漫长，在这个过程中，相关问题无法得到有效及时的解决，不利于社会秩序的稳定。所以，仅依靠道德教化并不能真正培育公共道德，还需要借助于法治的引导。古人说，"善政不如善教"，但在现代社会，对培育公共道德而言，"善政"与"善教"同等重要。

就地铁内的公德培育而言，通过法治的方式就是要立规矩、讲规矩，以强制力落实规矩，督促众人守规矩。通过这个过程，加速公共道德的培育过程,明确公共道德的内涵,引导人们自觉遵规守矩。地铁车厢是十分重要的公共场所,乘客个人的饮食会对其他乘客和整个公共交通环境造成负面影响。例如,饮食散发出来的气味或食品垃圾对其他乘客的乘车感受造成不良影响;乘车高峰时段还可能发生食品、饮品的碰撞、溅洒,造成人身或财产损失,如热饮烫伤他人等;饮食所散发的气味或遗留下的垃圾、碎屑还可能破坏公共环境卫生,引发蟑螂、鼠疫等严重的卫生问题。可以说,地铁车厢属于公共领域,地铁的整洁、有序与每位乘客的利益具有密切关联,在这个公共领域饮食已经超出了私人领域和私人活动的范围,影响了其他乘客的出行便利。约翰·密尔说过,在人们行为自我关涉的领域,法律不予过问;而在行为对他人产生损害等不利影响时,就有可能引起法律的介入。正因为在地铁车厢内饮食不仅仅是行为人自我关涉的领域,它因此并非法律所不理会的琐事,法律应当进行必要的规范。

从比较法上来看,一些国家和地区都通过法律规则禁止在地铁车厢内饮食。如在香港,不仅地铁车厢内有"禁止饮食"的标识和广播,而且还有法令明确禁止乘客在车站的付费区域和车厢内饮食,市政交通管理部门有权对违反该规定者处以高达5000港币的处罚。在澳洲,有关法律也规定,公交车内禁止携带食物。在我国,为了维护地铁车厢这一公共场所的秩序,相关部门制定了相关的管理规则,其中就包含"地铁车厢内禁止饮食"的规则。例如,北京地铁系统在引入香港投资的同时,也开始在相应的线路试行"禁止饮食"的明确标识和规定。[①] 再如,《西安市城市轨道交通条例》就明确规定:地铁车厢内禁止饮食;

[①] 参见《北京地铁4号线将禁止乘客车厢内饮食》,载《法制晚报》2009年7月10日。

在车厢内吃喝的，被处以20元到100元的罚款。①

上述规则都是努力通过规章制度培育地铁内公共道德的例子，正是通过规章制度的强制性，取得了比较好的社会效果。法律规则是明确的、肯定的、普遍的规范，能够为人们的行为提供指引，人们乘坐地铁，见到了车厢内禁止饮食的标志，就知道了应该怎么做和不应该怎么做；如果有人违反该规则，其他人可以根据该规则予以劝阻，而地铁管理人员则可以依据相关规则对该行为予以处罚，这就有利于加速地铁内公共道德的形成。其实，在不少情形下，国家通过立法强制推行那些能够普遍增进公民社会福利的道德观，使得那些违背此种公共道德规范的公民承担违法成本，促使这类公民及时调整自身的社会行为和交往方式，有利于提升优秀道德观念的成长速度和质量。

从地铁"热干面"事件可以看出，法律规则和道德规范具有高度的趋同性，两者是相辅相成、互相促进的，但两者又具有不同的功能，不可相互替代。社会公共道德的培育离不开道德的教化，但更需要法律规则的保障。

---

① 参见《〈西安市城市轨道交通条例〉获审议通过》，载《西安晚报》2011年5月26日。

人文主义和契约精神

——《威尼斯商人》读后感*

莎士比亚的《威尼斯商人》全球闻名，它讲述了这样一个故事：威尼斯商人安东尼奥为了成全好友巴萨尼奥的婚事，向犹太人夏洛克借款3000元，借款期限为3个月；如果逾期不还，夏洛克有权从安东尼身体上割下一磅肉。在借款以后，由于安东尼奥的商船失事，导致其资金周转困难，无力偿还借款。夏洛克诉至法院，要求安东尼奥按照约定以割肉的方式履行契约。为救安东尼奥的性命，巴萨尼奥的未婚妻鲍西娅假扮律师出庭，她答应夏洛克的要求，但要求所割的一磅肉必须正好是一磅肉，不能多也不能少，更不准流血。夏洛克因无法做到这一点而败诉。

在这个故事里面，莎士比亚把夏洛克塑造成一个唯利是图、贪婪和冷血的高利贷者，他试图利用各种机会盘剥他人。夏洛克在借钱给安东尼奥时声称，"跟我去找一个公证人，就在那儿签好了约；我们不妨开个玩笑，在约里载明要是您不能按照约中所规定的条件，在什么日子、什么地点还给我一笔什么数目的钱，就得随我的意思，在您身上的任何部分割下整整一磅白肉，作为处罚。"可见，夏洛克在借钱

---

* 原载《法学家茶座》2014年第3期。

伊始就不怀好意。同时，莎士比亚把威尼斯商人安东尼奥刻画成一个乐于助人的男子汉形象，并对鲍西娅的机智、勇敢品性给予了赞扬。数个世纪以来，人们阅读这一故事后的第一反应通常是批评夏洛克的残忍，很少有人对夏洛克借出的钱未获清偿的遭遇表现出一点同情。

然而，在各种场合的学术讨论中，对夏洛克的评价并不限于人性的"贪婪和残忍"。人们从这个故事中其实还可以发掘出很多复杂的问题，而各个学科的学者也对其作出了不同的解读。宗教学家从中看到了《新约》和《旧约》的不同，即在这两个文本所描绘的宗教世界里，夏洛克与安东尼奥的对立直接表现为"愤怒的化身"同"仁慈的化身"之间的对立。因为《旧约》强调包括严守契约的正义观念，而《新约》则将仁慈和宽恕的精神置于突出位置，这一"旧约伦理"和"新约伦理"的对立正表现了旧律法和新律法（the old law and the new law）之间的冲突。例如，英国著名莎评家考格希尔在《论莎士比亚的喜剧》一文中就指出，夏洛克的败诉标志着"新约伦理"的胜利，表明基督教新教在莎士比亚的时代占了上风。但在历史学家看来，《威尼斯商人》反映了作者以及当时社会的一种反犹太人情绪，因为剧中把犹太人夏洛克说成异教徒，把他描绘成唯利是图的吸血鬼，而对欠债不还的安东尼奥则大加颂扬，这从某种角度也反映了历史上基督教教义与犹太教教义之间的矛盾。社会学家则看到了另外一个层面的问题，即该故事在一定程度上反映了早期商业资产阶级与放高利贷者间的矛盾，其中也包含了部分民族与宗教间的矛盾。

与前述观察角度不同，法学家则看到了契约精神和人文精神的冲突，夏洛克在法庭上的辩论，特别是其对契约精神的理解，给人印象十分深刻，夏洛克辩称：

>公爵不能变更法律的规定,
>
>因为威尼斯的繁荣,
>
>完全倚赖着各国人民的来往通商,
>
>要是剥夺了异邦人应享的权利,
>
>一定使人对威尼斯的法治精神发生重大的怀疑。①

夏洛克坚称,尊崇法律是过一个有体面生活的重要条件。在他看来,严格遵守法律实际上是最大的善(goodness),如果一个人一生都能够一字不差地(to its letter)遵守立法,那么,他就是在实施正义之举,而遵守契约实际上就是遵守法律,正是这种严格守法和守约的行为,才使得人们获得成功。为此,夏洛克在法庭上大声疾呼:

>我问他要的这磅肉是我花大价钱买的,它属于我,快给我。如若不然,我要诉诸国法!威尼斯城邦的法律等于一纸空文吗?
>
>——我要求法律,
>
>——我有证据在手。

夏洛克坚守契约精神、为实现债权而斗争的行为曾受到了不少法学家的赞誉。例如,耶林教授在《为权利而斗争》一文中说,"这个男子汉表现得多么力量强大、威风凛凛","表现出他精神的高尚和庄重"。然而,夏洛克所主张的精神并没有获得认同。"这在《威尼斯商人》中伴随着夏洛克;他想主张其权利,整个威尼斯却不认同这一点;当他不能把这场斗争进行到底时,他最终同样悲惨地毁灭了。"在耶林看来,夏洛克的法庭辩护才是真正的正义之举,其所争取的是维护自己依法享

---

① 《威尼斯商人》V, iii, 31—36; VI, i, 39—43。所有的引文都出自 Furness Varuirum 版 (Philadelphia: J. B Lippincott Co., 1888)。

有的权利,这正是法律所应当提倡和鼓励的行为。

今天看来,《威尼斯商人》的故事的确深刻反映了中世纪后期的阶级分化和阶级矛盾,反映了社会对贫富差距、阶级压迫的厌倦和反感。于是,莎士比亚将此种社会情绪直接反映到文学作品中来,他深刻地揭露了早期商业资产阶级与高利贷者之间的社会矛盾,并借此抒发一种人文主义情怀。总之,通过这个故事,莎士比亚彰显了关爱弱者的人文主义精神,倡导对人类生灵的宽恕、博爱(brotherhood)和慈悲,从这个意义上说,莎士比亚的文学贡献是伟大的,也因此为世人所颂扬。

然而,在法律层面上,耶林对同一历史故事的解读也不无道理。因为在那个重商主义时代,新型商业实践的出现和繁荣正是依靠人们对法律和契约的严格遵守。在那个时候,地中海海上贸易的发展促进了威尼斯商业的发达,并使其成为"通向东方的门户"。城市的兴起和扩大,直接带来了物质财富的增长和社会生活水平的提高。而此种商业繁荣主要是依赖契约精神的支撑。的确像夏洛克所观察的那样,"威尼斯的繁荣完全倚赖着各国人民的来往通商"。试想一下,如果不奉行契约精神,不保护商人对商业交易的合理预期,他们怎么可能有勇气和信心从事信用交易?在那个年代,流行着一种自然法理论,即遵守契约就是实践正义。从夏洛克的身上,我们看到了犹太民族对契约严守原则的尊重,这或许是犹太民族产生了像索罗斯、罗斯柴尔德等著名商人的主要缘由。"契约必须严守"是诚信原则的具体体现,也在一定程度上彰显了个人的人格独立和人格尊严。正是从这个意义上,德国学者梅施麦克将私法自治称为私法体系的"恒星",因为它是永远放射光芒的。

不仅如此,莎士比亚在《威尼斯商人》中对阶级对立现象的观察无疑是准确的,并由此体现出"正义要服从怜悯",即保护代表"怜悯"

的鲍西娅,而非代表"正义"的夏洛克的人文主义情怀,这也是值得赞赏的。不过,就莎士比亚带给人的大致印象而言,他简单地认为"社会阶级对立"与"严守契约"之间具有正相关关系。这种看法有失偏颇,事实上,导致一个社会阶级对立的原因有很多,历史的经验告诉我们,契约精神和契约实践并不会直接导致阶级的对立。相反,契约精神有利于增强交易预期、促进社会财富的创造,这有利于增进人类的福祉。归根结底,契约能够得到严守,正是推动交易正常进行和市场有序发展的制度保障。在这层意义上,莎士比亚的批评显得有些偏颇,甚至打错了靶子。当然,人类社会的发展状况和制度设计还取决于特定时期的社会认知水平,不应严格按照今天的标准对其进行评判。

此外,应当注意的是,按照当代民法的基本原则来看,夏洛克与安东尼奥所订立的契约在内容上违反公序良俗,因为割掉一磅肉的约定有损人的生命健康权,而且也有悖于现代社会所追求的普遍平等的人格尊严,该契约应当被宣告无效。不过在中世纪,由于人格尊严尚未得到充分重视,因而也很难说此种约定在法律上就一定是无效的。在此前提下,严守契约会涉及契约解释方法,主要表现在,对于双方所约定的债务内容的解释,究竟应当严格依据所约定的字面用语进行解释,还是从目的解释等角度出发对债务的内容进行解释。在本剧中,法官允许夏洛克依约割下安东尼一磅肉,但同时支持了鲍西亚的主张,即要求夏洛克不能让安东尼流一滴血,因为流血并不属于契约约定之列。我们认为,法官对于契约的这一解释是存在问题的,因为根据常理,割肉不可能不流血,其严格按照文义的解释结果,显然违反了"按照通常理解进行解释"的解释学基本原则。

尽管在威尼斯商人的年代,夏洛克与安东尼奥所订立的契约不会因违背人格尊严而被宣告无效,而且耶林也从维护私权的角度认为夏洛克的权利要受到保护,但把这个剧情放在现代人的视角中,特别是从契约正义的角度来看,这一契约无疑是违反公序良俗的,因为生命健康权是最高的法益,任何权利与生命健康权发生冲突,都要退居其次。Roy Battenhouse 指出,"在这出戏中,威尼斯的法律不仅仅要维护已经签订的契约,也要维护签订契约者的生命"。① 夏洛克所享有的契约权利与安东尼奥的生命健康权利相比较,法律显然应当保护后者,而非夏洛克的契约权利。因此,现代民法不允许执行这份割肉的契约。相反,法官应当主动审查该契约的效力,并依据公序良俗原则宣告该契约无效。当然,即便该割肉偿债的约定无效,也不应当影响对夏洛克权利的保护,其至少可以请求返还当初出借的财产,对此无需赘言。这实际上反映了法律从维护财产权利到侧重保护个人人格尊严的发展趋势,体现了法律的人文关怀精神。

正是在此意义上,《威尼斯商人》又启发我们去思考"契约正义"这一古老的话题。法谚有云, "契约即正义(Qui dit contractual, dit juste)"。但在今天看来,契约并不等同于法律,也不必然等同于正义,因为契约本身可能是不合法的,契约自由也可能被滥用。法律在鼓励人们广泛从事契约交易实践的同时,也要限制那些有损社会公共利益的契约行为。特别是自 20 世纪以来,社会经济结构发生了巨变,社会组织空前复杂庞大,垄断日益加剧,社会生产和消费出现大规模化发展趋势,公用事业飞速发展,消费者、劳动者等弱势群体保护的问题日益凸

---

① Roy Battenhouse, "The Merchant of Venice: Comment and Bibliography", see Roy Battenhouse edited, *Shakespeare's Christian Dimension: An Anthology of Commentary*, Bloomington and Indianapolis: Indiana University Press, 1994, p.68.

显，这使得民事主体之间在交易中地位的实质不平等成为一个越来越严重的问题。在此背景下，由于信息不对称、垄断市场、不完全竞争、外部性（externality）等因素的客观存在，可能导致市场失灵（market failure），而市场失灵就意味着交易并不一定都是公正的，也不一定是符合契约当事人利益的。因此，对于严守契约的理解不能僵化，不能认为所有的契约都一定要得到严守，所应严守的只能是那些内容合法、公正的契约。

中国有自然法的理念吗?

自然法被视为西方的法律传统,很多西方学者将其视为西方文明的专利。今天一提到自然法,我国许多学者已经习惯于从西方的法律传统的角度探讨这一问题,认为传统中国不存在自然法的理念。不过,这一点并非没有争议。梁启超就曾在其《中国法理学发达史论》中宣称:儒家的法理学是自然法。梅仲协认为,礼就是自然法。这种看法也得到了一些外国学者的赞同。例如,李约瑟(Needham)曾在其《中国科学技术史》一书中指出,中国古代的礼就是西方所说的自然法。[1]

事实上,这种讨论并非毫无意义。不少证据表明,中西文化在对待自然法则、自然规律方面,的确存在许多相同的地方。在进一步讨论这个问题之前,我们首先需要厘清自然法的内涵和特征。自然法首先是对自然规律的一种认识,主要体现的是一种理念。自然法揭示了自然正义的思想,早期自然法的核心是围绕正义而展开的。早在公元5世纪时,圣奥古斯丁就问道:"如果没有正义,国家除了强盗泛滥、土匪日增还会是何面目呢?"自然法的正义思想也被卢梭等人

---

[1] 参见梁治平:《寻求自然秩序中的和谐》,商务印书馆2013年版,第324页。

借用，成为社会契约论的基础。卢梭认为，一个人服从于另一个人的权力，必须以前者的同意为条件，这也是符合自然正义的。

伏尔泰在《哲学辞典》里有一段话精辟地表述了自然法的思想：

乙：自然法是什么？

甲：自然法就是令我们感到公正的本能。

乙：您把什么叫做公正或不公正呢？

甲：就是天下的人都认为是公正或不公正的。①

自然法的核心是强调法的公平、正义和理性，自然法至高无上，实定法应当服从自然法。这种思想萌芽于古希腊自然哲学，后古罗马法学家在斯多葛学派理论的基础上，对自然法的思想进行了阐述。西塞罗认为，"真正的法律是与自然相一致的正确的理性；它普适（universal application）、恒常（unchanging）、永续（ever lasting）……去改变这种法律是一种罪过，也不允许试图限制它的任何部分，而完全废除它则是不可能的"。② 自然法具有先验性，其主要反映一种自然的规律。它是实定法的准则和依据。在此之后，罗马法学家们并不仅是抽象地谈论自然法，而是将自然法与社会生活相结合，注重从自由和权利方面来解释自然法的理性和正义，从而为后来的西方法学奠定了基础。自然法高于实定法。中世纪时，阿奎那指出，如果实定法不符合自然法，那么它就不是法律。在他看来，"不公正的法律就不属于法律"（lex iniusta non est lex）。与自然法相冲突的法律实际上失去了道德的拘束力。从这一意义上说，自然法实际上起到了检验实定法正当性的作用。中世纪时期的

---

① 参见伏尔泰：《哲学辞典》（下册），商务印书馆1991年版，第600页。

② 参见 Raymond Wacks：《法哲学》，谭宇生译，凤凰出版传媒集团2008年版，第3页。

"三R运动"(罗马法的复兴、文艺复兴和宗教改革)为近代自然法的孕育奠定了思想和观念基础,自然法不再被认为是神的意志,而被认为是人的理性的体现。今天,自然法的基本理念仍然以公平、正义为核心,自然法学者认为自然法规则是永恒的,是符合自然规律的,它独立于实定法而存在,高于实定法,并且应当成为实定法正当性的判断标准。例如,在审判纳粹战犯的过程中,即产生了自然法理念与实定法之间的冲突问题。纳粹政府在统治期间颁布的法律,许多都具有反人类的特点,从自然法的角度来看,纳粹战犯不能以其行为属于依法执行法律作为抗辩。

我国千百年来一直也存在着正义来自于自然的理论。例如,"善法""仁政""王道"和"天理"等,都包含了自然法的思想。我国古代的自然法理念不仅包括了公平、正义等理念,而且包括了符合客观规律的内容。例如,《慎子》曰:"法者,非从天下,非从地出,发乎人间,合乎人心而已。"这句话本身就概括了法律发展的规律,也体现了浓厚的自然法思想。在这一点上,中西古代先贤的认识是一致的,例如,古罗马法学家西塞罗就认为,"真正的法律是与自然相一致的正确理性"。①

自然法思想在传统文化中都有所体现,古代哲人主张"天人合一",顺乎自然。孔子的德治思想、孟子民本思想,以及老子所说"道",都包含了自然法的理念。王阳明指出:"建立治纲,分正百职,顺天时以制事。至于创制立度,尽天下之事者,治之法也"。② 所谓"天时",也是讲的自然规律。"大乐与天地同和,大礼与天地同节"(《礼记·乐

---

① 参见梁治平:《寻求自然秩序中的和谐》,商务印书馆2013年版,第329页。
② 王阳明:《近思录》(卷八·治体)。

记》)。庄子继承了老子"道法自然"的思想,主张"道兼于天",此处的"天"应当就是指自然。庄子主张遵循自然规律,崇尚自然,"依乎天理","因其固然",其认为,公正无私是普遍永恒的人类行为准则。人们在自然法面前一律平等,君王也没有超越社会之上的特权。"势为天子而不以贵骄人,富有天下而不以财戏人"(《庄子·山木》)。这些都包含了浓厚的自然法的思想。

我国古代的自然法理念对实体法的影响是很深刻的。在中国古代社会,法家认为法是从道中衍生出来的,要符合自然的规律,反映万物的内在秩序,即国法应当符合天理,符合天理是国法的正当性基础。众所周知,古代判案依循"天理、国法、人情",其中的天理,就相当于西方的自然法理念,而国法就相当于西方的制定法,人情则包括了类似于习惯法的内容。"万物皆只是一个天理"[1],所谓天理,存在于万事万物之中,是万事万物的发展规律。君子以格物穷理作为其最高境界,"仁者以天地万物为一体"[2],其实也就是要以认识自然的发展趋势为目的。天理放在国法的前面,并不是一个简单的顺序排列,而表明了天理高居于国法之上,并可以作为检验国法是否合乎公平正义的标准。在这一点上,其实中西方在法律传统上都追求法的正当性,都强调制定法应当符合自然法则,并认为自然法超越于实定法之上。在中国古代,天理甚至可以成为制约皇权的一种理念。例如,朱熹主张格物致知、穷理尽性、天理高于皇权、道统高于治统。因为天理决定万事万物。天理包括事物发展规律,其首先指的是天之大理,而非物之小理。因此,朱熹主张"存天理,灭人欲",此种思想被王阳明进一步发扬光大。

---

[1] 《二程集》《遗书》(卷二上)。
[2] 《孟子·梁惠王》。

我国古代的自然法理念深刻地影响了人们的观念。自然法使得实定法更符合自然规律和人性,所以自然法看起来是飘忽不定的,但又是一种根植于人心之中的理念,无处不在。我国古代的"天理"实际也包含了公平正义的价值理念,"至善只是此心存乎天理之极"①。民间所说的"天理难容"、"伤天害理",其实就是在谴责某种极不公正、极不正义的行为。所谓"天理昭昭",也是在表达冥冥之中有公道、正义存在。天理无形,但存乎每个人心中,我们通常讲的杀人偿命、欠债还钱、不得恃强凌弱、不得伤害他人,均是天理。而且,如同苍天不老一样,天理也有长久的生命力和广泛的适用性,千百年来在任何国家、任何社会、任何民族,都有相同或相似的规定存在。自然规律的正统性,强调万事万物的运转需要尊重一定的自然规律。古代讲情、理、法,可见,古人实际上已经看到了在实体法之外实际上有自然法的存在,其内化于心,外化于行,生生不息,长久存在。但是天理有时体现的是一种正义、公平的理念,任何一个判决是否合理,不仅仅要看其是否符合法律条文的要求,而且要由天理来评价,这里的天理实际上指的就是人们心中公平正义的理念。

自然法思想对法律的适用与执行也不无影响。由于我国早期制定法不发达,特别是民事方面的法律规范不完善,自然法也常作为我国古代判决案件的根据。如明代时,一年仲春,湖南长沙两头牛顶斗,一牛死去,一牛受伤。两家主人为此大吵大闹,太守祝枝山察访民情路经此地,问明情况,当即判道:"两牛相斗,一死一伤。死者共食,生者共耕。"双方一听,觉得合情合理,于是争端平息。正是依据此种朴素的公平正义的思想,使得双方胜败皆服。中国古代"民有私约如律令",

---

① 王阳明:《传习录》(卷上)。

信守诺言、诚实守信也是符合公平正义的自然法理念的。即便是在执行法律的过程中,也强调符合自然规律、循天道而行律令。例如,古代中国执行死刑的时期,讲究符合自然界春生、夏长、秋收、冬藏的规律,春、夏两季,万物复苏、草木生长,欣欣向荣,在此季节万万不能执行死刑,否则就和自然规律相违背。而进入秋季,风扫落叶、万物萧条,自然界进入枯竭和肃杀时期,因此,秋冬行刑,也与自然的变化相适应,这就是所谓"秋决"的由来。由此也可以看出自然法理念对我国古代法律执行影响之深。

应当看到,中国古代的自然法思想与西方的自然法思想也不尽相同。一方面,西方的自然法思想具有很强的神法色彩,其大多以神的创世为前提。例如,西塞罗就认为,上帝是自然法的制定者、颁布者和执行者。[①] 阿奎那等人也将自然法归入到神法的范畴。而中国古代的自然法思想中并不存在该前提,不存在神的观念,自然法并不是指上帝,儒家的天道观、法家的天道自然背后都没有创世的上帝。另一方面,西方的自然法与其自由、平等、人权保护等观念是相一致的,自然法认为人权是与生俱来的,这也为后来的天赋人权等主张提供了基础。此种自然法的理念也成为文艺复兴的前奏,为文艺复兴作了理论上的铺垫。今天西方所宣称的"天赋人权"、"人人生而平等"等理念,实际上也是从自然法中演化而来,所谓自由的思想理念也是自然法理念的延伸。所以,自然法构建了西方法治文明的基础。中国古代的自然法思想只是注重个人的义务,而没有从个人权利的角度进行阐释。儒家主张"仁者爱人",但其与现代的人权观念具有较大的差距。我国古代的自然法理念

[①] 参见 Raymond Wacks:《法哲学》,谭宇生译,凤凰出版传媒集团 2008 年版,第3页。

主要是以义务为本位的，其主要强调个人的义务，如对家庭、对他人的义务等，其要旨即是"三纲——君为臣纲、父为子纲、夫为妻纲"，而忽略了对个人权利的保护。在我国封建社会，人们的权利意识、权利观念淡薄，个人权利与个人自由得不到尊重。中国古代并没有系统的自然法理论，尤其是缺乏以个人权利为中心的自然法理论，这是我国古代法制的一个缺陷，对人们的法律观念影响较大。权利观念其实就是法律观念，权利意识也往往就是法律意识，充分保障民事权利就是构建法治社会的基础，因此依法为权利而斗争就是为法律的实现而斗争。

总之，我国古代虽有自然法的理念，但并未形成系统的自然法理论体系，这种缺憾也对我国的法治文明产生了一定的影响。当然，自然法是客观存在的，但不是永恒不变的，而是不断发展的。认识中国古代的自然法思想，像古人一样尊重自然规律、尊重天理，从这个意义上说，重温古代的自然法思想，对今天的法治建设仍有积极意义。

法律的本土化与国际化

我曾经有幸参加了《合同法》和《物权法》的起草工作。在《合同法》制定过程中，我主张合同法应当尽可能国际化，充分借鉴国际通行的交易规则；而在《物权法》的制定过程中，我主张我们的物权法应当更多地体现本土化色彩，注重反映我国的基本经济制度和经济生活需要。这两种看法是否自相矛盾？我觉得对此有必要从法律的本土化与国际化之间的关系谈起。

在经济全球化的时代，国内法有必要关注全球化浪潮，在许多方面要与国际规则接轨。比较法学者将这一现象称为"脱域"。[①] 但法律的本土化与国际化在客观上存在一定的冲突，因为法律的本土化原则上要求法律规则与本国国情的密切结合，但过度的本土化又可能削弱法律的国际化，从而会与国际通行的规则不一致，甚至直接构成融入国际秩序的绊脚石；而法律的国际化则要求法律适应全球化的需要，但可能导致相关的法律规则设计脱离本国实际，甚至丢掉一些本土特色的理论、制度。因此，法律的本土化与国际化成为各国法治社会构建中所须妥善处理的一对矛盾。在我国全面推

---

① 鲁楠：《全球化时代的比较法的优势与缺陷》，载《中国法学》2014 年第 1 期。

进依法治国方略的过程中，必须妥善处理二者的关系。

众所周知，"他山之石，可以攻玉"。在19世纪法典化时期，一些国家曾经采用法律移植的办法，完全照搬他国的法律制度，一跃跨入法治现代化的行列。例如日本在明治维新时期，几乎全盘照搬法国、德国的法律制度，成为法治现代化的国家。在这一时期，一些国家在殖民过程中将其法律制度输入到其殖民地，也在一定程度上推动了法律的国际化。例如，英国、法国会要求其殖民地适用英国的普通法或者《法国民法典》，这也在一定程度上造成了世界范围内大陆法与英美法分立的格局。此后，随着殖民主义的消亡，民族国家纷纷兴起，通过殖民地移植法律制度的方式实现法律制度的国际化已不再可行，但经济全球化的浪潮又有力地推进了法律的国际化进程。

随着经济全球化的发展，出现了全球的、国际的、区际性的及涉外的多重法律形式，在世界范围内，法律也出现了全球化的发展趋势。这主要表现在：两大法系相互借鉴，相互融合；随着欧盟一体化进程的推进，也大大加速了欧洲法律制度统一的进程；一些重要的示范法（如《商事合同通则》）的发展，也助推了法律的国际化进程；在一些重要的交易领域，产生了如《联合国国际货物销售合同公约》等一系列国际规则，也加速了相关国内法律制度的国际化；此外，许多国际惯例也逐渐成为国内法的重要渊源。

就私法领域来看，国际化的趋势是最为突出的。一些老牌的发达国家虽然对本国的法律制度和体系倍加珍惜，但出于便利国际交往的需要，也无法抵御法律国际化的发展趋势。例如，就私法而言，德国已经完成了债法的现代化，法国目前正在大力推进债法的现代化，日本也紧随其后，正在加快推进这一进程。但在这一过程中，各国都在讨论着一个问题,即是否可以为了适应国际化的趋势而放弃具有本土特色的制度?比如,德国在债法现代化过程中,就放弃了一些自罗马法以来具有其本土特色的制度,如传统的履行不能制度、买卖合同中的瑕疵担保制度等。不过,这在德国确实引发了激烈的争论。一些德国学者至今仍然对这些制度的废除深感痛惜。法国在推进债法现代化的过程中,对许多传统的合同制度是否应当保留的问题,引发了大量争议。例如,法国合同法中的原因制度,原因被视为债务是否有效的条件,这是法国本土性很强的制度,但由于其他国家并没有这一制度,所以,许多学者认为,应当废除这一制度,但一些迷恋传统的学者则坚决反对。

上述趋势给我们处理本土化与国际化的关系提供了一些启示。总体而言,在法治建设中应当兼顾本土化与国际化。一方面,法治的经验已经表明,法治的发展不能脱离本国的法制经验的累积,不能脱离本国的基本国情。本土的法律常常最能够被本国人民所接受,也最容易实现其所欲实现的法律效果。通过本土化实现我们法律文化的传承,使我们的法治真正植根于我们的土壤,解决法治建设"接地气"的问题。鲁迅说:"有地方色彩的,倒容易成为世界的。"越是民族的,越是世界的。美国学者克鲁克洪曾指出:"法律是民族的历史、文化、社会价值观念和一般意识与认识的集中体现,没有两个国家的法律是确切相同的,法律是文化表现的一种形式,而且如果不经过'本土化'的过程,一种文化是不可能轻易地移植到另一种文化里面的。"[①] 其实对法律来说,也是如此,一些具有本土化的法律制度也可能逐渐成为世界性的或具有世界影响的法律制度。例如,在《物权法》制定过程中,首先要解决的是

---

① 〔美〕格伦顿等:《比较法律传统序论》,米健等译,载《法学译丛》1987年第2期。

如何将公有制与市场经济结合起来，构建具有中国特色的法律制度，这是人类历史上从未有过的实践。更具体来说，其涉及土地所有权与土地使用权的关系。这就需要从本土出发来构建相关的法律制度，从维护公有制这一基本经济制度出发，土地所有权不能够转让，但从市场经济出发，又必须使土地这一最基本的资源进入市场，实现资源的优化配置。中国的物权法构建了建设用地使用权制度，保持了在土地所有权不移转的情形下使土地使用权实现流转，这就是我们的本土特色，也为世界物权法律制度的发展提供了中国经验。另一方面，适应经济全球化发展和法治现代化的需要，我们也应当积极借鉴国际上先进的法治经验，为我所用。例如，在我国合同法的制定过程中，就广泛借鉴了英美法和大陆法的合同法制经验，经过多年实践的检验，合同法对我国经济发展起到了重要的推动作用。

在协调法律的本土化与国际化的具体实践中，必须注意到，本土化与国际化的要求因领域差异而不同。在一个抽象的层面说要兼顾本土化与国际化是比较容易的，但也是不够的。我认为，在处理二者之间的关系时，应当区分不同的法律而分别对待。例如，就公法与私法而言，由于公法通常与本国的历史、文化传统、本国人民的基本观念、国家治理模式相关联，因此，其本土化色彩更为浓厚。比如，同为西方发达国家，在公法方面，各国也存在一定的差异。例如，美国强调成文宪法、地方分权、公民自由和平等，英国则强调程序正义、普通法优先、法律渐进改革等，德国则强调基本权利、人格尊严等。所以，公法大量的国际化是不现实的。但在私法领域，由于其通常与交易规则密切关联，随着经济全球化的发展，私法规则的国际化特点更为明显。因此，在处理法律国际化与本土化之间的关系时，不能简单地要求任何一部法律都要保持本土化与国际化的相同比重。在私法领域内，国际化也因领域差异而不同。例如，民商事领域，有关公司、证券、破产、代理、担保等制度，国际化是必然的发展趋势，与国际贸易、投资领域相适应的规则，以及争议解决的方式都应当尽可能国际化。但物权法、亲属法等领域则不宜过多强调国际化。

回到前面所提到的问题，合同法与物权法相比较，为什么更应当重视国际化？因为经济全球化必然要求交易规则的一体化，这有利于降低交易成本，减少交易风险，形成资源在全球范围内的有效配置。如果一味以保留本土特色为由抗拒法律的国际化进程，显然会增加国际交往的成本和费用。所以，我们的合同法规则越具有国际性，越多地吸收国际交易规则，就越有利于中国的企业走出去，从事广泛的国际交往。当然，这也不意味着私法规则一定要国际化，对于一些本土化色彩浓厚的法律领域，如物权法、亲属法等领域，相关的法律规则主要应当保留本土化的色彩。物权法要反映一国的基本经济制度，根植于社会的基本经济生活，所以，两大法系的物权法或财产法都与本国的历史传统和社会经济发展密切关联，其基本内容和范畴相差甚远，即使就大陆法系内部来看，各国物权法的基本制度也存在较大差别。所以，许多法国律师看不懂德国的土地债务制度，而德国的法官也难以理解法国的人役权制度。亲属法同样如此，例如，日本在明治维新时曾经就对这一领域是否应当国际化有过争论。日本民法学者穗积八束就提出"民法出，忠孝亡"，最终在家庭亲属领域，日本基本保留了其固有法的内容，这对我们今天也不无启示意义。

当然，本土化绝不是说完全继承本土法中的糟粕，国际化并不是说要全盘照搬国外的法律制度，"拿来主义"虽然有效率，但是片面强调快速移植，而忽略本土文化和基本国情，也会导致水土不服。近几十年来，南美、非洲、中东等国家，也启动了法治改革，虽然是仿造西方的民主、法治，但并没有在本国内部落地生根。所以，我们需要捍卫法律文化的多元性，保留自身法律的特色，但关键要看具有特色的本土法律制度是否具有生命力，是否具有先进性，是否符合我国的现实需要。法律的国际化应当是一种有目的的法律改造活动，应当是问题导向的，应以是否有助于解决我国现实问题，符合实际需要为核心判断标准。须特别强调的是，我们不能将"国际化"本身视为一种天然的"善"，不能为了国际化而国际化。器官移植中存在着"排斥"现象，法律制度的借鉴与移植同样如此，不能盲目移植。

无论是本土化还是国际化，都要结合本国的现实国情。英美法合同法上的发出主义规则与大陆法的到达主义规则，商事合同规则采纳了大陆法的到达主义，但英美法并没有改变其既有的规则，而仍然坚持其既有的发出主义规则，因为其认为，该规则是最好的规则。法国到现在始终坚持合同具有等同于法律的效力。法国历来不承认情势变更规则，但现在不仅承认该制度，而且明确规定了在情势变更的情形下，当事人负有再谈判的义务，如果一方不履行谈判义务，则可能产生不利的后果。另外，法国法一直坚持准合同制度，这在大陆法系国家也是十分独特的。各国坚持自身特有的制度，主要是因为这些制度能够解决其现实问题，这对我们的法治建设也有借鉴意义。对一些体现了浓厚的本土性的制度，如果其确实能够有效地解决中国的现实问题，并且能够为人们所拥护、所接受，我们为什么一定要用域外的法律制度来改造它呢？甚至抛弃它呢？因此，对于实践证明行之有效的本土法律制度，我们应当继续保留。

在法律全球化的过程中,一些国家和地区(如美国和欧盟)借助国家实力进行法律输出,这也使得在一段时间内出现了全球法律"美国化"或者"欧洲化"的趋势。特别是一些发展中国家的法律长期处于被动国际化的状态,即被动地学习和引入经济发达国家设定的经济交往法律规则,虽然这些规则在一定程度上起到了改善本国法治状况、改善经济和民生的效果,但随着发展中国家自身的发展,各发展中国家与西方发达国家的差距正在进一步缩小,法律国际化的格局也正在发生变化。中国是法律全球化的受益者,但我们作为全球第二大经济体,作为联合国常任理事国,应当积极参与国际规则的制定,引领法律国际化的发展趋势,而不能只是简单地作为法律规则的输入国,这显然也不符合我们的国际地位和我们应有的大国责任。

这是一个全球化的时代,这个时代为我们积极参与全球化进程提供了历史机遇,但同时,全球化的时代也是一个最富有竞争和挑战的时代。

浅谈情与法

电影《关云长》里面有一段经典的对话：

曹操说：人，不能依靠，唯有法纪才能依靠！

关云长：没有道义，何来法纪？

这部电影将曹操塑造成一个具有雄才大略、靠法纪维护秩序的英雄形象，一改其过去在人们心中罔顾道义的奸雄形象。电影中，曹操认为，任何人都不可相信，道义无法有效约束人们的行为，只有法纪才能真正发挥作用，对与错也是由王法决定的。但是关云长追求情义，他认为，法纪冷酷无情，人与人之间应当重情重义，靠情义约束人们的行为。这也反映了现实社会中情与法的矛盾。

情与法是人类社会发展过程中的一对矛盾。古人说，"王法无情"，这句话最早出于元代郑廷玉的《后庭花》第四折："这两个都不待秋后取决，才见的官府内王法无情。"国家的法律是不讲情面的。因此，古往今来，我们确实看到，一个尊重法制的国家，人们都按照规矩来办事，的确不能够掺杂太多的个人情感。法家认为，"法度者，政之至也。而以法度治者，不可乱也"（《经法·君正》）。因此，"法家不别亲疏，不殊贵贱，一断于法"《史记·太史公自序》。

但法家又主张严刑峻法,按照法家的主张,导致严刑重罚,徒刑遍地,缺乏必要的人道和人文关怀。在这点上,儒家学说主张道德教化,"仁者爱人""孝悌为先",实行德主刑辅,注重人道和人文关怀。所以,在情与法之间关系的协调上,法家与儒家的主张存在一定的冲突,法家更注重法,而儒家更注重情。中国古代判案,讲求"天理国法人情",强调人情对法制的影响,这也在一定程度上体现了儒家学说的主张。

法不容情主要包含以下几层含义,一是人与人之间应当按规矩办事,不能够跑关系、拉关系、讲人情。"故立法明分,而不以私害法,则治"(《商君书·修权》)。法网恢恢,疏而不漏,对违法行为应当严格依法处理,不能够法外开恩。二是严格依法办事、执法如山、不徇私情。中国历史上,历朝历代都不乏秉公执法之人,如汉朝不畏权势、不徇私情的张释之,秉公执法、主持正义的强项令董宣,唐朝"南山可以改移,此判终无动摇"的京兆尹李元,宋朝铁面无私铡亲侄、为民请命的包青天包拯,明朝有一个一生刚直不阿、有如包公再世的"海青天"海瑞,清朝也有被称为"于青天"的于成龙等等。千百年来,人们传颂着他们的故事,其实也是歌颂和赞美那些秉公执法、刚正不阿的清官,歌颂古代执法官员秉公执法、不徇私情的行为。

但中国社会也是一个人情社会。梁漱溟称中国社会是"伦理本位"社会,费孝通先生也认为,重人情是传统社会的固有特点,他在《乡土中国》中提出了著名的"同心圆"比喻,认为传统社会中的人是人际关系同心圆的核心,不同关系的亲疏远近就像水的波纹一样,一圈一圈推出去,越推越远,也越推越薄。重人情是中国传统农业社会的重要特征,这是因为传统农业社会是典型的熟人社会,人口流动性较小,人与人之间的联系较为密切。在这样的社会环境下,人情大如债,接受他人人情都要找机会偿还,"投之以桃,报之以李"。这种人情交换法则与法治显然是相冲突的,因为讲人情实际上就是要徇私情,报答人情就不可能严格秉公执法。法外求情是社会中常见的现象,古时候,某人作奸犯科,一旦要被官吏打板子,此人便跪拜求情,常说,"上有八十岁的老母,下有嗷嗷待哺的孩子。"企图以情感打动执法者,以求轻判。

这种人情观念在当今社会依然影响深远。有人一旦违法,其第一反应并不是考虑其依法应当承担何种责任,也不是积极找律师提供法律意见,而往往是找各种关系,力图在法律规则之外解决纠纷。社会流行的潜规则就是"案子一进门,两头都找人",公关打点成为人情世故的表现。受人情的影响,一些执法者手下留情,"不看僧面看佛面",或者徇情枉法、法外开恩等。实践中出现的选择性执法大量都和"灵活通融"、"网开一面"有关,而一些枉法的裁判则与"法外施恩"直接关联。

由此可以看出,人情和法治存在明显的冲突,这主要表现在,法律具有一种非人格化(impersonal)的权威和制约,法律规则的设计不因人而异,对同样的行为规定同样的法律后果,其适用的准确性就在于它是无差别地对待每个人。而人情则会对法律规则的适用产生影响,同样的行为可能产生不同的法律后果。按照亚里士多德的看法:"法律是一种'没有感情的智慧'。"① 在他看来,不凭感情治事的统治者总比感情用事的人治更为优良,依人类本性,谁都有感情,会徇私情,要克服私情,实现正义,唯有依靠法律制度,因为法治优于依私情而作的一人之治,正如亚里士多德所言,"一个人可能因感情冲动而做错事情,但所有人不可能因感情冲动而做错事情"。而人情则必然使规则的适用过程

---

① 参见〔古希腊〕亚里士多德:《政治学》,吴寿彭译,商务印书馆1998年版,第172页。

中掺杂私情,这必然影响规则适用的结果。法律在实施中要求法律面前人人平等,每个人都平等地受到法律规则的约束,因此,其具有平等性(equality)、一般化(general)的特征,不能因个人关系的亲疏远近而实行差别对待。所谓"刑过不避大夫,赏善不遗匹夫"。平等对待也是正当程序(due process)的基本内容。如果因为人的关系的亲疏远近、因为讲人情、讲交情而适用法律,则法律的严格实施与准确执行将无从谈起。

但这并不是说,法律完全忽视人情,罔顾人情。在古希腊经典戏剧《安提戈涅》中,剧中主人公安提戈捏高呼"法律之内,应有天理人情在",这句话曾经影响深远。虽然重人情充分体现了传统社会的团体性特征,但这并不是说,二者是绝对对立的,一味将二者对立,可能会产生一些问题。在立法和司法过程中都应当充分体现对人的关怀,这也是当代法律发展的重要趋势。一方面,"法为人而立",法律应当具有一定的人文关怀精神,这也有利于法治的实施与遵守。法律是理性的,也是情感的产物,因为法律也要尊重人的感情。正如约翰·萨茫德爵士在《法理学》中所言:"'法律'一词,含蕴着强烈的情感内涵。"① 立法者只有洞察人情世故,了解人性特点,其所制定的法律规则才能取得良好的社会效果。例如,我国继承法对于尽到赡养义务的继承人,在分配遗产时可以适当多分;对于丧失劳动能力和生活来源的法定继承人,规定了特留份制度,这在某种程度上也可以看作是"人情"的法律化。当然,立法者也必须区分法律调整的领域和道德、情感调整的领域,在个人的感情领域,法律不应当过多地介入,例如,夫妻之间、家庭成员之间发生口角,一概将此类纠纷作侵权处理,不仅不利于家庭关系的和

---

① *Salmond on Jurisprudence*, London: Sweet and Maxwell, 1966, 12th ed., at12.

睦，反而可能激化矛盾。另一方面，司法活动的过程也应当体现对弱者的关爱。法官在解释、适用法律规则的过程中，也应当秉持人文关怀的理念，体现对弱者的关爱。即在某一法律规则存在多种合理的解释时，法官应当尽量选择对弱者有利的解释。这在某种程度上也可以说是体现了"人情"。当然，在司法活动中的人文关怀应当在法律规定的自由裁量范围内进行，不得以人文关怀为由逾越法官自由裁量的范围，即不得为了"人情"而枉法裁判。人文关怀是法律人应当秉持的一种情怀，秉持此种情怀可以拉近法官、检察官与民众的距离，使司法为民不仅仅体现在口号上，更体现在具体的案件裁判活动中。

总之，法律与情感密切关联，法不远人，法律自然要因应人的感情，法律规定应当与人内心的情感标准相一致。但在法律适用过程中，应当严格依法裁量，尽量摒弃感情执法，更不能因情枉法，"法立，有犯而必施；令出，唯行而不返"。法与情存在一个辩证互动的关系。我们需要通过法与情的良性互动，建设一个充满人情味而又崇规尚法的社会。

依法治国的"法"是否包括国际法？

在全面推进依法治国战略方略中，涉及一个十分重要的话题，即依法治国的"法"是否包括国际法。尽管现在学界普遍接受了国际法也是法的观点，而且在全球化背景下国际法的重要性也日益凸显，但这是否意味着应当将国际法与国内法同等对待呢？

毫无疑问，在经济全球化背景下，各国人民相互间开展着日益频繁的社会交往活动，特别是经济贸易活动。这必然要求建立和推行一套与这些活动相适应的国际法律秩序。中国作为全球的第二大经济体和一个负责任的大国，必然要融入和参与国际政治和经济秩序。为此，我们在推进依法治国过程中，应当注重国内法与国际法的接轨，而且应当将国际法作为依法治国的重要参考。依法治国的战略方略不仅应当考虑国内法的问题，而且应当考虑国际法的问题。我们应当积极参与国际规则的制定，增强我国在国际法治中的话语权，扩大我国的国际影响力。但是，这并不意味着，我们要把国际法、特别是国际公法都当作国内法同等对待。

国际法的内容和体系其实纷繁复杂，但目前的规则在总体上还是由西方国家主导制定的规则。西班牙法学家弗兰西斯科·德·维多利亚（1483—1546）早在16世纪曾提出，根据自然法和国际法，西班牙人在不伤害当地人的情况下，享有旅游及与他们进行贸易等权利；如果他们拒绝外来者的这些权利，使外来者遭受到伤害，则西班牙人可以以正义战争之名对他们发动战争。这种观点显然是以强凌弱的野蛮逻辑，但维多利亚是国际法上最早的自然法学家，也被认为是国际法的创立人之一。因此，可以想象，他的观点对国际法理论产生了多大的影响。近现代以来的国际法虽然不少内容旨在缓解国家之间的争端和冲突，避免国家之间的战争，但毫无疑问，国际法规则，特别是国际公法，大都是在维护西方列强国家利益的基础上制定的，其目的是为了满足其本国一些特定利益集团的政治、经济利益。对于那些不反映主权国家意志和利益，没有被主权国家所加入和接受的国际法律规则，不应与国内法等同视之。

第二次世界大战以后，随着联合国的建立，以《联合国宪章》为核心的国际法体系，成为当代国际关系的基本准则。国际法规则开始具有更大的公平性和合理性，逐渐弱化由大国控制、操纵的局面，也逐渐反映了发展中国家，包括最不发达国家在内的第三世界国家的愿望和利益。联合国成为国际协商的重要平台，并致力于维持世界和平，发展国家之间的友好关系，帮助各国改善贫困人民的生活，战胜饥饿、疾病和扫除文盲，并鼓励尊重彼此的权利和自由。长期以来，中国尊重联合国的地位和作用，已经缔结、加入或批准大量国际条约，以维护良性的国际秩序。对此，中国尊重国际法，并一直在履行对已加入的国际条约的承诺。不过，这并不意味着要将国际法与国内法同等对待。

事实上，国际法与国内法在形成过程、法律效力和执行机制上存在重大差异。2004年联合国秘书长《关于冲突中和冲突后社会的法治和过渡司法的报告》中，对法治的定义确实包括了遵守国内法和国际法，但其只是倡导各国应当尊重国际法。从世界各国的情况来看，在国际法的执行方面大都采用实用主义态度，而真正将严格履行国际法义务作为一项国家行为习惯的情况还不多见。以美国为例，其凭借自身雄厚的经济基础和强大的军事实力，为了维护和拓展本国利益，将国际法视为实现其国家目标的工具。当国际法的规则有利于己时，总是积极遵守、推行甚至强迫他国遵守；一旦有悖于其利益就会消极抵制、曲解甚至摒弃不用。关塔那摩湾的囚犯、伊拉克战争、阿布格莱布的虐囚等事件都表明了这一倾向。最近，美国参议院情报委员会公布了美国中央情报局在审讯中对囚犯施加酷刑的报告，这直接反映了美国对国际法的公然漠视。国际法是在国际层面上调整国家之间的关系，很少甚至不对公众的行为产生直接影响。同时，由于在国际上并没有凌驾于各民族国家之上的国际强制执行机构，国际法的执行也就没有强制力保障。这也就决定了，那些在政治、经济和军事能力上占据优势的国家在选择是否履行国际法时就有更大的自主权。这正如芝加哥大学波斯纳教授曾观察的那样，强权大国都有采用"例外主义"的普遍倾向（universal exceptionalism）。因此，只有当世界政治、经济和军事出现多极化格局的时候，那些势均力敌的民族国家才有可能通过相互制衡来增进相互间的"重叠共识"（overlapping consensus），从而强化国际法的遵守。从这个意义上讲，中国等新兴经济体的出现，客观上有助于形成多极力量相互制衡的机制，更有利于国际法的执行和国际秩序的构建。

国际法不能完全等同于国内法的原因还在于：一方面，中国历来注重国家主权的相互尊重，因此在国际法效力上采用"二元论"，即认为国际法与国内法是两个平行的法律秩序。实践中，国际条约在中国的适用，或者需要通过国内法的转化才能适用（如世界贸易组织的一系列协定、外交领事关系公约等），或者需要经过批准后才在中国直接发生效力（如民商事领域的条约、环境保护方面的公约等）。因此，国际法在我国并不能当然发生法律效力。另一方面，当代国际法包括了大量的软法体系，例如，经济合作与发展组织（OECD）关于公司治理的指南、关于善治的指南，联合国国际贸易法委员会（UNCITRAL）担保交易立法指南、跨界破产示范法等，可以作为一国行动的重要参照标准，促进各国相关立法和实践的相互接近和协调。例如，《欧洲合同法原则》和《国际商事合同通则》旨在促进各国合同法规则的趋同，消除一些不必要的法律差异，尽量减少国际商事交易中的法律障碍，但其并不具有像国内法那样的拘束力。在国内法缺乏相应制度或者说存在制度矛盾的时候，这些软法的规则可以提供有益的参考，但这并不等于其就成为了国内法。还要看到，国际法的规则一般是调整国家之间的关系，其适用范围较为有限，与国内法存在明显区别。

中国是政治和经济大国，也是最大的发展中国家。作为联合国安理会常任理事国，中国一直致力于维护和建设国际法治，尊重《联合国宪章》的宗旨与原则，坚守和平共处五项原则，积极推动全球治理。尊重国际法，就是要尊重国际法的一些基本原则，严格遵守我们已经缔结、加入或批准的国际条约和法律文件（我国声明保留的部分除外）。我们要处理好国内法与国际法的关系，利用国际法坚决维护国家利益，特别是核心利益。对那些我们没有参与的国际法规则，我们也可以给予尊重，在立法中予以考虑，但这并不意味着这些规则当然对我们产生拘束力。尤其是在这些国际法规则与我们的国内法和国家利益发生冲突的情况下，首先要维护我国国内法的效力，维护我们的国家利益，特别是核心利益，而没有义务受这些国际法规则的拘束。

在全球化时代，国家间相互依存不断加深，全球治理理念不断深化。全球治理就是要以联合国等多边性的国际组织为核心，以国际法律规则为框架，构建平等、公正、合理的全球政治、经济新秩序。中国积极参与全球治理不仅符合中国自身的利益，而且也体现了一个大国的责任。但参与全球治理，仍然需要在"和平共处五项原则"基础之上来展开，力求实现各民族国家之间的平等对话和合作共赢。中国作为联合国安理会常任理事国，作为世界第二大经济大国，有义务也有责任推动国际政治、经济新秩序的形成，为此，也需要尊重国际法，恪守已经缔结、加入或批准的国际条约，但这并不意味着要将国际法等同于国内法。

改革必须于法有据

一、改革与法治

历史上著名的商鞅变法是典型的依法变革。商鞅变法的特点是立法先行,商鞅先后推动颁布了《垦草令》等一系列关于社会经济的法律,然后根据这些法律推行改革措施。曾引起轰动的热播电视剧《大秦帝国》既形象地展示了变法的过程,又生动地显现了变法后的秦国社会状况,即"道不拾遗,山无盗贼,家给人足……乡邑大治"(《史记·商君列传》)。这段尘封已久的历史故事表明,古人早已领悟到变革既要改变规矩、又要遵守规则的道理。

回顾过往,再审视现时,我们会发现,变法图强的规律何其相似。经过三十多年的改革开放,我国社会面貌发生了翻天覆地的巨变,经济总量也已跃居世界第二。这种巨大的历史成就表明,改革是社会发展的源动力,改革是社会最大的红利。这也印证了丘吉尔的一句名言:要想完善就得改革,要想完美就得时常改革。不过,改革是一个"进行时"词汇,永远没有终点。改革与法治的关系,是相互促进、相互推动的关系。

全面推进深化改革必须全面推进依法治国。今日之改革固然取得了巨大成就，但并不意味着我们就可以躺在功劳簿上睡大觉。只要有颗冷静清醒的头脑，有双关注现实的眼睛，我们就不难发现，每个时期都有诸多亟需解决的问题，需要进一步深化改革才能找到合适的解决方案。特别是在今日之中国，改革已进入攻坚期、深水区，我们党面对的改革发展稳定任务之重前所未有、矛盾风险挑战之多前所未有，因此，依法治国在党和国家工作全局中的地位更加突出、作用更加重大。只有全面推进依法治国，才能更好地统筹社会力量，平衡社会利益、调整社会关系、规范社会行为，使我国在深刻变革中既充满活力又井然有序。只有全面推进依法治国，才能有效地化解经济发展过程中所遇到的阻力和障碍，保障改革顺利进行。对此，习近平同志多次指出，凡属重大改革都要于法有据，在整个改革过程中，都要发挥立法的引领、推动和规范作用。

全面推进依法治国必须全面推进深化改革。党的十八届三中全会提出，全面深化改革，推进国家治理体系和治理能力的现代化。而法治是现代国家的重要标志，法治能力是最重要的国家治理能力，法治化是国家治理现代化的重要标志，也是国家治理现代化的核心内容。在实现国家治理体系和治理能力现代化这一目标下，全面深化改革的重点之一，就是推进依法治国方略的具体落实。正是在这一背景下，党中央首次将依法治国确立为党的十八届四中全会的主题。也就是说，在全面推进依法治国的战略方略中，只有通过改革，才能破除法治建设的障碍，突破社会生产和交易的制度性障碍，有效建立与市场经济发展相适应的法律体系，保障依法治国战略的有序推进。

改革要于法有据，就是要依法变法，以立法引领和推动改革，将改革始终纳入法治的轨道。

二、改革于法有据必须澄清几种错误认识

如何理解改革必须于法有据？在改革实践中，我们曾采取"摸着石头过河"的策略。从改革的成就来看，这种方式也有相当的实效。诚然，改革需要鼓励大胆探索、先行先试，总要有人成为先吃螃蟹的人。尤其是在改革开放之初，我国社会的最主要矛盾是人民日益增长的物质文化需求与落后的社会生产之间的矛盾，如何化解这个矛盾，无现成的先例可供参酌和遵循，必须突破制度。但在经过三十多年的改革实践之后，我们不仅取得了举世瞩目的实践成就，而且已经初步建立起了社会主义市场经济体制，法律体系也已经形成，在总体上反映了我国在几十年摸索中得到的经验和规律，法治观念也深入人心。在此情形下，鼓励先行先试就不能是随意开口子、随意突破现行法律的基本规定，因此，即使是重大改革，也只能在法律规定的范围内进行，做到"先立后破"、"不立不破"，与立法的步调一致，否则就背离了法治。如果频繁地以改革的名义突破法律底线，会破坏稳定的社会秩序和经济秩序，会损害改革已取得的成果。故而，改革要于法有据，不是约束或否定改革，而是要提高改革的质量和实效。

有人认为，市场经济应当是一个市场主体纯粹自发实践的过程，改革就是要鼓励市场主体大胆探索，这就难免产生市场经济发展初期的诸多乱象。因此，改革中出现的无序现象是难免的。等到市场经济发展成熟之后，社会秩序和交易秩序自然就会规范起来，法律秩序也就自发地形成了。应当看到，市场主体的自发实践和大胆创新是实现市场创新和经济发展的重要动力，也是我国当前经济改革中需要激发的力量。但这并不意味着，仅凭市场自发的力量就足以形成良好的社会经济秩序。西方发达国家的经验也说明，成功的市场经济并非单纯市场自发行动的结果。相反，在西方国家的市场发展过程中，国家立法和司法判决所发挥的组织和推动工作发挥了不可忽视的作用。我国三十多年的改革实践也证明，经济改革的成功不仅有赖于被激发和释放的市场主体活力，还取决于国家自上而下的组织和大力推动。在这一过程中，法治保障发挥了重要作用，这一点得到了国内外经济学界的广泛认可。只有改革于法有据，才能保证各项改革事业不变道、不走样。在深化改革的过程中，尤其在改革进入深水区和攻坚期以后，更要避免违法改革，防止破窗效应，绝对不能以牺牲法律的权威性为代价来推进改革，否则将给社会带来巨大的负面效应。

还有观点认为，就改革的词义本身而言，改革本质上是对现有利益、局面的调整，这就必然否定现有的规定，否则很难称之为改革。此种观点将改革与法治对立，显然是不妥当的。事实上，改革也应当具有系统性、整体性和协调性，这就必须通过科学立法、全面规划、总体设计来实现，需要立法凝聚共识、推进改革。改革与法治之间并不必然存在冲突。正如前文所言，改革应当在法治的框架内进行，这既是保障改革有序进行的需要，也是保障改革成果的需要。改革逾越法律的界限，不仅改革成果无法得到法律的保护，改革者也可能因此承担相应的法律责任。故而，要求改革必须于法有据，既体现了对法律的尊重，也是保障改革顺利进行的需要。

三、为什么改革必须于法有据？

一是只有依法才能凝聚改革的共识，为深化改革奠定稳定的基础。我国进一步的改革将触及到深层次矛盾和重大利益调整，牵一发而动全身。如何凝聚改革的共识？只有通过科学立法和民主立法，汇聚全体人民的意志和利益诉求，协调各方面的社会矛盾，从而促进改革的进行。因此，法律是促成社会共识的最佳工具，以此工具来指引改革，当然能最大程度地凝聚改革共识，从而在方向上、策略上、步骤上、方法上为进一步深化改革奠定牢固的基础。

二是只有依法才能有效保障改革的有序进行。改革越深入，则遇到的问题越复杂，越需要通过立法引领和有序推进，这就需要将改革纳入法治的框架内，从而使改革得以稳步有序进行，避免出现越改越乱的现象，甚至出现某种社会动荡。改革必须于法有据，意味着任何人都不能以改革需要为由，任意突破法律的底线，更不能把违法乱纪的事视为改革。

三是只有依法才能有效维护改革的成果。改革的成果最终只有通过法律确认下来，才能得以巩固，并能够为广大人民群众所接受并成为可推广可复制的经验。改革于法有据，改革成果才能受法律的保护。如果改革突破法律的底线，可能会收到一时之效，但长期却可能造成秩序的混乱，反而得不偿失。

四是只有依法才能保障改革措施的稳定性和可预期性，维护法治的权威和统一。改革开放三十多年来，我国法制建设取得了重大成就，现有的法律体系已经基本涵盖了社会生活的主要方面。如果我们提倡改革，但又不要求改革必须于法有据，引发法律虚无主义的可能性就很大，可能会出现一些人打着改革的旗号，大胆突破法律规定的底线，甚至作一些违法违规的事情的局面。如此久而久之，改革就可能成为突破法律的借口，法治所彰显的社会秩序的稳定性和可预期性就会大打折扣。

五是只有立法才能使改革在宪法的框架内进行顶层设计。从法治的发展路径上看,全球范围内主要有两种模式,一是早期西方国家采取的社会演进模式,其特点是靠社会发展的自然演进,是自下而上的发展;二是发展中国家正在采取的政府主导和政府推进的模式,其特点是注重顶层设计,是自上而下的发展。① 我国目前采取的主要是后一种路径,即由中央负责顶层路线的设计,然后自上而下地逐级逐步推行。在此种模式下,改革更需要在宪法法律所确立的国家秩序的框架范围内进行顶层设计,然后由顶层设计所确立的制度改革逐层推进,如此才能收到良好的效果。

四、怎样做到改革于法有据

在全面推进依法治国进程中,怎样确保改革于法有据呢?

——立法应当具有前瞻性。在改革开放初期,无任何经验可资借鉴,改革措施基本上都涉及重大突破性的政策变革。在这样的特殊背景下,我国实行了"试错模式",允许先尝试、再立法,立法机关也奉行"成熟一条,制定一条"的态度。时至今日,改革经验已相当丰富,思路也相当清晰,规律也基本可见。立法不仅要在事后确认改革成果,还应当而且能够充当引领改革的推动力。这就要求立法应有一定的前瞻性,能为改革过程中可能出现的问题提供解决方案,能为将来可能施行的改革提供法律依据,以保障将来的改革能够于法有据。若立法没有前瞻性,它就一直滞后于改革,"改革必须于法有据"也就是空谈。为此,必须通过科学立法和民主立法,认真做好顶层设计、立法决策和立法规划,在立法过程中对未来的每一项改革都要进行认真研究和策划。当

---

① 参见蒋传光:《新中国法治简史》,人民出版社2011年版,第201页。

然，立法必须立足于实际，不能过于超前，也不能盲目立法，应当准确把握好立法前瞻性的度。

——应当协调法律的稳定性和改革的变动性。法律求稳，不能朝令夕改，否则，会使人们无所适从，并会怀疑法律的权威性。然而，改革求变，改革必然带来社会的变化，立法不可能对改革的进程全部作出规定。因此，要处理好立法的稳定性与改革的变动性的关系。一是立法应当侧重于将已经成熟的规律认识和经验做法确认和固定下来，以保证改革在一个科学的法治轨道上展开。二是对于那些尚无成熟规律和经验可循的问题，立法不能脱离改革进程的实际情况，对于前景不明晰的改革事项，应当保持谦抑态度，不能强行作出刚性规定或作出过多限定，从而为将来的改革预留空间。在此方面，《物权法》提供了成功经验。比如在宅基地使用权的规范中，由于宅基地流转改革未定，该法在这方面规定的条文也就比较抽象，且援引了其他法律，这就能为未来的改革预留空间。三是在立法后，立法者应当依据不同阶段改革的需要，对法律进行适时修改、与时俱进，从而与改革形成良好的互动关系。也就是说，虽然法律应具有一定的前瞻性，但立法者很难完全预见到未来可能出现的一切法律问题。因此，随着改革进程的推进，一旦法律无法有效调整相关的社会关系，立法者就应当及时对法律进行必要的修改，以适应改革的需要。法律应当具有稳定性，但这并不意味着法律是绝对僵化和保守的，在一定的条件下，立法者应进行适当修改，以不断适应发展变化的社会环境。

——立法要及时确认改革的成果。随着改革的深化，改革的许多成果都需要通过法律确认下来，防止走回头路。据此凡是改革中已经证明是成熟的、可行的经验，立法应当及时对这一改革的成果加以确认，及时上升为法律,以此使法律与改革进程保持基本同步,否则就会影响改革的推进。以公司注册资本制度改革为例,根据国务院的有关要求,全国各地曾先后积极推进这项改革,从法定资本制改为认缴制,但由于《公司法》修改滞后,导致了该项改革在实施过程中阻力重重。尽管《公司法》在2013年12月份作出了相应调整,但《公司登记条例》和《公司登记管理办法》却并未及时配套修改,从而在程序上影响了改革举措的具体落实,在实体上也使得改革的效果大打折扣。

——针对突破既有法律的重大改革,应当通过法律授权的方式进行。法律授权本身就是一种立法审慎的态度。对于那些需要而且可以进行实验性改革的事项,由立法机关审议后决定授权给政府实施,这本身也体现了立法机关决策和负责的态度,保证重大改革于法有据。例如,2013年8月31日第十二届全国人大常委会第四次会议通过《关于授权国务院在中国(上海)自由贸易试验区内暂时调整实施有关法律规定的行政审批的决定》,这是国家权力机关通过授权方式推动改革的一项重大立法实践,是改革必须于法有据的典型事例。

——及时并全面地清理地方性法规和地方政府规章,使其符合法律的基本精神,让社会经济生活真正进入有序的法治轨道。事实上,一个国家的法治之所以具有体系性、稳定性和可预期性,主要是因为国家的所有规范性法律文件,都是在统一的立法精神的引导下展开的,否则就会导致立法的部门利益化、通过立法来实施地方保护主义等问题。由于我国目前没有切实建立对地方性法规、部门规章等法律文件的合宪性审查机制,导致立法部门化、立法地方保护主义等不良现象频频发生,这给我国社会主义市场经济秩序的建设设置了程度不同的障碍。例如,《物权法》要求建立全国统一的不动产登记制度,但在《不动产登记暂行条例》实施前,各地方和各部门仍然在登记方面各自为政,不符合《物权法》的基本要求。在不动产征收制度上,《物权法》要求对被征收人及时给予补偿,但征收的程序、补偿的标准究竟应当如何界定,一直没有具体的规定,从而导致各地政府各行其是,出现了不少违法强拆的事件,引发了一些社会矛盾。再如,在《公司法》对法定资本制作出修改前,一些地方的工商管理机关已经取消法定资本制,实现了从实缴制到认缴制的改革,结果导致一些当事人疑惑究竟应当以《公司法》规定为准,还是应当以红头文件为准。

总而言之,改革在不断深化,在改革进入到深水区和攻坚期的今天,各项全面深化改革措施的展开,必须严格遵循全面推进依法治国的战略方略,确保改革事业在法治轨道上推进,确保改革必须于法有据。不过,正如梅因所指出的,社会总是走在法律前面,立法者可能非常接近两者缺口的结合处,但永远无法缝合这一缺口①,而人民幸福的大小取决于这个缺口缩小的快慢,故而,法治也要与时俱进,要及时通过立法来固化改革的成果,为改革提供依据和基础。可以说,我们需要改革,但绝不是为了改革而改革,而是要用法治思维和法治方法来改革。只有强调和坚持改革必须于法有据,才能使改革与法治形成良性互动,既保证改革的顺利进行,又保证社会秩序的稳定,同时也能促进法治的不断发展完善。只有这样的改革,才是符合时代潮流和人民利益的改革,这样的改革,也一定能够顺利推行,并结出丰硕的果实!

---

① 参见〔英〕梅因:《古代法》,沈景一译,商务印书馆2011年版,第17页。

稳步推进法治建设[*]

中国特色社会主义法治道路以坚持党的领导、人民当家作主、依法治国有机统一为基本原则，以中国特色社会主义制度为基础，以社会主义法治理论为指导，以建设中国特色社会主义法治体系和社会主义法治国家为总目标，以推进依法治国战略的各项任务为内容。经过长期探索，我们形成了符合中国国情、独具中国特色的法治道路。全面推进依法治国，必须坚定不移沿着这条道路走下去。

坚持党的领导。党的领导是中国特色社会主义最本质的特征。党的十八届四中全会提出了"一体两面"的关系。这就是说，党的领导与社会主义法治是一体的。社会主义法治必须坚持党的领导，党的领导必须依靠社会主义法治。党要领导立法、保证执法、支持司法、带头守法，才能确保依法治国的正确政治方向。坚持党的领导是中国特色社会主义法治道路的根本特征，也是与西方资本主义法治的区别所在。

贯彻中国特色社会主义法治理论。中国特色社会主义法治理论以马克思列宁主义、毛泽东思想、邓小平理论、"三

---

[*] 原载《人民日报》2014年11月13日。

个代表"重要思想、科学发展观为指导,深入贯彻习近平同志系列重要讲话精神,坚持党的领导、人民当家作主和依法治国有机统一。中国特色社会主义法治理论应植根于中国实际,注重总结我国法治建设经验,借鉴各国法治建设有益经验。走中国特色社会主义法治道路,应始终以中国特色社会主义法治理论为指导。

确立总目标。这就是说,坚持建设中国特色社会主义法治体系和建设社会主义法治国家的总目标。法律的生命力在于实施,法律的权威也在于实施。在中国特色社会主义法律体系形成之后,摆在我们面前的任务是如何使"纸上的法律"变为"行动中的法律",最大限度地发挥法律的实施效果。法律体系只是强调立法层面的问题,并没有强调实施问题;而法治体系则全面强调了法律实施问题。法治体系与法律体系相比,内涵更为丰富,包含立法、司法等动态过程,包含"科学立法、严格执法、公正司法、全民守法"等内容。

明确路线图。为落实建设中国特色社会主义法治体系和建设社会主义法治国家的总目标,四中全会《决定》提出建立"五大体系",要求坚持依法治国、依法执政、依法行政共同推进,坚持法治国家、法治政府、法治社会一体建设。依法治国,是治理国家的基本方略;依法执政,是执政党的基本执政方式;依法行政,是政府行政权运行的基本原则。为落实上述精神,四中全会《决定》提出了多项对依法治国具有重要意义的改革举措。这不仅将法律的实施和执行摆在更加突出的位置,而且为全面推进法治中国建设、建立中国特色社会主义法治体系规定了更加清晰的目标和任务,规划了切实可行的路线图,必将保障法治建设稳步推进。

处理好改革与法治的关系。在改革进入攻坚期和深水区的新形势下，全面深化改革各项措施的展开必须依法进行，确保改革事业在法治轨道上推进。四中全会《决定》提出，实现立法和改革决策相衔接，做到重大改革于法有据、立法主动适应改革和经济社会发展需要。在改革过程中，应当变"政策引领"为"立法引领"。全面深化改革需要法治保障，全面推进依法治国也需要深化改革。在这一层面上，十八届三中全会、四中全会的《决定》形成了姊妹篇。

法治：良法与善治

第二编
立法制度

法为人而立,非人为法而生。
——波塔利斯,法国

完善法规体系　以良法保善治[*]

党的十八届四中全会提出,法律是治国之重器,良法是善治之前提。我国法律体系虽然已经形成,但这并不意味着立法任务已经大功告成。从立法层面来看,有的法律法规未能全面反映客观规律和人民意愿,针对性、操作性不强,立法工作中部门化倾向、争权诿责现象较为突出。因此,全面推进依法治国战略方略,首先需要完善以宪法为核心的中国特色社会主义法律体系,坚持立法先行,发挥立法的引领和推动作用,抓住提高立法质量这个关键。

一、完备法律规范体系的内涵

四中全会不仅提出了建设中国特色社会主义法治体系和建设社会主义法治国家的目标,而且明确了指导思想和具体的工作任务,这就是要致力于推动形成完备的法律规范体系、高效的法治实施体系、严密的法治监督体系、有力的法治保障体系以及完善的党内法规体系。在这五大体系之中,置于首位的是形成完备的法律规范体系。这是因为,依法治国必须以完善法律规范体系为前提和基础,否则就是无源之

---

[*] 原载《中国社会科学报》2014年10月29日。

水、无本之木。只有经济社会发展的各方面实现有法可依，不断提高立法的科学化、民主化水平，才能实现良法善治，才能为依法治国提供基本制度依循。习近平同志指出，"凡属重大改革都要于法有据"，特别是在改革进入深水区和攻坚阶段后，各项深化改革措施的展开必须依法进行，确保改革事业在法治轨道上推进，否则，不仅无助于推动社会经济的发展，反而有可能引发新的矛盾和冲突。总之，依法治国必须坚持立法先行，发挥立法的引领和推动作用，不断完善法律规范体系。

完备的法律规范体系是对中国特色社会主义法律体系的深化和提升。2011年3月，吴邦国委员长宣布：中国特色社会主义法律体系已经形成。这标志着我国在立法方面取得了举世瞩目的成就，初步结束了无法可依的局面，为法治的实施奠定了全面系统的国家规则基础。但是，法律体系的形成并不等于法律规范体系的完备，完备的法律规范体系应当具有如下特征：

第一，质量为本。四中全会提出，形成完备的法律规范体系的关键是提高立法质量。法治不是简单的法条之治，而应是良法之治；良法也不是指道德层面的善良，而是价值、内容、体系、功能等方面的优良，能够反映最广大人民群众的意志和利益，符合公平正义要求，维护个人的基本权利，反映社会发展规律。立法也并非多多益善，繁杂但不实用的法律，不仅耗费大量的立法资源，也可能使有些法律形同虚设，影响法律的权威和人们对法律的信仰。正如古人所言，"法令滋彰，盗贼多有"。因此，形成完备的法律规范体系，关键是要提高立法质量。

第二，价值统一。完备的法律规范体系应当统一贯彻社会主义法治的基本价值，这就是说，要恪守以民为本、立法为民的理念，贯彻公平正义等核心价值观，使每一项立法都符合宪法精神、反映人民意志、得到人民拥护，在每一部单行法律、每一个条文中都体现公平正义的要求。罗马法谚有云，"立法理由不存在，法律也不应存在"，而最重要的立法理由就是公平正义。在立法过程中，还应当保持法律规范体系内部价值体系的统一性，统筹协调各部门法律之间的关系，避免不同法律规范之间出现价值取向上的冲突，影响法律实施效果。

第三，体系完整。中国特色社会主义法律体系的形成，只是表明七个法律部门和三个层次的法律已经基本齐备，能够涵盖社会生活的主要方面，基本解决有法可依的问题，但并不等同于各个具体的法律法规内容的完整性和体系的完备性。例如，民法商法部门的法律基本齐全，有力助推了社会主义法律体系的形成。但由于缺乏一部民法典，因而各单行立法之间尚未形成完整的体系，法律规范之间重复甚至冲突的现象依然存在，从而影响了民商法律的有效实施。因此，要建立完备的法律规范体系，就必须实现外在规则体系的一致性、内在价值体系的一致性、逻辑上的自足性以及内容上的全面性，形成在特定价值指导下的统一法律术语、法律制度和法律规则，保持法律各部分内容的相互协调和相互配合，形成严谨的体系结构。

二、形成完备法律规范体系的路径

法律是治国之重器，良法是善治之前提。四中全会提出形成完备的法律规范体系，表明了我们党以良法促改革、以良法促善治的坚强决心。按照四中全会的精神，建成完备的法律规范体系，应当从如下方面着手：

第一，要加强重点领域立法，进一步推进法律体系的完善。社会主义市场经济的发展和改革的深化，对社会主义法律体系提出了新的要求，需要通过立法切实保障人民依据宪法法律赋予的各项管理国家和社会的权利，通过立法切实保障人权，实现权利公平、机会公平、规则公平，切实保护人民群众依法享有的各项人身权和财产权。"规范公权，保障私权"是法治的核心，法典化是法律体系化的最高目标，因此需要进一步强化民事立法，加快制定民法总则、人格权法，进而编纂一部逻辑、价值一致的体系化的民法典，从而全面保障公民人身权、财产权。此外，由于一些新业态的发展，迫切需要法律的进一步规范。比如，我国2013年的网购规模已达1.85万亿元，总量为全球第一，互联网金融的规模在2013年也接近10万亿元，并呈现出迅速扩张的态势。但在这些领域，立法还比较滞后，这要求加快立法，完善原有的监管制度，强化对消费者的保护，保障新业态的有序发展。

第二，要做到重大改革于法有据，发挥立法对改革和经济社会发展的引领推动作用。在改革过程中，立法应当具有一定的前瞻性，应当成为引领改革的推动力，变"政策引领"为"立法引领"，而不只是事后确认改革成果。这就要求立法必须做好顶层设计和总体规划，做好立法规划和立法决策。同时，立法还应当为未来的改革预留空间，避免对未来的改革设置过多的障碍。

第三，加强立法解释工作。四中全会决定指出，要"加强法律解释工作，及时明确法律规定含义和适用法律依据"。法律非经解释不得适用，从立法学的角度看，除法律另有授权外，应当遵从"谁制定、谁解释"的原则。长期以来，我们不太重视立法解释，将解释法律的权力完全交给司法机关。但事实上，只有立法机关才能最准确把握立法原意，并且通过立法解释才能真正将法律的精神和意旨展现得更为清晰。加强立法机关对宪法和法律的解释，本身就是立法活动的组成部分，立法解释活动是立法权的延伸,是完善和发展法律的方式。强化法律的解释,既有利于克服法律过于原则和抽象的弊病,也有利于避免动辄修改法律、朝令夕改的现象。

第四,改进立法体制机制,健全由立法机关主导、社会各方有序参与立法的途径和方式。要明确立法权力边界,从体制机制和工作程序上有效防止部门利益和地方保护主义法律化。加强人大对立法工作的组织协调,健全立法起草、论证、协调、审议机制,在立法中应当邀请专家学者参与讨论,吸纳社会各界意见,使立法真正成为凝聚社会共识、调整利益分配的过程,更好地体现广大人民的利益和社会公平正义。

第五,深入推进科学立法、民主立法。民主立法是主导,科学立法是关键。立法本身是一门科学,科学立法要求立法反映客观规律,符合实际需要,并能对未来的发展作出一定前瞻性的预见。为此,立法过程中应当完善立法项目征集和论证制度,准确反映社会发展的规律和法律发展的趋势,立足于中国实践,借鉴国外先进的立法经验。民之所欲,法之所系。立法的程序和结果都必须体现人民群众的根本利益。为此,立法过程中必须广泛征求民意、汇集民智,使法律真正体现民众的智慧,回应人民群众的基本要求。

法治本质上是良法之治,良法是善治的前提和基础。从法律体系向法治体系转化,表明在法治建设新的历史时期,我们党更加注重法律的实施及其效果,更加注重扎实地推进依法治国方略的实施。在建设社会主义法治体系的过程中,要形成完备的法律规范体系,还必须依赖其他体系相互配合,共同发挥作用。换言之,法律规范必须完备,法治实施必须高效,法治监督必须严密,法治保障必须有力,党内法规必须完善,在此基础上才能形成法治体系,早日建成法治中国。

法治现代化需要一部"百科全书"*

颁行一部面向 21 世纪的科学的民法典,将是我国法律文化达到一定水平的体现,更是中国法治现代化的重要标志。

被称为"社会生活的百科全书"的民法典,是市场经济的基本法、市民生活的基本行为准则,更是法官裁判民商事案件的基本依据。19 世纪初的《法国民法典》和 20 世纪初的《德国民法典》,曾是世界民法发展史上的重要成果。今天,随着我国社会主义法律体系构架成形,民法典的制定步伐也随之加快。

民法典是社会经济生活在法律上的反映,更是一国生活方式的总结和体现。在成文法背景下,如果没有一部统一的民法典,不仅很难向世人展示我们形成的民事法律制度,体现中国法治文明的发展水平和高度,而且,零散的民事立法将妨碍民事法律制度的体系化水平。

法典的灵魂在于体系性。体系化的民法典不仅融合了形式的一致性、内容的完备性以及逻辑自足性,还统一了市场法则,能保障法制统一,避免民法规范与行政法规、地方法

---

* 原载《人民日报》2014 年 09 月 25 日。

规等的矛盾冲突。作为现代社会的一般私法和市民社会的百科全书，民法典通过合理的架构为民事活动提供各种基本准则，为交易活动确立基本的规则依据。更为重要的是，民法典提供了稳定的价值体系，在坚持和弘扬传统私法中的平等、自由和安全价值基础上，体现市场经济所要求的效率价值以及现代民法所要求的"人的全面发展"，并围绕这些价值进行全面有序的制度安排。

对于法官而言，民法典是法官正确适用法律、依法公正裁判的重要保障。众多的单行法往往让法官在"找法"时无从下手，查询成本较高。比如，面对一起因网购热水器漏电导致伤害的案件，法官选择适用何种法律时，摆在他面前的就有《合同法》《侵权责任法》《消费者权益保护法》《产品质量法》等，还有相关司法解释以及相关行政法规等，法官往往难以作出选择。实践中出现的"同案不同判、同法不同解"现象，不少也与此有关。如果有一部民法典在手，通过领略其规则和精神，法官就可以找到民事裁判的主要依据。即便出现法律空白，法官也可以通过法律解释、漏洞填补等方法，在民法典中找到解决所有民事纠纷的法律依据。

一部优秀的民法典应当是一本公民权利的宣言。通过制定一部民法典来全面确认和保障公民的基本民事权利，确立现代社会的基本交往规则，不仅能够有效规范社会成员的行为，而且有助于广泛地吸纳全社会成员有序参与法治建设进程，营造"全民信法、全民守法"的社会氛围，引导公民养成遵纪守法和用法律途径来解决问题的良好习惯，真正使法治精神深入人心。

颁行一部面向 21 世纪的科学的民法典，将是我国法律文化达到一定水平的体现，更是中国法治现代化的重要标志、推进国家治理体系现代化的重要组成部分。一部先进的、体系完整的、符合中国国情的民法典,不仅能够真正从制度上保证市场经济的发展和完善,为市场经济健康有序地发展奠定坚实的基础,而且将为我国在 21 世纪的经济腾飞、文化昌明以及国家的长治久安提供坚强有力的保障。

呼唤有21世纪特征的民法典

在现代国家中，民法典如同宪法一样重要，颁行一部面向21世纪的科学的民法典，是实行依法治国、完善社会主义法律体系的重要标志，更是中国法治现代化的重要标志。民法典又被称为"社会生活的百科全书"，是市场经济的基本法、市民生活的基本行为准则和法官裁判民商事案件的基本依据。可以说，民法典与每个公民的人身权利和财产权利息息相关。

虽然我国社会主义法律体系已经形成，也已经颁行《民法通则》《合同法》《物权法》《侵权责任法》等重要的民事法律，这些法律基本涵盖了社会经济生活的主要方面，但我国法律体系需要与时俱进、不断完善。目前最重要的，就是要加快推进民法典的制定步伐。党的十八届四中全会决定在"加强重点领域立法"中指出："加强市场法律制度建设，编纂民法典。"这是建设社会主义法治体系和法治中国的重要步骤，为民法典的编纂送来了"东风"，必将有力推进我国民法典的编纂进程。

一、编纂民法典关乎日常生活

编纂法典，听起来似乎和普通人距离很远。实际上，在现代法治社会中，每一条法律都会和公民个人发生关联。例如公民常接触的房屋登记、期房买卖、登记备案、房屋租赁条例等等，这些繁多的规章制度，都是由于没有民法典造成的。

民法典可以为各类行政规章的制定提供依据，从而保障依法行政，保护公民、法人的合法权益。由于没有民法典，民法的规则极不健全和完善，因此许多重要民事关系的调整规则不能通过民事法律的方式表现出来，从而留下了法律调整的空白。这些空白，在很多方面是通过国务院各部委的规章及地方政府颁布的地方性规章予以填补的，而一些规章难免导致出现限制公民私权，或者变相扩张行政权的现象。

民法典是市场经济的基本法，有无民法典是判断市场经济法律规则是否健全的重要标志。在市场经济条件下，民法的平等、等价、公平及诚实信用等原则，以及民法的各项基本制度，都是规范市场经济最基本的法律准则，保障着市场经济有序运行、健康发展。

民法典也是公民的权利宣言书。法治的基本精神，在于"规范公权，保障私权"，对私权的确认和保障是民法的主要功能。我国民法所确认的公民所享有的人身权、物权、债权、知识产权等，都是公民的基本权利。民法在内容上不仅对各项民事主体的权利要实行平等的保护，而且在公民的权利受到行政机关的不法侵害以后，公民可基于侵权行为制度诉请赔偿，这就有效地规范了公权，防止公权力的滥用。

编纂民法典，也是保障司法公正的重要措施。就民事、经济案件的裁判而言，法官所依据的基本规则就是民法。编纂民法典有利于实现民事法律的体系化，实现各民事法律价值上的协调，消除体系上的矛盾和冲突，从而可以为法官裁判民事案件提供统一的裁判依据，方便法官寻找法律。在民事纠纷裁判中，法官的重要任务是要全面理解和正确解释民法典。由于没有民法典，法官无法区分普通法与特别法，此时，特别法优先于普通法这一法律适用的基本规则将无法发挥作用，这样将无法保障法官正确适用法律。尤其应当看到，由于没有民法典，法律修改的情况无法在法律文本中体现出来，这也给法官适用法律带来极大的困难。如果有了民法典，即便民法典的条文被修改，其在法典中仍然可以被标注出来，法官对于哪些条文被修改、哪些没有修改，一目了然，从而可以避免法律适用的错误。

二、编纂一部体现时代精神和特征的民法典

虽然四中全会决议已提出要编纂民法典，但我们要制定一部什么样的民法典？我认为，我们要编纂的民法典应当具有中国特色、中国风格，并体现 21 世纪的时代精神和时代特征。如果说 1804 年的《法国民法典》是一部 19 世纪风车水磨时代的民法典的代表，1900 年的《德国民法典》是 20 世纪工业社会民法典的代表，那么我们的民法典则应当成为 21 世纪民法典的代表之作。

——我们的民法典应当立足中国国情，体现中国特色，要反映中国的现实问题，民法典要全面反映基本经济制度的需要，回应市场经济发展和改革不断深化提出的新的挑战。

——我们的民法典应当体现 21 世纪时代精神的人文关怀，体现对人格尊严的尊重和保护、对弱者的关爱等。19 世纪和 20 世纪的民法典体现了"重物轻人"的特点，缺乏对人的尊严进行保护的具体规则。21 世纪的民法典应当是促进人的全面发展的民法典，这就要求确认和保护人的各项人格权益。

——我们的民法典必须反映科技高速发展的时代和互联网时代的特

点。在网络环境中，侵权损害具有易发性特点，网络无边界性以及受众的无限性，使得侵权言论一旦发表就可以瞬间实现全球范围的传播。因此，应当更多地适用停止侵害等责任方式，并应当对网络环境下的人格权保护作出特殊的规定。

——民法典必须反映信息社会和大数据时代的特点。由于数字化以及数据库的发展，使得信息的搜集、加工、处理变得非常容易，信息的市场价值也愈发受到重视，对于信息财产权和隐私权的保护需求也日益增强。个人信息作为个人享有的基本人权也日益受到法律的高度重视。信息沟通成本的降低，也深刻改变了人与人之间的交往方式，这也直接改变了某些传统交易行为的方式，如金融领域无纸化证券大量产生、无纸化交易日益频繁。数字化技术和网络技术的发展如同一把双刃剑，在促进新型知识产权不断产生的同时，也使得对知识产权的侵犯变得更为容易，并为网络服务提供者滥用技术优势侵害公民私权留下了制度缝隙。法律如何在日新月异的技术发展环境下实现对私权主体的周延保护，已成为现代民法所面临的一个重要议题。

——民法典必须反映高科技时代和知识经济时代的特点。在现代社会，对个人权利的尊重和保护成为一个人类社会文明发展的必然趋势。现代网络通讯技术、计算机技术、生物工程技术等高科技的迅猛发展给人类带来了巨大的福祉，但同时也改变了传统生产和生活的形式，增加了民事主体权利受侵害风险。例如，许多高科技的发明对个人隐私权的保护带来了巨大的威胁，因而有学者认为隐私权变成了"零隐权"（zero privacy）。又如，生物技术的发展、试管婴儿的出现改变了传统上对生命的理解，人工器官制造技术、干细胞研究、克隆技术和组织工程学的发展为人类最终解决器官来源问题铺平了道路；与此同时，上述科学技术也对生命、身体、健康等人格权提出了新的挑战。

——民法典必须反映经济全球化的趋势。经济全球化要求减少因交易规则的不统一而形成的交易障碍，降低交易费用，因此，近几十年来，两大法系有关合同法的规则正逐渐融合，合同法的国际化也成为法律发展的重要趋势。与此同时，随着经济交往的发展，有关保险、票据等方面的规则也日益国际化。在我国民法典的制定过程中，有必要在交易规则上尽可能与国际接轨，从而使我们尽可能从全球化中受益。

——民法典必须反映资源环境逐渐恶化的时代挑战。21世纪是一个面临严重生态危机的时代，在我国资源严重紧缺、生态严重恶化的情况下，更应当重视资源的有效利用。为此，有必要结合保护生态环境的具体需要，对财产权的客体、权能、属性、用益物权、相邻关系以及征收等制度进行重新审视，强化物尽其用的义务，在保护民事主体财产权利的同时，也要结合我国实际情况，为不动产的权利人设置必要的维护环境、保护生态的义务。

——民法典必须反映风险社会的特点。现代社会是风险社会，风险无处不在、事故频出不穷。在这样的背景下，人身和财产损害的救济问题日益成为当今社会关注的焦点。在风险社会，首先应考虑的是促进民法从加害人保护向受害人保护倾斜。民法需要通过多种责任承担方式，使受害人从中选择最有利的形式维护其权利。

明者因时而变，知者随世而制。民法典的编纂条件已经成熟。我国目前民事法律体系较为完备，民法典的主体部分已经基本完成。法院系统民商事司法审判经验不断丰富，民商事法官队伍的数量和素质有了空前提高，且积累了大量的司法审判经验。民法典的理论研究成果丰硕，这些都为编纂民法典奠定了坚实的基础。

三、编纂民法典的科学步骤

目前,我国已经制定了《合同法》《物权法》与《侵权责任法》等基本民事法律,民法典的基本内容已经确立,关键是要依据科学的民法典体系对既有的民事立法内容进行体系化整合,并最终形成民法典。按照此种体系来整合我国现行法律,我建议民法典的编纂重点应当从如下几个方面着手:一是要在《民法通则》的基础上制定民法总则。现行《民法通则》虽然不是一部法典,但其核心内容是关于总则的规定,我国民法典的编纂不宜彻底抛弃《民法通则》,而应当在总结《民法通则》立法经验的基础上,制定一部完整的民法总则。二是应制定一部体系完整的人格权法。除了进一步规范并完善《民法通则》所确认的生命健康权、名誉权、肖像权、婚姻自主权、姓名权和名称权等人格权之外,还应当重点规定隐私权、个人信息权等人格权,并关注人格权在互联网环境下的保护规则。三是要制定债法总则。制定债权总则有利于整合债法自身的体系,其不仅适用于合同之债,还可以实现对不当得利、无因管理、缔约过失等法定之债的有效规范。同时,债是市场经济中最活跃的因素,在新的债的关系产生时,债法总则还可以发挥其拾遗补缺的作用,实现对新的债的关系的规范。因此,债法总则也有利于民事权利体系的完善。

在完成上述三项工作之后,需要系统整合《合同法》《物权法》《侵权责任法》《婚姻法》《继承法》等民事法律,将它们统一纳入民法典并规定为分则的各编。为此,应当按照科学、合理的民法典体系,以法律关系为中心,整合已经制定出来的现行民事单行法,并按照法典化的要求,对其进行必要的修改、补充和完善,在此基础上颁行一部系统、完整的民法典。

民法典是法官用法的宝典[*]

民法典是"社会生活的百科全书",是市场经济的基本法律,更是法官裁判民商事案件的宝典。我国自清末变法以来,立法已经采纳大陆法系的框架,大陆法系又称为民法法系,以民法典为其重要标志。民法典是社会经济生活在法律上的反映,更是一国生活方式的总结和体现。民法典是法治现代化水平的标志,也是法律文化高度发达的体现。法典的体系性、逻辑自洽性、价值一致性等特点,都是单行法所不可比拟的。法典的颁行,是民事法律体系基本形成的标志,也为法官适用法律提供极大的便利。举一日常生活中常见案例:某人网购一台热水器,因为该产品质量不合格,导致漏电使其遭受伤害。在该案中,法官选择适用何种法律时,摆在他面前的有《合同法》《侵权责任法》《消费者权益保护法》《产品质量法》等,还有最高人民法院颁行的相关司法解释以及国务院的相关行政法规等规定,法官往往难以作出选择。我国现在已经制定了行政法规600多件,地方性法规7000多件,自治条例和单行条例600多件,此外,还存在大量的司法解释。面对如此众多的法律规范,究竟应当选择适

[*] 原载《法制日报》2014年9月3日。

用何种裁判依据、从何处着手,是困扰法官的一大难题。实践中出现的"同案不同判、同法不同解"的现象,许多都是针对同一案件法官选择法条和裁判依据不同而导致的。这一现象在很多大陆法系国家的实践中几乎是不存在的,虽然这些国家法律众多,甚至陷入法律的迷宫,但法官寻找法律却并不困难,且不会出现法律适用不统一的现象,根本原因就在于有一部民法典能够为法官寻找法律提供基本的依据。

为什么说民法典是法官用法的宝典?因为民法典能够为法官适用法律带来如下好处:

一是方便寻找法律。法典不同于单行法的汇编之处在于,单行法为数众多,彼此之间相互重叠。且众多的单行法将使得法官在寻找裁判依据时无从下手,裁判依据的查询成本较高。而在出台民法典之后,通过吸收体系化的功能,采用提取公因式的方式等,可以极大地简化法律的规则,这在一定程度上可以提高法律的抽象性程度,又可以避免法律之间的重复矛盾,这就给法官裁判案件带来了极大的便利。民法典能够满足形式合理性的要求,更重要的是民法典为法官找法提供了方便,因为一部法典在手,适用法律的依据基本齐备,即便出现法律空白,法官也可以通过法律解释、漏洞填补等方法,在民法典中找到解决所有民事纠纷的法律依据。

二是统一裁判依据。面对上述网购热水器案,由于民法典的缺失,导致实践中法官所用的法条形形色色,一些法官仅凭自己对法律的感悟和理解而找法、用法,以致一审中有的法官适用消费者权益保护法,二审中有的法官又适用合同法或侵权法,从而导致两审的裁判结论大相径庭。这不仅造成司法裁判的不统一,而且也使得一些案件中裁判依据缺乏正当性。在我国,如果有了一部民法典,则可以保障法官裁判依据的统一性。有了民法典之后，法官应当按照特别法优先于一般法的规则来找法用法。例如，出现分期付款买卖合同纠纷以后，首先法官应当寻找买卖中关于分期付款的特别规定；如果该规定中没有相应的规则，再去寻找合同法分则中关于买卖合同的规定；如果还没有规则，就应该寻找债法的规定；如果仍没有相应的规则，再去寻找民法总则中的规定。这就是梅迪库斯所说的"从后向前看"的法律适用方法。而这种方法的运用，也只有在法典化、体系化的情形下才能够实现。

三是正确适用法律。在实践中，面对上述网购热水器案，一些法官偏好于从司法解释入手去找法，而不是从基本民事法律入手找法。有的司法解释已被新法修改，也仍然被一些法官继续适用、广泛援引（例如，《担保法司法解释》的许多规则早已被《物权法》所修改，但有的法官仍援引该解释），一些法官甚至不按照新法优先于旧法的原则，适用已被新法修改的法条。这就难免出现法条适用的错误。如果有一部民法典在手，就可以极大地避免法律适用的错误。即便民法典的条文被修改，其在法典中仍然可以被标注出来，法官对于哪些条文被修改、哪些没有修改，一目了然，从而可以避免法律适用的错误。

四是准确解释法律。法无解释不得适用，法律解释具有节约立法成本、提高立法效用、保持法的开放性、维持法的安定等功能。可以说，成文法的生命力在相当程度上取决于法律解释活动。在法律体系形成后，一个解释者的时代已经来临，而民法典则可以为法官的解释活动提供必要的依据和便利。

五是实现价值统一。通过法典化，可以将民法的价值贯彻在整个法典之中，同时形成价值的协调和统一。制定民法典之后，将对散乱的单行法贯彻的各种价值进行统一和整合，实现基本民法价值的协调一致，这对于法官理解和适用法律具有重要意义。尤其是在法官对一般条款和不确定概念进行价值补充的时候，其需要准确理解民法典的价值，并处理不同价值之间的关系。民法典有利于实现价值的体系化，这有利于法官准确把握民法的价值和法律的精髓，也使法官解释法律时能够准确把握立法意旨，从而准确适用法律。

六是强化裁判说理。法谚有云：正义是在判决中实现的。裁判本身是公开说理的艺术。在我国目前的司法实务中，法官不太注重说理，这既是因为法官长期以来在裁判中没有形成这种习惯，也是因为我国缺乏民法典。民法典对于裁判说理性的意义体现在：一方面，民法法典化以后，法官应当尽可能按照法典来进行裁判，并且要对其援引法典某个条文的理由、法典的价值取向以及规则的确切含义进行说明，从而强化判决的说服力。另一方面，由于法典化就是体系化，譬如法官面对上述网购热水器案，如果当事人没有选择请求权，则法官就要从民法典确立的请求权体系着手，来选择和案件具有最密切的联系、最有利于维护当事人权益的请求权，通过体系思考形成最佳的方案。

七是培养正确的思维方式。法典化是体系化的产物，体系化可以形成一种正确的思考和研究的方法。民法典构建了一个完整的、体系化的结构，它可以培养法官的体系化思维方式，从而为法律的适用提供方便。此外，民法典也为法律人提供了共同的思维方法和讨论对话的平台。无论是法官、检察官还是律师，都是以民法典展开对话与交流的。民法典是联系法律人的纽带，法律人共同研习民法典、探讨民法典，适用民法典，从而形成共同的思维方式，这有利于保障法律的准确适用。

法典是法官的宝典，只要法官精通法典，适用法律也就会得心应手。我认为，在一个法官队伍素质相对不是太高的情形下，更有必要制定民法典，这将有利于从根本上提高整个法官队伍的素质。"世易时移，变法宜矣。"我们应当从中国的实际情况出发，在借鉴两大法系的经验基础上构建中国特色的民法典体系。广大民法学人需要认真研究中国的民法典理论，构建中国民法话语体系，从而为中国民法典的问世贡献智慧和力量。

如何制定一部系统完整的民法典[*]

一部优秀的民法典应当是一本公民权利的宣言。通过制定一部民法典来全面确认和保障公民的基本民事权利，有助于广泛地吸纳全社会成员有序参与法治建设进程，真正使法治精神深入人心。

目前，我国已经制定了《合同法》《物权法》与《侵权责任法》等基本民事法律，在民法总则、人格权法、债法总则制定出来之后，民法典的基本内容已经确立，在此基础上，要依据科学的民法典体系对既有的民事立法内容进行体系化整合，并最终形成民法典。具体来说，要以法律关系为中心来构建民法典，民法典应当首先设立总则，总则之中应当包括法律关系的基本要素，即主体、客体、法律行为、责任。民法典的分则以法律关系的内容（即民事权利）为中心展开，分则部分包括人格权法、亲属法、继承法、物权法、债法总则和合同法、侵权责任法。

按照此种体系来整合我国现行法律，笔者建议民法典的制定重点应当从如下几个方面着手：

第一，制定民法总则。民法典应当设立总则，民法总则

---

[*] 原载《人民法院报》2015年2月7日。

就是统领整个民法典并且普遍适用于民商法各个部分的基本规则,它统领整个民商立法,因而属于民法典中最基础、最抽象的部分。民法总则应当在《民法通则》的基础上制定。《民法通则》虽然不是以法典形式颁布,但其规定的都是基本的民事制度和民事权利;尤其是《民法通则》基本涵盖了所有民法典总则的内容,只不过基于现实需要在其中增加了部分民法分则的内容(如所有权、债权)。在某种意义上,它的确发挥了民法典的部分功能,并且其大部分内容仍然可以适用于我国的现实情况。因此,应该对其进行进一步的修改和整理,将其纳入民法典的相应部分。换言之,在制定民法典时,不宜彻底抛弃《民法通则》,而应剥离其中的民法共性规范,作为民法典总则的蓝本。总则是民法典的总纲,纲举目张,整个民商事立法都应当在总则的统辖下具体展开。

第二,制定一部体系完整的人格权法。传统大陆法系民法典不存在独立的人格权编,这本身是有缺陷的,因为民法本质上是权利法,民法分则体系完全是按照民事权利体系构建起来的,民事权利主要包括人身权与财产权两大部分,后者分为物权与债权,它们均独立成编,人身权主要是以人格权为主,却未单独成编,其规则或规定在主体制度中,或散见于侵权责任制度之中,这就形成了一种体系失调的缺陷。可以说,传统民法过分注重财产权,反映其"重物轻人"的不合理性。要消除这一缺陷,人格权即应在民法典中独立成编,这也符合人格权保护在现代民法中的发展趋势。在人格权法中,还要完善具体人格权制度。在此方面,除了进一步规定并完善《民法通则》所确认的生命健康权、名誉权、肖像权、姓名和名称权、婚姻自主权等人格权之外,还应当重点规定以下三种权利:一是隐私权。两大法系都已经将隐私权作为基本的民事权利加以规定,甚至上升为一种宪法上的权利加以保护。《民法通则》

虽然在法律上第一次建立了人身权制度，但并没有规定隐私权。这是立法的一大缺陷。二是个人信息权。在信息社会和大数据时代，个人信息已成为个人重要的权利，且是个人享有的一项人权。法律保护个人信息权的意义在于，保障个人在信息化时代对其信息的控制，扩大其对信息的利用，促进个人的全面发展。三是网络环境下的人格权。互联网的发展，使我们进入了一个全新的信息时代。博客、微博的发展，使信息传播进入了全新的时代。据统计，目前我国已有6.32亿网民，其中手机网民5.27亿。如此众多的网民，在促进社会发展、传递信息等方面，起到了重要的作用。但同时，利用网络披露他人隐私、毁损他人名誉等行为也大量存在。因此，有必要在人格权法中对网络环境下的人格权保护作出特别规定。

第三，制定债法总则。法国学者达维德指出，"债法可以视为民法的中心部分"。一方面，债法总则有利于整合债法自身的体系，它不仅适用于合同之债，还可以适用于非合同之债，能使不当得利、无因管理、缔约过失等债的形式在债法中找到其应有的位置，确立相应的法律规则。另一方面，债是市场经济中最活跃的因素，一旦新类型的债超出了现有规范调整范围，债法总则即起到拾遗补阙的作用，在此意义上，债法总则有利于完善民事权利的体系。在大陆法系体系中，民法典中债法的典型模式是将侵权行为、合同、不当得利、无因管理等都纳入债的范畴，以至于《德国民法典》等法典中的债权总则内容十分复杂庞大，从立法的科学性上说，其中许多内容并不都真正属于债权总则的内容。故而，我国民法典体系不一定要借鉴此种模式的经验，债法总则并不需要追求形式上的完整性。在我国合同法、侵权责任法已经自成体系的情况下，未来民法典中的债法总则不宜将分别调整合同法总则与侵权责任法总则的规则纳入其中，而只应对各种债的关系的一般规则作出规定，因此，与传统大陆法系民法典债法总则相比，我国未来民法典的债法总则在内容上将更为抽象，其规则具有更强的普遍适用性。尤其是债法总则的设立不应当影响到合同法、侵权责任法体系的完整性。在我们未来民法典债编的制定过程中，并不是要抛弃我国合同法、侵权责任法既有的立法成果，而重新制定债法总则。相反，应当在保持我们现有的合同法、侵权责任法立法框架和经验的基础上，使其融入到我们未来的民法典之中，从而制定出具有中国特色的民法典。因此，民法典中的债法总则与合同法、侵权责任法将共同成为民法典分则的组成部分。

在完成上述三项工作之后，需要通过整合、完善合同法、物权法等民事法律，将它们统一纳入民法典并分别作为分则的各编。为此，应当按照科学、合理的民法典体系，以法律关系为中心，整合已经制定出来的现行民事单行法，并按照法典化的要求，对其进行必要的修改、补充和完善，并在此基础上颁行一部系统、完整的民法典。

民法总则是民法典的总纲[*]

法典化就是体系化，民法典之所以不同于分散的民事法律的汇编，就在于其是体系化的产物，民法典的体系性首先就表现在其具有总分结构。因此，民法典应当设立总则，民法总则就是统领整个民法典并且普遍适用于民商法各个部分的基本规则，它统领整个民商立法，因而构成民法典中最基础、最抽象的部分。总则是民法典的总纲，纲举目张，整个民商事立法都应当在总则的统辖下具体展开。

民法总则是法学长期发展的产物，是立法经验的长期反思和总结。民法总则最初出现在潘德克顿学者的著述中。18世纪，学者对6世纪查士丁尼大帝所编纂的《学说汇纂》进行了系统整理，在此基础上，海瑟在其1807年出版的《普通法体系概论》一书中正式设立了民法总则部分。从各国的立法来看，民法总则最初为德国民法以及受德国民法影响的其他国家和地区的立法采用，但从近几十年民法典的发展趋势来看，各国新编的民法典大多都设立了总则，有的国家的民法典虽然没有明确设置总则，但会设置总则性的规定。因此，从各国的立法来看，设立总则是民法典编纂的趋势。设

---

[*] 本文原载《法制日报》2012年10月24日，原标题为《人民的福祉是最高的法律》。

立民法典总则具有如下意义：

一是增强民法典的体系性。民法总则的设立体现了立法技术的进步，有利于增强民法典的体系性。民法总则采取提取公因式的方法，将民法典各编的共性规则提炼出来，集中加以规定，这有利于降低法律规则重复的概率。黑克（Heck）将民法总则的这一作用形象地比喻为"列车时刻表符号说明"：前面已经说明过的东西，后面就没有必要再作重复了。总则的设立有利于增强民事法律概念和制度的层次性，这为民法典的体系性创造了前提。

二是丰富法律适用的层次。总则的设定使得民法典形成了总分结构，民法典的规则体系也呈现出从一般到个别的特点。在法律规则适用过程中，特别规则的适用要优先于一般规则，法律适用是从具体到抽象的反向过程，这就是梅迪库斯所说的"从后往前看"的阅读过程。例如，涉及合同纠纷，首先应当查找分则中合同法规则；如果合同法中找不到相应规定，才有可能去寻找总则中关于法律行为的规定。总则的设立使民法典形成了一个从一般到具体的层层递进的逻辑体系，丰富了法律适用的层次，提高了法律规则适用的准确性。

三是保持法典的开放性。民法典一旦颁行，就应当在一定时期内保持相对稳定性，这也是民法法典化的基本要求，这种稳定性与社会生活的变动性之间存在一定的冲突，而民法总则的设置则有利于协调二者之间的冲突。总则的规则较为抽象，其适用范围也较为广泛，相关概念的内涵和外延能够借助于解释技术而随时更新，这有利于保持民法典规则的开放性，可以使民法典不断适应社会发展的需要。因此，总则编的设置使得民法可以借法律解释、类推等司法技术的运用而获得发展，并与社会生活保持一致，从而保持民法典的开放性。

四是有效填补法律漏洞。在民法法典化以后，法律的滞后性和漏洞的存在是不可避免的,这一方面是因为立法者的理性是有限的,另一方面是因为我国社会正处于转型期,各种新情况、新问题不断出现,而法典不能规定一切,这就需要法官综合运用法律解释、类推适用等法律技术解释适用法律。而在民法总则中规定民法基本原则、立法目的等,则有利于法官通过民法基本原则、目的性限缩、目的性扩张等方式填补法律漏洞。因此,总则的设置为法律解释、适用法律规则填补法律漏洞创造了条件。从这一意义上说,民法总则是民法规范的生长之源,在民法典其他各编对某个具体问题没有规定的时候,通过解释民法总则中的基本原则、制度,填补法律漏洞,进而发展出新的法律制度。

五是保持民商事立法的完整性。大量的商事法规如公司、保险、破产、票据、海商等法律,在广义上也属于民事法律规范,但我国实行民商合一,在此种模式下,不可能为这些法律设置单独的总则,而只能通过民法总则统辖各种商事法规。这就是说,商事主体适用民事主体的规定,商行为可以适用民事法律行为的规定,商法上的诉讼时效可以适用民事诉讼时效的制度,商事代理也可以适用代理的规定,民商合一的主要意义就在于此。因此,设立民法总则,有利于沟通传统商事立法与民法之间的关系,通过总则统辖各商事立法,从而建立完整的民商法体系,真正实现民商合一。

六是培养法律人的良好思维。潘德克顿法学设置民法总则,原因之一是便利于法学知识的讲授和法律思维的训练,其中最为重要的法律思维方法就是演绎的方法。在大陆法系,法律思维的基本方法就是演绎法,即通过三段论的逻辑过程将抽象的法律规范运用到作为小前提的法律事实中,从而得出法律结论。民法总则是对其他民事法律制度的抽象,总则的设立使民法典形成了一个从一般到具体的、层层递进的逻辑体系。因此,总则的设立有利于培养法律人良好的思维方法。此外,民法总则的设立还有助于培养法律人归纳演绎和抽象思维的能力。因而便于运用演绎式教学方法，从一般到具体，循序渐进地去传授，从而保持传授的高效率。

我国1986年的《民法通则》大部分内容都是关于总则的规定，以至于其常被认为是民法总则，但其实质上是一部微型民法典，其既包括了总则的规定，也包含了分则的规定。《民法通则》具体分为九章，即"基本原则""公民""法人""民事行为和代理""民事权利""民事责任""诉讼时效""涉外关系的法律适用"和"附则"。其中民事权利部分实际上是对民法分则的规定，不应再纳入总则之中。有关民事责任中的违约责任和侵权责任的具体规定也应当分别在债和合同法以及侵权行为法中作出规定。至于涉外关系的法律适用的规定本来应当属于国际私法的内容，即使在民法典中规定也应当单独设编，而不应纳入总则。《民法通则》中真正属于民法总则编内容的主要是第一章到第四章的规定，以及第七章关于诉讼时效的规定。这些内容在改革开放后相当长的历史时期内，很好地发挥了总则部分的功能，但随着社会的变迁，这些内容规定得较为简略，而且随着合同法、物权法等法律的颁布，其许多内容事实上已经被架空。因此，总结近30年的民商事立法经验，在《民法通则》的基础上，制定一部民法典的总则编势在必行。

制定一部面向21世纪的科学的民法典，不仅能够有效实现我国民事法律的体系化，而且将有力地促进我国民法的现代化。这也将表明，我国民事立法水平达到了一个新的高度和水平。目前，在《民法通则》的基础上制定民法总则，已经成为民法学界的共识。民法学界为此也作了大量准备。所以，应当尽快启动民法总则的起草工作，以此作为民法典编纂的先声。

建设法治国家需坚持税收法定

2011年,最高人民法院出台了《婚姻法》的第三次司法解释,其中规定夫妻一方在婚前购买的房产,不能视为夫妻的共同财产,其房屋所有权属于婚前出钱购买的一方。据报载,因为该司法解释的上述规定,一些夫妻担心个人利益受损,纷纷要求在婚前购买的房屋产权证上加上自己的名字,以确保万无一失。在一些地方,由于要求加名登记的夫妻太多,甚至在房管局门前排起了长队。有的地方政府的税收部门看到了其中的"商机",于是对加名行为征税,"加名税"随之浮出水面。尽管后来中央政府出面叫停该种"加名税",但这种随意征税的现象值得我们反思。

"加名税"显然违反了税收法定原则。所谓税收法定,就是指税种、税率和征税的程序都应当由法律作出规定。如果没有相应的法律规定,政府就不能征税,公民也没有纳税的义务,这是法治国家的一项基本原则。众所周知,税收取之于民,用之于民,它支撑了整个国家机器的运转,保障了国家公共事业和社会福利事业的开展和发展。从这一意义上说,税收制度的好坏直接决定了国家治理水平的高低。有一种观点认为,美国的强盛在于其有两部伟大的法律,一部是美国宪法,它奠定了美国的制度基础;另一部就是美国联邦税法，它确立了联邦和州在征税方面不同的职权。这种说法是不无道理的，美国的税法虽然繁杂，但它坚持税收法定原则，这对保障公民的合法权益、维护社会秩序稳定发挥了重要作用。如果不通过法律来规定税种、税率，就有可能导致税种泛滥、税赋成灾，公民的权益就难以获得应有的保护。

税收法定是一项法治原则。从历史上看，税收法定原则和人权保障原则一起均源于英国的《自由大宪章》。当时英国有25个贵族不愿忍受国王的苛捐杂税，他们联合在一起，迫使国王签署了著名的《自由大宪章》，以限制国王征税的权力，建立有限政府。该大宪章第12条规定："未经王国之普遍同意（common consent of the realm），不得在王国内征收免服兵役税或贡金。"这被认为是税收法定原则的起源。之后，随着议会的崛起，"王国之普遍同意"逐渐被理解为由议会通过法律作出决定。1674年，英国议会下议院通过了《遏制非法征税法案》，规定未经议会投票表决，国王不得征收任何赋税或王室特别津贴。在1689年的《权利法案》中，更进一步地限制了国王的征税特权。[①] 从比较法上来看，税收法定作为法治的一项重要原则，得到各国普遍认可。

我国也一直坚持税收法定原则，我国《宪法》第56条规定："中华人民共和国公民有依照法律纳税的义务。"该规定虽然没有明确规定税收法定原则，但实际上已经明确规定了公民只是负有根据法律纳税的义务，因为此处《宪法》的表述为"法律"，而不是抽象地使用"法"的概念，这就表明公民纳税义务是由法律来确认的。作为《宪法》第56条立法精神的具体化，《税收征收管理法》第3条明确阐释了税收法定原则，它规定："税收的开征、停征以及减税、免税、退税、补税，依照法律的规定

---

① 参见王建勋：《欧美征税权演变与政治文明》，载《炎黄春秋》2014年第6期。

执行；法律授权国务院规定的，依照国务院制定的行政法规的规定执行。任何机关、单位和个人不得违反法律、行政法规的规定，擅自作出税收开征、停征以及减税、免税、退税、补税和其他同税收法律、行政法规相抵触的决定。"据此可以说，税收法定是一项必须遵守的宪法原则。所以，正如前文所指出的，政府仅凭一个红头文件，就可以征收"加名税"，表明税收法定原则还没有真正得到落实。

落实税收法定原则，在根本上是为了保护公民的财产和自由。税收是国家对公民无偿课征资财以获取财政收入的活动，其本质上是通过国家征税而将个人财富转化为国家财富的一种方式，对公民而言是一种负担，为了不使这种负担无序化，遂有税收法定原则的出现，其根本目的是对公民财产权进行保护。正如有观点所指出的，在近代，税收法定原则与罪刑法定原则处于同等的地位，前者主要保护公民的财产权，后者主要保护公民的人身权。[①] 休谟有一句名言，"危害最大的税是任意征收的那些税，它们通常会由于征管工作而转化为对勤劳的惩罚。"[②] 在我国，由于税收法定原则未能落实，以至于在实践中，有的地方政府不清楚对公民已经开征了多少税种，公民也不清楚究竟应该纳哪些税。例如，2014年，在国际油价大幅下调之际，有关部门提高成品油的消费税，网上出现了"加油就是加税，加油站为加税站"的讨论。

落实税收法定原则，是建设法治国家的关键环节之一。政府征税行为应当得到人民的授权和认可，这也是法治国家普遍认可的基本原则。一个法治社会就是一个充分保障公民财产和人身权益的社会，是充分保

---

① 参见刘隆亨：《以法治税简论》，北京大学出版社1989年版，第152页。
② See David Hume, *Essays—Moral, Political and Literary*, Liberty Fund Inc, 1987, pp. 345—346, 转引自王建勋：《欧美征税权演变与政治文明》，载《炎黄春秋》2014年第6期。

障公民法定范围内自由的社会。正如霍布斯（Hobbes）所言："人民的安全，乃是至高无上的法律"。① 按照税收法定，公民应当交纳的税收在法律上要非常清晰明确，任何一种税收，都应当按照法律的规定来征收，除此之外，公民不再负担任何纳税义务，这样才能够充分保障人民的财产自由。十八届四中全会提出，重大改革都要于法有据，税收改革涉及公民基本财产权利的限制与保护，因此，税收改革更应当于法有据。

　　落实税收法定原则是规范公权、依法行政的需要。政府享有的征税权为政府不断增加新的税种或者提高税率提供了依据，但有权不可任性。税收法定就是要把政府的征税权关进法治的笼子中，防止公权力滥用。否则，有的地方政府可能基于自身利益的需要，随意开增税名，随意改变税率，甚至减免税收，正是在这种恣意中，决策行为不理性、无效率乃至腐败的现象频频发生。而税收法定也是职权法定的重要内容，按照职权法定原则，法无授权不可为，除非法律明确规定行政机关有征收某种税赋的权利，否则，行政机关不得任意征收税赋。但在实践中，有的地方政府为了招商引资、吸引外来投资，任意减免税；有的市长、市委书记一句话，就可以把一个外商几年的税收全部免掉；甚至在某些地方，减免税已经成为了一种恶性竞争。要有效遏制这些恣意行为，就必须认真贯彻税收法定原则。

　　落实税收法定原则也会使征税行为回归其严肃性，避免征税行为的随意性。只有将纳税义务纳入法律规范的范畴，才能体现纳税义务的神圣性，才能体现纳税行为是公民对国家应尽到的责任。例如，在前例中，有

---

① 参见〔美〕E. 博登海默：《法理学：法律哲学与法律方法》，邓正来译，中国政法大学出版社1999年版，第293页。

的地方政府随意下一个红头文件,就开增"加名税",这就很难使个人感受到纳税行为的神圣性,人们是否真正愿意交纳、是否认可这一征税行为的正当性,都不无疑问。据《中国青年报》社会调查中心和新浪新闻中心联合调查显示,83.4%的人感觉作为纳税人"亏",只履行义务没行使权利。① 由此表明,许多纳税人也没有因自己照章纳税而感到神圣光荣。而产生此种现象的重要原因是没有真正贯彻税收法定的原则。

在我国,实行税收法定,就是要将征税权收回全国人大,将征税行为纳入制度框架内进行规范。落实税收法定,一是要税种法定。在我国现行的18个税种中,全国人大审议立法的只有3个,其他的都是由国务院有关条例和规定来规范的,这显然不利于落实税收法定原则。既然要依据《宪法》实现税收法定,征税权就应当属于全国人大行使的权力,政府只能在《税收征收管理法》的范围内行使收税权。如果全国人大将对特殊事项的征税授权国务院行使,则政府部门只能在授权范围内征税,而不能超越该授权范围。与此同时,公民纳税义务的构成也必须由国家的立法机关以法律的形式来规定,在没有法律规定的前提下,任何人不得被要求承担任何纳税义务。二是要税率法定。税率法定也是税收法定原则的重要内容,如果说税种法定是解决税收"应不应该拿、拿什么以及向谁拿"的问题,那么税率法定就是为了解决"拿多少"的问题。如果税率不能法定,而是由政府自由决定,如果政府向纳税人征税的税率过高,也变相突破了税收法定原则,税种法定的意义也会受到影响。

总之,税收法定原则是建设法治国家的一项重要原则,如果严格按照该原则来征税,则"加名税"这种荒唐的税种就不会出现,人民的财产与自由就能得到切实的保障。

---

① 转引自罗丽莉、彭炜:《浅议中国的纳税人权利》,载于中国财税法网。

天外飞石归谁所有？

现代社会，随着人类探索自然能力的进步，万物皆有其主，几乎很少有物需要借助古老的先占规则确定权利归属。但对于天外飞石，在其落地前，人们无法对其进行实际占有，而落地之后，是否适用先占规则，成为法律上的一道难题。

2011年7月，新疆阿勒泰地区发现了中国第二、世界第四的铁陨石。当地政府发现后，认为陨石应归国家所有，便将该陨石拉走。时隔一年半后，当初向科研单位报告了陨石具体位置的两位哈萨克族向导海拉提·阿依萨和加尔恒·哈布德海，委托律师状告政府，索要陨石。其理由是，陨石由其最先发现，依据先占规则，陨石所有权应当归其所有。

据媒体报道，新疆曾多次发生陨石坠落事件，并因陨石的归属问题引发了多次争议。天上的星星掉下来，究竟应当归发现者所有，还是归国家所有，抑或归二者共有？由于现行的法律对此缺乏明确规定，因此，在两会上，曾有一些人大代表为此提交议案，呼吁制定专门立法，规定陨石归国家所有。

在法律上能否一刀切地宣布所有陨石都归国家所有？依据《宪法》第9条规定："矿藏、水流、森林、山岭、草原、荒地、滩涂等自然资源，都属于国家所有，即全民所有。"依据《宪法》的规定，《物权法》第48条进一步规定："森林、山岭、草原、荒地、滩涂等自然资源，属于国家所有，但法律规定属于集体所有的除外。"不少人认为，陨石源自大自然，是自然形成的，本质上属于一种自然资源，当然应属于《物权法》第48条所规定的"等自然资源"范围。在现有其他法律条文没有明确规定陨石性质、归属的情况下，应将陨石视为《物权法》第48条所规定的"等自然资源"范围。

我认为，这一看法不无道理，但并不能据此认为，所有的陨石都归国家所有，只有那些具有重要科研价值的陨石，才有必要归国家所有。虽然《宪法》第9条和《物权法》第48条使用了"等"字，但这两条列举的典型形态是矿藏、森林、山岭、草原、荒地、滩涂等形态，按照"明示其一，排斥其他"（expressio unius exclusion alterius）的规则，只有与列举事项具有相同性质的物才能适用该规则。如果不属于法律文本中明确提及特定种类的一种或者多种事项，可以视为以默示的方法排除了该种类以外的其他事项。虽然《宪法》第9条和《物权法》第48条使用了"等"字，但这两条列举的典型形态是矿藏、森林、山岭、草原、荒地、滩涂，它们都是重要的自然资源，而非价值较小的自然资源。陨石虽然属于自然资源，但要归属到《宪法》第9条和《物权法》第48条所规定的"自然资源"范畴，其必须具有重要的科研价值。

从目的解释和体系解释来看，法律没有必要将没有重要科研价值的陨石都规定为国家所有。从《物权法》第48条、第49条的规定来看，其规定某些自然资源属于国家所有，要么是因为此类自然资源具有重要的价值，要么是出于保护特定的野生动植物资源的需要，并非所有的自然资源都属于国家所有。例如,《物权法》第 49 条规定了"野生动植物资源"归于国家所有,但这并不意味着要将路边的野花、野草都归属于国家所有,只有列入国家相关法律保护范围的动植物资源,才归属于国家所有。陨石也属于一种自然资源,在确定陨石的法律归属时,原则上也应当按照《物权法》上述规则的目的进行。从实际情况来看,陨石的类型多种多样,并非所有的陨石都具有重要的科研价值,小块的陨石可能不具有重要的科研价值和其他价值,有的地方甚至已经出现了陨石市场从而为这些小块陨石的交易提供场所。因此,对于那些没有科研价值的陨石,从《物权法》保护私权的理念角度出发,也没有必要将其归属于国家所有。

但是对于具有重要科研价值的陨石,还是应当依据《物权法》第 48 条的规定,认定其属于国家所有:一方面,陨石在性质上确实属于自然资源,凡是具有重要价值的陨石,应当归属到《宪法》第 9 条和《物权法》第 48 条所规定的"自然资源"范畴,此处所说的"重要价值",主要应当是指科研价值,而非经济价值。对于具有重要科研价值的陨石,将其归属于国家所有,有利于国家的科研活动,有利于探索未知的世界,实现人类的福祉。如果适用先占规则将其归属于个人所有,则可能影响相关科研活动的进行。我们说陨石应当作为自然资源属于国家所有,并不是说要过度扩张国有的范围,在一定程度上也是考虑到了对陨石充分和有效率的利用。通常,陨石属于高度稀有的自然资源,具有很高的科研价值。针对陨石的科研成果很可能带来重要的公共福利。如果将坠落的陨石都规定为属于发现者所有,则发现人可能在向国家科研机构转让过程中要价过高,进而影响相关科研活动的开展。另一方面,从经济学上看,法律之所以确认和保护财产权,在很大程度上是为了激励财产权人去创造社会财富。但对于陨石这样的自然资源，其通常是因为偶发因素产生并被人们所发现的。换句话说，这类自然资源并不需要人们付出巨大的成本去创造和发掘。因此，法律就没有必要通过赋予发现人所有权来激励陨石财富的创造。当然，依法给予陨石发现人一定的奖励是妥当的，这有利于鼓励发现者积极向国家报告这样的自然资源，也有利于国家及时保护和利用这样的财富。① 对于陨石这样的偶发自然资源，其出现和利用并不在人们对财产的通常预期和规划之中。因此，将其确认为国家所有，并不会影响人们正常的生产活动和生活安排。

还应当看到，从比较法上来看，对于重要的陨石，各国也一般将其纳入国家保护的范围。例如，对于具有科研价值的陨石，澳大利亚等国将其视为文化遗产，严禁其运出国门。我国1995年颁行的《地质遗迹保护管理规定》作为部门规章提到，陨石作为奇特地质景观应予以保护。我认为，应当将陨石解释为《宪法》第9条和《物权法》第48条所规定的"自然资源"，在这些规定中都用了一个"等"字，表明立法者已经预料到未来可能出现的一些新的自然资源。具有重要价值的陨石符合《宪法》第9条和《物权法》第48条的规定，在该条"等"字所保护的范围之内。关键问题在于，将陨石收归国有，有其法政策上的必要性。因为陨石属于稀缺资源，具有极大的科研价值。国家虽然已经开始外太空探索和探月计划，但要从月球和其他星球取回岩样，不仅耗资巨大，而且还遥遥无期。

在陨石争议发生之后，曾经有不少人建议，应当通过立法的方式确

---

① See Steven Shavell, *Foundations of Economic Analysis of Law*, Harvard University Press 2004, pp.33—39.

定陨石的归属。是否需要专门立法对陨石的归属专门作出规定，值得探讨。我们认为，并不需要通过立法的方式解决陨石的法律归属问题，而可以尽量通过解释现行法律规则的方式，确定其法律归属。我们必须看到，制定法律是有成本的，而且成本较高。一部法律不仅仅是立法的成本，还有适用法律的成本。法律太多，则显得杂乱无章。试想就解决自然资源归属问题，相关立法已经很多，如果每一种自然资源都要单独立法，则不仅导致重复，而且引发混乱。如果每一种自然资源都要单独立法，则将来势必出现诸如黄金法、白银法、青铜法、稀土法、钻石法、乌木法、陨石法等多如牛毛的立法。立法并非多多益善的，繁杂但又不实用的法律，不仅将耗费大量的立法成本，也使得有些法律会形同虚设，影响法律的权威和对法律的信仰。《法国民法典》之父波塔利斯在两个世纪前就曾告诫后世的立法者："不可制定无用的法律，它们会损害那些真正有用的法律。"这句话在今天仍然有相当的启示意义。

其实，在立法者已经在法律中作出设计的情况下，只要法律能够涵盖，就不必制定新的法律。立法应当重点解决社会生活的主要矛盾，但显然不是要去规范社会生活中的一切问题。在社会生活的基本法律确定之后，再通过一定的法律进行必要的配套，再辅之以法律的解释。如此，就可以解决社会生活的规范问题。立法机关的法律解释也是一种立法活动，但多年来，我们只重视立法，而忽略了法律解释，其实，法律解释的成本低廉，但功能巨大，法律解释活动越发达，科学性越强，成文法的生命力就越长久，其在社会生活中的规范效果就越明显。法律解释活动还可以有效地克服成文法的漏洞，弥补其不足，成为克服成文法刚性和僵化缺点的"润滑剂"。所以，我认为，从陨石的归属争议可以看出，今后不仅要强化立法，更要注重对现有立法的解释，如此才能实现立法资源的节约。

通过法律解释，我们认为，对于具有重要科研价值的陨石，依据《宪法》和《物权法》的有关规定，其应当属于国家所有，对于并不具有重要科研价值的陨石，则不应当归属于国家所有，而可以确认为发现者所有。当然，即便确认部分陨石归属于国家所有，对于发现者的利益也应当给予必要保护，国家应当按照陨石的价值给予相应比例的奖励。一是如果发现者进行了勘察、定位等劳动，应当奖励。二是对发现者的奖励有助于鼓励人们保护陨石，这也是社会生活经验的总结。

网络不是档案馆

——谈谈被遗忘权

10年前,我在美国耶鲁大学研究网络法时,在一次会议上讨论谷歌等搜索引擎的发展,以及相关的法律规范问题。有一位美国教授曾经提到,网络不应该成为档案馆。他说,如果一个美国人年轻时讲了一句错话,比如说,这句话涉嫌种族歧视,如果被上传到网络,多年以后,如果这个人要竞选总统,其竞争对手就可能拿着这句话大做文章。他提出,网络存储的个人信息是否应当有时间限制?在此期限经过之后,系统是否应当自动删除相关的信息?

这个意见当时在美国是很难被采纳的,因为美国人可能会认为,此种做法会不当限制其言论自由,也可能会不当限制网络技术的发展,影响其占领相关的技术制高点。

而几年后,在欧洲就出现了被遗忘权(Recht auf Vergessenwerden)的概念,这一概念最初是由奥地利法学家Viktor Mayer-Schönberger提出的,他认为电子存储个人信息应当有其有效期限。① 提出被遗忘权这一概念的首要目的在于使数据化的个人信息不能长久地处于可以获得的状态,由

---

① Werner Pluta, Interview:Daten brauchen ein Verfallsdatum. In:*Golem. de.* 2. April 2008.

于其旨在去除电子化的数据,因此其也被称为"数据橡皮(digitalen Radiergummi)"。① 在 2011 年 Mayer-Schönberger 向欧盟委员会提交的一份报告中提出,应当将遗忘和删除权纳入欧盟数据保护改革中。2012 年,欧盟执委会负责司法、基本权与公民事务的专员雷丁宣布,欧洲执委会将提议创设一项范围广泛的新权利,即"被遗忘权"。但其也同时强调,"被遗忘权"的行使要和一些基本的权利和原则相平衡,如言论自由和新闻自由等,即如果已公开的个人信息涉及公共利益,则不能够请求删除相应的链接。

被遗忘权的概念正式被采纳则源于 2014 年的一个案件(ECLI:EU:C:2014:317)。在该案中,原告是一名西班牙国民,名叫冈萨雷斯。他主张,如果用谷歌搜索其名字,搜索结果中将会显示一条链接,其内容是某份西班牙报纸在 1998 年发表的一篇关于其房屋被强制出售的报道。冈萨雷斯要求谷歌删除或隐藏有关他的个人数据,让上述报道不再出现在其名字的搜索结果里,因为该报道中所涉及的事情,他在多年前就已经完全解决了,该信息与其现在的生活是完全不相干的。在本案中,原告诉请法院要求被告谷歌删除其指向过去对其进行相关报道的新闻的链接。欧盟法院基于欧盟 95/46 指令支持原告的诉请。

欧盟法院在判决中指出,在现代社会中,网络搜索引擎对个人的描述是无处不在的,人们可以轻易获得在以往需要花费很大成本才能得到的信息。因此,信息主体的权利是时常被侵犯的,这不仅出于搜索引擎运营商对于经济利益的追求,而且也出于社会公众通过姓名发现信息主体信息的兴趣。但是,此种追求和兴趣,只有建立在"公众对于信息的

---

① Cai Rienäcker: Mehr Datenschutz im Internet: EU fordert "Recht auf Vergessen" im Netz. In: *tagesschau. de*. 25. Januar 2012.

知情权,较之于信息主体的基础性权利更为重要"时,才具有其合理性基础。否则,信息主体将有权要求将此类信息取下。最终,根据欧盟法院的裁决,用户如果认为按其名字在互联网上搜索得出的链接指向他们认为无关紧要、过时或有损个人隐私的信息,将有权要求搜索引擎公司删除这类链接。

被遗忘权作为一种新型的人格权,其核心内容在于,倘若权利人不希望其个人数据继续被数据控制者进行处理或存储,并且维持此种状态不存在任何正当理由,则该数据不应当允许公众随意查询。遗忘的含义并不是说不允许搜集和存储,而主要是指不允许社会公众在信息发布后的很长时间内可以随意查询。也就是说,要让被搜集信息的主体从公众视野中消失。被遗忘权的产生,与大数据技术的发展存在密不可分的关系。具体来说,随着信息记录和搜索的成本不断降低,与个人相关的大量信息将被长期甚至永久地记录,并能够被十分方便地检索和使用,这在某种程度上,使得遗忘成为了一种例外。对于那些有着不堪经历的人来说,负面信息的持续存在,将可能对其重新开始人生产生阻碍。

我认为,欧盟法院的判决确有其合理之处,网络不应当成为档案馆,其所存储的个人信息尤其是负面信息,在查询上应当设置一定的期限限制。一方面,人非圣贤,孰能无过?试想一下,每个人的一生都可能说过很多错话,做过不少错事,如果相关的负面信息被上传到网络,并且长期存储,可随时被查询,则可能对个人的正常生活和个人发展产生不利影响。只要相关的信息不涉及公共利益,不属于必须被披露的范围,那么就没有必要将其长期存储在网络上,向全世界公开。另一方面,此种做法也是尊重个人对其信息所享有的权利的体现。各国的立法都承认了个人对其信息享有积极的权利,强调个人对其信息的控制,在发现其信息存在错误或者不完善时，个人也有权请求更正或者补充，以保证个人信息的真实性、完整性和准确性。个人过去所讲过的话，如果事后已经更正，或者过去发生的纠纷早已结束，或者过去的事情已经与现在无关，则应当允许个人请求删除相关信息，或者更正相关信息，否则将有违个人的信息更正权、补充权等。尤其应当看到，从个人信息保护的发展趋势来看，个人信息的搜集应当出于正当的、合法的目的。如果网络长期存储个人的信息，并且提供便捷的查询方式，向全世界公开，则网络就变相成了个人信息的档案馆，这就为他人获取个人信息提供了方便，有违个人信息保护的发展趋势。

任何人都应当享有被遗忘的权利，这本身也可以说是隐私权的重要内容，隐私在这一概念是沃伦（Wallen）和布兰代斯（Brandeis）在其1890年的《论隐私权》一文中最早提出的，当时他们认为隐私权是一种"独处权"（the right to be let alone），即维护个人私人生活安宁的权利。每个人都享有幸福生活的权利，而幸福的生活首先要求过上安宁的生活，不受他人的非法打扰。如果非法侵害他人的私生活安宁，不仅损害他人的健康，而且也会涉及对他人隐私的侵犯。被遗忘权在某种意义上也具有保护个人隐私权的作用，即个人基于被遗忘权请求网络服务提供者断开相关的信息搜索链接，避免他人随意查询其个人相关信息，在一定程度上也有利于维护个人私人生活的安宁。即便当事人许可他人搜集其个人信息，也不等于其允许他人长期查询。被遗忘权的提出人May-er-Schönberger教授就认为，在很多情况下当事人的许可是在幼年时给出，并且在当时尚无法完全预见其可能带来的风险，因此，如果该人后来请求删除这些数据（尤其是存储在因特网中的数据），那么其请求应当是正当的。①

诚然,被遗忘权的设立可能给网络服务提供者施加一定的负担。例如,在冈萨雷斯案判决后,谷歌在其网站上公布了一个供欧盟公民使用的、要求删除搜索结果链接的表格。然而,仅仅在该项服务推出的第一天,谷歌就收到了超过 12000 份请求,截止到目前,谷歌已经收到了近 20 万份遗忘申请,涉及删除链接数量更是超过 5 亿条。面对数量众多的申请,对其进行一一审查并及时作出回复,几乎是不可能实现的,这无疑会使网络服务提供者因此背负较重的经营成本。所以,我认为,美国法律是很难承认被遗忘权的,因为其在客观上的确会对网络信息产业的发展造成阻碍。因此,在被遗忘权设立时,可以考虑一种折中的方法,即适当考虑网络服务提供者的经营成本,不必完全禁止其搜集、存储相关信息。在网络服务提供者存储信息或者提供信息搜索链接时,课以其判断哪些信息可以搜集、哪些不能搜集的义务,可能会使其背负过重的经营负担,也有违网络信息产生的发展需要。但是,在信息权利人提出断开链接的申请时,如果相关信息的确不应当被公众便捷地查询,则网络服务提供者应当断开相关的链接,使相关个人在网络上从公众视野中消失。

严格地说,被遗忘权的设立,也并不会构成对言论自由的威胁。应当看到,在冈萨雷斯案中,被遗忘权被正式认定为一种需要保护的个人信息权,但欧盟法院给出的权利认定标准却相对模糊,这在实践中将可能导致被遗忘权的范围被任意扩大,进而影响言论的自由表达。所以有观点认为,信息的自由表达权利要比对信息的删除权利更重要,被遗忘

---

① Europäische Kommission: Vorschlag für eine Datenschutz-Grundverordnung, Erwägungsgründe 53 und 54.

权的设立，可能使数据控制者为了回应信息主体对被遗忘权的主张，而对涉及争议的信息采取自动撤销的方式进行处理，以应对可能收到的无以计数的删除申请。此种方法很可能会对言论的自由表达和信息的自由传播产生负面影响，被遗忘权甚至可能成为某些主体钳制言论的工具。因此，设立被遗忘权可能会损害言论自由。但我认为，个人请求网络服务提供者断开链接主要是断开个人的信息的搜索链接，并不必然影响言论自由和信息的自由流通。即便其涉及个人言论自由，其主要体现为被遗忘权人请求删除其个人言论的网络链接，而不会妨碍他人的言论自由。况且，被遗忘权往往设定一定的期限，以平衡个人信息保护与信息自由传播之间的关系，因为经过一段时间流逝之后，特定事件的新闻价值逐渐淡化，公众的正当关切也逐步消失，此时，保护个人隐私无疑更为优先。

总而言之，被遗忘权是互联网和大数据技术发展的必然产物，虽然在具体制度和实际操作层面仍存在许多有待完善之处，但将其纳入个人信息权的概念范畴，却已经成为了一种必然的趋势，在对公民人格尊严的保护方面，也将发挥愈发重要的作用。现在的关键是，如何在各个价值目标之间找到平衡点，在保护公民人格尊严的同时，保护表达自由权利的正常行使，并为网络信息产业的发展预留必要的制度空间。

要制定统一的不动产登记法[*]

我国《物权法》第 10 条明确规定,要统一不动产登记制度。《物权法》制定至今已经 7 年过去了,不动产登记制度仍未能实现统一。最近,国务院机构改革方案提出,要推动不动产登记制度的改革。但究竟应当通过制定行政法规还是制定法律来规范不动产登记,意见不一。从《物权法》的相关规定来看,对此并未明确。我认为,从中国现实情况出发,应当制定不动产登记法律,而不宜制定法规。

第一,修改现行法必须通过制定法律方式来进行。在我国,不动产的范围十分宽泛,不仅包括了土地,还包括了地上建筑物、附属物以及地下矿产资源、林地草原等。因此,不动产登记制度的统一至少要包括土地、房屋、草原、林地登记制度的统一,但有关这些不动产的登记,都已由相关主管部门依据现行法律负责。这些法律包括《城市房地产管理法》《草原法》《担保法》《土地管理法》等。

从这些法律可见,不动产登记制度基本上是按照分散登记的立法模式构建的,即管理有关不动产的部门负责相关不动产的登记事务。例如,《担保法》第 42 条规定:"办理抵

---

[*] 原载《光明日报》2013 年 4 月 25 日。

押物登记的部门如下：（一）以无地上定着物的土地使用权抵押的，为核发土地使用权证书的土地管理部门；（二）以城市房地产或者乡（镇）、村企业的厂房等建筑物抵押的，为县级以上地方人民政府规定的部门；（三）以林木抵押的，为县级以上林木主管部门；（四）以航空器、船舶、车辆抵押的，为运输工具的登记部门；（五）以企业的设备和其他动产抵押的，为财产所在地的工商行政管理部门。"

显然，从该条规定可以看出，其思路正是分散登记的思路。将登记作为行政机关所享有的行政管理的职权，而不是一种公示方法，这就造成了登记机构与行政机关的设置与职能合一的问题。多个行政机关负责对不同的不动产加以管理，由此形成了"九龙治水"的现象，如土地由土地管理部门管理，建设用地使用权登记也在土地管理部门进行；林木由林业管理部门管理，有关林木所有权的登记在林业管理部门进行；房屋由城建部门管理，产权登记也在该部门进行。这种分散登记的弊端是显而易见的。如果要建立统一的登记制度，就必须要对现行的一系列法律进行修改。而以制定行政法规的方式来修改现行法律，显然是不可能实现的任务，只能通过制定法律的方式来修改现行法律。

第二，制定新法的立法成本较低。采取制定行政法规模式的思路是，首先对现行法律都进行修改之后，再启动行政法规的制定。我认为，这种方式也存在明显的不足之处。一方面，由于需要修改的有关不动产登记的现行法律数量较多，而且对法律的修改属于立法活动，程序较为严格和复杂，如果等这些法律——修改完毕之后，才能启动不动产统一登记的行政法规立法活动，则可能需要花费较长时间。另一方面，修改法律和制定新的行政法规之间，能否做到有效衔接，是一个复杂的问题。如果在相关法律修改完毕之后行政法规仍未出台，则将出现一个空档期，导致登记的无法可依。这种局面对于整个市场经济秩序的维护和稳定是十分不利的。因为不动产价值重大，涉及的经济活动较多，如果缺乏相关的法律规定，无法展开登记活动，将是难以想象的。因此，我认为，最佳的思路是起草制定一部不动产登记法，通过新法优于旧法的原则，直接对旧法的内容作出修改和完善。这也是我国长期以来一直实行的立法原则，这一做法的立法成本相对较低，时间周期较短，社会效果较好。

第三，制定新法可与《物权法》进行有效衔接。不动产登记制度要统一，涉及登记规则的统一问题。《物权法》第二章第一节已经就有关登记制度的基本规则作出了规定。一方面，鉴于土地房屋已经形成了各自不同的登记规则，要实行登记规则的统一，就必须协调好其与《物权法》的关系，因为《物权法》的规则如能够普遍适用于各种登记事务，则可以形成未来新法的总则；如果不能普遍适用，则应将具体情况纳入分则之中。因此，要整合《物权法》的相关规定。另一方面，《物权法》的相关规定也需要作出必要的修改。例如，《物权法》第12条关于登记机构应当履行的职责的规定过于简略，要在不动产登记法规中进行完善。这就必须通过立法才能实现，行政法规的效力层级显然无法完成整合和修改《物权法》的任务。

第四，制定新法可规范登记机关的义务和责任。登记机构因过错造成登记错误应当承担赔偿责任。此种责任在性质上是一种民事责任，而不是行政责任。因为登记在性质上不是纯粹的行政行为，登记不过是物权的公示方法，登记机关并没有通过登记创设了物权。由于登记机关的登记行为将产生民法上的法律后果，因此，登记机关因登记错误给公民法人造成损害的，应当承担相应的民事赔偿责任。《物权法》第21条规定了登记错误的赔偿责任，本身就表明了其属于民事责任。可见，立法者是从民事责任的角度出发，确立相关规范的。但民事责任必然涉及司法管辖，行政机关无权在行政法规中对司法管辖问题作出规定，而必须由法律来完成这一任务。

第五，行政法规较低的效力层次与不动产登记的重要性不相匹配。这是很重要的一点，因为不动产登记制度是整个物权制度的核心，关系到国家基本经济制度和国计民生的重大问题。其属于基本民事法律制度的内容，根据《立法法》的规定，应当由立法机关制定法律。从我国既往做法来看，有关不动产登记都是通过立法的方式来制定法律，行政法规和规章只是起到配套和辅助的作用。所以按照依法立法的要求，也应当继续保持这一做法。

慈善捐赠需要法律规制

近年来，我国慈善事业发展迅速，但因慈善所引发的各类争议时有发生。例如，在2014年，嫣然天使基金和壹基金这两大国内著名民间慈善机构，均遭遇到了对其资金使用规范方面的质疑。其中，嫣然天使基金被质疑在唇腭裂手术中涉嫌利益输送，并有至少7000万善款下落不明；壹基金则被质疑在对雅安地震募得款物进行拨付的过程中，存在违法、违规情况，而且相关当事人有贪污善款的嫌疑。① 虽然上述质疑最终均未获得证实，但其却引发了社会各界对于慈善基金规范运作的广泛关注。

虽然上述情况尚未得到证实，但也在一定程度上反映了我国慈善立法不完善的现状。例如，对慈善捐款的运用情况，慈善组织是否有义务披露慈善捐款的使用情况以及披露到何种程度等，我国立法均未作出明确规定。由于现行立法规定不完善，对慈善机构运作的监管不力，使其在实际运营过程中难免存在不规范的情况；而对善款使用的不规范和不透明，使得民众对于慈善机构的质疑声越来越大，并直接影

---

① 参见"嫣然天使基金7000万善款去向遭质疑"，载《京华时报》2014年1月7日。

响了慈善机构的公信力，进而形成恶性循环，对我国慈善事业的发展产生障碍。

发展慈善事业需要立法引导和推动。中华民族具有乐施好善的传统，以儒家为主要代表的中国传统文化，以"仁"为思想的核心，讲究由仁而趋善。孔子曾提出"仁者爱人"的思想，他说："仁者，己欲立而立人，己欲达而达人。己所不欲，勿施于人。"孟子在此基础上进一步提出："夫苟好善，则四海之内皆将轻千里而来告之以善"（《孟子·告子下》）。"禹思天下有溺者，由己溺之也；稷思天下有饥者，由己饥之也，是以如是其急也"（《孟子·离娄下·第二十九章》），"出入相友，守望相助，疾病相扶持"（《孟子·滕文公上》）。中国人强调"仁者寿"，"积善成德"，"赠人玫瑰，手有余香"，并把乐施好善作为传统的美德和好人的标准之一。所以，今天在构建和谐社会的过程中，仍然应当弘扬和传承以儒家思想为代表的优秀传统文化所提倡的乐施好善精神。

然而，现阶段我国的慈善事业并不发达，尤其是自"郭美美事件"之后，红十字会的信誉一落千丈，深圳市红十字会某会长曾告诉记者，"郭美美事件"之后，该会收到的社会捐款几乎为零。从大学捐赠来看，美国许多大学几乎三分之一的经费来自于捐赠；但对中国的大学而言，到目前为止，捐赠数额占经费的比例极低。与发达国家相比，我国总体上捐赠数量不大，慈善氛围不浓厚，慈善事业的作用没有得到充分发挥，还不能完全适应社会需求。数据显示，即使是在汶川大地震期间，捐赠数额也仅占GDP的0.4%，而美国一般占2%左右。国内工商注册登记的企业超过1000万家，但有过捐赠记录的不超过10万家，这意味着，有99%的企业从来没有参与过捐赠。

前段时间，潘石屹向哈佛大学捐款1亿美元的事件再次引起人们的讨论。这也促使我们反思：为什么中国人有钱愿意捐到外国，却不愿意捐给我们自己的学校？应当看到，实践中确实存在着"善门难开、善财难舍、好人难当"的现象，而且我国的捐赠制度、捐赠体制等仍不完善，这也在一定程度上影响了人们的捐赠热情。但我认为，捐赠法律制度不完善是影响人们从事慈善捐款积极性的一个重要原因。

目前，我国涉及慈善事业以及公益捐赠的法律法规有6部，包括《公益事业捐赠法》《红十字会法》《社团登记管理条例》《基金会登记管理条例》《企业所得税法》以及《个人所得税条例实施细则》。虽然这些法律对于规范慈善事业发挥了一定的作用，但它们彼此之间并不完全协调一致，存在交叉、重叠甚至矛盾冲突的现象，不利于对慈善事业的管理与规范。因而，需要尽快制定一部《慈善事业促进法》，以有效规范慈善捐赠活动、促进慈善事业健康发展，这也有利于弘扬社会关爱之心，促进人与人之间互助互爱，实现社会和谐发展。在《慈善事业促进法》中，至少应当解决以下几个问题：

一是立法应当全面鼓励慈善捐赠。法律应当将慈善作为一种应予鼓励的事业进行规范，努力营造慈善文化。事实上，法律的鼓励和引导本身就是慈善文化的组成部分，也是慈善事业得以发展的重要保障。我们应当通过立法加强慈善教育，弘扬乐善好施的精神，塑造一种慈善文化，努力引导人们一心向善。鼓励慈善还需要从制度层面鼓励人们从事慈善事业。有必要通过税收优惠、政府奖励等各种措施，鼓励人们从事慈善活动。例如，在税收优惠方面，可以参照新的《企业所得税法》的规定，修改个人所得税的税收减免规定，从而鼓励人们从事慈善行为，保障慈善事业的有序发展。

二是要完善慈善组织设立的条件、组织形式、运作方式。从实践来看，我们对慈善组织设立了较高的门槛，这不利于社会慈善事业的发展，也不利于充分发挥社会公众在慈善事业发展中的作用。截至2011年，我国的慈善公益组织大约100多个，而美国1998年豁免、减免税收的慈善公益机构就有120万个。在我国，一些私人慈善组织在设立过程中，因难以找到挂靠主管机关，导致慈善组织难以设立。因此，在法律上应当适当放开慈善组织的设立或者认定条件，应当从严格控制准入向严格进行事后监管转化，即政府的职责主要是对慈善组织开展慈善活动的情况和信息披露的情况进行监管，督促慈善组织严格按照法律规定或者章程的规定开展慈善活动，或者如实进行信息披露。在法律上要求民间慈善机构需要有主管机关仍然是必要的，但对于一些确有信誉的个人和民间组织，可以考虑由民政部或相关机关担任主管机关，而不必要求其必须寻找到某一主管机关。

三是规范慈善捐赠的使用。慈善事业是最需要公开、透明的事业，因为慈善活动公开、透明是其公信力的保障，滥用慈善捐款其实是对人们慈善爱心的损害，会抑制人们从事慈善捐赠的积极性。例如，个别慈善组织爆出"捐款不知去向"的丑闻，会极大地影响公众从事慈善活动的热情。在法律上首先要确立慈善组织的资产属于慈善组织所有，应当用于慈善目的，任何组织和个人不得私分、侵占、挪用和损毁。慈善捐款的管理、运作应当专门用于慈善目的。其次，慈善捐款的使用应当做到公开化、透明化，实行专款专用，设立专门的账户，像上市公司一样，编制年度报表，每年向捐赠人和全社会公布一次善款的来源、数量、使用情况，或者通过网上资源发布相关的信息，让捐款人知道自己所捐的每一笔款项最终的流向和作用，从而鼓励人们从事捐款活动。公众之所以对许多慈善组织不信任,很大程度上也是因为这些慈善组织的信息披露不及时、不全面,没有做到信息公开。所以,慈善活动的公开化对于提高慈善组织的社会公信力、吸引更多的慈善捐赠具有重要意义,因此,我国未来的慈善立法应当对慈善组织的信息公开制度作出全面规定。此外,在开展慈善事业过程中,理事、监事和其他管理人员不应享有不适当的高额报酬,如工资、奖金、退休金等,捐赠者也不得以任何形式参与慈善法人的财产分配。

四是慈善组织内部决策实行规范化和公开化。一方面,慈善组织内部的决策应当制度化、程序化。法律上应当明确慈善组织内部决策的机制,规定一定的决策程序,确保慈善组织决策的规范化,从而避免慈善组织决策的随意性和不正当性。另一方面,慈善组织内部的决策应当公开化。民政部《2010年全国慈善组织信息披露现状报告》显示,全国有42%的慈善组织没有专门的信息披露办法,37%的慈善组织没有专人负责信息披露工作,90%的公众不接受目前的披露程度和方式。公众之所以担心一些慈善捐款去向不明,很大程度上也是因为社会公众对慈善组织的内部决策不信任,因此,法律上应当明确规定,慈善组织内部的决策应当公开化。此外,慈善组织的内部决策应当按照慈善组织的活动章程进行。慈善机构都必须要有规范的章程,而且章程要经过政府的审核。慈善组织的章程应当成为其活动的规范依据,一旦章程登记,就应当约束慈善组织的活动,政府也可以依据章程对慈善组织进行监管。

五是慈善财产的范围应当扩大。我认为,可以将慈善捐赠的财产界定为"依法可转让的财产性权利"。也就是说,凡是可以依法转让的财产,都可以用于慈善捐赠。例如,股权、债权、知识产权以及其他无形财产,都可以纳入可捐赠的财产的范围。关于股权的捐赠,我国已经制定了相关的规范性文件，但就知识产权的捐赠而言，我国尚未制定对应的税收优惠以及相关的法律规范，这也影响了知识产权的捐赠行为。当然，对于一些不能转让的客体（如时间、劳务等），不应将其纳入可捐赠的标的物的范围，可将其纳入提供自愿服务的范围。

六是明确违反慈善监管规则的法律责任。我国目前慈善立法尚不完善，一些违反慈善目的的行为并未受到法律制裁，这也在一定程度上影响了慈善事业的健康发展，影响了人们从事慈善活动的热情。例如，一些企业或者个人假借慈善之名实施偷税、漏税行为，或者滥用慈善捐款、将慈善捐款据为己有等。这些行为一旦发生，就应当立即予以制止，并追究相关人员的法律责任，因此，我国未来慈善立法应当明确违反慈善监管规则的法律责任，以便及时地遏制慈善捐赠中的各种违法犯罪行为。

改革开放以来，我国经济建设取得了巨大成就，实现了"让一部分人先富起来"的愿景。但是，与此同时，两极分化已经达到十分严重的程度，基尼系数已越过了警戒线。截至2014年，中国农村绝对贫困人口约3000万，城镇失业下岗者中的贫困人口约3000万，再加上残疾人、受灾人口等其他生活困难者，需要社会救助的人口超过1亿人。虽然党和国家采取了各种措施帮贫助困，社会救助事业也在快速发展，但仅依靠政府的救助难以满足社会救助的需要。尤其是仅通过政府兴办慈善事业，也无法保障慈善事业的健康、可持续发展。因此，需要通过制定《慈善事业促进法》，鼓励富人慷慨解囊、大力兴办各种慈善事业、捐资助学、济贫解困、安顿流浪人士。这些做法虽不能从根本上改变社会贫富分化的状况，但至少可以缓解社会矛盾，弘扬助人为乐精神，促进人与人之间互助互爱，也有利于消除和减少社会上存在的仇富现象，促进社会和谐稳定。

  一个文明的社会,应该是一个互帮互爱的社会,也是一个充满爱心的社会。慈善事业是光彩事业,其发达程度也是衡量社会文明程度的重要标杆。促进慈善事业发展,立法应当先行,而不能滞后。

从"商人跑路"现象看个人破产法

在金融危机过后,浙江温州等地出现一些商人因资金链断裂而跑路甚至跳楼的现象。据媒体报道,2011年,仅温州一地便有数十个民企老板因无法偿还高利贷出逃。① "跑路"现象形态各异,原因复杂。有的跑路者是为了非法逃避债务,有的甚至是非法集资后携款潜逃。但确有一些跑路者是因为资金链断裂无法清偿到期债务,被逼无奈而跑路。对此类跑路者而言,其损失也是惨重的:这些人一生的名誉和信用将彻底破产,无法再次涉足商界,严重的还可能被追究刑事责任。

每每读到一些商人因资金链断裂而"跑路"的消息,我就很为这些企业家惋惜。媒体在分析这一现象时,大多将其原因归于我们银行制度的不健全,国企、民企之间在融资方面的地位不平等,对民企未给予足够的支持和保护等。但我认为,一些民营企业家"跑路"的一个重要原因在于,我国个人破产法律制度的缺失。

所谓个人破产,是指作为债务人的自然人不能清偿其到

---

① 参见董碧水:《温州老板"逃亡潮"背后的困局》,载《中国商报》2011年10月21日。

期债务时，由法院依法宣告其破产，并对其财产进行清算和分配或者进行债务调整，对其债务进行豁免以及确定当事人在破产过程中的权利义务关系的法律规范。"跑路"的民营企业家如果是因公司经营不善，可以通过公司破产的方式了结债务；但如果民营企业家是因不能清偿个人债务而"跑路"，如企业家对公司债务负有个人责任，或者对其独资或合伙经营的企业负有个人责任，担心个人不能清偿债务，其"跑路"的原因之一，则可能是无法受到个人破产制度的保护。

一般来说，自然人破产可分为两类：一是自然人因不能清偿经营活动产生的到期债务而被宣告破产；二是自然人在各类消费关系中因消费借贷而发生支付不能，从而被宣告破产。我们说的个人破产，主要是指从事经营活动的自然人破产，而不包括公民因个人消费而破产。由于我国《破产法》中没有规定个人破产制度，这也使得许多民营企业家在经营过程中，一旦资金链断裂，因经营不善资不抵债，就无法获得破产保护。具体来说，一是对那些善良的债务人，不能根据破产制度而被免责，从而无法东山再起，只能一生背负债务，甚至父债子还。二是在其能够进行重整的情况下，由于个人破产制度的缺失，其无法进入破产程序，并通过重整程序获得债权人的谅解，也不能通过重整制度再度崛起。

其实，"破产"一词说起来很难听，但在国外的法律制度中，破产常被称为"破产保护"，因为其在一定程度上有保护债务人的功能，申请破产实际上是申请破产保护。试想，如果温州的这些民营企业家有机会申请破产保护，其未必都需要出走。若设立个人破产制度，则有利于更好地鼓励投资，鼓励创业和再创业。

个人破产不仅是对债务人的一种保护，对债权人而言又何尝不是一种保护措施！现在影响法院执行的一大难题是"执行难"，各地法院都在采取各种措施解决这一难题。多年来，由于实践中诚信缺失、道德滑坡，有的债务人从借款开始就不想偿还，能赖则赖，能逃则逃，所以，借款的债务人成了"大爷"，贷款的债权人成了"孙子"。一些债权人甚至对债务人好话说尽，但其债权仍得不到清偿。"执行难"问题也是严重的社会问题，在一些地方，许多判决书都成为一纸白条，有的地方甚至出现打折拍卖判决书的现象（其法律关系的实质是债权让与）。在强制执行中，一旦债务人没有明确可查的财产供执行，法院就会通知债权人停止执行，此时，债权人无计可施，而债务人仍可到处吃喝玩乐，四处逍遥。有的债务人甚至也不惧怕因拒不执行法院的判决裁定而被拘留，只要让他不还债，他就可以"一赖到底"。而若有了个人破产制度，直接宣告其破产，那么这些被宣告破产的债务人则无法再次从事高消费，甚至对那些恶意逃债的债务人担任高管等其他职务也会形成一定的限制，这对债权人而言，无疑也是一种重要的保护。

多年来，我们在理念上对个人破产制度的认识一直存在误区，认为个人破产制度会鼓励个人恶意逃债，其实这与个人破产制度的功能恰好相反。一方面，破产免责制度其实有严格的限定条件，并不是说个人一旦宣告破产就会免责，只有诚实、善良、没有恶意逃债行为的债务人，在经过一年或几年的"考验期"后，才有可能被免责，这有利于限制个人通过个人破产制度恶意逃债。另一方面，破产法中还存在无效、撤销等查明债权、保障债权的制度，可有效防止个人借申请破产而转移财产、逃避债务。一些学者认为不能实行个人破产的原因在于，我国没有实行个人资产登记制度，很难确定个人资产。实际上有关破产人的资产应该是债权人举证的问题，如果债权人能够举证证明哪些财产是债务人的财产,则这些财产就应当用来清偿债务。至于自然人破产财产的控制和查报等问题,将随着我国诸如"存款实名制"、"不动产联网登记"等制度的推行而逐步得到解决。

建立个人破产制度,有利于培养良好的信用环境。因为建立破产惩戒机制、限制免责制度等,都可以对自然人的举债起到警示作用,有利于促使其理性消费,消除欺诈等不讲信用行为。至于登记制度,现在我国实际上已经实行了不动产登记制度、车辆登记制度,《物权法》早已颁行,《不动产登记暂行条例》也已经实施,不动产权利的公开、公示以及联网查询平台的形成,甚至出现不动产信息查询平台的全国联网互动,银行的征信系统也已经建立起来,这也为个人财产信息的查询提供了极大的方便,有利于有效遏制个人转移财产、逃避债务的行为。在实践中,从事经营活动的自然人同企业一样,都是重要的市场主体,并广泛地参与市场竞争。尤其是随着改革开放的深化,许多过去禁止自然人进入的行业也允许自然人进入了。这一切都表明自然人和企业一样都是市场的竞争者和参与者,他们理应受到法律的平等保护,因而破产法也应当对其实行平等对待。既然企业可以适用破产制度,从事经营活动的自然人也应当可以适用破产制度。尤其是我国已经制定了《合伙企业法》《独资企业法》,无论是合伙企业,还是独资企业,自然人都可能成为投资者,如果破产可以适用于个人独资企业和合伙企业等非法人企业,而这两类企业的投资者需对企业债务承担无限连带责任,即在这类企业破产以后,自然人应以自己的全部财产清偿债务。则相应产生的问题是,如果自然人财产不足以清偿其债务,他就同样面临自然人破产的问题。从这个意义上说,如果没有自然人破产制度,就无法真正对上述非法人企业实行破产。

建立个人破产制度，有利于缓解执行难问题。目前，针对自然人的欠债问题，只能适用《民事诉讼法》中的强制执行规定。实践中，久执不决，债权人的债权长期不能了结，也与自然人破产制度的缺失有关。一旦法院发现债务人无力清偿，则判决将无法继续执行，但由于我国的财产登记制度不健全，债务人是否真的无财产可供执行，很难确定。所以，如果有了个人破产制度，就可以由破产管理人对债务人的财产进行清算，尤其是宣告破产之后，可能对非善良的债务人有相应的惩戒和限制措施，这也有利于督促债务人及时偿债。

建立个人破产制度，有利于缓解执行乱的问题。在执行程序中，常常不能保证债权人债权获得公平受偿。例如，在债务人拖欠多个债权人债务的情况下，法院在执行过程中可以将债务人的财产给某一个债权人，而不给另一个债权人；也可以给某个债权人多一些财产，而给予另一个债权人少一点财产，尤其是外地法院到当地执行财产时会遇到重重困难，执行中的地方保护主义现象也较为严重。这就使债务人的资产不能在债权人之间实行公平合理的分配。执行混乱与"执行难"的问题在很大程度上与破产制度的不健全有关。只有建立个人破产制度，使债务人在资不抵债的情况下，符合法定的破产要件，进入破产程序，严格按照债权人平等主义，对债务人的财产依法进行公平分配，才能有效地解决这一问题。

建立个人破产制度，有利于激励企业家精神，补救人们因不慎而作出的错误投资或理财决策所造成的损失，在一定程度上也有利于保护债务人利益。如果没有自然人破产制度，自然人应当对自己的债务承担无限责任，债权人的债权将永远存在，不管债务人何时获得财产，其都要用这些财产来清偿债务。这就意味着，债务人因一时的错误而欠下的巨额债务将成为其永远的负担，对其将来的重新发展构成巨大的阻碍。相反，如果实行自然人破产制度，在满足一定条件后，善良的自然人可以对其未予偿还的债务免责，不再承担清偿责任。这就使债务人获得了再次发展的机会，也体现了社会的公正和宽容。

允许自然人破产也是和国际接轨的需要。各国立法一般都规定，原则上对包括自然人在内的所有的民事主体都应当适用破产制度。我国已经加入了WTO，如果依然排斥自然人成为破产主体，那么在跨国破产以及涉外破产等问题上，势必会造成诸多冲突以及难以解决的问题。

应当说，个人破产制度和我们的传统观念存在明显差异，中国几千年盛行"欠债还钱，父债子还"的观念。但世易时移，变法宜矣，回到前面所说的商人跑路现象，我确实感觉到"欠债还钱，父债子还"这一传统的观念到了有必要更新的时候了。

寺庙财产商业化与宗教财产

在房地产开发热潮中，一些宗教财产也被卷入其中。有的地方政府为开发房地产，大搞宗教搭台，经济唱戏，有的地方以修建宗教场所为名征地，实际是修建休闲别墅，甚至楼堂馆所。寺庙周围也建起了高档宾馆，于是乎，亭台楼阁与寺庙交相辉映，外观看似十分和谐，但实际上与佛教主张的清心寡欲、四大皆空极不协调。2014年，西安曲江文旅集团拟将法门寺与其他酒店景区一起打包，借壳上市，引起舆论哗然。① 法门寺乃佛教圣地，曾因安置了释迦摩尼的指骨舍利而名满天下，成为佛教信徒们心中的圣地，如此神圣之地，怎么能成为房地产商业开发的对象？对此，我也难以理解。

在人们心中，佛教寺院是一个清静的地方，能够使人们的内心得到安宁，宗教场所的利用也应当与宗教活动密切相关。而房地产开发则是典型的商业活动，不应当过多侵入宗教场所和宗教活动，否则会妨碍正常的宗教活动。从法律层面看，地方政府借宗教之名搞房地产开发，实际上涉及宗教

---

① 参见《法门寺商业化开发被批明建景区暗做房产》，载中国证券网，2014年6月4日访问。

财产的法律地位及其利用的问题,而这个问题一直是立法的模糊地带,宗教财产成为商品房开发对象也与此相关。

近年来,宗教财产的保护引起了广泛关注。宗教财产简称教产,包括宗教团体自身的财产(如寺庙、宫观等),以及国家、社会、个人等投入和捐赠而形成的财产。与其他财产的法律保护相比,我国关于宗教财产法律保护的制度仍不健全。《民法通则》第77条规定:"社会团体包括宗教团体的合法财产受法律保护。"《物权法》制定过程中曾经就宗教财产的归属问题有过激烈的讨论,但因为争议极大,《物权法》最终回避了这一问题,而只是在第69条规定:"社会团体依法所有的不动产和动产,受法律保护。"从该规定来看,《物权法》关于宗教财产保护的规则较为原则,与《民法通则》的规定相比较,该条甚至未提及宗教财产的保护。然而,这些规定只是宣告了宗教财产应当受到保护,但在宗教财产受到侵害后,如何确定其归属,由谁主张权利等,在法律上都不清楚,也正是因为我国现行法律对宗教财产的归属和保护范围规定得不清楚,因此也始终未能建立相应的宗教财产登记制度。由于这一原因,宗教财产受到侵害的现象时有发生,主要表现在:有的地方非法侵占寺庙的土地,用作房地产开发;有的地方以修建宗教场所为名征地,修建休闲别墅,楼堂馆所;有的宗教土地、宗教建筑被有关单位或个人长期强占,导致宗教活动难以正常进行;还有的地方政府甚至和寺庙争抢门票收入等。

由于我国现行法律对宗教财产的归属和保护范围规定得不清楚,因此,宗教财产也一直未能办理房产和相关的土地权属登记。许多地方也未向宗教团体颁发土地证和房产所有权证,在此情形下,一旦发生争议,则当事人无法依据登记事项主张权利,司法机关也无法依据登记簿确认产权归属。同时，由于宗教团体和场所的主体地位不明确，其不能在银行设立账户，而只能以教职人员私人的名义建立账户，这也导致宗教财产与教职人员的私人财产混淆不清，在财产继承和分割时，也极易发生争议。例如，相关的教职人员将所收取的捐款存在以其个人名义开设的账户下，在该教职人员死亡后，这些存款的归属在法律上极易发生争议。有的宗教人士从一个寺庙转向另一个寺庙时，相关的财产转移与否，也容易发生纠纷。在发生争议后，谁是适格的权利主体，在法律上并不清楚，当事人被迫找宗教管理机构或者宗教协会维权，但宗教管理机构与宗教协会因不具有居中裁断的职权，因而也无法有效解决相关纠纷。此外，由于法律上并没有建立一套完整的制度，将宗教财产与宗教人员的个人财产进行严格区分，这也可能导致一些教职人员将所收取的信众捐款据为己有，挥霍浪费。由于宗教财产未能得到有效的保护，正常的宗教活动也会受到影响，这可能会削弱信教群众对宗教团体和宗教场所的信任感，影响宗教事业的正常发展。

在前述例子中，有的地方的宗教财产被政府用于房地产开发，主要原因即在于宗教财产的归属不清晰，其究竟属于国家所有，还是属于宗教团体所有，法律并没有做出清晰的界定。所以，有的地方政府将宗教财产用于房地产开发，似乎也不无根据。我认为，应当在法律上确立宗教法人制度，依法保护宗教财产。从各国法律规定来看，一般都认为，宗教财产归宗教法人所有，宗教法人在法律上属于独立的主体，其性质属于财团法人。因此，有必要借鉴这一经验，确认宗教财产应属于宗教场所法人所有。一方面，明确宗教财产的权利主体是宗教场所法人，有利于区分宗教财产与教职人员的个人财产。宗教场所法人应当有权自主决定如何处分其财产,宗教场所法人的财产应当由宗教法人的管理机构管理。在宗教财产受到侵害时,应当由该宗教场所法人主张权利,起诉应诉,而不应当由政府作为诉讼当事人参加诉讼活动。宗教场所法人也应当有权在银行开设账户,并办理相关的土地、房屋产权证书。另一方面,明确宗教场所法人的主体地位,也有利于保障宗教财产的稳定性,因为任何社会组织和个人对宗教团体的捐助,其一旦进入宗教财产的账户,就应当属于宗教场所法人所有,应当与宗教教职人员的个人财产严格区分,教职人员的募资行为属于职务行为,教职人员不得随意侵占、转赠、让与,或者将其从一个宗教场所带到另一个宗教场所。

法律上确认宗教财产属于宗教场所法人所有,必须要解决好两个方面的问题:

第一,必须在民法总则中建立宗教法人制度,确认宗教财产的权利主体。宗教场所法人作为宗教财产的权利主体,对宗教财产进行实际管理、占有和利用。设立宗教场所法人制度主要是为了保护宗教财产,在此应当区分宗教场所法人与宗教团体法人。宗教团体法人,如佛教协会、道教协会、天主教协会等,其性质上属于社团法人的范畴,其没有实际的需要管领的财产,此种法人不需要纳入宗教场所法人范畴。宗教团体法人及其活动的规则,应当依照《宗教事务条例》等宗教法规予以调整。而宗教场所法人享有并行使与宗教财产相关的权利,此种权利的享有和行使主要受《物权法》调整。

第二,明确宗教财产的范围。也就是说,哪些财产属于宗教财产。在建立宗教场所法人制度以后,在法律上应当尽快建立相应的宗教财产登记制度,并明确宗教财产的类型和保护范围。登记制度的主要功能在于公示,主要起到定分止争的作用,一旦将宗教财产登记,就可以大大减少相关的宗教财产纠纷。我们认为，应当登记的宗教财产主要有以下几类：一是宗教场所法人所占用的土地，包括附属的山林、草原等。二是宗教建筑物及其附属设施。包括寺院、庙宇、宫观、教堂、清真寺，宗教组织和神职人员住宿和从事宗教活动的房屋设施，以及其他构筑物和附属物。三是知识产权及其他无形财产。例如一些寺庙的名称，一旦登记为商标，则禁止他人擅自使用。需要指出的是，依据《文物保护法》的规定，依法认定为文物的，应当属于国家财产，依据该法予以保护。例如，一些著名的佛道寺观因其具有重大历史艺术和科学价值而被确定为国家或省市级文物保护单位，则应当作为文物予以保护，但可以由宗教场所法人实际使用，宗教场所法人应依法享有使用权。不过，如果一些不动产已经登记为国家所有，如已经收归国家所有的一些宗教文化遗址，则不应再改变其法律归属，但仍然可以交由宗教场所法人实际使用。

宗教财产一旦确定或者登记为宗教场所法人所有，其原则上只能用于和宗教有关的活动、仪式，即便一些名称被用作商标，其所获得的收益也应当被用于宗教场所法人的活动（如宗教场所的修缮，或者用于相关的宗教活动等）。所有的宗教财产必须直接服务于宗教目的，因宗教财产的利用而获取的收益，也必须用于与宗教有关的目的。任何机关和个人不得将宗教场所承包、出租给他人，牟取经济利益，也不得将宗教寺庙打包上市，否则都应被视为改变了宗教财产的法律属性，构成对宗教财产的侵害。

此外，关于宗教财产的管理，要按照依法独立核算、自主管理的原则进行。宗教法人一旦建立，就应当设立专门的宗教财产管理机构，就接受捐赠、遗赠、捐助的所有事项，按照我国已有的财务制度予以管理。宗教法人应当建立健全宗教财产管理制度，并将其所有收入和支出账目予以公开。宗教事务管理部门有权对宗教场所法人的财务进行监督、管理，必要时也应当进行审计监督。

和尚是化外之人，佛门之地也应该是一块净土，应当尽量避免商业因素的过多侵入，但前提是将宗教财产的产权界定清晰，并明确限定其利用方式。否则，难保将来有的和尚、尼姑出于经济利益需要，也对宗教财产进行商业开发。

法治：良法与善治

第三编
法治的实践

天下之事，不难于立法，而难于法之必行。

——明·张居正

从法律体系迈向法治体系[*]

社会主义法治体系概念的提出,是我们党在法治理论上的一次重大飞跃。2011年3月,吴邦国委员长宣布,中国特色社会主义法律体系已经形成,这标志着我国在立法方面取得了举世瞩目的成就,表明我国已经基本结束了无法可依的状况,我国依法治国方略已经取得了重大的阶段性成果。中国特色社会主义法律体系的形成为法治体系的实现提供了前提和基础,但这并不意味着我国已经全面建成了法治体系。在社会主义法律体系已经形成的背景下,党的十八届四中全会提出了建设法治体系的目标,从法律体系迈向法治体系,表明在法治建设新的历史时期,我们党更加注重法律的实施和实施的效果,更加注重扎实地推进依法治国战略方略的实施,我国的法治建设也由此进入新的历史阶段。

从法律体系迈向法治体系,必须要全面推进法律的实施。法律的生命力在于实施,法律的权威也在于实施。在社会主义法律体系形成之后,摆在我们面前的任务是如何使"纸上的法律"变为"行动中的法律",如何最大限度地发挥现有法律的实际效果。法律体系只是强调立法层面问题,

---

[*] 原载《法制日报》2014年10月29日。

并没有强调法律的实施及其实效，只有在法律体系得到有效实施之后，才能形成法治体系。因此，法治体系与法律体系相比，其内涵更为丰富，不仅包含了立法，而且更强调执法、司法、守法、法律监督等动态的过程，包含了"科学立法、严格执法、公正司法、全民守法"等内容。由此可见，"法治体系"与"法律体系"相比，虽然仅一字之差，但彰显了我们党治国理政方式的重大转型，为依法治国战略方略提出更新的目标和更高的要求，也表明我国的依法治国蓝图已经进入了新的阶段。法治体系目标的提出，也明确了全面推进依法治国的总抓手。因为全面推进依法治国涉及很多方面，必须有一个总揽全局、牵引各方的总抓手，这就是建设中国特色社会主义法治体系。全面推进依法治国必须围绕这个总抓手来谋划、来推进。

为实现建设法治体系、建设法治中国的总目标，四中全会提出了具体的实施方案和路线图，强调"五大体系"的建设，即形成完备的法律规范体系、高效的法治实施体系、严密的法治监督体系、有力的法治保障体系以及完善的党内法规体系。为了实现建设法治体系和法治中国的总目标，四中全会提出了五个坚持，即坚持中国共产党的领导、坚持人民主体地位、坚持法律面前人人平等、坚持依法治国和以德治国相结合、坚持从中国实际出发。四中全会提出的总目标和"五大体系""五个坚持"是我们党依法治国理念在新时期的进一步深化和发展。为落实上述目标，四中全会提出了180多项对依法治国具有重要意义的改革举措，纳入依法治国总台账，这不仅将法律的实施和执行摆在更加突出的位置，而且为全面推进法治中国建设、建立法治体系规定了更加清晰的目标和路线图，为我们党全面推进依法治国战略、走社会主义法治道路指明了前进的方向。

从法律体系迈向法治体系，必须明确党的领导、依法执政与社会主义法治之间的关系。党的领导是中国特色社会主义最本质的特征，是社会主义法治最根本的保证。四中全会将党的领导和法治的关系概括为"一体两面"的关系，强调党的领导与社会主义法治的一体性，社会主义法治必须坚持党的领导，党的领导必须依靠社会主义法治。坚持党的领导是我国社会主义法治道路的根本特征，也是与西方国家法治的区别所在。建设法治中国，关键在于坚持党的领导，在于党科学而又有效地依法执政。从这一意义上说，法治中国建设的核心任务是依法执政。依法执政，既要求党依据宪法法律治国理政，也要求党依据党内法规管党治党。党要领导立法、保证执法、支持司法、带头守法，才能确保法治体系建设有序推进。

从法律体系迈向法治体系，必须建立完备的法律规范体系，以良法保善治。法治不是简单的法条之治，而应当是良法之治。古人云："立善法于天下，则天下治；立善法于一国，则一国治。"因此，厉行法治，良法先行。四中全会提出了形成完备的法律规范体系，良法善治是法治的精髓，法律是治国之重器，良法是善治之前提。什么是良法？良法不是指法律在道德层面的善良，而是价值、内容、体系、功能等方面的优良，在内容上应当反映最广大人民群众的根本利益和切实需求，符合公平正义要求，维护个人的基本权利，反映社会发展规律。为此，需要加强重点领域立法（如加快编纂民法典），进一步推进法律体系的完善。需要通过科学立法、民主立法，不断提高立法质量。需要改进立法体制机制，健全立法机关主导、社会各方有序参与立法的途径和方式。要发挥立法的引领和推动作用，必须把每件法律制作成精品，形成法律规范体系。法律并非越多越好，《法国民法典》之父波塔利斯在两个世纪前就曾告诫后世的立法者："不可制定无用的法律，它们会损害那些真正有用的法律。"正如我国古人所言，"法令滋彰，盗贼多有"，这说明立法并非是多多益善的，繁杂但又不实用的法律，不仅将耗费大量的立法资源，也可能使有些法律形同虚设，影响法律的权威和人们对法律的信仰。四中全会所提出的形成完备的法律规范体系，重在立良法，求善治，这为法治体系的形成提供了基础和前提。

从法律体系迈向法治体系，必须坚持依法治国、依法执政、依法行政共同推进，三者相互作用、相互促进。依法治国，是治理国家的基本方略；依法执政，是执政党的基本执政方式；依法行政，是政府行政权运行的基本原则。依法治国，首先是依宪治国；依法执政，关键是依宪执政。宪法以国家根本法的形式，确立了党和国家的根本任务、基本原则、重大方针、重要政策。宪法确立了国家治理的基本结构和基本机制，是治国安邦的总章程，依宪治国是国家治理体系和治理能力现代化的根本保障。国家治理能力的现代化，首先是要求国家治理的法治化，依法治理要求依照宪法和法律对国家权力进行合理配置，并通过制度设计实现各个国家权力机关之间的相互监督与制约，各个国家机关都必须依据宪法所赋予的职权来行使权力，并依据宪法的规定切实保障公民的合法权益。任何组织与个人都不能凌驾于宪法和法律之上；任何权力都要受到宪法和法律的约束，不能允许任何人以权代法、以权压法、以权废法。领导干部要运用法治思维和法治方式深化改革、推动发展，化解矛盾，维护稳定。

从法律体系迈向法治体系，必须坚持法治国家、法治政府、法治社会一体建设。建设法治国家是总目标，法治政府建设是关键，法治社会建设是基础，三者相互关联，相互促进。一方面，为建设法治政府，四中全会提出了职权法定的原则，规范政府权力。按照四中全会报告，依法行政要依法全面履行政府职能，推进机构、职能、权限、程序、责任法定化，推行政府权力清单制度，这就是对政府职权法定的具体界定。法治政府，一定是有限政府。所谓有限，就是政府只能做法律允许和法律授权政府做的事情，而不能超越法律做事。就依法行政而言，要求政府职能应当由法律来确定，"法无授权不可为"，"无法律则无行政"。另一方面，建立法治社会就是要全社会成员有序参与法治建设进程，但要营造"全民信法、全民守法"的社会氛围，关键是要社会成员信仰法律。四中全会提出，法律的权威源自人民的内心拥护和真诚信仰。人民权益要靠法律保障，法律权威要靠人民维护。美国法学家哈罗德·伯尔曼曾指出："法律必须被信仰，否则它便形同虚设。"只有把法律作为一种信仰，才能引导公民树立社会主义法治理念、养成遵纪守法和依法律途径来解决问题的良好习惯，真正使法治精神深入人心。目前，由于社会诚信缺失、道德滑坡，也导致人们缺乏规矩意识，这也在一定程度上影响了法律实施的社会效果。为此，需要全社会崇法尚德，礼法合治，实现法律与道德、依法治国与道德教化的有机结合。

从法律体系迈向法治体系，必须正确处理改革与法治的相互关系。法律求稳，改革求变，在改革进入到深水区和攻坚阶段后，我们党面对的改革、发展、稳定任务之重前所未有，矛盾、风险、挑战之多前所未有，依法治国在党和国家工作全局中的地位更加突出、作用更加重大。但各项全面深化改革措施的展开必须依法进行，以确保改革事业在法治轨道上推进。四中全会提出，实现立法和改革决策相衔接，做到重大改革于法有据、立法主动适应改革和经济社会发展需要。为此，应注重立法的顶层设计，使立法保持前瞻性，为改革预留空间。在必要时应当对立法进行适当修改、补充、完善,以不断适应发展变化的需要。对不适应改革要求的法律法规,要及时修改和废止。在改革过程中,应当变"政策引领"为"立法引领"。全面深化改革需要法治保障,全面推进依法治国也需要深化改革。因为这一原因,三中全会和四中全会的决定形成了"姊妹篇"。

从法律体系迈向法治体系,必须完善司法管理体制和司法权力运行机制,规范司法行为,保障司法公正。司法是社会正义的最后一道防线。司法改革的目标就是要确保司法公正。四中全会提出,公正是法治的生命线。努力让人民群众在每一个司法案件中感受到公平正义。改革必须为了人民、依靠人民、惠及人民。只有深化司法改革,切实保障司法机关依法独立、公正行使审判权和检察权,才能促进和保障司法公正。为此,四中全会提出,禁止领导干部干预案件,完善确保依法独立公正行使审判权和检察权的制度,建立领导干部干预司法活动、插手具体案件处理的记录、通报和责任追究制度。为了确保办案质量,建立实行办案质量终身负责制和错案责任倒查问责制。同时健全司法人员履行法定职责保护机制。由于近年来,我国跨区域经济交往活动日益频繁,但因地方保护主义而产生的司法不统一和司法不公正问题也日益成为关注的焦点。有鉴于此,四中全会提出,要设立巡回法庭,探索设立跨行政区划的人民法院和人民检察院。

从法律体系迈向法治体系,还应当建立起严密的法治监督体系。我国已经建成了包括由权力机关、政党、司法机关、人民群众、社会舆论等所组成的一整套法律监督体系,共同起到对法治的监督作用,但现行监督体系仍有待于进一步完善。首先,要健全宪法实施的监督机制,完善全国人大及其常委会宪法监督制度,健全宪法解释程序机制。其次,要健全行政权力监督制度,为法治政府的建设奠定坚实基础。政府是执法主体,必须对行政执法行为进行严格监督。根据四中全会的要求,要进一步加强对依法履行职权的监督,贯彻落实行政权力清单制度,健全依法决策机制,保障行政决策的科学性和合规性。要完善纠错问责机制,加强对于违法行政行为的惩处力度。最后,为确保司法机关公正司法,独立行使审判权和监督权,还需要加强对司法活动的监督,完善检察机关行使监督权的法律制度。

从法律体系迈向法治体系,必须加强社会主义法治工作队伍。四中全会把法治队伍的建设提到了新的高度,提出必须建立一支忠于党、忠于国家、忠于人民、忠于法律的社会主义法治队伍,并要求推进法治专门队伍的正规化、专业化、职业化。这些都为建立一支高素质的法治队伍确立了明确的目标,也为我们的法学教育的目标指明了方向。近年来,我国高等法学教育快速发展,体系不断完善,为我国社会主义法治事业培养了一大批优秀合格的人才,但法学教育还不能完全适应法治中国建设的需要,存在培养模式较为单一,学生实践能力欠缺,高层次法律人才缺乏等问题。法学教育应当按照四中全会所提出的要求,进一步推进法学教育的改革,形成完善的中国特色社会主义法学理论体系、学科体系、课程体系,推动中国特色社会主义法治理念进教材、进课堂,把培养法治创新人才作为突破口,努力提高人才培养质量,实现法学教育与法律职业化和专门化建设良性互动,培养造就一大批坚持中国特色法治体系的法治人才和后备力量。

"天下之事,不难于立法,而难于法之必行。"法治建设是一个系统的工程,如果说建设法律体系只是法治工程的一个局部成就,那么法治体系的建构就是追求法治工程的全面实现。从法律体系迈向法治体系,表明在法治建设新的历史时期,我们党更加注重法律的实施和实施的效果,更加注重扎实地推进依法治国战略方略的实施。总之,从法律体系迈向法治体系,意味着立法、执法、司法、守法、法治文化、法律教育,形成一套完善的、有机的动态体系。党的十八届四中全会全面规划了依法治国方略的实现步骤和具体内容,必将有力地推进国家治理体系和治理能力的现代化,实现国家长治久安、社会和谐发展、人民生活幸福。

加快推进法治社会建设

从多层次法治建设的关系来看,法治国家建设是总目标,法治政府建设是关键,法治社会建设是基础。具体而言,法治社会主要是指通过法治的手段治理社会,保障社会的有序发展,使法治国家、法治政府、法治社会三者相互关联,相互促进,最终保障法治中国建设目标的实现。建设法治社会,就是要增强全民法治观念,使全体社会成员均有序参与到法治建设进程中,增强全社会厉行法治的积极性和主动性,形成守法光荣、违法可耻的社会氛围,使全体人民都成为社会主义法治的忠实崇尚者、自觉遵守者、坚定捍卫者。

从广义上理解法治社会,它是指社会生活的法治化,其实也包括了公权力机构的设置及其权力行使的法治化。但是从狭义上理解,法治社会主要是指公权力之外的公民、法人、社会组织等在社会生活中相互关系的法治化。它包括人们的社会生活、思维方式、生活秩序等内容的法治化。其实法治国家从广义上理解,也包括了法治社会建设。例如,在德国对应的是"Rechtstaat"一词,在法国对应的是"état de droit"一词,意思均指"法治国",这一概念中包含了法治社会的含义。但是,在我国,将法治社会建设单独作为法治建设的一项内容，并与法治国家建设相区别，具有重要意义，主要体现为：一方面，建设法治社会，有助于增强全民法治观念，使民众理解法律、尊重法律和信仰法律，实现人人守法。我们以往的法治建设，有时是由国家基于一种管理思维而推行的，没有从制度上保障公民对法治建设的主动参与，因而有必要推进法治社会建设。另一方面，有助于推进市民社会（civil society）的法治化。所谓市民社会，原指伴随着西方现代化的社会变迁而出现的、与国家相分离的社会自治组织状态。市民社会是对私人活动领域的抽象，与此相对应，政治国家是对公共活动领域的抽象。市民社会的发育和繁荣不仅是建立市场经济的基石，也是完善社会主义民主政治的条件。建立法治社会，推进市民社会的法治化，需要强调在发挥社会自治功能时，通过法律引导和规范，形成法治建设的良好社会基础。

法治社会建设不是一个空洞的概念或口号。事实上，完全依靠国家自上而下地推行，也难以真正建成法治社会，其最多只能形成社会生活的法制化。法治社会的建设需要具备一定的社会基础，主要体现在以下几个方面：

——建立法治社会，首先要树立对法治的信仰。党的十八届四中全会提出，法律的权威源自人民的内心拥护和真诚信仰。这是在党的文件中第一次提出要将法律作为一种信仰来对待，具有重要的理论价值与现实意义。法治的根基在于人民发自内心的拥护，法治的权威也来自于人民的全力维护。要营造"全民信法、全民守法"的社会氛围，关键是全体社会成员信仰法律。美国法学家哈罗德·伯尔曼指出："法律必须被信仰，否则它便形同虚设。"卢梭指出："法律既不是铭刻在大理石上，也不是铭刻在铜表上，而是铭刻在公民们的内心里。"对法律的信仰是依法治国最坚实的基础。只有把法律作为一种信仰,才能引导公民树立法治理念、养成遵纪守法和用法律途径来解决问题的良好习惯,真正使法治精神深入人心。中国目前不缺具体的、成体系的法,而缺乏对法的精神的正确理解,缺乏对法的敬畏与尊重。为此,需要加大普法宣传力度,尤其是要严格执法,公正司法,切实贯彻法律面前人人平等,让所有人"听得懂良法",并能从一个个个案中"看得见公正",真正使法律成为人民群众合法利益的保护神,成为社会公平正义得以实现、社会矛盾及时化解的有效手段。这样人们才能从内心切实感受法律的权威和尊严,树立对法律的信仰。

——建立法治社会,需要引导民众通过法律维护权利和解决纠纷,养成依法理性表达权利诉求的意识。过去,一些地方"维稳"工作中注重运用法律外的方式(如信访等)解决社会矛盾和纠纷,忽略了法律的作用,因而造成了实践中曾出现"大闹大解决,小闹小解决,不闹不解决"的错误现象。这种做法不仅不利于矛盾纠纷的最终解决,而且与法治社会的构建也不相吻合。要做到人人信法、全民守法,就必须引导公民自觉守法、遇事找法、解决问题用法、化解矛盾靠法。发生纠纷后要遵循法定的程序来解决。坚持诉访分离、导访入诉和依法终结的原则,依法解决涉法涉诉信访问题,从而公平、合理、有序地化解社会纠纷和矛盾。

——建立法治社会,需要通过法治确保社会依法自治。一是要深化基层组织、部门和各行业的依法治理,支持各类社会主体自我约束、自我管理,推进社会组织依法自治,引导社会组织遵循国家的法律制定组织自身的、对全体成员具有拘束力的规则。充分发挥市民公约、乡规民约、行业规章、团体章程等社会规范在社会治理中的积极作用。例如,在我国，城市要发挥自治功能，可以通过管理规约来规范小区的生活。我国现有五亿多人都居住在各种社区之中，时常因为物业费、管理费等事项发生各种摩擦和纠纷，如果都要政府进行管理是不可行的，只能通过私法自治由当事人进行协商，订立管理规约，实行社区自治，才能有效化解纠纷，实现和谐。二是通过法律对公权力的约束，保障社会自我调节的空间，确保社会自治得以有效进行。实现从社会管理向社会治理的转化，发挥社会组织的自我管理、自我服务、自我约束的功能，使社会自治和国家管理保持良性互动。三是促进社会组织自身的法治建设，健全社会组织有序参与社会事务的机制和渠道。

——建立法治社会，要实行依法治国与以德治国相结合。四中全会决定强调要一手抓法治，一手抓道德。法律是成文的道德，道德是内心的法律。道德是内心的自觉，法治是外在的行为规则。司马迁在《史记·太史公自序》曾言，"夫礼禁未然之前"而"法施已然之后"。中国的传统文化重视法律与道德的互补，古人讲"德主刑辅""礼法合治"，就强调了两者的辅助关系。目前，由于社会诚信缺失、道德滑坡，导致人们缺乏规矩意识，这也在一定程度上影响了法律实施的社会效果。我们要从传统文化中汲取精华，高度重视道德对公民行为的规范作用，引导公民既依法维护合法权益，又自觉履行法定义务，做到享有权利和履行义务相一致。"民有私约如律令"，严守契约，信守诺言，也是构建法治社会的基础。法治本身就是一种规则之治，只有全社会人人诚实守信，崇法尚道，遵规守矩，才能奠定法治的基础。

——建立法治社会，实现从管理到社会综合治理的转化。习近平同志强调，治理与管理仅一字之差，体现的是系统治理、依法治理、源头治理、综合施策。从管理向治理转化，标志着国家治理体系的现代化的提升，必将对中国的法治建设产生深远的影响。比较而言，管理具有单方性，强调政府对社会进行单方管理，注重行政强制力和行政处罚；而治理则具有多面性的特征，要吸纳多元主体共同参与到社会事务的治理之中。在治理的模式下，政府依法行使公权力时，需要与被管理者进行必要的协商和沟通，政府在从事管理行为中，需要建立一整套有效的社会治理体系，包括形成信息机制、决策机制、评价机制、监督机制等各种机制的有机整体。在治理模式下，尤其注重强调法治的作用，注重发挥法律与党规、道德等的综合调整作用。

建设法治社会是一项长期的基础性工作，触及到人们的思想、理念、观念、意识等多个方面，与有形的法律制定、制度设立或机构建设不同，更多体现为无形的、润物细无声式的工作，需要长期地培育。只有全面建成法治社会，才能最终实现法治。

食品安全需从"管理"走向"治理"

据报道,某地几家有正规经营资质的厂家因收购或倒卖"地沟油"被处以3万元的最高罚款额。此事被当作执法部门严格执法的典型案例加以宣传。不过,有细心的观察者注意到,虽然当地执法机构多次"出重拳",对违规企业处以高额罚款,但当地的地沟油事件却屡禁不绝。在有的地方,地沟油问题"按下葫芦浮起瓢",难以根除。这样的执法尴尬局面正好折射出我国食品管理方面所存在的严重治理漏洞,反映了当前这种简单地以管理代替治理的执法思维的现实困境。

食品安全关乎国计民生,关系国家安全和人民生活幸福。食品安全是每个公民舌尖上的安全,是老百姓重大基本民生的安全,是一个底线安全,同时又关系到公共安全、国家安全。党的十八届三中全会提出"创新社会治理体制",在食品安全领域,由"管"理变为"治"理,虽只有一字之差,但其体现的是系统治理、依法治理、源头治理、综合施策,在保障食品安全的理念、方式、价值和意义等方面将发生变化。食品安全仅仅依靠政府单方面的管理是难以奏效的。新时期,我们必须要以问题为中心,创新治理机制,完善治理手段,实行多元治理,形成对食品安全问题的系统治理格局。具体来说：

一是强化食品安全的源头治理。近年来，"地沟油"现象在我国层出不穷，其背后涉及错综复杂的生产、销售链条和利益关系。要想切实有效治理地沟油乱象，单纯的高额罚款的效果是有限的。原因很简单，一是因为，罚款手段不可能对每个现实的或者潜在的违法者都有效。一些漏网之鱼仍然有动力继续实施这类违法活动。二是因为，对于一些人来说，即便缴纳了3万元罚款，其生产和销售活动在整体上仍然是有利可图的，在被处罚后仍然有动力继续违法。甚至在不少的情形中，执法手段比较落后，比如为执法工作人员设定罚款任务和定额，诱发相应的道德风险。在这些情形下，地沟油是怎么生产，是何种途径流到这些正规企业，并最终流向餐桌，其中出现了大量的管理漏洞和死角，这就需要实行覆盖"从农田到餐桌"的全过程的严格的治理。例如，如果对地沟油的源头没有有效关注和治理，地沟油现象不太可能得到根本性杜绝，最终我们只能不断重复"发现一起、查获一起"的窘境。

二是推行食品安全的综合治理。在管理模式下，管理方式是刚性的，部门管理是单一的；而在治理模式下，则需要执法部门在各个治理环节无缝对接、治理手段协调整合，整个治理过程需要法治化、制度化。食品安全涉及多个环节，但在传统管理模式下，食品安全过于依靠某一政府部门单方面的管理，而忽略了与其他部门的相互衔接和配合。当面临地沟油等新型复杂社会问题时，就暴露出管理相互脱节等问题。一方面，地沟油等问题的管理涉及20多个部门，每个部门如同铁路警察，各管一段。比如发现地沟油由工商部门管理，而其流向餐桌的过程又由食品安全部门管理，而生产地沟油又由农业部门进行管理。各个管理部门经常出现互相推诿、互相扯皮的现象。尽管在某一个时期推行过联合执法，但其毕竟没有常态化，由此也难免出现管理的死角。另一方面，各个部门的执法也相互脱节。出现"地沟油"事件之后，有的执法机构虽然发现并予以查处，但并没有将相关责任人移送司法机关，形成"打了不罚，罚了不打"的局面，从而导致行为人的违法成本低，执法成本高，难以有效治理地沟油问题。要想有效治理这一复杂的社会问题，就需要执法者系统地关注每一个违法环节，建立一个常态化的综合协调机制。

三是实现食品安全的多元治理。在管理模式下，主要强调政府的行政强制；而在治理模式下，要发挥全社会的力量，形成一种社会共治。因而在社会治理中出现了治理主体多元化的趋势，政府只是参与其中的主体之一，而不是唯一的主体。就食品安全的治理而言，政府管理力量毕竟受到公共财政投入的限制，在信息来源、监管时效、监管主动性等方面存在不足。因此，除政府管理方式之外，应当注重吸纳其他社会主体，发挥其他治理力量的作用。以治理好地沟油为例，即需要由政府监管、企业负责、行业自律、舆论监督、公民参与等多种手段共同发挥作用。多年来，地沟油事件屡禁不止、屡罚不止的重要原因即在于，我们片面地强调对该行为采取罚款、没收等行政处罚措施，其结果导致了"以罚代管"、"罚了不管"。政府在管理中常常是在接到举报后进行查处，信息来源比较单一，所以需要发挥各种社会主体在食品安全治理中的作用。就地沟油的治理而言，可以考虑充分发挥消费者团体、受害者个人在揭发地沟油生产信息等方面的能动性。如此便能够扩大违法信息来源，提高违法生产和经营者被发现的概率，增加他们的违法成本，从而减少此类问题的发生。再如，我国《食品安全法》第96条引入了惩罚性赔偿规则，规定消费者购买问题食品最高可获得10倍惩罚性赔偿，这有利于激励民众挺身打假，调动了多方面的积极性。

四是强化食品安全的系统治理。食品安全问题是一个系统性问题，涉及诸多环节，它要求多管齐下，集法律、道德、自律、责任等方式为一体，系统治理。具体的做法包括法律的追究、道德的谴责、媒体的监督、企业的社会责任、行业的自律以及社会公众的监督等等。例如，在实践中，一些地方推行不良企业的黑名单制度，建立不良企业信息档案。这样的制度创新既有利于节约治理的成本，也有利于约束违法企业和潜在的违法企业更好地依法生产和经营。解决地沟油问题应该疏堵结合。从国外的治理经验来看，严格的过程监管和严厉的处罚措施是关键，同时也需要建立地沟油的合理利用渠道，从而将地沟油"变废为宝"，国家需要出台相关的政策，这是治理地沟油的根本措施。

五是推行食品安全的风险治理。风险治理是指建立独立的食品安全风险管理，加强对食品的检测，建立高效的食品安全检测体系，加强对食品安全风险的研究和分析，及时构建畅通的风险交流机制。这就需要建立起以政府强制监管为主导、社会参与和企业自律充分发力的食品安全长效机制，即建立一个高效且权威的风险预测、发现、预警和疏导的系统，从而能够及时预测潜在的食品安全风险，发现违法生产和销售活动，在发现相关活动后由权威机构及时作出预警，同时要根据风险来源提供疏导风险的途径。例如，可以考虑根据不同食品的风险级别，加快建立重点食品的名单，合理分配监管资源，完善食品企业信用档案制度，实现最大化的监管效能。就地沟油而言，政府部门的工作重心在于及时发现和处理、广泛预警和加以疏导，加大食品安全的监管力度。同时，一旦发现食品不安全的迹象，特别是那些可能流入市场的不安全食品，监管机构要及时公开信息，最大限度地减少或消除损害。

六是实现食品安全的依法治理。社会治理是一整套有效的制度安排，包括了信息机制、决策机制、评价机制、监督机制等各种机制的有机整体。在食品安全的治理过程中，应当充分发挥法治的作用。地沟油对国民身体健康的危害、对国家形象的损害、对本土品牌国际竞争力的损伤是显而易见的。但迄今为止，我国立法并没有对此进行全面、系统的回应。尤其是，我国现行立法在很大程度上仍然没有跳出"重行政罚款，轻民事和刑事责任"的思维定式，没有充分考虑和发挥三种责任之间的协同治理效应，而主要强调政府管理的作用。对此，我国立法需要统筹考虑各种可能的责任形态及其功能，充分发挥不同社会力量的协同治理效果。尤其需要指出，产生食品安全问题的主要原因在于有法不依、执法不严、违法不究以及道德滑坡等。就地沟油而言，一些执法部门对生产、销售地沟油的企业作简单处罚了事，即使是在法律规定的范围内顶额处罚，其违法成本依然不高，在执法部门执法之后，这些企业依然我行我素，甚至变本加厉地从事违法行为。所以，强化依法治理关键是强化严格执法。

此外，需要强化政府的治理责任。治理地沟油问题既需要配套的法律规则，更需要政府执法部门严格执法。政府不能不作为，也不能乱作为，尤其不能利用职权"依罚行政"，为个人或者少数人牟取不当利益。对于违法行政以及不作为的个人或者机关，也应当依法问责。

从管理向治理的转化也必须要从理念上实现从传统的"管理思维"向"治理思维"的转化。十八届三中全会要求执政理念从社会管理走向社会治理。这一理念变化必将对中国的法治建设产生深远影响。习近平同志强调，治理与管理仅一字之差，体现的是系统治理、依法治理、源头治理、综合施策。食品安全从管理向治理转化，标志着我们党执政理念的重大转化,标志着国家治理体系现代化的重要提升。这也预示着,我们在食品安全领域将实现从单向管理到多边治理、从粗放管理到精细治理、从被动管理到能动治理的转变,也正在逐步向科学治理发展。

从"嫖客救人被拘"说起

据《都市快报》报道,2014年5月的一天下午,在宁波打工的小张在经过某洗头房时,被某妖艳女子拉去"服务"。他准备结账走人时,没想到姑娘"扑通"一声跪了下来,流着眼泪求他:"大哥,你救救我!"姑娘自称是被拐卖和被强迫卖淫,她看小张长相老实,才忍不住求助。小张非常为难,因为他既害怕洗头房老板的报复,又害怕报警后自己嫖娼行为败露。经过反复考虑,小张还是觉得救人要紧,于是决定去报警。刚开始,他隐瞒了嫖娼的事实,但在该女子被解救出来后,交代了小张嫖娼的事实。在事情暴露后,小张因此被行政拘留十天。①

此案报道后,在网络上引发了广泛讨论,有人将该案称为机械执法的典型,甚至有人将其与"彭宇案"对比,认为执法机关的行为不利于鼓励人们的善行。试想,如果小张不去公安机关报警,受害人则难以得到及时解救,而小张也不可能身陷囹圄,这也是小张反复犹豫、不敢报警的主要原因。但最后,小张报警后,虽然受害人得到了及时解救,但小张也被行政拘留,其人身自由受到限制,名声也会受到影

---

① 《报警解救卖淫女,嫖客被拘引争议》,原载《都市快报》2014年5月9日。

响。因此，对小张自己而言，虽然出于好心救人，但自己却因此遭受行政处罚。其身边的人可能认为小张做了一件傻事，好心未得好报。为什么会出现这样的结果？这就需要考虑行政执法的效果，即执法行为对人们行为的引导作用。

应当看到，由于小张从事了嫖娼行为，依据相关法律规定，理应接受相关行政处罚。如果不考虑案件的来龙去脉，单就嫖娼行为本身而言，公安机关的执法完全是依法行为，并不存在问题，因为"法不容情"，而且这种严格执法的精神是我们法治建设中应当提倡的。但如果充分考虑该案的整体情况和来龙去脉，该案中公安机关的执法行为则确实过于机械，既不利于发挥法律责任对人们行为的引导作用，也不利于及时保护个人的人身安全。

此种机械执法行为忽略了法律责任对人们行为的引导作用，忽略了法律责任所具有的惩恶扬善的双重功能。一方面，通过对不法行为的行为人课以法律责任，遏制同类不法行为，法律责任能够起到惩罚恶行的作用；另一方面，对于具有积极社会意义的行为，通过准确认定法律责任，使行为人适当地免除法律责任，也有利于鼓励善行。因此，为了更好地实现法律责任对人们行为的引导作用，行政机关应当妥善地运用法律责任。在该案中，虽然小张嫖娼的行为应当受到法律的否定性评价，但行政机关在适用法律责任时，也应当充分考虑法律责任的行为导向作用。如果对类似行为一律课以行政责任，而不考虑案件的具体情形，可能会给人们的行为造成不正确的指引，影响法律责任行为引导功能的实现。从本案来看，虽然追究小张的行政责任，有利于实现法律责任的惩戒功能，但在执法效果上，至少存在两个问题：一是不鼓励人们积极报案，解救受害人。二是不利于及时对身处危难之中的受害人进行保护。

可以说，此种机械执法行为可能会在一定程度上遏制人们的善意、善行。

此种机械执法行为可能不利于及时保护个人的人身安全。打击违法犯罪行为，首先是为了保护人民，而保护人民首先是要保护人民的人身安全。生命无价。按照霍布斯的看法，国家和法律存在的首要目的是保护人民的人身安全。对人身权的保护在任何时候都应当处于最高的位阶，人身安全是法律保护的最高利益。在两大法系中，几乎都确立了人身利益优先保护的规则，即在财产利益和人身利益发生冲突的情况下，应当优先保护人身利益。在该案中，受害的失足女子身处危难之中，人身安全随时都面临威胁，小张能够选择及时报警，这是善意之举、正义之举。因此，在此类案件中，首先要考虑的是对受害人人身安全进行及时保护。为了做到这一点，行政机关的执法应当是积极鼓励人们去报案、报警，使无辜的受害人得到及时解救，才有助于社会平安。如果我们的执法效果最终是导致人们不敢去报警，则人们的人身安全将会受到更大的威胁。"彭宇案"发生后，社会一直在探讨好心应当得到好报的问题，要使社会处处充满温情，充满温暖，应当给做好事的人多一些安慰，多一些鼓励，而不是因为机械执法阻遏人们的善举。

此种机械执法行为也忽略了情理法的关系问题。这个案件也使我想到，法官在裁判过程中应当考虑情理法的关系问题。古人云："凡治天下，必因民情"（《韩非子·八经》），深刻揭示了体恤民情在治国中的意义。古人在判案时提倡以"天理、国法、人情"为标准，虽然将"人情"置于"天理""国法"之后，但也说明，案件审判应当充分考虑情理法的关系问题。也就是说，案件裁判不应当机械地理解法律规则，而应当充分考虑到当事人的特殊情况，从情理法层面多维度地考虑法律的适用效果。一般认为,法律是不带人情味的行为规则。其实不然,法律规则都具有其特定的社会功能,法律的适用应当考虑其社会效果。法律不应当是冷冰冰的,而应当充满人文关怀。要体现法律的人文关怀精神,就要求裁判者在法律规则和原则的范围内,考虑案件的具体情形,来适用具体的法律规则。在该案中,虽然张某嫖娼的行为应当受到法律的否定性评价,但张某为了解救受害人而选择报警,该行为本身应当受到法律的肯定性评价和鼓励,行政机关在执法过程中,应当充分考虑这一特殊情况,而不应当机械执法,忽视法律规则背后的情、理问题。

事实上,要体现出良好的执法效果,关键是需要准确地行使自由裁量权。汤姆·宾汉姆说过:"法治并不要求剥离行政或者司法决策者们所拥有的自由裁量权,但它拒绝不受限制的以致成为独裁的自由裁量权。"[①] 在行政机关自由裁量权的范围内,完全可以充分考虑其执法的社会效果,考虑其执法行为对人们行为的引导作用。在该案中,行政机关事实上也享有一定的自由裁量权,依据《治安处罚法》规定,有下列情形之一的,必须减轻处罚或者不予处罚:"……(四)主动投案,向公安机关如实陈述自己的违法行为的;(五)有立功表现的。"由此可以看出,法律的规定已经考虑到了相关特殊情形,允许行政机关依据特殊情况减轻处罚或者不予处罚。在该案中,小张的行为应当属于该条规定的情形,依据这一规定,对于小张的行为是否给予行政处罚,以及给予何种程度的行政处罚,行政机关实际上依法享有一定的自由裁量权,行政机关在行使自由裁量权时,应当考虑其自由裁量权行使可能产生的社

---

① 参见〔英〕汤姆·宾汉姆:《法治》,毛国权译,中国政法大学出版社2012年版,第78页。

会效果。在该案中，如果对于小张行为以及类似的行为都给予行政处罚，可能会导致个人面对类似的情形不愿伸出援手的后果，这可能不利于保护他人的人身权，显然没有很好地实现法律规则的社会效果。

执法应当奖励善举，弘扬美德义行，好人要有好报，不能让好人吃亏，否则，将最终寒了好人的心，也寒了社会的心。

民法要扩张　刑法要谦抑

我在九届全国人大担任财经委员会委员的时候，时值《婚姻法》修改，当时争议最大的一个问题，就是是否应对"包二奶"行为追究刑事责任。在全国人大举行的联组讨论大会上，我曾经提出，不应该对"包二奶"行为追究刑事责任。理由在于，"包二奶"的行为与通奸、婚外情等行为的界限不清晰，一旦将该行为确定为犯罪行为，可能导致该罪名适用范围的不当扩大，甚至有可能对许多通奸、婚外情等行为课以刑罚，使得刑法的打击范围过于扩大。这其实对社会、家庭都会造成不利的后果，更为严重的是，其可能对个人的行为自由与基本的人身权利造成不正当的限制。对此种不道德的行为，完全可以通过追究当事人的民事责任等来实现对该行为的规制，而不必动用刑罚来予以制裁。

在十届全国人大期间，我在担任全国人大法律委员会委员时，多次涉及《刑法》的修改，我一直主张废除抽逃资本罪和虚假出资罪。理由是，虚假出资现象的出现很大程度上是《公司法》规定的不合理的法定资本制造成的，这就迫使一些投资者虚报注册资本，"打肿脸充胖子"，进行虚假出资。但并不是对所有的虚假出资与抽逃资本都应该予以刑事制裁，对抽逃资本的行为，要区分具体情形，分别认定其法律责任,其区分的关键是要看此种行为是否造成了债权人损失,危害了交易安全。如果投资者抽逃资本的行为并没有造成债权人的损失,而且及时将所抽逃的资本充实,没有给债权人造成损失,那么此类行为就不一定都构成犯罪。《公司法》强调资本维持,最终目的是要保护债权人利益,如果并未给公司债权人造成损害,更谈不上危害交易安全秩序,则没有必要按照犯罪予以处理。对此行为可以通过追究行为人民事责任的方式进行惩处,而不必要通过刑事制裁的办法。而如果将所有的抽逃资本和虚假出资都以刑法予以打击,不仅使刑法打击面过大,也妨碍了市场主体的经营自由。时至今日,当我们的《公司法》已经逐步废除最低出资限制时,抽逃资本罪和虚假出资罪更不具有存在的价值。在2014年全国人大常委会修改《刑法》时,该罪名已经被废除。

我举出这两个例子,其实都说明一个问题:在现代社会,对于相关的法律纠纷,如果能够通过民法解决,而且能够有效解决纠纷,则应当尽可能通过民事责任的方式解决,而不一定都要动用刑罚,只有在民法的方法无法很好解决相关纠纷,而且相关行为可能危及公共安全和公共秩序时,才有必要动用刑法。从这个意义上说,民法要扩张,刑法要谦抑。

(一)刑法要谦抑

如前所述,并不是所有的违法行为,都需要通过刑法来制裁。刑法应当是社会关系最后的防护网,只有在其他的法律无法调整相关的社会关系时,或者调整的效果欠佳时,才应当由刑法对其进行调整。为什么刑法要谦抑?

一是由于刑罚具有严厉性。刑法作为最严厉的法律制裁手段,其后果往往是直接剥夺行为人的自由甚至是生命，因此，刑罚的后果是极为严厉的。所以，只有在违法行为的危害性严重的情形之下才有必要适用刑罚。刑法只是调整具有社会危害性并依照刑法应受处罚的行为。如果适用其他的法律责任足以遏制相关的违法行为，保护受害人的合法权益时，就不应将该行为作为犯罪行为处理，而适用刑罚。反之，只有通过动用刑法才能够遏制的行为，才应当适用刑事责任。例如，关于故意挖断电缆的行为是否应当追究刑事责任，曾有争议。毫无疑问，挖断电缆可能造成财产损害，也可能追究行为人的侵权责任。但也可能构成犯罪，因为一方面，挖断电缆的行为可能造成大范围的断电，这可能直接危及公共安全和公共秩序；另一方面，大规模的停电损害，也不是民事责任所能够完全填补的，此时即有必要对此种行为课以刑事责任。

二是充分体现法律对人的关怀。宽容性最本质的价值内涵在于刑法具有人道性，即给任何人以人文的关怀。边沁说过，"温和的法律能使一个民族的生活方式具有人性：政府的精神会在公民中间得到尊重。"刑法的处罚可能对个人的人身自由进行剥夺，甚至剥夺个人的生命。个人一旦锒铛入狱，如果其是商人，其所有经营活动可能陷于停滞，再好的公司，其经营都可能受到严重的影响。所以，刑事制裁一旦涉及面过宽，其对企业甚至经济发展的影响，都是重大的。即便对个人而言，一旦其人身自由被剥夺，对其家庭关系甚至家庭成员的生活等会产生重大影响，其一家人的正常生活将可能永远失去平静和安宁，子女的抚养、老人的赡养都可能因此受到重大影响。更何况，个人受到处罚，其将有可能失去继续工作的机会，职业生涯也将受到重大挫折，人生的发展可能因此而停滞。刑法应当谦抑，不仅仅是保护个人自由的需要，更是考虑到保护其家庭以及其他正常的社会交往关系，以充分体现法律对人的关怀。

三是尽量减少公权力对个人自由的侵害。一旦动用刑法，其实就意味着公权力将介入私人领域，而且此种介入的影响可能是不可逆的。比如，在前例中，"包二奶"的行为一旦入刑，则男女之间独处一旦被举报，涉嫌"包二奶"，公安机关就可能介入，这就会使得男女之间的正常交往受到妨碍。再如，许多企业都存在"打肿脸充胖子"、虚假出资的问题，尽管没有给社会造成什么损害，但一旦被发现，老板就会惹上大麻烦，有的高管人员被老板解雇后，就到公安机关举报老板有虚假出资问题，被举报者可能锒铛入狱，这显然是不合理的。现代法治的理念要求尽量限制公权力机关对私人领域的介入，从这一意义上讲，刑法应当谦抑。

四是减少国家资源的浪费。刑法涉及国家公权力的运用，一个犯罪的构成，从立案、侦查到审判以及执行，都会耗费国家巨大的人力、物力资源，因为在刑事案件中，案件的再审、申诉等，都会耗费大量的国家、社会资源。为了减少国家资源的过度浪费，使得国家对社会秩序的控制在有序、健康、稳定的情况下运行，刑法应当节约更多的资源，保持打击力度、广度、强度上的精确性，也就是说，该动刑的就动刑，不该动刑的就不要动。

应当看到，在立法层面，同西方国家相比，我国刑法已经将犯罪限定在较小的范围，这也体现了刑法谦抑性的要求。我国《治安管理处罚条例》所规定的许多行为，在一些西方国家可能构成犯罪行为。例如，在美国的一些城市中，乘坐地铁逃票的行为都可能被作为犯罪行为处理，此种刑事责任未免过于严苛。由此可见，我国刑法在一定程度上也秉持了谦抑性。但仍有不少学者主张，当下应当"乱世用重典"，即应当不断扩大刑法的适用范围，从而有效维护社会秩序。我认为，这种说法是值得商榷的，其有违刑法保护个人基本权利的立法宗旨。虽然我国现在处于社会转型期，社会矛盾频发叠加，但社会治理仍然是有序的，在全面深化改革的时代背景下，应当注重激活市场主体的活力，促进经济发展，如果过多运用刑事手段调整社会生活，显然不利于保护民众的私人权益和行为自由。

当然，我们说刑法要谦抑，并不是说在所有领域都严格限制刑法的适用。只有在民法的方法无法很好地解决相关纠纷，而且相关行为可能危及公共安全和公共秩序时，才有必要动用刑法。例如，在食品安全领域，如果相关的食品安全问题可能直接危及公共安全，且社会危害后果较大，则有必要扩大刑事责任的适用范围。而且在追究行为人的刑事责任时，应当严格遵守罪刑法定原则。

（二）民法要扩张

中国存在几千年"重刑轻民"、以刑为本的传统，强调通过刑事手段调整社会生活，在封建社会时期可能存在一定的合理性，但由此也导致了我国长期缺乏私法文化。扩张民法的功能，在一定程度上也是培育私权文化、改变"重刑轻民"传统的重要途径。尤其应当看到，现代社会强调对人的关怀与保护，并以保障私权作为法治的核心，因而，应当不断扩张民法的适用范围，强化对民事权利的救济和保护。长期以来，相关立法并不重视运用民法调整方法。例如，在我国现行的243部法律中，除了纯粹的民事法律之外，其他法律在规定法律责任时，通常主要规定刑事责任与行政责任，而极少提到民事责任，这与我们长期不重视民法调整方法密切相关。正是因为在现实生活中，民法没有发挥其调整社会生活的应有作用,所以,有必要强调扩张民法的适用。

事实上,与刑事责任、行政责任相比,民法的私法自治、民事责任等方式,都具有其自身的独特性,在纠纷的解决方面,应当扩大适用民法的调整方法。在市场经济社会,民法应当成为调整社会生活、解决各类纠纷的主要手段。因为从调整范围来看,一方面,民法调整的是私人领域,强调个人的意思自治,注重保护私权。每个人都是自己利益的最佳判断者,法律应当尊重个人依法作出的选择,凡是法不禁止的,皆为个人的自由范围,这也符合市场经济的内在要求。另一方面,民法的扩张也是维护大众创业、万众创新,激发亿万群众创造活力的有效手段。以所有权制度为例,日本学者石田文次郎在论证所有权的社会意义时曾指出:"人类所造所有权,确可谓人类史上的伟大功业",所有权的确认和保护,直接决定着市场经济的形成和发展,也有效地鼓励了人们投资创业、创造财富。民法的其他制度也发挥了类似的社会作用,这就是为什么要扩张民法适用范围的重要原因。如上文所提到的"抽逃注册资金"行为,一个公司的注册资本与其放在公司中闲置浪费,不能发挥其应有价值,不如将其投入经营中进行利用,这更有利于发挥其价值。如果没有破坏公共利益和社会秩序,不必都作为犯罪处理。民法体现了对个人个性的尊重,即尊重个人的行为自由、意思自由,这从根本上与法律的人文关怀精神是相符合的。还应当看到,民法调整方式体现了对人们私法自治的尊重,即尊重人们的自主决定,这也有利于纠纷的彻底解决。例如,对抽逃资金行为,确实损害了债权人利益时,债权人可以主张赔偿,我国《公司法》已经规定了"揭开公司面纱"制度,债权人可以直接追究股东的责任。再如,对"包二奶"行为,这构成了法定的离婚事由,无过错方可以多获得财产补偿,如果涉及相关的财产纠纷或者侵权损害，完全可以通过民事责任的方式解决，即便行为人真的构成"包二奶"，如果一旦让当事人锒铛入狱，这可能直接涉及其子女的抚养、老人的赡养问题等，一些新的问题也会随之产生，这显然不能达到很好的社会效果。

我们说，民法要扩张，刑法要谦抑，这主要是从立法论上而言的，是立法者在制订刑法时所应秉持这样的立法理念：刑罚的界限应该是内缩的，而不是外张的。但这并不是说，在执法过程中，司法者要畏手畏脚，不敢动用刑罚，只要是依据刑法规定构成犯罪的，都应当受到刑法的制裁，否则就可能构成渎职。所以，从法律适用层面来看，不应当坚持此种原则，司法者应当严格按照法律的规定裁判，而不应当以谦抑性为由，放弃对已经构成犯罪的行为人追究刑事责任。总之，在市场经济中，法律调整应当遵循"凯撒的归凯撒，国王的归国王"的原则，应当由民法进行调整的领域，就不应当盲目扩张刑法的适用。当然，民法和刑法在适用中也应当相互配合、相互衔接，从而充分发挥二者的协调作用。

总体上，当代各国法治的总体特点都是强调人权保障，强调法治的文明，在这样的背景下，一味地依赖甚至迷信重刑，可能会引起新的社会不公正，因为重刑不一定能够有效解决社会纠纷，而且也并不必然有利于维护社会秩序。

从"雷政富案"看人格尊严的保护*

雷政富案件曾引发公众的浓厚兴趣。尽管雷政富已锒铛入狱,但其不雅照还可以在网上轻易搜索到,引发公众的长期关注和讨论。网上一旦点击"雷政富"三个字,就会出现与其相关的不雅照网页。我不清楚,雷政富的家人、亲友是否要求网站删除这些照片,我想,即便他们提出了此种要求,网站也可能不理会。当然,不予删除也并非没有理由,其中一个重要的理由就是,将其照片放在网络上具有一定的反腐示范作用。雷政富本身是个道德败坏的人,让其照片留在网上是对违法行为的应有惩罚,且有助于对腐败分子进行警示。

这种现象给人一种网络游街的感觉。几年前,深圳曾经发生警方将失足妇女游街的事件,雷政富事件与此极为相似,只不过一个发生在现实世界,一个发生在网络世界,但二者都是侵犯个人人格尊严的典型例子。

鲁迅先生说,中国人爱看热闹,其已成为国人劣根性的重要体现,其在《药》中描写道:"于是他背后的人们又须竭力伸长了脖子;有一个瘦子竟至于连嘴都张得很大,像一

---

* 原载《法制晚报》2013 年 8 月 16 日。

条死鲈鱼。"一些网站为了迎合公众爱看热闹的心理,于是喜欢上传一些花边新闻。一些网站不愿意删除此种信息,其目的不过是要增加网站的点击率,但名义上还是要喊出反腐的口号。

将雷政富的不雅照长期挂在网上,是否真正具有反腐的功能,还难以定论。我觉得,网站在重视其反腐功能的同时,却忽视了照片长期挂在网上的副作用。尽管雷政富的行为已经触犯刑律,给其冠上腐败分子的帽子也无可非议,但这并不是说其人格就受到减等,其人格尊严不应受法律保护。人格尊严,是指人作为法律主体应当得到的承认和尊重。人在社会中生存,不仅要维持生命,而且要有尊严地生活。因此,人格尊严是人之为人的基本条件,是人作为社会关系主体的基本前提。康德提出的"人是目的"的思想也成为尊重人格尊严的哲学基础。理性哲学的另一个代表人物黑格尔也认为,现代法的精髓在于:"做一个人,并尊敬他人为人。"① 这一思想已经比较明确地包含了对人格尊严的尊重。人格尊严具有平等性,这就是说,人生来就有自己的尊严,这是人之为人必备的条件,也是人与生俱来的基本权利。保护个人的人格尊严,彰显出人的品性,可以说是现代法治的基本任务。

尊严为每个人固有,不应因个人受到刑事处罚而被剥夺,即便是违法行为人,其人格尊严也应当受到法律的保护。在"雷政富案"中,不应当因雷政富实施了违法犯罪行为而否定其人格尊严。个人的敏感信息,不论是正面信息,还是负面信息,都应当受到法律保护,任何人不得随意披露。因此,将雷政富的不雅照长期挂在网上,既侵害其隐私权,也侵害了其人格尊严。通常我们说某个人是坏人,只是说明其在某

---

① 贺麟:《黑格尔哲学讲演集》,上海人民出版社2011年版,第46页。

一个方面不符合社会行为规范的要求，但这并不意味着，其在所有的方面都存在问题。法律责任应当法定化，就雷政富案件而言，课以其刑事责任已经对其行为作出了制裁，也足以实现反腐的目的；而将其不雅照长期挂在网上，使雷政富本人或者其家人长期受到公众的否定性评价，这既超出了法律责任的目的范围，也超出了反腐的范围，已经构成对雷政富本人及其家人人格尊严的侵害。此外，将雷政富的不雅照长期挂在网上，也会使其家人、亲属长期蒙羞，侵害了其家人和亲属的名誉权等人格权益。

雷政富是一个腐败分子，按照道德标准来评价，他并不是一个好人，但这并不是说，当他做错了一件事之后，就要终身为此背负道德上的负面评价，永远成为网上羞辱的对象。现代刑法的理念主要是为了矫正不法行为，让行为人回归到正常的社会公民角色上来，因此，法律对雷政富本人施加制裁，并不是为了否定其人格，而是为了教育其本人，矫正其行为。雷政富是因为贪污受贿而被判刑，其受到惩罚的主要原因不是生活作风问题，而是其受贿行为。他因为受贿已经受到了惩罚，但没有理由让其再接受一次惩罚。法律上的惩罚不是目的，刑事制裁也不是目的，通过刑事制裁是为了发挥惩戒和教化的作用。如果其已经受到了刑事制裁，又在网上长期保留其不雅照，使其长期受到羞辱，就属于双倍惩罚。此种做法也不利于教育其本人，而且会使其服刑期满后难以尽快回归正常的社会生活。

平等保护每个人的人格尊严是一项基本的宪法原则。宪法确认人格尊严受法律保护，其含义是指每个人的人格尊严都受到法律的平等保护，而没有为此种保护设定任何道德前提。因此，不能以雷政富是坏人为由，而否定其人格尊严。就尊严保护而言，人生而平等，无所谓好人、坏人之分，不能说好人的尊严要保护而坏人的尊严不保护。好人也会做错事，坏人也会变好人，如果只保护好人的尊严，一味否定坏人的人格尊严，最终也可能会伤害好人。例如，"文革"期间，以革命的名义对所谓"牛鬼蛇神"戴高帽、游街示众、剃阴阳头、画大花脸，理由都认为是在惩罚坏人，但最终的结果是误害了好人。只有平等地保护每个人的人格尊严，才符合法治的原则。所以，以雷政富是坏人为由，而将其不雅照长期挂在网上，其实损害的不仅是雷政富本人，更多的是损害了一种人格尊严受法律平等保护的制度，网站可能从中受益，但制度则可能因此受害。

诚然，人格尊严的保护也要受到舆论监督等公共利益的限制，但人格尊严的限制应当限定在合于目的的范围之内，不能任意扩大对当事人人格尊严的限制。即使对雷政富的人格尊严进行限制，也应当做到合目的性：一方面，一些网站披露雷政富的不雅照，目的是为了增加网站的点击量，而不是为了实现公共利益。另一方面，对公众人物隐私权进行限制的方式应当合法，不应当违背公序良俗，而将个人不雅照挂在网络上本身有伤风化，不堪入目。此外，这些照片也存在淫秽色彩，将这些照片长期存留在网上，也会对青少年产生不良影响，甚至导致青少年的模仿行为。网上的这些照片对青少年的潜在危害是不可低估的，对于社会风气也有不利影响。

一个国家要有尊严，民族就必须有尊严；而民族要有尊严，个人必然要有尊严。只有在每个公民的尊严都受到法律保障时，才能谈及个人的幸福、个人的自由。任何一个中国人都有向往和追求美好生活的权利，美好的生活不仅要求丰衣足食，住有所居，老有所养，而且要求活得有尊严。中国梦也是个人尊严梦，是对人民有尊严生活的期许。在今天5亿中国人已经脱贫的情况下，人民最基本的生存权已经得到了维护，在此背景下，我们更应当让每个中国人有尊严地活着，让人格尊严作为基本人权受到法律保障，这也是笔者从雷政富不雅照事件中所得到的一点启示。

网络谣言需要区分治理

2009年曾发生了著名的"艾滋女"网络谣言案。在该案中,被告人杨某以受害人闫德利的名义,在百度贴吧上传文字和图片,捏造闫德利患有艾滋病、被其继父强奸等事实;将闫德利及其大哥手机通讯录上的200余个电话号码在网上公布,称这些号码的机主均为曾与闫德利发生关系的"嫖客",后被告人又向互联网上传了经过加工的淫秽视频。所谓的"性接触者号码"在一夜之间传遍全国各大论坛,这一消息在网上引发轩然大波,也引起了不少人的恐慌。①后来,容城官方终于向记者通报了最新情况:受害人闫德利三检均无艾滋,所谓的"艾滋女"事件纯属被告人杨某造谣所致,容城公安局也就闫德利事件成立专案组,并以涉嫌诽谤罪对杨某进行了刑事拘留。

这个案例说明,在互联网时代,网络谣言已成为一个社会问题。我们所说的网络谣言,是指在网络上散布的谣言,与一般的谣言相比,其传播突破了时间和空间的限制,传播速度极快、范围极广,损害后果也可能更为严重。在这个案例中,关于原告的不实信息借由互联网,迅速在全国范围内

---

① 《"闫德利事件"始作俑者落网》,载《河北日报》2009年10月23日。

广泛传播,并快速发展成为公众事件,给原告的名誉和生活造成了严重损害,虽然事后得到了澄清,但不良后果却难以彻底消除。在网络谣言传播过程中,受信者往往真假难辨,在不知情的情形下转发,则可能使网络谣言瞬间像瘟疫一样扩散。网络谣言的传播成本极低,且由于网络信息独特的"多对多"传播模式,也让网络谣言的传播范围可能随着传播主体数量的增多呈几何级数增长。从结果上看,谣言信息一旦上传到网络,便向全世界传播,其可能被无数次地下载和再传播,最终一发不可收拾。网络谣言的受害人面对铺天盖地的谣言,百口难辩,甚至不知道谣言来自何处,也不知道该如何应对。就像上述"艾滋女"案件中,如果不是公安机关及时澄清谣言,其后果不堪设想。

网络谣言是长在互联网上的"毒瘤",其覆盖面广、影响力大,破坏性、危害性强。社会公众也强烈要求摘掉这颗"毒瘤"。我国执法机关近年来重拳频出,集中处理了一批包括"秦火火""周禄宝""傅学胜""立二拆四"等在内的颇具社会影响力的网络谣言典型案件。司法机关也采取了相关措施,例如,最高人民法院和最高人民检察院联合发布了《关于办理利用信息网络实施诽谤等刑事案件适用法律若干问题的解释》,为网络谣言司法审判工作提供依据。但从该解释来看,其并没有区分网络谣言的不同类型,而主要是依据浏览次数(5000次)和转发次数(500次)作为定罪量刑的标准,尽管为司法实践提供了较大便利,但其科学性和合理性一直受到质疑。

我认为,网络谣言需要区分治理,因为网络谣言是一个笼统的概念,在互联网上出现的谣言纷繁复杂,类型繁多,且因为其侵害的对象、客体不同,造成的损害后果也不尽相同,如果不加区分,对任何谣言一概重拳出击,甚至动用刑法,未必能产生良好的社会效果。马克思主义唯物辩证法的基本观点是具体问题具体分析，这也是马克思主义的活的灵魂，同样，从法律层面来看，法律是调整社会关系的规范，社会关系不同，其所适用的法律规则也应当不同。就网络谣言而言，其性质不同，形态各异，所产生的法律关系也不完全相同，因此，针对不同的法律关系，也应当适用不同的法律规则。实践中，一提到网络谣言，似乎都需要公权力机关主动干预，重拳出击，但事实上，网络谣言所侵害的对象不同，治理方式也应当有所差别。从优化配置执法和司法资源、合理分配监管责任、尊重个人的选择自由、防范公权滥用等方面进行综合考量，也需要区分治理，即根据网络谣言的危害对象，将其划分为危害社会公共利益型谣言和危害私人权益型谣言这两种类型，并分别采取相应的治理措施。这是一种更为合理和可行的治理模式。

一是侵害公益型的网络谣言。此种谣言属于比较典型的网络谣言。损害公共利益型网络谣言主要包括危害国家安全、社会公共秩序以及市场经济秩序的网络谣言。随着网络逐渐成为人们发布和获取信息的主要来源，网络谣言对于公共利益造成的侵蚀和破坏不断扩大。例如，散布"山西要大地震"、"响水化工厂要大爆炸"等网络谣言，极易在社会公众中引发不安情绪，甚至导致社会秩序的混乱，给民众的正常生活秩序乃至国家利益造成重大损害。例如，在前述"艾滋女"案件中，被告人散布的谣言使不少人认为艾滋病病毒已经扩散，引发了民众的恐慌和不安。对于此类谣言，不需要特定受害人提起诉讼，公权力机关可以主动介入，追究行为人的法律责任，不能因特定受害人不愿追究行为人责任而免除行为人的责任。在实践中，侵害私益时可能同时侵害公益。因此，也有人将此类网络谣言称为交叉型的网络谣言。例如，在"艾滋女"谣言案中，被告的行为既侵害了原告的名誉权，也因为散布谣言，危害公共秩序，造成社会恐慌，危害社会秩序稳定。此类谣言也可以归入侵害公益型的网络谣言中。

二是侵害纯私益型的网络谣言。此类网络谣言仅侵害了个人的私权，如行为人发布网络谣言侵害他人名誉、肖像、隐私、个人信息等。由于此类谣言的损害后果不涉及社会公共利益，因此，首先要尊重权利人的选择权，即是否追究行为人的责任，应当由权利人选择，如果权利人不愿意提起诉讼，则应坚持"民不举，官不究"的原则，公权力不应主动介入。如果受害人在诉讼过程中面临一定的技术壁垒，在调查、取证等方面遇到困难，则相关的公权力机关和其他组织应当对受害人提供必要的协助和帮助，如寻找具体的行为人等。在侵害纯私益的情形下，无论是名人，还是普通百姓，都可能成为此类网络谣言的受害者，名人"躺着中枪"的事例比比皆是，而普通百姓也深受其害，所以，不能说网络谣言只针对名人，不针对一般人。问题在于，我们是否有必要针对不同的受害人适用不同的法律规则呢？我认为，除非针对名人的侵害已经导致社会公共利益受到损害，否则仍应当将此类谣言归入侵害私益型的网络谣言。鉴于此类网络谣言的最大受害者主要是受害人本人，因此我认为，在治理此类网络谣言时，应充分尊重受害人的自主自愿，鼓励其采取民事诉讼的方式，对网络谣言行为人的法律责任进行追究，并通过加大损害赔偿力度，必要时甚至采用惩罚性赔偿等方式，以遏制网络谣言行为的泛滥。在一般情况下，除非损害后果十分严重，否则公权应尽量保持克制态度，不随意动用行政或刑事责任的处理方式。

在互联网时代，网络谣言的社会危害是巨大的，但网络谣言侵害的权利客体不同，对其进行区分治理，具有重要的现实意义：

——合理分配监管资源和监管义务。如果网络谣言仅侵害个人利益，并不危及公共利益，在此情形下，公权力不应当主动介入。政府应该是规则的制定者，在没有危及公共利益情形下，政府不应该也不宜过多介入私人利益之间的纠纷，从而防止公权力的滥用。无论是公权力机关还是网络服务提供者，想要凭借一己之力对所有违法信息进行监管，都无异于一种"致命的自负"。公权力机关的资源也是有限的，不应浪费在不必要的介入行为中。所以，对侵害纯私益型的网络谣言而言，公权力机关不应当过度介入，这也有利于节省公权力资源，提高行政效率。

——有利于公权力机关集中资源治理侵害公益型的网络谣言。互联网时代，自媒体的发展，使每个人都可以借助于互联网论坛、博客、微博、微信等，成为信息的发布者和传播者。每个人都可以对许多人和事予以评价，在浩如烟海的评价信息中，也不乏不当言论和不实之词。即便发生纠纷，针对相关的仅涉及私人利益的不实评价，如果一概由公权力机关处理，确定是否属于网络谣言，是否应当追究相关行为人的责任，势必难以应付，其结果也会导致那些真正对社会公众造成巨大威胁的网络谣言被置之不理。而区分治理则有利于调动多方力量参与网络谣言的治理，即通过监管义务的合理分配，充分发挥网络服务提供者、网络用户以及行业协会等多方力量在网络谣言治理中的作用，形成对网络违法信息的多层次治理体系。这也有利于节省公权力资源，使公权力资源集中用于治理侵害公益型的网络谣言上，稳准狠地打击侵害公益型的网络谣言，真正实现网络谣言的有效治理。

——尊重民事主体的私权。许多网络谣言并没有侵害公权，也未损害社会公共利益，而仅指向特定的个人，仅侵害个人人格权。例如，行为人在其个人博客上发布不实信息，损害他人名誉，如果受害人不愿意起诉,则原则上应遵循"不告不理"的原则,公权力不应当主动介入。然而,由于我国的私权文化不发达,私法自治的理念也未获得重视,以至于一些受害人动辄要求公权力介入,本来是平等主体之间的民事纠纷,便因此转化为治安案件甚至刑事案件。另外,一些执法机关仍然存在着"民行不分"、"民刑不分"的观念,这也造成了公权力机关的错位。因此,通过对网络谣言进行区分,不仅有利于公权力机关正确行使权力,也有利于充分尊重私权,尊重私法自治。

摘除网络谣言这颗"毒瘤"、净化网络环境,是全社会的共同期盼。但治理网络谣言仅仅靠执法部门和司法机关重拳出击、严厉打击,仍然是不够的,需要靠全社会共同参与、协同治理。在这一过程中,区分不同性质的网络谣言,鼓励受害人勇敢地站出来,对侵害其合法权益的网络谣言发布者、散布者主张权利,也不失为一种有效的治理方式。

死者也有人格尊严

著名青年歌手姚贝娜于 2015 年 1 月 16 日因乳腺癌复发病逝。当天下午，其生前签约公司华谊音乐声明，某晚报记者伪装成医生助理，未经姚贝娜家属同意偷拍姚贝娜遗体。这则消息在网上公布后，引起舆论哗然。随后，华谊音乐又发表声明，称将把收集的证据和资料提交给有关机关，并要求对某晚报相关负责人及相关医务人员进行严肃处理，还将对某晚报及某医生保留法律追诉的权利。1 月 18 日凌晨，某晚报就偷拍姚贝娜遗体行为公开道歉，后来，姚贝娜的家属接受了道歉，此事就此了结。

看到这一事件，不禁让我想起百余年前发生在德国的"俾斯麦遗容案"。在这一著名案件中，两名记者未经许可偷拍了"铁血宰相"俾斯麦的遗容，准备高价出售。俾斯麦的子女请求被告返还、销毁照片。法院最后支持了原告的请求，判决行为人依据不当得利的规定返还照片。受此案的影响，德国于 1907 年颁行了《艺术著作权法》，该法第 22 条、第 23 条对肖像权作出了规定，肖像权作为一项独立的人格权受到法律的确认与保护。

这两起事例的经过极其相似。"姚贝娜事件"并没有引发诉讼，最终以姚贝娜家属接受道歉了结，而"俾斯麦遗容案"则引发了诉讼,并通过艰难诉讼最终以返还、销毁照片而结案。但它们都涉及死者人格尊严、人格利益是否应当受到保护的问题。

首先要确定的是,自然人死亡后,其权利能力终止,在客观上无法享有人格权,赋予死者人格权没有实际意义,但这不意味着没有必要保护死者的人格利益和人格尊严,之所以如此,是因为死者的人格尊严和人格利益在法律上仍然是一种法益,有保护的客观需要。

具体说来,死者的人格尊严应受法律保护。一是要保护生者对死者追思怀念的情感利益。因为追念前贤,感念先人,是为了激励生者和后人。若不保护死者的人格尊严,不仅会导致死者近亲属的利益受损,破坏其追思之情(而这正是社会人伦的体现),还意味着在世的生者也将面对死后不受保护的尴尬。正如康德所言:"他的后代和后继者——不管是他的亲属或不相识的人——都有资格去维护他的好名声,好像维护自己的权利一样。理由是,这些没有证实的谴责威胁到所有人,他们死后也会遭到同样地对待的危险。"① 死者的人格尊严与近亲属的情感和尊严密切相关。在上述两个事例中,死者近亲属正处于悲痛之中,媒体记者对死者的遗体进行偷拍,显然会刺激死者近亲属的情感,如果还将死者的照片公之于世,其近亲属的感情将会受到更大的刺激。因此,侵害死者的人格尊严,往往也侵害其近亲属的人格利益,蔑视了近亲属对死者的追念之情,应被法律所制止。

二是维护社会公共道德。尊重死者的人格尊严就是维护社会公共道德,而漠视死者的人格尊严,则可能危害社会公共道德。我国古人早已认识到这一点,如曾子云:"慎终追远,民德归厚矣"(《论语·学

---

① 〔德〕康德:《法的形而上学原理——权利的科学》,沈叔平译,商务印书馆1991年版,第120页。

而》)。可以说，保护死者的人格尊严，实际是保护生者对良好道德的追求，提倡人们尊重良好的道德风尚。如果一个人死后的正当名声不受到保护，则意味着法律不鼓励人们生前追求正面的名声，这显然会导致人们的价值观、荣辱观、道德观遭到扭曲。如果法律不鼓励人们在生前从事正当的行为，则可能引发严重的道德风险，社会利益将受到极大损害，同时也不利于社会秩序的稳定。

三是通过对生者情感利益的保护，实际上间接保护了死者的人格尊严。俗话说，"雁过留声，人过留名"。许多人生前为社会作出贡献，甚至为了民族、社会的利益而献身，即便不是为了青史留名，也不希望受后人指责甚至唾弃。从这一意义上说，死者的人格尊严其实是死者生前所追求的正当利益，保护死者的人格尊严，既是对所有生者的尊重，也是对死者的尊重。

从我国现行法的规定来看，保护死者的人格尊严确有法律依据。《民法通则》第5条规定："合法的民事权益受法律保护。"此处权益就涵盖了死者的人格尊严。《侵权责任法》第2条第2款规定："本法所称民事权益，包括生命权、健康权、姓名权、名誉权、荣誉权、肖像权、隐私权、婚姻自主权、监护权、所有权、用益物权、担保物权、著作权、专利权、商标专用权、发现权、股权、继承权等人身、财产权益。"死者的人格利益属于该条规定的"人身、财产权益"范畴。早在20世纪80年代初，最高人民法院就在"荷花女案"中确立了对死者人格利益的保护，此后相关的司法解释中也继承和发展了这一理念，继续保护死者的人格尊严。

不过，由于死者人格尊严的内涵相对不确定，为了避免不当扩大其范围而使行为人的行为自由受到不当限制，应从以下两个方面对死者人格利益的保护予以规范：一是侵犯死者人格尊严的侵权责任构成要件应具有严格性。对此，应参照最高人民法院《关于确定民事侵权精神损害赔偿责任若干问题的解释》第3条的规定，要求侵犯死者人格尊严的方式应以"非法"或"违反社会公共利益、社会公德"为必要。二是对死者人格尊严的保护应有期限性。因为如果死者死亡的年代过于久远，则可能难以对其进行保护。我国台湾地区曾发生著名的"诽韩案"，在该案中，有人撰文认为韩愈"曾在潮州染风流病，以致体力过度消耗"，其第39代孙（即该案原告）以"孝思忆念"为由提起了"名誉毁损"之诉，法院未予支持。法院不支持的理由主要在于，由于年代久远，韩愈的39代孙不具备诉讼主体资格，这也反映了死者人格尊严保护应有期限性的特点。

还要看到，无论在姚贝娜事件还是在俾斯麦遗容案中，死者人格尊严保护与新闻媒体报道自由均有明显的冲突，如何解决这一冲突？我认为，新闻媒体报道自由是保障公众了解政府事务、社会事务等公共事务的一种方式，也是发挥新闻舆论监督的重要方式。但新闻自由并非没有限制，在涉及对个人（生者或死者）的报道时，应当充分尊重与保护个人的人格利益和人格尊严。按照民法人文关怀的理念，以人为本是一种基本的价值取向，它强调尊重人类的价值和人性发展的需要。以人为本，意味着任何个人都应享有作为人的权利，对任何个人的权利和正当利益都应给予合理的尊重，并给予人性化的考虑和关怀。因此，当新闻报道自由和个人人格利益发生冲突时，应该优先保护个人的人格利益。把这个结论放在上述两个事例中，我认为，就应当优先保护死者的人格尊严。

要求新闻媒体报道时应当尊重死者的人格尊严，除了需要法律的明确规制外，还需要媒体自律，对此，我们应予高度关注。在互联网时代，如何制定相应的规范，约束新闻从业者的道德行为，维持正常的新闻报道秩序，防范新闻道德失范行为，成为现代社会发展过程中的一个重要课题。新闻媒体之所以需要自律，一方面是因为现代新闻媒体肩负着引导舆论、传播知识、提供娱乐等多种功能，媒体对社会公众的行为和观念具有重要的引导作用，新闻媒体报道一旦失范，就可能产生多方面的不利影响。媒体只有依法自律，才能充分发挥其应有的社会作用。因此，新闻媒体在报道相关的新闻事件时，不能纯粹为了获得新闻信息而侵害他人的合法权益。另一方面，新闻媒体加强自律也是新闻媒体从业人员职业道德的基本要求。在新闻报道过程中，新闻媒体记者的行为应当以服务社会公众的知情权为宗旨，而不能为了获得新闻轰动效应、经济利益做有违职业道德的行为。在姚贝娜事件中，相关的记者为了抢到最新的信息，偷拍他人遗体，造成死者近亲属精神痛苦，显然有违记者的职业道德。

行政机关不应享有名誉权

山东省兖州市公安局在其微博中晒出一个"网络侮辱他人被拘"的案例：称2014年5月4日，该市一名21岁的网友曹某因违法停车被贴罚单，不满处罚跑到百度贴吧匿名发帖公然侮辱人民警察，但很快被网警识别，并被处以依法行政拘留3日。兖州公安提醒广大网友，"法网恢恢，疏而不漏，不要以为在网上匿名随便说说就没什么大不了的"。①

后经媒体调查，披露了这条命名为"网络侮辱他人被拘"的微博所描述的事情真相：2014年5月4日，21岁的兖州当地人曹某因违法停车被贴罚单，后在百度兖州贴吧上发帖称"兖州交警真孬种"。兖州公安认为，这一行为"公然对人民警察进行侮辱，造成了恶劣的社会影响"，并称曹某已被依法行政拘留3日。该微博迅速被网友围观，引发热议，兖州公安的行为也受到网民的批评，认为这是滥用公权力。5月14日晚，兖州市公安局官方微博@兖州公安发布微博，就昨日网友贴吧骂"交警真孬种"被行拘3日一事致歉，并撤销对当事人的行政拘留处罚。

---

① 参见《骂警察一句"真孬种" 一小伙被拘留3天》，载《北京晚报》2014年5月14日。

类似的案件在过去也曾经发生过，比较典型的是，2009年在上海打工的河南青年王帅因在网上发贴批评家乡政府，遭到灵宝市公安局跨省缉捕。河南省灵宝市公安局已经认定"王帅发帖诽谤案"为错案，灵宝市政府还派专人赴上海向当事人王帅道歉，并就其被错误拘留8天给予了783.93元的国家赔偿。

在刑事领域，由于实行罪刑法定原则，诽谤罪的侵害对象只能是自然人，诽谤法人不构成犯罪，不承担刑事责任，政府更不应该动用公权力对公民的不当言论进行刑事处罚。在民事领域，该案涉及包括公安机关在内的行政机关是否享有名誉权的问题。我国《民法通则》第101条规定："公民、法人享有名誉权，公民的人格尊严受法律保护，禁止用侮辱、诽谤等方式损害公民、法人的名誉。"可见，我国民法是承认法人享有名誉等特定的人格权的，但该条文能否适用于政府机关？换言之，享有公权力的政府机关是否享有名誉权？从比较法上看，一些国家的判例学说对此持否定态度，并确认了这样的原则，即对于诽谤国家机关和地方政府的情形，如果对该国家机关或者地方政府提供私法上的救济，将违背公共利益，因为一个通过民主程序选举出的政府，必须无限制地接受社会公众的批评。① 但我国现行法律对此并无明文规定，学界也尚未就该问题达成共识。一般认为，虽然我国现行法律承认法人享有名誉权，但国家机关作为公权力机关，具有特殊性，不应当享有名誉权。笔者赞成这一说法。为什么行政机关不应当享有名誉权呢？主要有以下理由：

一是不利于公众对行政机关行使权力的行为进行监督。权力不可任

---

① 参见〔德〕冯·巴尔：《欧洲比较侵权行为法》（下卷），张新宝译，法律出版社2004年版，第151页。

性，行政机关行使公权力的行为应当受到监督。根据十八届四中全会的要求，要进一步加强对依法履行职权的监督，贯彻落实政府权力清单制度，健全依法决策机制，保障行政决策的科学性和合规性。政府依法行政要求政府依法履行职责，最终就是为了将公权力装进制度的笼子里，让人民有效地监督政府，最大限度地消减公权力运行的副作用，使公权力的行使最终造福于国家与人民。所以，要求政府的一切行为必须要有法律依据，实际上也是对人民民主原则的贯彻。通过法律对公权力进行规范和约束，才能真正保障私权利。在此意义上，法治要从根本上约束和限制公权力，为公权力套上"紧箍咒"。一个成熟的法治社会，不仅要约束老百姓，更要约束官吏。而人民群众依据宪法、法律监督政府，也是对公权力进行监督的重要机制，因为这一原因，对政府的正当批评不应当被认定为侵害政府机关的名誉权。在上述案例中，曹某仅在百度兖州贴吧上发帖说了一句"兖州交警真孬种"，就被兖州公安行政拘留。如果这样的话，社会公众将无法对行政机关的执法行为进行监督。长此以往，社会将形成"寒蝉效应"，那些明知道政府机关错误行为的公民，因为担心打击报复而不敢发声。任何公民在网上批评行政机关办事效率低下、无能，都很可能身陷囹圄，这既不利于对行政机关行使权力的行为进行监督，也不利于行政机关提高工作效率，纠正工作中的错误。

二是不利于维护言论自由。政府所享有的行政权具有强制性、单方性、主动性、扩张性等特点，一旦失去了约束，将严重威胁甚至损害处于弱势一方的公民的合法权益，妨碍社会和谐有序。名誉权的内涵较为宽泛，有学者甚至认为，名誉权在我国司法实践中甚至像一个"箩筐"，什么案件都可以往里装。社会公众对政府行为的评价达到何种程度才构成侵害行政机关的名誉权，并没有明确的判断标准，如果认可行政机关享有名誉权，政府享有行政执法权、处罚权，可以在执法中自行认定公民的行为是否侵害其名誉权，并直接予以处罚，而不需要进行司法审查，则公民的言论自由将岌岌可危。例如，在该案中，如果肯定兖州公安行政处罚行为的合理性，则社会公众将无法自由对行政机关的行为进行评价，尤其是这种权力如果被滥用，很可能成为个别行政机关工作人员滥用职权打击报复的工具。当然，言论自由不是绝对的，社会公众的言论自由也会受到限制。从国外经验看，英美法厘清言论自由的界限，一般采用"真实恶意"原则来判断是否构成侵权。"真实恶意"原则是指媒体在批评政府的时候，需要具有"真实恶意"的要件，即必须明知自己所发布或传播的消息是"虚假的"，或对该消息的真伪"毫不顾及"，才承担侵权责任。例如，在网上散布网络谣言，危害公共利益和公共安全，也应依法受到制裁。但正当的批评显然不构成侵权。

三是不存在保护行政机关名誉权的必要性。名誉权最初产生的目的是为了保护自然人的人格尊严和人格自由，使其个人价值和尊严不受来自他人，包括来自政府的侵害。但后来逐渐演化到对企业的保护，企业的名誉权与企业的有序发展和经济利益密切相关，法人的名誉是指对其经济活动、生产经营成果等方面的社会评价。它是在法人的整个活动中逐渐形成的，是社会对法人的信用、生产经营能力、生产水平、资产状况、活动成果、贡献等因素的综合评价。公开毁损企业的名誉，可能会使该企业遭受重大经济损失，因此，有必要通过名誉权对企业法人进行保护。当然，法律对法人名誉权进行保护，也主要针对竞争者的商业诽谤行为，至于消费者个人对于经营者的批评，实务上一般持容忍态度。对行政机关而言，其不应当享有名誉权，公民批评政府机关一般不会使政府机关遭受经济损失，因为政府机关并不从事市场交易活动。事实上,政府的信誉主要是靠政府自身依法、高效行政,惠民利民而建立起来的。通常而言,如果行政机关能够自觉接受社会公众的监督和批评,不仅不会降低行政机关的信誉,而且有利于提高其信誉。当然,如果某人造谣惑众,已经损害公共利益,自然可以通过其他途径对该行为进行追责,而没有必要通过肯定政府机关名誉权的方式对该行为进行规制。在该案中,虽然曹某骂"孬种"的行为不妥,但曹某在网上发布该信息后,并未损害社会公共利益,并未使兖州公安在民众中的形象严重受损,兖州公安也有机会通过正常渠道澄清事实,维护自身名誉,在客观上也没有对其名誉权进行保护的必要。

在名誉权保护的理论中有所谓"公众人物"的限制规则。公众人物(public figure)是指在社会生活中具有一定知名度的人,例如政府官员、文体明星、知名学者等,其名誉、隐私等人格权在保护上受到一定程度的限制。公众人物的概念起源于 1964 年沙利文诉《纽约时报》案,之所以对公众人物的名誉权降低保护水准,是因为公众人物身上具有较强的公共利益,并且具有较为便利的沟通公关能力。我国在司法实践中已承认公众人物的概念。例如,2002 年的范志毅诉文汇新民联合报业集团名誉侵权案中,上海市静安区法院判决范志毅败诉,因为"即使原告认为争议的报道点名道姓称其涉嫌赌球有损其名誉,但作为公众人物的原告,对媒体在行使正当舆论监督的过程中,可能造成的轻微损害应当予以容忍与理解。"① 政府机关虽然不是严格意义上的"公众人物",但是应当参照适用"公众人物"的规则,因为政府行为具有一定的公共属性,应该接受公众的监督和批评。政府机关在面对公民的不当批评时,

---

① 参见《媒体舆论监督并无不当"赌球案"范志毅一审败诉》,载《法制日报》2002 年 12 月 19 日。

没必要动用公权力追责,也没必要提起名誉权诉讼,政府机构拥有接近媒体的便利,完全可以通过召开新闻发布会等形式澄清事实,解除公众的疑惑。

另外,行政机关不应享有名誉权,也因为名誉权本身具有宽泛性。《墨子经》记:"誉名美也。"《辞海》上解释说:"名为命名,誉为美誉,有令名始获美誉,因谓令名曰名誉。"凡是妨碍他人美誉的行为,均可认为是损害名誉权。针对政府机关的美誉而言,其内涵是很宽泛的,任何公开批评,只要是对政府机关不利,只要有损政府机关的美誉,都可能被解释为侵害政府机关名誉权。如此一来,大量的公众舆论监督行为都可能被认定为侵害政府机关的名誉权。更何况,判断某行为是否侵害政府机关的名誉权,并不是由司法机关进行判断的,而是由行政机关自己进行认定的,这也会使得行政机关名誉权的认定更为宽泛和随意。

但需要指出的是,不承认行政机关的名誉权并不意味着公民可以随意辱骂行政机关的某个工作人员,否则有可能侵害该工作人员的名誉权。虽然说行政机关不享有名誉权,但行政机关工作人员的名誉权仍应当受到法律保护。要构成侵害该工作人员的名誉权,要求公民的辱骂行为必须是针对特定的工作人员,如果只是泛泛地对行政机关工作人员进行评价,而没有指向特定的个人,则不应当构成侵权。在该案中,曹某所骂的是"兖州公安",而不是针对兖州公安部门特定的工作人员,不应当构成侵权。再如,某人在网上捏造事实,称某个警察行贿受贿,或有其他违法行为,则公民的行为已经指向了特定的国家机关工作人员,应当构成对该工作人员名誉权的侵害。在公民辱骂行政机关的特定工作人员时,可能构成对该特定工作人员名誉权的侵害,此时,该行政机关工作人员有权请求行为人承担侵害名誉权的责任，当然，此种责任一般是民事责任，不应当通过行政拘留等方式实现。

我们说行政机关不应享有名誉权，并非要纵容社会上辱骂、攻击行政机关的行为。在发生此种情况后，如果确有必要回应的，则应当积极澄清事实，予以回应。而辱骂、攻击行政机关的行为，如果严重危害公共利益，触犯刑法，则应当交由检察院提起公诉。如果触犯了其他法律，则应当依据其他法律处理，而不必借助于赋予行政机关名誉权的方式予以规范。

谈谈集体经济组织成员权

多年前，我曾经接待过一个从农村来的上访者，他上访的原因是，其村子里有一块土地被政府征收，政府发放了一笔补偿款，但这个补偿款在分发给村民时，村民发现村长和村支书都虚报了自己因征收而遭受的损失，如树木、承包地的面积等，从而多给自己分配了一笔补偿款。村民因此向法院起诉，请求撤销该补偿款分配方案，维护集体经济组织的合法权益，同时也维护他们自身的合法权益。但法院提出，既然是维护集体经济组织的合法权益，就应当由集体经济组织出具证明，几个村民无法代表集体经济组织，但村里面的公章又在村长手中，村民拿不出来，因此，这几个村民无法证明他们能够代表集体经济组织，法院也因此拒绝受理该案。

这个案件实际上涉及集体经济组织成员权的行使和保护问题。长期以来，如何界定集体经济组织财产权的权利主体？谁能够代表集体？法律对此的规定并不清晰。尤其是由于集体所有权形态与成员个人权利与利益之间并没有形成密切的联系，每个集体成员无论是在法律上还是在现实中，都不可能是集体所有权的主体，也不可能根据一定份额对集体财产享有权益。在集体财产遭受损失时，单个的成员也无法代表集体经济组织主张权利，久而久之，在许多集体财产造成严重损失、浪费的情形下，都无人过问，这就可能造成集体组织财产"人人有份、人人无份"，"谁都应负责、谁都不负责"的状况。因为这一原因，《物权法》第59条确认了农民集体所有的不动产和动产属于本集体成员集体所有，第一次提出了集体经济组织成员权的概念，并对成员权遭受侵害的情况规定了相应的救济措施。

所谓成员权，是指集体经济组织成员依据法律和章程，对集体经济组织财产权的行使和其他重大事务处理所享有的管理权，以及收益分配权等权利。换言之，是指农村集体经济组织的成员就集体财产以及集体经济组织中的其他事项所享有的管理、使用、收益等各项权利。集体组织成员权是依据法律和章程的规定所享有的，成员权与集体所有权密切相关，没有集体所有权就没有集体成员权，二者是辩证统一的。成员权的享有基础就是集体成员的资格。它类似于建筑物区分所有中的共同管理权，是一种财产及身份要素合二为一的权利类型：一方面，成员权具有财产权的属性，其内容是对财产的支配、管理和收益分配的权利。另一方面，成员权具有人身权的属性，只有成为该组织的成员才享有该权利。成员权只可以随成员资格的移转而移转，一般不能继承和转让，更不能够被强制执行。

从制度设计的目的来看，《物权法》上"成员集体所有"的表述主要是为保护农民利益提供制度基础，回应了我国社会实践中的突出问题，它是一项完善集体所有权的重要制度设计。从当前的实践来看，集体土地在征收过程中，农民利益未能得到充分保护，补偿标准过低、补偿不到位、暴力拆迁、不文明拆迁等现象时有发生。许多群体性事件都与征收补偿中农民利益保护不足有关。自集体所有的土地制度形成以来,也逐渐出现了集体所有权主体抽象和农民权利弱化的现象。尤其是在土地征收中,农民不能成为被征收人,其合法权益不能得到充分保护。而通过成员权制度的设计,就可以将农民作为被征收人来对待,充分保障其权益。具体来说,主要体现在如下方面:一是农民能够直接参与征收的过程,享有知情权等权利。在拟定集体土地的征收补偿方案时,政府要征求农民的意见,也就是征求被征收人的意见。二是农民能够参与征收补偿的谈判协商。因为农民享有成员权,因此,其可以作为被征收人直接参与征收补偿的谈判,充分地表达其诉求。三是农民享有获得充分补偿的权利。农民基于其成员权,享有请求分配补偿款的权利,可有效避免补偿款被侵占、挪用等问题。四是获得救济的权利。在集体土地被征收的过程中,被征收人对于征收决定、补偿决定不服的,可以申请行政复议,也可以提起行政诉讼。而农民享有成员权,就可以直接以被征收人的身份,申请行政复议或提起诉讼,要求撤销相关的征收补偿决定。

在上述例子中,集体经济组织的土地属于集体所有,村民并不享有所有权,但村民对集体经济组织的土地及其他财产享有成员权,作为农村集体组织的成员,有权依照法律或章程的规定,分享集体财产所产生的收益。处分集体经济组织的财产应当得到集体经济组织成员的同意,在土地被征收的情形下,相应土地补偿款的分配方案也应当得到集体经济组织成员的同意,依据《物权法》第 59 条第 2 款的规定,土地补偿费等费用的使用、分配办法应当依照法定程序经本集体成员决定。然而,在该案中,村长和村支书在确定土地补偿款的分配方案时,并没有依据法定程序经集体经济组织成员同意,显然有违《物权法》的上述规定。

除在法律上确定集体经济组织成员的成员权及其行使范围以外，《物权法》还对成员权受到侵害时的补救方式作出了规定。依据《物权法》第63条第2款的规定，如果集体经济组织、村民委员会或者其负责人作出的决定侵害集体成员合法权益，则受侵害的集体成员可以请求人民法院撤销该决定。因此，在上例中，村长与村支书通过征收补偿款获得了不当利益，侵害了集体经济组织成员权，在此情况下，村民有权依据《物权法》的上述规定请求撤销该补偿款分配方案。

在此需要讨论的是，在前述案例中，法院不受理村民的请求是否妥当？我认为，如果村民是为了维护集体经济组织的权利而提起诉讼，则村民在提起诉讼时应当提供集体经济组织的公章或者证明，否则无法代表集体经济组织提起诉讼，在此情况下，法院不受理村民的诉讼请求具有一定的合理性。但问题在于，在该案中，村长和村支书的行为侵害的是集体经济组织的成员权，而非集体经济组织的权利，在此情形下，村民是为了维护自身的合法权益而提起诉讼。不过，应当结合多种因素判断某一行为是否侵害了集体经济组织成员权。例如，某个负责人决定将征地款只在部分人之间发放，从而导致另一部分成员的合法权益遭受损害。再如，决定将承包地进行调整，导致被调整的人的权益受到侵害。在此情形下，请求撤销的村民应当证明，集体经济组织、村民委员会或者负责人作出的决定使其遭受了损害，而且其损害和决定之间存在因果联系。在前述案例中，村长和村支书的行为侵害了其他村民获得土地征收补偿款的权利，侵害了其他村民的成员权，只要村民能够证明自己的成员权受到侵害，就可以以自己权利受到侵害为由，请求撤销该土地补偿款的分配方案，而不必以集体经济组织的名义提起诉讼。因此，法院驳回村民的起诉是没有道理的。

法律应尽量保障见义勇为者权益*

据媒体报道，在山东招远的一个麦当劳餐厅，六名凶手殴打一名女子，并致其死亡，现场至少有六名目击者，虽然有人打电话报警，但无人伸出援手、直接阻止行凶以挽救被害人的生命。

这一起悲剧再次引人深思，中国为什么缺少见义勇为者？为什么人们不敢"路见不平一声吼，该出手时就出手"？也许，可以把原因归于"各人自扫门前雪，休管他人瓦上霜"的少管闲事心态。林语堂在《中国人的冷漠》中就点出了这一心态，中国母亲对儿子的临别嘱咐往往是"少管闲事"，因为社会情况纷繁复杂，暗藏各种危机，这对管得太多的人而言，始终是一种潜在的威胁。鲁迅先生在《经验》一文中说，中国人有看热闹的习惯，"在中国，尤其是在都市里，倘使路上有暴病倒地，或翻车摔伤的人，路人围观或甚至高兴的人尽有，有肯伸手来扶助一下的人却是极少的"。19世纪曾游历中国的美国传教士阿瑟·史密斯也认为中国人缺乏同情心，"中国人对别人所受的痛苦所表现出来

---

* 原载《法制日报》2014年7月2日。

的冷漠,任何别的国家都无法望其项背"。① 有人更进一步把这种心态归为儒家学说的价值体系中缺乏对陌生人的关照。

然而,这种看法并不妥当。因为儒学的核心理念是"仁爱",强调对他人的关爱、保护,提倡仁者爱人、与人为善,刚好与少管闲事的说法相反。在这种价值体系中,人在五常之首,既强调普遍人性道德,如"仁者人也,亲亲为大","无恻隐之心,非人也",又提倡更高层次的内在修行,如"老吾老以及人之老,幼吾幼以及人之幼","舍己从人","出入相友、守望相助"。可以说,这种爱人助人的人文精神一直是我国传统文化所弘扬的美德。不仅如此,我国民间历来推崇积善成德,善有善报,"扶贫济困"、"慈悲为怀"的事迹也广为流传。故而,在招远事件发生后,不少人感慨人心不古、世风日下。

那么,招远事件所反映出的少管闲事的心理状态的真实原因究竟是什么呢?我认为,社会转型应是一个较好的回答。改革开放三十多年来,我们的社会经历了从熟人社会向陌生人社会的转化,从农业社会向工业社会的转化,这样的社会转型既增加了人与人之间距离,也增加了人们相互间的不信任感,主要表现在对他人事务的冷漠。尤其是在市场经济大潮的冲击下,人们在选择过程中往往夹带着利益的判断,为了明哲保身,少管闲事当然就成了常见的选择,许多人为了避免自身遭受讹诈或人身、财产损失等,就不愿冒险救助他人。

除了上述的社会原因,制度层面的原因也不容忽视,即法律还没有充分发挥其奖励、鼓励互助行为的功能,没有积极地从正面引导和鼓励见义勇为。诚然,从道义上来说,每个公民都应见义勇为,但从事这种

---

① 参见〔美〕阿瑟·史密斯:《中国人的性情》,晓敏译,中国法制出版社2014年版,第167页。

行为毕竟负有风险，可能会付出一定的代价，法律不可能强求公民必须要这样做，因为法律所规定的义务必须是一般公民应该能够做到的，而见义勇为并不是每个公民都能够做得到的。也就是说，法律无法强制规定每个人都有见义勇为的义务，公民未能见义勇为，法律也不能对其进行惩罚。这样讲，并不意味着法律在见义勇为上毫无用武之地，它其实能发挥鼓励、引导见义勇为行为的作用。放眼国外，也能看到为数不少的见义勇为法律规范。举例来看，在英美法中，历来奉行不管闲事的原则，这一原则在美国法中称为"禁止好管闲事"原则。但现在美国各个州都有《好撒玛利亚人法（Law of Good Samaritans）》，可译为《见义勇为法》，即通过法律规定见义勇为作为公民的法定义务。例如，明尼苏达州的法律规定：在紧急事件现场者，若知道他人将遭受或已经遭受严重的身体伤害，在不给其自身或他人造成危险的情况下，该人应向受害人提供合理的救助。德国刑法甚至规定在他人发生危险时，在特定情形下，个人有实施救助的义务，否则可能因此承担法律责任。

从我国的相关法律规定来说，我国法律在涉及见义勇为方面并非一片空白。例如，我国《民法通则》规定了无因管理制度，见义勇为也是一种无因管理，见义勇为者是债权人，其从事无因管理所支付的费用有权要求被管理人支付，被管理人则有权向侵权人追偿。我国一些地方还制定了对见义勇为者的奖励办法，如《北京市见义勇为人员奖励和保护条例》《上海市见义勇为人员奖励和保护办法》《广东省见义勇为人员奖励和保障规定》等，有的地方还规定救人不当可以减轻责任，这些现实的经验做法也表明，通过法律来鼓励见义勇为行为，具有实践正当性。这实际表明，人们虽然有选择其行为的自由，但法律应当发挥其鼓励人们择善而行的功能。从我国的现实出发，虽然法律不可能课以个人见义勇为的义务,也没有必要作出此种规定,但法律在鼓励人们择善而从方面仍应发挥一定的作用。如前所述,由于长期受到儒家思想学说的影响,我国历来有助人为乐的文化传统,在他人遭受危险时,只要能够免除人们见义勇为的后顾之忧,免除或者减轻其造成他人损害的责任,并且有效填补见义勇为行为人因实施见义勇为行为而遭受的损害,则大多数人应该会愿意实施见义勇为。可以说,在法律中突出对见义勇为行为的正面引导,与我国的传统文化完全相融。不过,在鼓励见义勇为行为方面,我国的法律存在不太明晰和不够完善之处,如没有突出对见义勇为者的责任豁免和损害救助,从而无法有效地激励人们乐于实施见义勇为行为。

因此,法律应当尽量保障见义勇为者的合法权益,免除其后顾之忧,即如果见义勇为者因保护他人人身、财产利益而遭受损害时,法律应当为见义勇为者提供充分的救济,免除其后顾之忧。从我国《侵权责任法》的规定来看,如果见义勇为者因实施见义勇为行为而遭受损害的,原则上应当由侵权人承担责任,见义勇为者无法从侵权人处获得救济的,则应当由受益人给予适当补偿,这可能无法对见义勇为者提供充分的救济。《侵权责任法》虽然规定了安全保障义务,但其适用范围受到严格限制,仅适用于公共场所和公共活动的管理人与组织者,应当适当扩大其适用范围,从而在某人应当负有见义勇为的义务却袖手旁观时,受害人或其他见义勇为者有权请求其承担侵权损害赔偿责任。这也体现了对见义勇为者的保护。为了充分鼓励见义勇为,还应在总结和提取既有经验的基础上,给予见义勇为者以物质奖励和制度保障。此外,在适用法律时,法官也应当积极运用法律解释方法、举证责任分配等工具,如合理分配当事人之间的举证责任、适当减轻见义勇为行为人的举证负担等，起到鼓励见义勇为行为的作用。此外，我们还应当建立见义勇为基金，为那些遭受巨大的财产损失或人身损害的见义勇为者加以补偿。

如果上述问题解决了，见义勇为者的权益得到法律的充分保障，就会免除其后顾之忧，那么像招远事件再发生时，旁观的群众就敢于出手见义勇为，从而阻止惨案的发生。

负面清单管理模式的优越性*

中国（上海）自由贸易试验区率先在外商投资的准入领域实行负面清单制度，将原来的正面清单管理模式转变成"非禁即入"的负面清单管理模式，中国（上海）自由贸易试验区在外商投资准入领域实行的负面清单制度，符合"法不禁止即自由"的法治理念，从而有利于充分发挥市场作用、降低经济运行成本，这是转变经济和社会治理模式的积极探索。

负面清单又称为"否定清单"、"负面列表"、"否定列表"，它是相对于正面清单而言的概念。它是指仅列举法律法规禁止的事项，对于列举以外的事项，法律法规不会进行干预，市场主体有行为的自由。负面清单符合"法不禁止即自由"的法治理念。在自贸区实行负面清单制度，已经形成了在全国范围内可复制、推广的管理模式。李克强总理近期指出，清单以外，一律不得实施行政审批，更不得违规新设审批事项，这实际上是在整个经济管理中认可了负面清单管理模式。与正面清单管理模式相比较，负面清单管理模式具有以下优越性：

---

* 原载《光明日报》2014年5月5日。

第一，激活了市场主体的活力。在正面清单管理模式下，只有法律法规明确规定的事项，市场主体才有相应的行为自由。但社会经济生活纷繁复杂，法律列举的事项是极为有限的，大量的经济生活领域，法律法规都没有作出明确规定。例如，随着社会的发展，各种新的业态、新的领域不断出现，市场主体能否进入这些领域，必然成为法律调整的空白地带或称为"法律的沉默空间"。按照正面清单管理模式的相关原则，市场主体就无法进入这些领域或业态，这就严格限制了市场主体的经济活动自由。即便减少行政许可事项，行政机关也可能会在法律的空白领域设置大量变相许可，如核准、备案、达标、验收等，从而规避行政许可法定的相关原则，使得实践中各种不予备案、不予验收等措施仍然会通行无阻，限制市场主体的行为自由。这就导致如下结果：只要法律不明令禁止，行政机关都敢做；只要政府没有明确准许，市场主体都不能做。在负面清单管理模式下，只有法律法规明确禁止的领域，市场主体才无法进入，凡是清单没有列明的领域，市场主体均可以进入。因此，与正面清单管理模式相比，负面清单管理模式赋予了市场主体更充分的行为自由——凡是法无禁止的，即推定市场主体有行为的自由，在"法律的沉默空间"，政府机关也不得设置额外的审批程序，变相规避行政许可法定的原则。所以，负面清单管理模式是一种激活主体活力、促进社会财富创造的法律机制。

第二，限制了政府的自由裁量权。正面清单管理模式具有比较浓厚的计划经济色彩，其基本理念仍然是由政府对社会经济活动进行更大程度的管理。在此种模式下，政府享有极大的裁量权力，因为对于大量的"法律的沉默空间"，市场主体能否进入，在很大程度上取决于政府的自由裁量，由此也产生了权力寻租等社会问题。负面清单管理模式在基本理念上发生了变化,政府的自由裁量权受到了较大的限制。其权力仅限于保证那些被列入清单的领域切实得到规范或禁止。尤其是,此种模式将"法律的沉默空间"都视为主体的自由行为空间,市场主体可以自由进入,政府无权设置障碍,这也真正保障了市场主体的行为自由。试想,如果在机场安检领域实行正面清单管理模式,只列出一小部分允许携带的物品,那么其他的物品能否携带完全取决于安检人员的认定,这必将造成无效率和腐败。而如果采取负面清单管理模式,明确告知哪些物品禁止带上飞机、哪些物品只能托运而不能随身携带,就会大大提高工作效率,同时能确保乘客的基本权利。

第三,促进了政府行政行为的公开化、透明化。如上所述,在正面清单管理模式下,市场主体是否可以进入"法律的沉默空间",取决于政府的自由裁量。而政府在审查和决策过程中,因为缺乏法律是否许可的明确依据,其主要采取一种非公开的自由裁量方式,这就难免出现暗箱操作等现象。在负面清单管理模式下,需要行政机关审批的领域仅限于法律明确列举的事项,对于"法律的沉默空间",市场主体享有经济活动的自由,政府部门如果要在这些领域设置市场准入的限制条件,则必须有明确的法律依据,并且需要对相关限制条件的设置进行合理的说明。这就有利于推动政府行为的公开化、透明化。

第四,对市场主体的监管更为高效。在正面清单管理模式下,市场主体要进入特定的市场领域,需要经过行政机关的审批,这也是所谓的"事前监管模式"。在此种模式下,繁琐的审批程序很可能导致权力寻租现象的出现,而市场主体获得批准后,如果缺乏事后的监督机制,行政机关就难以准确把握市场经济状况。因此,事前的监管在效率上是相对低下的。在负面清单管理模式下,市场主体只要符合法定的准入条件,行政机关就应当许可和批准。批准就自然转化为一种备案,核准制自然就变成了备案制。更为重要的是,监管形式实现了相应转变——变成了准入之后、运营之中的监管。这种从事前监管到事后监管的转变,必然要求政府形成一套高效而完善的备案体系和其他公示公信制度,如信息公示、信息共享、信息约束等,并加强事后监管力度,积极处理备案制度中可能产生的问题,以管控市场风险、保障市场秩序。由于事后的监管模式更有利于准确掌握市场主体的实际经济活动状况,并采取相应的管理措施,因此,与事前的监管模式相比,事后的监管模式更有效率。

综上所述,负面清单管理模式是法治理念和社会管理理念的根本转变,遵循了市民社会管理的基本规律,也是市场经济内在发展需要的体现。同时,从法治层面看,负面清单管理模式体现了私法自治的基本价值:在负面清单管理模式下,市场主体的行为,除非法律明确限制,否则都属合法;而行政机关的行为,除非法律明确许可,否则都是非法。这充分彰显了"规范公权、保障私权"的法治理念,对于建设社会主义法治国家具有重要的现实意义。

行政执法要依什么法？

前不久，一位在某省政府负责法律事务的同志向我咨询了一个案件：当地一家企业获得政府许可生产某种医疗器械，结果被发现该产品侵害了他人的专利权。后专利权人到法院起诉，请求该企业停止侵害并赔偿损失。后来法院经过两审终审，确认该公司的产品确实侵害了他人的专利权。专利权人根据法院的判决书，要求政府食品药品监督管理部门吊销该企业在侵权产品上的生产许可证，但该主管部门在查阅国务院《医疗器械监督管理条例》第66条的规定之后发现，该条在规定"吊销医疗器械注册证、医疗器械生产许可证、医疗器械经营许可证"的法定事由中，并不包括"侵犯他人专利权"这一事项。因此，主管部门提出，既然行政法规没有作出这样的规定，其作为执法机关就没有根据"侵犯专利权"这一事实吊销生产许可的法律权限。最后，主管部门驳回了专利权人吊销生产许可证的申请，后涉案企业仍然继续生产该侵权产品。

在这个案件中，法院作出侵害专利权判决的依据是我国《专利法》，但主管部门驳回权利人申请的依据是国务院的相关行政法规，即《医疗器械监督管理条例》。司法部门认为自己是依法裁判，而行政机关也认为自己是依法行政，两个机构都主张自己是依法办事,但事实和结果却大相径庭,让人大跌眼镜。究竟应该依据什么法来处理这个案件和当事人的诉求呢?这就有必要讨论,行政执法所依的法究竟是什么法?这也是行政执法中时常遇到的一大难题。

第一,行政执法要依的法必须是上位法。这个案例涉及法律的位阶问题,奥地利法学家梅尔克(Adolf Merkl)第一次提出了法律位阶理论,又称"法律规范层级构造理论",该理论后来被奥地利法学家凯尔森发扬光大,成为通说。该理论主张将法律规范区分为不同的层级,不同层级的法律规范在权威性上存在一定的区别,上级规范决定着下级规范的创设,而下级规范在某种意义上则是对上级规范的适用。例如,宪法在法律层级上高于法律,法律高于政府规章等,政府规章可以看作是法律适用的一种体现。我国的《立法法》第3条也规定,立法应当遵循宪法的基本原则,《立法法》第65条规定,行政法规应当依据宪法和法律制定,不得与宪法和法律相抵触。因此,在具体的案件中,当双方都主张自己依法办事,但所依据的法律规范不一致时,首先需要考虑法律的层级问题:双方依据的都是什么层级的法律?哪一个层级的法律应当被优先适用?在上述案件中,双方分别主张的是《专利法》和《医疗器械监督管理条例》,而按照《立法法》和法律位阶理论,法律优位于行政法规,从这个意义上讲,《专利法》是上位法,在效力上要优先于《医疗器械监督管理条例》。对于执行法律的机关来说,无论是行政机关还是司法机关,都有必要站在整个法律体系的视角认识、理解和适用相关的法律规则,遵守法律适用基本规则,避免一叶障目,不见泰山。

第二,行政执法要依的法首先是立法机关制定的法。从实践来看,行政执法法律适用的主要依据是法律和行政法规,在这两个法律渊源发生冲突时，毫无疑问，行政机关应当优先适用法律，而不是行政法规。所谓依法行政，首先指的是依据"法律"来行政，而不是首先依据行政法规来行政。依法行政不仅意味着行政机关必须要在法律规定的职权范围内行为，而且还需要从整个法律体系的视角认识和定位自己的行政职权，而不是单一地根据某一个法律文件而实施行政行为。在行政法规与法律的规定相互冲突时，行政机关虽然不能否定行政法规相关规定的效力，但却可以积极地适用效力层级更高的法律规范，从而真正做到依法行政、依法执法。在本案中，从《医疗器械监督管理条例》第66条的规定来看，其的确没有明确列举专利侵权的情形，但依据《专利法》的规定，该企业的生产行为已经侵害了他人的专利权，如果认为侵害专利权的行为无须吊销生产许可证，仍然可以继续生产，则与《专利法》的规定相冲突，造成法律体系上的矛盾。此时，行政机关需要从整个法律体系的视角来理解法律的适用。在《医疗器械监督管理条例》与《专利法》相冲突的情形下，行政机关首先应执行的法是立法机关所制定的《专利法》。

第三，行政执法对要依的法应当进行体系解释和目的解释，而不能机械解释从而机械执法。在本案中，《医疗器械监督管理条例》第66条规定了多种可以触发医疗器械生产经营许可证吊销的执法事由，如"生产、经营、使用不符合强制性标准或者不符合经注册或者备案的产品技术要求的医疗器械的""经营、使用无合格证明文件、过期、失效、淘汰的医疗器械，或者使用未依法注册的医疗器械的"等。如果简单地根据法律条文的表面意思，《医疗器械监督管理条例》第66条规定的吊销事由的确不包括"侵犯专利权"，但法律的意义并不是简单地产生于文本本身，而在于国家制定法律文本时的目的追求。执法机构对法律文本的理解，不能简单地拘泥于字面含义，而是需要根据相关立法的目的，通过体系解释等方法，确定法律条文的意旨，准确地执行法律。从上述规定的文义来看，其也包含了必须遵循上位法的含义，尤其是包含了要适用《专利法》的要求，而并没有排除《专利法》的适用。例如，"使用未依法注册的医疗器械的"，可以吊销许可证。什么是"依法注册"？当然是依据《专利法》等法律注册。显然，《医疗器械监督管理条例》并没有排斥《专利法》的适用。尤其是，行政法规往往只是从行政管理的角度规范相关行为，而不太可能对侵权事由作一一详尽的列举。即便是行政授权的规范，包括权力管辖的事由，也总是有一定的抽象性，不可能事无巨细。而有关专利侵权以后，如前所述，行政执法官员也有机会通过灵活解释相应的法律，来追求整个法律体系背后的立法目的。对法律法规文字的理解，行政机关需要着眼于法律的目的和社会功能，去进行解释，然后加以适用。在本案中，从目的解释来看，如果不及时吊销该企业在侵权产品上的生产许可证，违法当事人就可以继续实施违法行为，从事侵权产品的生产和经营活动，那么，《专利法》就有可能形同虚设了。因此，执法官员需要进一步地分析和研究，看"生产经营侵犯专利权的药品"是否可以被解释进这些规定的吊销事由中去。

第四，行政执法要依的法是所有相关的法，而不仅是涉及本部门的法。有一种看法认为，本案既然是专利侵权，涉及的是《专利法》的实施问题。而《专利法》的实施应当被交由专利主管部门，而不应当由食药监医疗主管部门去处理。我认为，这种看法也是不妥的。因为，行政机关的依法行政虽然原则上有一个职权划分，但执法权限中也有交叉之处。尤其是，行政机关依法行政中不仅仅要执行与其职权相关的法律，更有职责和义务确保所有相关法律的执行。至少，其有不能损害更高层级的法律的义务，否则，就不算依法行政了。在本案中，就涉及各行政机关之间的执法权的综合协调问题，也就是当前的综合执法所要解决的问题。的确，如前所述，本案不仅涉及到食药监局的执法权行使问题，还同时涉及到《专利法》执法部门的执法权问题。不过，正是因为这种执法权的扁平式划分，更需要执法人员在面临确定的违法行为时，积极主动地有所作为，以确保法律的意志不因为执法机构的扁平划分而难以实现。这种努力不仅仅包括实质性意义上对相关法律条文的理解和执行，而且，还包括在程序上能够在不同执法部门之间搭建联合机制，保证法律的有效实施。例如，在本案中，即便食药主管部门确定对专利侵权的执法超出了其权限，但其作为一个公共执法机构，也不能摆出一副"事不关己、高高挂起"，甚至简单驳回权利人诉求、置专利权人的权利保护于不顾的姿态。相反，该部门应当与专利执法部门积极沟通、协商，确定正确的执法方式。至少可以积极向有执法权的专利执法部门通报违法信息，以保证有执法权限的行政机关能够及时了解相应的违法行为，并能够采取积极的行动。

此外，本案还涉及对司法权威的尊重和维系问题。在办案中，既然司法机关已经明确作出了专利侵权判决，如果行政机关对司法机关的判决置之不理，毫无疑问会严重损害司法的权威性和公信力。因此，执法人员需要时刻站在整个法律体系的角度来理解法律，准确地解释法律，以准确地执行法律，并使执法产生最优的效果，充分维护行政相对人的合法权益。

以权力清单规范公权

据最高人民检察院 2014 年 10 月 31 日召开的新闻发布会通报,职务犯罪的案件数量日益增加,涉案金额越来越大,查办案件人数进一步上升,其中发改委煤炭司副司长魏鹏远家中搜查发现现金折合人民币 2 亿余元,成为新中国成立以来检察机关一次起获赃款现金数额最大的案件。2 亿余元人民币的数值究竟有多少?据有人统计,单张共计 1 万元的百元纸钞摞起来,厚度在 1 厘米左右,2 亿元的话摞起来就有 200 米高,相当于 66 层楼房的高度。据办案人员分析,相关个人在所在部门权力过大、权力集中是诱发腐败的重要原因。

党的十八大报告强调深化重点领域和关键环节的改革,要求健全反腐败法律制度,把权力关进制度的笼子里,把强化对权力运行的约束和监督作为反腐败工作的核心。从已经查处的腐败案件来看,几乎所有的腐败分子都是利用手中的权力来谋取个人利益,而且涉案数额不断递增、职务犯罪的案件数量日益增加、所涉官员的级别越来越高、查办案件人数进一步上升、各种权钱交易和官商勾结现象令人震惊。上述案例也印证了近代西方法治理论的倡导者之一、英国的詹姆斯·哈林顿提出的必须实行权力制约的观念,因为"权力导致腐败，绝对的权力导致绝对的腐败"。法国启蒙思想家孟德斯鸠也指出，"一切有权力的人都容易滥用权力，这是万古不易的一条经验"。如果说"权力必然被滥用"是一条规律，表明权力一旦缺乏监督，便极易诱发腐败，那么，要根治腐败，就必须治本，必须从限制和规范权力着手。正如习近平同志所指出的，要把权力关进制度的笼子里，这才是反腐的根本之道。

如何把权力关进制度的笼子里呢？对此，十八届四中全会决定在强调要坚持职权法定，法无授权不可为的原则基础上，进一步提出要"推行政府权力清单制度，坚决消除权力设租寻租空间"。权力清单可以说是在负面清单基础上的进一步发展，其内容是通过清单的方式详细列举各个政府机构享有的行政审批、管理和处罚等权力，并向社会公开，接受社会的监督。这是规范公权的一项重要举措。负面清单针对的是政府对社会事务的管制，采取的是"法无禁止即自由"的原则；权力清单针对的是政府自己的权力行使，采取的是"法无授权即禁止"的原则。权力清单制度是将权力关进法治笼子的重要举措。

权力清单制度有助于将权力关进制度的笼子里，其原因在于：

——实现权力的法定化、明晰化、具体化。现代法治的核心是规范公权力，保障私权利。由于公权力本身天然存在着自我膨胀和扩张的趋势，如果不对其依法进行规范，将可能导致对私权利的侵害。① 政府是执法主体，我国一些法律法规虽然也规定了政府机关所享有的权力，但这些规定过于笼统和原则，这就难以对公权力的行使形成有效的约束。依法行政要求权力法定，所有行政行为都要于法有据，任何政府部门都不得法外设权。在实践中，一些政府机关究竟享有哪些权力，权力的边

---

① 参见罗豪才、宋功德：《行政法的治理逻辑》，载《中国法学》2011 年第 2 期。

界如何确定,始终是模糊的。有的政府机关甚至不知道自己有多大权力,认为没有政府机关做不了的事情。权力边界不清也无法保障权力的正确行使,这就需要通过实行权力清单,梳理各级政府及其工作部门的行政审批、管理以及行政处罚权力,并向社会公开,从而有效地约束公权力。要对公权力的内容和范围进行全面的列举,详细列举公权力部门及其工作人员的权力范围、内容、行使等相关要素。通过权力清单对公权力的内容和范围列举得越详细,就越能有效约束公权力的行使、为公权力套上"紧箍咒",切实做到"法无许可不可为""法无明文允许即为禁止""无法律则无行政"。

——实现对权力行使的监督。大道至简,有权不可任性。制定清单的目的并不只是为了划定公权力的范围,更需要将清单向社会公开,这就可以对公权力的行使形成外在的监督。从各地关于权力清单的经验来看,在"列单"之外,还需要进行"晒单"和"跟单",所谓"晒单",即各公权力部门应以合适的方式向社会公开其各项权力行使的实际流程及产生的具体结果;所谓"跟单",就是由社会公众对公权力的行使进行监督。从"列单"到"晒单"、"跟单",实际上构成统一的整体,形成了对公权力及其行使的全方位监督。长期以来,由于法律法规所规定的一些公权力机构享有的权力范围比较模糊、笼统,不仅老百姓不清楚这些权力范围有多大,这些部门自己也说不清楚,从而导致在实践中,不能有效地把权力关进制度的笼子里,出现了所谓"牛栏关猫"效应,也导致权力行使的行为是否正当、是否越位、应否追究其责任等的认定都成为难题。实践中出现的以权寻租、野蛮执法、侵害公民权利等现象,都与此有关。权力清单是有效约束权力的一种方法,为了加强对公权力行使的监督,除了依靠私权对公权力的行使进行限制以外,还应当积极借助公权力之间的相互制约，实现对公权力运行的监督与制约。

　　在权力清单公开之后，公权力机关必须按照清单所列举的权力依法行使，不能不作为，也不能乱作为。法定职责必须为，法无规定不可为。公权力与私权利不同，后者是否行使，个人有权自由决定，但公权力一旦列举，政府部门即应当积极履行其职责。公权力的行使通常关系到特定公共目的或者公共利益的实现。因此，公权力部门不仅有权行使公权力，而且有义务行使公权力，履行其职责。不过，需要指出的是，虽然权力清单可以明确列举公权力机关的权力范围，但这并不意味着，公权力的行使事无巨细都由清单作出规定。社会生活纷繁复杂，具体事件又千差万别，给公权力机关一定程度的自由裁量权也是必要的，但这种自由裁量权必须是合理的，必须在必要的范围内，其行使也要受到必要的监督。

　　——实现简政放权，真正实现权力的"瘦身"。权力清单的制定也应当与当前的简政放权、转变政府职能结合起来，为政府机构权力的"瘦身"和"健身"提供制度保证。用政府权力的"减法"，换取市场活力的"乘法"。防止明放暗不放、中间截留、中间梗阻现象。据统计，到2013年9月为止，我国先后取消和下放共632项行政审批等事项。现在国务院各部门行政审批事项还有1700多项，本届政府承诺再削减三分之一以上行政审批事项。减少和规范行政许可，还要清除以核准、备案、达标、验收等形式存在的变相许可。按照负面清单管理模式，凡是未明文禁止的法律空白地带，市场主体即享有行为自由和经营自由，而无需政府机构的审批和干预。权力清单应与负面清单结合起来，在制定权力清单过程中，既要明确权力运行的边界，又要按照简政放权的精神，限缩行政权的范围。用政府权力的"减法"，换取市场活力的

"乘法"。

——构建问责机制,加大对违法、失职行为的追惩力度。权力清单一旦制定,为判断行政机关是否依法行政提供了明确的依据,这也有利于追究行政机关违法、失职行为的责任。我们说私权上的权利对应的是义务,无义务的权利是特权,而与公权力对应的则是责任,无责任的权力也是特权,必然导致权力的滥用。要想避免公权力成为可滥用的特权,其行使就必须遵守法律规定的权限和程序,否则,就应当通过相应的问责机制追究公权力部门及相关人员的法律责任。

哈耶克曾说过,"法治的含义不是政府以法律来治理社会(rule by law),而首先是政府的行为在法律约束之下(the rule of law)"。这句话表明法治的核心是规范和限制公权力,在判断一个社会是否为法治社会时,就是要看其能否有效地制衡公权力,而相对人在受到公权力的侵害之后,能否给其提供充分的救济。[①] 也就是说,法治的关键是要把权力关进法治的笼子,这正是法治的核心要义和精髓;建立权力清单制度,有助于建立决策科学、执行坚决、监督有力的权力运行体系。这也正是规范公权、实现权力在法治之下运行的有效措施。

纵观历代得失,横览各国成败,要想实现国家长治久安、人民安居乐业,唯有让权力在阳光之下运行,把权力关进法治的笼子里!而用权力清单来规范权力,不失为一项值得探索的路径。

[①] 参见宋功德:《建设法治政府的理论基础与制度安排》,国家行政学院出版社2008年版,第5页;卓泽渊主编:《依法治国理论学习读本》,中国法制出版社2008年版,第15页。

是"依法行政"还是"依罚行政"?

据报载,河南省工商行政管理局网站系统内部业务网发出了一张图片,标题是《关于迅速贯彻落实省财政厅专项督导省工商局罚没收入工作安排意见的通知》,其中提出,11月底前完成罚没收入目标,并且,目标完成将与各种经费款项挂钩、与年终奖惩挂钩。通知要求各单位要全员上阵、分解任务、责任到人,确保11月底前完成年度罚没收入任务。[①] 可见,在实践中,有的行政机关仍把罚款指标作为量化考核的重要指标。有人把这种方式概括为"依罚行政",不无道理。

应当承认,法律法规赋予行政机关一定的处罚权限是十分必要的,否则,作为执法主体,行政机关在执法时缺乏必要的手段,相关的执法行为也难以实现预期的效果。行政处罚也是行政机关特有的权限,保证了行政机关的强制力,也保证了相关法律法规得以执行和有效实施。但是,处罚只是执法的手段,而不是目的。如果完全以处罚为目的,就本末倒置了。"依罚行政"把处罚当作创收的手段,这完全是一

---

① 《河南工商局发文催罚款:11月底前完成全年任务》,载《京华时报》2014年10月14日。

种行政权的异化，使行政处罚成为行政机构及相关工作人员变相牟取经济利益的工具。行政处罚应当以严格执法、公正执法、为民执法为目的，但把行政处罚当成创收手段之后，就会使执法完全变味了，处罚是为了牟取利益，从而与行政执法的目的相背离。受利益驱动，就会使行政执法行为出现一些怪异现象，实践中出现的"钓鱼式执法""养鱼式执法""选择性执法"等，都与此相关，这些行为都有违行政执法的目的。例如，"选择性执法"即有违行政执法的平等性原则，法定职责必须为，行政机关在应当执法时不执法，本身也是一种渎职行为。

"依罚行政"与依法行政、建设法治政府的目的是背道而驰的。一方面，政府在行使职权的过程中，应该严格遵守法律设定的权限边界，既不能超越职权行政，也不能曲解其职权。法治政府、依法行政要求处罚得当、遵守程序、高效便民、诚实守信。但一旦依罚行政，就会使行政机关以追求利益最大化为目标。正如前述河南省工商行政管理局要求其各单位要全员上阵、把罚款任务分解到个人，确保年底完成罚款任务，这就完全把行政罚款当作一种创收手段，正当的行政执法变成了牟利的工具。久而久之，必然容易造成公权力的任性，导致部门利益、个人利益凌驾于公共利益之上。另一方面，依法行政要求建立法治政府，而法治政府应当是服务型的政府。如果只强调罚款，行政机关就不会想到如何为人民提供行政服务，如何便民、利民、惠民。仅仅只是关心如何通过罚款获取利益，而不想到如何去维护社会秩序，改善对老百姓的服务水平，这也会影响行政权目的的实现。尤其应当看到，"依罚行政"会使公权力变成牟利的工具，也容易造成公权力的膨胀，最终损害行政相对人的合法权益。

"依罚行政"会使行政执法以罚款为中心，"依罚行政"本质上有违依法行政的要求,其危害性表现在:一是不该罚的也罚。例如,高速公路上设置摄像头拍摄超速行驶的车辆,目的是为了控制车辆速度,避免因车辆速度过快而发生交通意外,但由于超速之后可以进行罚款,有的地方交通部门在利益驱动下,就不合理地设置过低的限速要求,并且将摄像头安置在隐蔽的灌木丛、树枝上等,导致许多驾驶员不清楚限速或不知道交通部门在何处放置了摄像头,最后因超速而挨罚。二是处罚不公正。在"依罚行政"的情形下,为了创收,执法人员可能会想方设法去敛财,产生"钓鱼执法""养鱼执法"等恶劣现象。三是"罚了不管"。因为一旦处罚完毕,行政机关就认为其已经履行了职责,至于违法行为是否继续、如何降低其危害后果等,行政机关并不过多关注,所以,在接受行政处罚后,一些违法企业依然我行我素,甚至变本加厉地从事违法行为。四是以罚代刑,无法形成行政执法和刑事司法衔接机制。例如,现在很多食品安全案件,行政机关以罚代刑,罚了不打,从而导致行政责任与刑事责任的脱节。事实上,两种责任的构成要件不同,在行为人的行为符合相关的责任构成要件时,应当分别依据行政法和刑法认定其责任,但两种责任应当相互配合。按照十八届四中全会的要求,在将来深化行政执法体制改革中,应当健全行政执法和刑事司法衔接机制。这种"依罚行政"的做法不可能形成行政执法和刑事司法的有效衔接。

"依罚行政"也赋予执法人员过大的自由裁量权。职权法定是基本原则,但法律规则的内容较为抽象,规定的都是一般情形,难以应对千差万别的具体情形,这就需要赋予执法人员一定的自由裁量权,但这种裁量权应当在法定的范围内行使。而同时,一旦完成罚款任务和指标,就不再管理,导致该罚不罚,该管不管。有的就在罚款权限范围内,任意进行自由裁量，或重或轻，就由执法人员自己决定。

"无法律则无行政"，"依罚行政"看起来是遵守法律行使职权，但实际上悖离了依法行政的宗旨。因此，要真正做到依法行政，就要从源头上对依罚行政进行治理，从根本上规范行政权，把权力放进制度的笼子中。为此，需要按照十八届四中全会决定的要求，深入推进依法行政，加快建设法治政府。由于政府所享有的行政权具有强制性、单方性、主动性以及扩张性等特点，一旦失去约束，将严重威胁甚至损害处于弱势一方的公民的合法权益。建立法治政府，就是要把权力关进制度的笼子里，保障权力正当行使，严防通过"依罚行政"的方式把权力变成牟取个人或者少数人利益的工具，对通过"依罚行政"方式牟取私利者，应当依法严肃处理。此外，也应当加强对行政机关执法行为的监督，对行政机关的执法行为形成外在的约束机制，保障行政机关严格依法、正当行使权力。

现代法治的核心之一是规范公权，依法治国的"法"是制约权力的法，是治官的法。一个成熟的法治社会应当是公权力得到有效规范和制衡的社会。依法行政的核心是政府的权力范围及其行使程序都应当受到法律的有效规范，而"依罚行政"属于法外行政，必须彻底根除。

小议市场主体法定原则[*]

十八届三中全会《决定》提出要构建现代市场体系，而构建现代市场体系的核心，是要确立一个公平、开放、透明的市场规则，使市场主体充满活力，有序经营。市场主体主要包括公司、合伙、独资企业、个体工商户等专门从事经营活动的法律主体。这里拟就我国市场主体法律制度的改革和完善谈几个问题。

一、为什么市场主体的类型需要法定

在现代市场经济社会中，市场主体类型的设定及主体组织规则的确立采取法定主义。也就是说，任何主体只有符合法律的条件，才能得到法律的承认，才能成为合法的市场主体，而不能通过当事人的约定来确定类型。还有一些类型的企业，例如合伙制，其成立基础是当事人的约定，但当事人作出约定的前提是遵守法律关于主体类型的规定。为什么市场主体的类型需要法定？

第一个原因在于保障债权人利益，维护交易安全。不同类型的市场主体，其责任形式存在一定的区别，法律明确规

---

[*] 原载《北京日报》2014 年 6 月 9 日，原题为《深化对"市场主体法定原则"的认识》。

定市场主体的类型，有利于保护交易相对人的合理预期，维护交易安全。

第二个原因在于节省交易费用。科斯认为，企业的本质目的在于降低交易成本。从减少交易费用和维护交易秩序的角度进行考虑，通过法律确认企业的类型和治理结构等，将有助于实现这一目的。因为在交易中，交易主体总是希望能够便捷地获取交易对方的基本信息，比如说治理结构、责任形式、责任财产等，这样有助于当事人准确判断、及时了解对方的基本情况，从而防止受到欺诈。采用法定主义之后，法律直接规定了治理结构、责任形态，和对方打交道，如果知道对方是有限责任公司，就能够知道它必须要符合法律规定的有限责任公司治理结构，承担财产有限责任，这样就可以极大地节省调查了解的成本，有利于节省交易费用，从这个角度，采取市场主体法定原则，根本上还是有助于提高交易效率，保障交易安全秩序。

第三个原因在于完善主体的治理结构，保障投资者的利益。通过市场主体类型法定，把不同类型的市场主体的投资者的权利、义务和责任都确定下来，把不同主体的内部机构设置法定化，有助于为投资者设立市场主体时提供指引，也有助于保障中小投资者的合法权益。

二、市场主体如何进一步规范化

市场主体类型的法定其实也包括了对主体的治理结构等方面的规范，不仅仅是承认这种形态，还要包括对它的治理结构、责任形态等等全面的规范。十八届三中全会《决定》就提出了要建立职业经理人制度，并把这一点当成完善法人治理结构的重要内容。据了解，当前的市场实践中，不管是国企还是民企中，关于职业经理人制度都需要在法律上不断地完善,特别是怎么强化职业经理人的忠诚义务问题。因为职业经理人不持有公司的股份,一旦违背忠诚义务,可能引发道德风险。现在国企里面曾经发生的内幕交易、关联交易、利益输送等等,都和职业经理人违背了忠诚义务有很大的关系。在这方面,法律制度还需要进一步地加强和完善。除了公司的治理结构还要进一步完善以外,我们对其他市场主体的规范也还有很多欠缺。比如信托,这种方式过去主要是合同规范的,但是现在信托已经成为了一个重要的商事主体。从我们国家的实际情况来看,截至到2013年第三季度末,信托管理公司管理的信托财产已经突破了10.13万亿元,预计未来10年,信托财产将要达到80万亿元的规模。我们确实要看到,目前信托机构的治理结构还是很不健全的,管理人员违背忠诚义务的情况还是存在的,一旦出现了违反忠诚义务,如职业经理人关联交易、利益输送等,就很可能产生巨大的交易风险,而且是巨大的金融风险。

三、怎样促进市场主体的灵活性

市场主体的形式需要法律明确规定,但是市场主体又要根据市场变化发展的需求具有灵活性。规范化和灵活性是不可分割的两个方面,因为要求灵活才能适应市场的发展,使市场主体始终保持活力,这就需要在强化债权人保护和市场秩序维护的前提下,赋予投资者管理者更多的权利。一是主体类型越多越好,以供投资人选择。市场主体本身就是投资的工具,从世界范围来看,市场主体形式改革趋势体现在:越来越多的市场主体类型得到法律的承认。法律上认可的主体类型越多,就给了投资者更多的选择,使他们能够从利益最大化的需要出发,选择对自己更为有利的企业形态。某一种企业形态的选择,其实也是对投资方式的选择，这就好像到食堂吃饭一样，提供的菜谱越多，我们能够选择的菜肴种类就越多。二是内部的治理也要保持一定的灵活性。《公司法》最初关于市场主体的规定很多都是僵硬的，2005年在修改《公司法》的时候，已经在很多方面都把它软化了，通过任意性规范，给了投资者和公司发起者更多的权利。例如，在过去，法定代表人就是董事长，2005年修改《公司法》的时候，就规定法定代表人既可以是董事长也可以是总经理，这就体现了公司发展灵活性的要求，但是在某些方面做得还是不够，还是有些地方显得过于僵硬。比如《公司法》第44条第1款就规定，有限责任公司董事会成员为3至13人。对于一般的公司，这可能是对的，但是像巨型公司，甚至是跨国公司，就太过僵硬。比如像华为这样的巨型公司，董事会最多是13个人，对它来说就太少了。在这一点上，其实应该给公司更多的选择。所以，我个人认为法律上应该对公司治理结构这些基本的框架有明确的规定；但是有一些内部的具体事务，还是可以授权投资者通过合同章程来确定，可以适当增加一些任意性规范，给投资者更多的选择空间，这样才能使市场主体更加充满活力。

从《我不是潘金莲》的故事说起

作家刘震云的小说《我不是潘金莲》广受好评。小说描写了一位河南农村妇女李雪莲，她为生二胎和丈夫假离婚，不想被他人指责为"潘金莲"，李雪莲为证明"我不是潘金莲"，便从此走上了上访和告状路。在20年中，她从镇里告到县里、市里，有一次竟然误打误撞闯进了人民大会堂，直接找到了中央领导告状，该领导作出口头批示，最后导致一批地方官员因此被免职。20年来，每年"两会"时官方都要对她严防死守，为了防止她告状，层层下任务，这也成为了市、县、镇领导的重要任务，但最终也没能阻止李雪莲的上访，反而导致法院庭长、院长、县长乃至市长等都受到牵连，有的甚至被免职。

李雪莲和"只是讨个说法"的秋菊十分相似。大家知道，在电影《秋菊打官司》中，秋菊坚持要"讨个说法"，先后到乡镇政府、县公安局和市里告状，最后到法院起诉。这段故事一直为法律人所称道。但按照作者刘震云的看法，李雪莲的形象完全不同于秋菊，作者在这部小说中绝不是想复制秋菊的形象，二者最大的区别在于，"秋菊一路上遇到的事情和李雪莲遇到的事情不一样，秋菊遇到的事情是多大就多大，李雪莲遇到的事情一直在变化，开始是一件家务事,和丈夫离婚,但很快变成了村里的事、县里的事、大会堂的事。是一件不断变化的事。场景非常开阔,一件家务事变成国家大事"。虽然二位女性都对人生抱有严肃态度,秋菊是无辜的,而李雪莲则不同,"只有她有错误,窦娥是各级的官员。其实她遇到的每一级官员,没有一个坏人。"①

应当承认,无论是李雪莲还是秋菊,她们都是在积极地维权,她们的做法是改革开放以来我国公民法律意识和权利意识不断觉醒的一个缩影。但如果我们读罢《我不是潘金莲》,就可能会认同小说作者的看法,即李雪莲和秋菊确实存在很大的区别:

首先,秋菊从一开始就依循法律的途径来主张权利,"讨个说法",她挺着大肚子去乡政府告状,经过乡政府李公安的调解,村长答应赔偿秋菊家的经济损失,但当秋菊来拿钱时,村长把钱扔在地上,受辱的秋菊没有捡钱,又一次踏上了告状路途。她先后到了县公安局和市里,最后向人民法院起诉。但李雪莲并不是依循法律程序在主张权利,而是从一开始就走的是上访之路,这个结果本身就具有不确定性。李雪莲最终究竟得到了什么?在小说的结尾没有任何交代,其实是很难有什么可预期的结果的。

其次,秋菊所遇到的是一个法律纠纷。在电影中,秋菊的丈夫王庆来为了自家的承包地与村长王善堂发生了争执,后被村长一怒之下踢中了要害,王庆来整日躺在床上干不了活。显然,村长的行为已经构成侵权,双方之间已经发生了法律纠纷,秋菊要"讨个说法",主张权利,完全合理、合法。但是,李雪莲只是因为别人说她是潘金莲,就为了证明自己不是潘金莲而走上了上访的道路,显然她所遇到的并不是法律纠

---

① 李丽:《刘震云解读新作〈我不是潘金莲〉》,载《南国早报》2012年8月12日。

纷。说到底，李雪莲的事情原本是一件家务事，并不是法律纠纷，通过不断上访，纠纷不但没有解决，反而越闹越大，最后成了一件大事，甚至按照作者的看法，"一件家务事变成国家大事"。可见，两人所主张权利的事实基础是不一样的。

最后，因为秋菊是依循法律途径来主张权利，这就决定了她最终会得到一个说法，所以故事的最后出现了戏剧性的结尾，即正当秋菊家庆贺孩子满月时，秋菊和村长之间也已经和解，但此时市法院发来判决，村长因伤害罪被拘留。这个结果是秋菊最初所要得到的，只不过后来因为双方和解，她不再希望得到这个结果，但法院作出这个判决也是于法有据的。而李雪莲则不同，她本身不是针对纠纷主张权利，也不是依循法定程序提出诉求，她虽然去了法院，但她并不是按照诉讼程序起诉，因此，按照小说作者的看法，从一开始就注定"李雪莲的告状是失败的"。

李雪莲的故事其实也说明，虽然权利意识是法律意识的核心，是现代法治之精髓所在，因为权利不能仅停留在纸面上，而应当具体落实到行动中，但权利意识并不完全等同于法律意识。如果公民没有积极主张权利的意识，或者权利主张难以完全实现，不能全部转化为现实中的权利，那么，所谓的公民权利就成了镜中花、水中月，只能是虚幻的美好。然而，有了权利意识是一回事，如何正当地行使权利、理性表达诉求、依法维护权利，则是另一回事。法治首先应当是规则之治，即一切社会活动都应当按照法律规则来展开，包括公民行使权利、表达诉求和维护权利的行为。在权利受到侵害时，受害人如何主张权利，也是判断个人是否具有法律意识的重要标准。即便公民有了权利意识，但如果不能依法、理性地表达诉求，则权利依然不能通过正当的方式实现，这也不等于真正具备了法律意识。所以,依法维权是法律意识的重要内容,仅有权利意识,但维权的方式不合法,则公民权利最终将难以得到有效的保障。

李雪莲所遇到的纠纷虽然不是法律纠纷,而是家务事,但我们不能否认她有上访的权利,因为信访是公民行使宪法、法律所赋予的表达、申诉和救济的权利,公民依法享有信访权。信访本身可以起到下情上达、了解下情、沟通民意的作用,它在一些情形下能够通过上级监督、内部监督的方式解决权利侵害现象。李雪莲要通过信访途径上访告状,实际也是在行使一种权利,只不过她把一件家务事拿出来反复告状,最后像滚雪球一样导致事情越闹越大,一发不可收拾。

假如李雪莲所遇到的是一个法律纠纷,她究竟是应当通过上访解决纠纷,还是应当通过法律程序来解决?这也是我们当前应当解决的一个社会问题。从现实来看,据信访部门统计,在2013年,涉诉信访占到了信访案件总量的70%,也有统计数据表明,我国每年的有关行政纠纷的信访达400万至600万件,但行政诉讼只有不到10万件。两种维权途径之间形成了强烈的反差,这表明法律设定的行政诉讼途径尚未成为公民维权的首选途径,而是依循法律程序之外的信访程序解决,这也反映了实践中依然存在"信访不信法"的现象。

应当承认,在多元的纠纷解决机制下,通过信访等诉讼外的方式解决纠纷,法律也认可其正当性。信访虽然具有一定的化解矛盾纠纷的作用,但我们必须清醒地认识到,如果把信访作为主要的纠纷解决机制,并不利于化解矛盾,且会拉大与法治目标的距离。主要原因在于:一是信访缺乏法定程序。信访并不像诉讼活动那样具有公开、透明的程序,当事人无法像参与庭审一样依照法定程序维权。程序正义是看得见的正义,而信访缺乏这样的程序,信访机构并不是像法院那样具有明确的管辖机制,缺乏明确的职责范围,这就导致信访的结果不具有可预期性,也无法完全通过这种方式实现信访人所期待的正义。二是不能使公民有尊严地实现自身的权利。信访不像诉讼,有着完善的制度设计。在诉讼过程中,有多种机制保障当事人的各种权利,使得当事人在法庭上理性地、有尊严地表达诉求,主张权利。而在信访过程中,并没有相应的机制保障信访人的权利,信访人也无法通过法定的程序有尊严地表达自己的权利诉求,无法体面地维护自身的权利。三是信访人难以有效维护自身权利,而且可能产生新的纠纷,导致一波未平,一波又兴。如果某个接访人在处理上访告状过程中,偏听偏信或处置不当,不仅不利于解决既有的纠纷,而且可能会激化矛盾,甚至对社会秩序造成不利影响。正如作家刘震云对小说主人公所概括的:"李雪莲告了20年状,就是为了纠正一句话。当她开始告状的时候,突然发现她的离婚案变成了另外一件事情,就像滚雪球一样出现了其他64件事。这个逻辑本来荒谬,但李雪莲却用很严肃的态度来对待,以严肃对待荒谬,这样导致李雪莲的告状是失败的"。① 四是会导致司法边缘化。信访过度发展的结果必然会在一定程度上损害司法的权威和判决的既判力,如果鼓励信访过头,就会鼓励一些当事人"缠访""闹访",出现"大闹大解决,小闹小解决,不闹不解决"的法治扭曲现象。这种做法不仅不利于矛盾纠纷的终局解决,而且与法治社会的构建也不相吻合。如果司法被边缘化,法治的目标离我们也会越来越远,李雪莲的故事生动地说明了这一道理。

基于信访的上述弱项,实行导访入诉、诉访分流、依法解决纠纷是必要的。一方面需要完善多元化的纠纷解决机制,另一方面,更重要

---

① 李丽:《刘震云解读新作〈我不是潘金莲〉》,载《南国早报》2012年8月12日。

是加大司法改革力度，公正司法，有效保障公民的权利。在这方面，我国当前有必要在以下方面付出更多努力：

一是要改革和完善司法救济机制，使人民群众"有冤可诉""有冤可申"，为个人通过法律途径表达权利诉求创造条件。实践中所出现的"信访不信法"现象，在很大程度上就是因为司法救济不畅、依法维权的成本过高，以及司法不公、执行难等问题所致。例如，有的地方出现的征地拆迁案件，政府要求法院不予受理。这就使得在相关纠纷中，人民群众无法通过法律途径有效维护自身权利，而只能走上访的道路。在一个真正的法治社会，司法程序像公共品一样，是人人可及的，人们在发生纠纷后都便于接近司法，都容易通过司法获得救济。因此，应当扩大法院的受案范围，放宽案件受理的限制条件，对于符合法定条件的案件，要做到"有案必立、有诉必理"。而且对于弱势群体，如果其无钱聘请律师，应当通过法律援助的方式解决，就此而言，我们在法律上应当建立一整套针对弱势群体的维权保障机制。

二是要实现司法正义，维护司法的权威性，提高司法的公信力。依法维权的意识本身具有亲历性，要使人民群众在每一个案件中感受到司法的公平正义，亲身感受到只要是合理合法的诉求，通过法律程序就应该且能够得到合理合法的结果，亲身感受到法院的判决不是一张白条，是能够切实兑现的。只有这样，才能逐步培养人民群众对司法程序的认同感，促使其依循法律程序维权。在实践中，出现"跳楼讨薪"之类的事件，也在一定程度上反映了我们的司法程序存在受理难、执行难等问题，这都在一定程度上影响了人们对司法权威与司法公信力的认同感。可以说，要真正引导人们树立依法维权的意识，还需要加大司法改革力度，建立公平、公正、高效、廉洁的司法制度，不断提高司法的权威性与公信力。

三是要树立依法维稳、维稳就是维权的观念。一方面，要强调依法维稳。在维稳过程中，有的地方提出了在维稳中，要"花钱买平安""人民内部矛盾用人民币解决"。这种做法在短期内似乎是可行的，但从长远来看，这是一种短视的做法，会损害民众对规则的合理预期，反而会引发新的社会矛盾，出现"越维越不稳"的不合理现象。所以，维稳工作应当强调依法办事。制度一旦遭到损坏，人们的行为就丧失了合理预期，就很难真正实现稳定。另一方面，必须要树立维稳就是维权的理念。一段时期以来，一些人把维稳和维权看成是分离的、对立的概念，这实际上误解了维稳的本质。习近平同志指出，"维权是维稳的基础，维稳的实质是维权"。在维稳中，应该正确面对人民的权利诉求，不要把正当的权利主张看作不稳定因素，而是要依法正确引导权利的表达和权利的落实，维稳是手段或任务，维权是根本或目标。在维稳中，必须以保护公民的人身、财产权益为前提和目的，只有充分保障公民的人身、财产权益，才能为维稳奠定坚实的基础。我们说保障民生，其实最大的民生是老百姓的权益，如果老百姓的权益得不到保障，则很难说保障了民生、维护了社会秩序稳定。

四是要健全依法维权的机制。党的十八届四中全会指出，要健全依法维权和化解纠纷机制。在人民群众权益受侵害后，也未必都需要通过诉讼的方式维护权利。因为诉讼毕竟成本较高，且诉讼程序持续时间较长，除了诉讼方式外，还应当通过调解、仲裁、行政复议等多种纠纷解决机制，为人民群众依法维权提供多种渠道，上述方式其实都是广义上的依法维权的方式。另外，还要激励公民依法维权，全面提升公民的法律意识，现代法治除了要求培育公民的权利意识之外，还要树立依法维权的意识，引导公民依法维权，并养成遵纪守法和用法律途径来解决问题的良好习惯。如此才能真正使法治精神深入人心，最大限度地降低法律实施的成本。只有全体社会成员都能够尊重法律，遇事找法，解决问题靠法，发生纠纷后都能够依法合理地表达诉求，才能真正建成法治社会。

《我不是潘金莲》的故事讲述了许多深刻的道理，它实际上从一个侧面说明，法律外的纠纷解决方法不完全是解决纠纷的好办法，而且不具有可预期性，遇事找法，才能有效地解决纠纷。法治是人类社会历史所证明的最为有效的社会治理模式，法治具有权威性、稳定性、可预期性，能够在最大范围内调和人们的各种利益诉求。只有人们信仰法律，使各种社会矛盾纠纷都能够纳入法律的范围内解决，纠纷解决的结果才具有可预期性，法治社会才能如期建成。为此，应当培育公民的权利意识，鼓励公民像秋菊一样，依法、理性地表达自己的权利诉求。

经由罗马法　超越罗马法[*]

"经由罗马法、超越罗马法"是19世纪末20世纪初法典化时期西方立法者所提出的口号,这实际上提出了在罗马法复兴后如何继承和发展罗马法的这个重要命题,并由此揭开了民法法典化的序幕,并推动了由罗马法向国家法的转变。

西方有句谚语:"法是古罗马的天才发现。"按照德国法学家耶林的观点,"罗马曾三次征服了世界,第一次以武力,第二次以宗教,第三次以法律"。大陆法国家的民法典基本是以罗马法为基础编纂的,罗马法是现代私法的起源。从体系上看,现代民法典的体系思想起源于罗马法。例如,盖尤斯所提出的人法、物法和诉讼法三编制为法国民法典所采纳,而优士丁尼的《学说汇纂》体系则为德国民法典所继受,并最终形成了潘德克顿的五编制体系。大陆法系民法的许多制度(如人格制度、住所制度、时效制度、无因管理制度、不当得利制度、遗嘱继承制度、特留份制度等)都来源于罗马法,这些制度至今仍是各国民法典的基本民事制度。中世纪注释法学家在解释罗马法时,从对物之诉和对人

---

[*] 在第五届"罗马法·中国法与民法法典化"国际研讨会开幕式上的致辞。

之诉中引申出了"物权"和"债权"的概念,并形成了今天所说的物权概念。罗马法的私法传统和私法文化为西方文明的产生和发展提供了思想动力和制度保证。所以民法学者至今仍"言必称罗马",不少西方学者甚至认为,罗马法是世界共同的法律。恩格斯曾经这样评价罗马法,说罗马法是"商品生产者社会的第一个世界性法律"[①]。可以说罗马法是现代民法的"源头"。

　　罗马法对人类社会的另一个重大影响就是耶林所说的"罗马法的精神"。罗马法的精神主要包括自然法精神、私法精神和理性精神。三者影响了人们的法律意识和法律研究方法,并且激发了当代人的主体意识、权利意识与责任观念。中世纪文艺复兴是以个人主义、人文主义为内容而展开的,11世纪初罗马法的复兴在其中发挥了重要的作用。其实,文艺复兴与罗马法的复兴是紧密相关的。罗马法复兴、宗教改革与文艺复兴统称为欧洲文化史上的"3R运动(Roman law, Reformation, Renaissance)",在欧洲,这三项运动是相辅相成、相互促进的。文艺复兴与罗马法紧密相关,因为在传播罗马法过程中,罗马法所确立的权利观念、尤其是财产权观念、自由思想等,促进了人的思想的解放。人文主义重点在于打破中世纪所存在的君权神授所带来的强制与压迫,从而寻找"善良和公正"的标准,实现具有自我意识与自我精神的回归。而自我意识的觉醒恰恰体现在打破既有的君权神授观念,实现权利、自由,促进个性发展,而这些恰好也是罗马法所倡导的理念。罗马法在欧洲的复兴和传播,促进了各种世俗法的发展,培育了法治文明和法治精神,推动了法律人共同体的产生。可以说,罗马法的复兴为人文主义的复兴提供了思想的启蒙,并极大地促进了西方法治文明的发展。

[①] 《马克思恩格斯选集》(第4卷),北京人民出版社1956年版,第248页。

今天尽管已经跨入 21 世纪，但重提两千多年的罗马法在我国仍具有重要意义。事实上，无论是《法国民法典》还是《德国民法典》都不是罗马法的简单复制。一方面，罗马法内容是一个不断发展的概念，传统的罗马法内容已经难以适应社会发展的需要。仅以私法的发展为例，相对于罗马法而言，现代民法的内容浩如烟海，其要面对全球化时代交易、市场、投资、环境保护等，也要适应信息社会、互联网时代的技术革命所带来的全新变化，还要保障个人的新兴财产和个人的各种人格利益等。凡此种种，都是现代民法所发展出来的各项制度，而非罗马法固有的内容。另一方面，罗马法的精神本身也在不断发展。起初罗马法精神主要表现为权利、自由、平等，而随着时代的发展，除了传统的私权神圣、契约自由、所有权神圣等观念之外，现代民法所发展出的对弱者权利的保护、对财产权行使的限制、对实质正义的追求等也已经成为民法精神的重要内容。虽然有学者认为，这些私法的概念、制度从源头上可以追溯至罗马法，但其与原有的罗马法精神已经存在重要区别。因此，西方私法的发展历程实际上是一个"经由罗马法、超越罗马法"的过程。

在我国民法典编纂中，重提"经由罗马法、超越罗马法"仍然具有重要的现实意义。今天，我们仍然需要提倡罗马法的私法理念。现代法治的核心是"规范公权，保障私权"，因此，我们需要倡导私权平等、私权神圣、人格自由等理念。众所周知，我国是一个缺乏私法传统的国家，我国古代的法律历来是诸法合体、民刑不分，而且以刑为本，并且主要通过刑事方法制裁民事违法行为，大量的民事关系依靠"礼"的规范调整。虽然儒学中包含着深厚的民本思想，但这种民本思想却并未真正转化为民权的观念。因为这一原因，一些研究中国史的专家，如费正清等人,认为中国古代不仅缺乏私法传统,而且缺乏西方人所认为的法律体系(因为西方人认为,民法是法律体系的核心内容)。[1] 当然,这一看法我们并不完全赞同,但我们缺乏私法文化是不争的事实。新中国成立以后,废除了国民党的六法,实行高度集中的计划经济体制,在经济生活领域普遍实行国家干预,在相当长的时间内不承认私法的存在,甚至对于民事纠纷和民事诉讼也实行政府干预,私法文化也未能得到培育。改革开放以后,随着社会经济的发展,私法才焕发出活力,私权观念才逐步勃兴。从建设法治社会的现实需要来看,应当弘扬私法自治的理念,倡导私权神圣观念。"经由罗马法"也意味着在民法典编纂中,需要借鉴罗马法的精神和相关制度,取其精华,善于借鉴,努力编纂符合中国国情和具有时代精神的科学的民法典。

"经由罗马法"虽然必要,但关键还在于"超越罗马法"。"超越罗马法"意味着我国的民商事立法和理论研究应当立足于中国国情,并进行制度和理论的创新。我国地域辽阔,人口众多,且处于社会主义初级阶段,我们所走的社会主义法治道路是人类历史上从来没有经历过的伟大实践。事实上,任何一个国家的法治,毫无疑问都要结合本国的国情。比如,同为西方国家,美国强调成文宪法、联邦分权、公民自由和平等,英国由于没有成文宪法,因而强调程序正义、普通法优先等,德国则强调基本权利和人格尊严保护等。在私法领域,两大法系的差异也十分明显,即便是大陆法系内部,对于一些固有法色彩强烈的领域,如物权法、家庭法等领域,各国的制度也存在很大的差异。所以,我国民法典的编纂应当从我国的基本国情出发,坚持社会主义基本经济制度,总结和运用党领导人民实行法治的成功经验,围绕社会主义法治建设重

---

[1] See John King Fairbank, *China: a New History*, Belknap Press, 2006, pp. 185—186.

大理论和实践问题，推进制度和理论创新。

"超越罗马法"意味着民商事立法和理论研究需要适应改革开放和市场经济发展的需要，不断进行制度和理论的创新。改革开放以来所取得的法治建设成果表明，只有从中国实际出发，而不是简单照搬国外的法治模式，法治建设事业才能兴旺发达，才能真正适应中国社会的需求。民商事立法应积极有效地回应我国社会主义市场经济建设过程中突出的现实问题，满足我国社会主义市场经济建设和运行的法治需求。例如，近年来互联网金融迅速发展，据统计，2014年的网络购物市场交易规模为6287.6亿元，居全球首位；我国互联网金融规模已近10万亿元，规模已居于全球之冠。其中涉及金融消费者、网购消费者的权益保护、交易平台和支付平台的法律地位等，都需要民法典在深入研究的基础上予以规范。

"超越罗马法"意味着民商事立法和理论研究需要适应21世纪的时代特征，进行制度和理论的创新。21世纪，随着经济全球化和科学技术的发展，与以往相比，人类社会的发展也出现了一些新的特点：随着计算机和互联网技术的发展，人类已经进入到一个信息爆炸的时代；数字化以及数据库的发展，使得信息的搜集、加工、处理变得非常容易，信息的市场价值也愈发受到重视，对于信息财产权和隐私权的保护需求也日益增强；现代网络通讯技术、计算机技术、生物工程技术等高科技的迅猛发展给人类带来了巨大的福祉，但同时也改变了传统生产和生活的形式，增加了民事主体权利受侵害风险，对个人权利的尊重和保护成为一个人类社会文明发展的必然趋势；经济贸易的一体化，使资源实现了全球范围内的配置，也推动了交易规则的国际化。正是基于上述原因，我们的民商事立法和研究应当在借鉴比较法经验的基础上，大胆进行理论创新，应当放弃唯德国法、法国法等外国法为圭臬的观念。我们的民商事立法和研究也不能仅仅从古希腊、古罗马出发，不能简单地照搬外国法，而应当结合21世纪的上述时代特征，结合我国实际，大胆进行理论创新。

明者因时而变，知者随事而制。在人类已经进入21世纪的今天，我们要从中国的实际情况出发，制定一部具有中国特色的民法典，而不应当完全照搬罗马法。民法是社会经济生活在法律上的反映，民法典更是一国生活方式的总结和体现。"经由罗马法、超越罗马法"，我国要制定一部反映中国现实生活、面向21世纪的新的民法典，就必须在体系结构上与我们这个时代的精神相契合，不断创新和发展。

法治：良法与善治

第四编
司法制度及其实践

> 法官是法律世界的国王,除了法律就没有别的上司。
>
> ——马克思,德国

用判决书说理促公正[*]

2012年,《民事诉讼法》修改时新增第152条明确要求,"判决书应当写明判决结果和作出该判决的理由"。这就意味着,法官在判决书中说理是其应履行的法定职责。

强化判决书说理是提高判决质量的重要途径。在不少判决中,法官在叙述案情之后,便直接援引法条裁判,但为什么依据该法条则语焉不详。有的判决不针对当事人的诉求来说理,虽讲出了一些道理和理由,但毫无针对性。有的判决甚至根本不援引具体法律规则,而只是援引法律原则(如诚信原则、公平原则)裁判,此种情况俗称"戴高帽"的判决。学理上称为"向一般条款逃逸"。意思就是说,判决的依据直接从民法的基本原则而来,看起来层次很高,但实际上,由于这些基本原则放之四海皆准,可以适用于任何案件,因此等于没有援引法条裁判。许多判决书,不要说当事人看不懂理由,就是法学专业人士,在看完之后也是一头雾水。

判决书之所以需要说理,就是要真正让人民群众从个案中感受到司法的公平正义。俗话说:"有理走遍天下,无理

---

[*] 原载《人民法院报》2013年4月25日。

寸步难行。"司法的固有特性决定了法院是最讲逻辑、最讲道理的地方，人民群众之所以将纠纷提交到法院，正是为了寻找说理的地方。如果判决书不讲道理，就意味着司法不讲道理，老百姓也就没有其他的地方可以说理了。法谚有云：正义是从裁判中发声的。司法的正义不是抽象的，而是具体的，它正是通过每一份判决书中的理由彰显出来的。可以说，判决的说理性越强，其公正性越强，也就越能够为当事人所接受，起到案结事了的作用。在实践中，某些判决从结果上看，对当事人双方是公平合理的，但因为欠缺说理，导致一方或双方都不相信该判决是公正的，甚至出现无休止的缠讼、上访，从而引发很多社会问题。

对法院而言，判决说理是践行司法公开、促进司法公正、增进司法权威的重要举措。司法公开不仅仅是程序的公开，还表现在裁判结果、裁判过程的公开。尤其是法官应当将其在裁判过程中的心证公开，即将其内心确信的形成过程向社会进行公开。判决需要强化说理，首先就是为了说服法官自己。这就要求案件裁判结果必须要有正当理由的支撑，如果缺少充分的说理论证，法官连自己都无法说服，如何说服别人？只有强化判决说理，才能实现裁判的公正。一份充分说理的判决，本身就表明法官在裁判过程中是公正司法、不偏不倚的，这也是法院裁判正当化的重要依据。

对当事人来说，裁判的说理也是辨明是非、使当事人服判息诉的重要方式。判决说理是"以事实为依据、以法律为准绳"原则的基本要求，如果法官充分展示了裁判理由，当事人知道究竟赢在哪里、输在何处，大多数当事人是能够理解和接受的。裁判的说理本身具有引导人们正确行为的功能，因为在判决中辨法析理、定分止争、阐释规则，不仅使具体案件的当事人能够感受公平正义的方式，也是让整个社会感受司法公正的重要方式。人们可以从充分说理的裁判中形成合理的预期,知道自己应该做什么、不应该做什么,这也是判决与调解在功能上的一个重大差异。

对整个社会而言,充分说理的判决才经得起社会的评价。尤其是在信息畅通的网络时代,网络监督的功能已经发挥着很大作用,每一个个案都可能在网上公开,引起社会公众的普遍关注。社会的关注不限于对判决结果的简单关注,而更体现在对判决是否详细说理的关注。这不仅反映了我国公民法律素养的普遍提升,也反映了公民对司法公正的强烈期待。从这个意义上说,判决的说理是回应人民群众对司法期待、强化社会监督的重要内容。判决的充分说理,可以有效地减少社会对法官的质疑,能够有效地规范自由裁量,防止司法专横、恣意裁判。

每一份判决都是法官向社会呈现的一份答卷。在国外,一份判决可能是一篇绝佳的论文。当然,要求判决书都成为学术论文,这显然是不现实也是不必要的,但每一份判决书至少都要讲出充分的理由,这样的要求并不过分,甚至是社会对法官提出的基本要求。《民事诉讼法》将判决书说理作为法官的一项职责,也是当前促进司法公正、建设社会主义法治国家的必然要求。

从"薄案"审判谈司法公开

"薄熙来案"(以下简称"薄案")的审判举国关注、全球聚焦。我当时正在北欧访问交流,发现不少外国人也在通过微博、博客等方式关注这个案件的审判过程,并对该案审判的公开、透明给予高度评价。"薄案"的审判得到国人的一致赞扬,与其始终彰显司法公开密不可分。法院通过网络直播"薄案"的审判过程,人们可在第一时间直观案件审理;控辩双方激烈交锋,针锋相对,法官居中裁判,始终保持独立、中立的地位,证据也能够得到充分的质证,关键证人都发表意见,控辩双方都围绕证据辩论,被告享有充足的辩护时间;长达5万字的判决书的公布,讲事实、摆道理,进行了充分的说理论证,对案件裁判进行教科书式的分析,充分展现了法官在案件审判过程中的逻辑推理和说理论证艺术。

近两年来,最高人民法院采取了一系列深化司法改革的措施,除了《宪法》和三大诉讼法明文要求的"审判公开"外,还采取了一系列深化司法改革的措施,其中最大的亮点就是要全面深化司法公开,紧紧抓住立案、庭审、文书、执行等关键环节,建设审判流程、裁判文书、执行信息三大公开平台,充分运用信息技术和新媒体推动司法公开。短短两年时间，开通了中国审判流程信息公开网、中国法院庭审直播网、中国裁判文书网、中国执行信息公开网、最高人民法院官方微博微信，在全国范围内搭建了统一的网络平台，便于文书的查询和研究，有效地满足了信息时代当事人和社会公众对司法公开的多元需求。可以说，这是一项史无前例的浩大工程，是全面推进司法公开的重要举措。执行信息上网公开，有利于让当事人及时了解所涉具体案件的执行进展，同时让公众了解司法判决的执行状况并进行监督。最高人民法院与中国人民银行在执行方面还正在构建信息共享机制，这也有助于化解执行难的问题。除了"薄案"的公开审判之外，奇虎诉腾讯不正当竞争纠纷案在最高人民法院首次全媒体直播，另外淘宝网司法拍卖、公开曝光失信被执行人、12368诉讼服务热线查询案件信息等等，都是近年来人民法院深化司法公开的重要举措。

习近平同志强调，要坚持以公开促公正、以透明保廉洁，增强主动公开、主动接受监督的意识，让暗箱操作没有空间，让司法腐败无法藏身。四中全会提出，"保障人民群众参与司法……构建开放、动态、透明、便民的阳光司法机制。"可以说，深化司法公开、构建阳光司法既是全面深化改革的内容，也是促进司法改革、保障司法公正的重要举措。

司法是社会正义的最后一道防线。以公开促公正，深化司法公开是目前深化司法改革、提高司法公信力的一项重要的举措，对于保障司法公正具有重要意义。从不同的角度和层面，可以多维度地理解司法公开的意义：

——对社会大众而言，深化司法公开有利于对法院进行外部监督，预防司法腐败。司法活动关乎社会公共利益，在性质上是国家政治权力的重要组成部分,为了实现人民监督权力、确保司法廉洁公正,必须通过司法公开,让司法权在阳光下运行。历史经验表明,阳光是最佳的防腐剂,司法越公开、越透明,监督越到位,越能防止"暗箱操作"。现在流行的一句话是,"案子一进门,两头都找人"。这也说明,司法不公开本身也为人情案、关系案打开了方便之门。司法不公开,难免出现权力寻租、滋生腐败,妨碍司法公正。还要看到,司法公开也有助于保障人民群众对司法活动的知情权、参与权和监督权,实现司法民主。

——对当事人而言,深化司法公开有利于保护当事人的诉权。程序公正是看得见的正义,没有公开就很难谈得上正义。实践中出现的"先定后审"等妨碍司法公正、损害当事人诉讼权利的做法,在本质上也违背了审判公开的原则,也有违程序正义。如果没有司法公开的约束,司法审判人员就缺乏依照公开的程序严格审案的动力。依程序公开,就要求人民法院严格履行法律规定的公开审判职责,切实保障当事人依法参与审判活动、知悉审判工作信息的权利,使宪法、法律所规定的审判公开真正落到实处。例如,在"薄案"审判过程中,法庭给予了被告当事人充分的陈述和辩论自由,证据也得到了充分的展示和质证,控辩双方都围绕证据辩论。法官始终采取中立、平和的态度,平等对待双方当事人,审理时间也没有预先设置限制。被告人享有充分的辩护权,其自我辩护也十分充分。这些都充分地体现了程序正义,保护了当事人的诉权。

——对司法审判人员而言,深化司法公开有利于提高司法审判人员的法律素养。因为公开在客观上要求司法审判人员以审判为中心、提升审判的业务素质;要求判决书强化说理、以理服人,判决书要经得起时间检验和社会评判;要求法官公开其判决作出过程中的心证过程,并且通过这种过程的公开，使当事人心服口服；要求执行环节公开、透明，不断提高执行的效率。例如，"薄案"的判决书长达5万字，法官在判决书中讲事实、摆道理，进行了充分的说理论证，充分展现了法官在案件审判过程中的逻辑推理和说理论证艺术，这就是人民群众所期待的公开。应当说，司法公开对法官既是一种压力，也是一种动力。深化司法公开对审判人员而言也会形成一种倒逼机制，激励法官不断提升自身的业务水平，努力提升法官司法能力，促进法官职业化建设。

——对法院而言，深化司法公开有利于以公开促公正，提高司法公信力。在人民群众的法律意识普遍提高的情况下，司法神秘主义只能加剧人们对法院的不信任。深化司法公开，增强了社会公众对司法活动的认知度和认同感，拉近了司法和民众的距离，必然会提升司法的公信力和权威性。例如，"薄案"审判过程始终贯彻公开、透明的司法理念，在案件审理过程中，通过网络直播案件审判过程，使人民群众在第一时间了解案件审理的过程，其司法公开程度超出了人们的想象。人民群众在该案的审判中切实感受到了司法的权威和法律的公平正义，这次审判可以说在法治中国的建设中留下了永久的印记。因此，深化司法公开，通过公布审判流程、裁判文书和执行信息等措施，使人民群众能够清晰地了解到案件的裁判过程、裁判理由。如此一来，就不会怀疑司法活动是一个"暗箱操作"的过程，司法公信力自然就会得到显著提升。只要我们敢于依法及时全面公开，对司法公开充满制度自信，司法的权威和公信力必将得到明显提升。

此外，深化司法公开，将法庭中的举证、质证以及法官心证的过程公开，也有利于增加社会公众对法官的裁判过程以及对法律规范、程序正义的认识，具有某种教育功能。可以说，司法公开本身也是一个普法过程，通过一个个鲜活的案例，可以增进人民群众对法律和司法活动的认知，提高社会公众的法律素养。

从根本上说，推进司法公开是手段，实现司法公正是目的。目前，深化司法公开、构建阳光司法，已经取得了阶段性的成果，但根据四中全会的要求，应当不断建立和完善阳光司法机制。为了建立这样一个机制，首先应当完善司法公开的各项制度，促进各级法院实现"四个转变"，即变被动公开为主动公开，变内部公开为外部公开，变选择性公开为全面公开，变形式公开为实质公开。在司法公开的范围上，应当坚持"以公开为原则，以不公开为例外"的原则，除依法不应公开的外，所有的司法活动都应当公开。公开的对象既包括向社会公开，也包括向当事人公开。就依法不应当公开的情形而言，可以考虑采取负面清单的方式列举不予公开的范围或内容。凡是清单以外的事项，原则上都应当予以公开。同时，对清单范围内不宜公开的事项，也应当明确其具体内涵，避免法院在公开范围上享有过大的自由裁量权。例如，《民事诉讼法》第134条第1款规定："人民法院审理民事案件，除涉及国家秘密、个人隐私或者法律另有规定的以外，应当公开进行。"依据该条规定，涉及国家秘密、个人隐私的案件，可以不公开审理。但这些情形应属于司法公开的例外情形。为保障司法公开，应当明确"国家秘密"、"个人隐私"的准确内涵，以防止法院对其作出较为宽泛的解释，对应当公开的不予公开。

深化司法公开，需要完善以审判为中心的诉讼制度改革，确保整个审判过程公开、透明，保证庭审在察明事实、认定证据、保护诉权、公正裁判中发挥决定性作用。从我国的司法实践来看，虽然向社会进行司法公开的范围较广（包括审判流程公开、庭审公开、裁判文书公开、执行公开等司法环节的公开），但在一些关键问题和环节上仍存在不足。例如，一些法院在裁判过程中仍存在"先定后审"的现象，使得审判活动的公开流于形式，甚至出现"你说你的，我判我的"的辩审"两张皮"现象。同时，因为层层汇报、领导审批、内部请示等作法还在一定程度上存在，也会妨碍当事人诉权的行使；有些审判委员会经常讨论重大民商事疑难案件，并要对案件的处理作出决定，但诉讼当事人对审判委员会的委员结构和决定过程知之甚少，无法行使对审委会委员的回避申请权。此外，在实践中还存在着老百姓旁听法庭审理难的问题。有的法院的审判大楼越盖越高，但老百姓想进法庭旁听庭审越来越难，需要履行很多审查手续。有的法院还对公众旁听庭审设置了种种障碍，例如，有的法院将那些广受关注的案件安排在旁听席数量非常有限的法庭审理，使得社会公众难以获得旁听的席位。因此，需要完善庭审旁听制度的主要内容、运行规则，建立公开透明、开放有序的旁听制度。因此，要进一步深化司法公开，确保当事人通过行使知情权、参与权、监督权，对法院的行为形成制约，最终实现公正。深化司法公开，还需要借助于多种现代化的信息手段，如自媒体、网络、数字技术、数据库技术等，将相关的司法信息向社会公开，并且便于社会公众查阅。

公开是正义的灵魂。深化司法公开是司法公正的基础和核心，也是司法廉洁的重要保障。党的十八届四中全会提出构建开放、动态、透明、便民的阳光司法机制，对人民法院司法公开工作提出了更高的要求。在全面推进依法治国方略过程中，在信息科技高速发展和新媒体日新月异的时代，如何进一步推进司法公开，促进司法公正，提升司法公信力，仍然是人民法院所面临的重大挑战。

清官能断家务事*

家务事之所以难断，确有其复杂的一面，法官必须对此有清醒的认识，在裁判家务纠纷时，切忌简单化。一方面需要发挥法律的引导和规范作用，依法解决纠纷；另一方面，在家事案件审理、判决、执行过程中，司法也不妨多点责任心和人情味，用情感的感召来弥补法律强制力的不足。

最近听说了这样一件事，江苏省徐州市某村85岁的老人金赵氏，有三个儿子和八个孙子孙女，因其三个儿子、儿媳之间的积怨甚深，均拒绝赡养老人，导致老人长期生活无着，而且无栖身之地。2013年6月，不堪生活苦楚的金赵氏一纸诉状将大儿子、三儿子、二儿媳告上法庭，要求他们履行赡养义务。法院多次进行调解，最终双方达成调解协议，由老人的子女各家轮流赡养。然而，三儿子却拒绝接回老母亲，甚至最后将其赶出门外，老人被迫搬到村中的垃圾池里居住。后来，负责执行的陈法官因多次协调执行未果，将三儿子拉到垃圾池，要求其亲身感受体验一下老人糟糕的居住环境。经过亲身体会，三儿子终于回心转意，同意给老人提供一间能够居住的房子。

---

* 原载《人民法院报》2014年7月8日。

这个故事发生之后，社会各界对法官的执行方式给予了广泛赞誉，认为其不仅有效执行了法院判决，而且对当事人和整个社会都产生了良好的效果。特别是，这一做法弘扬了赡养老人的中华传统美德，值得广泛宣扬。

中国有句俗语，叫"清官难断家务事"。据考证，这句话最早出自明代冯梦龙的《喻世明言》第十卷："常言道清官难断家务事。我如今管你母子一生衣食充足，你也休做十分大望。"在早期儒家经典那里，也有关于"门内之治"与"门外之治"的区分，与私领域与公领域的区分大致相当。例如，郭店竹简《六德》记载："门内之治恩掩义，门外之治义斩恩。"这就是说，在处理家庭关系与社会关系时，应当采用不同的原则。对家庭关系属于"门内之治"，主要依靠道德规范来调整。

中国古代历来注重家庭伦理观念，家庭成为处理一切社会关系的原点。《周易》有曰：上经言天道，下经明人事。而人事的中心就是家庭秩序，社会关系也是家庭关系的一种延伸和发展。儒家学说认为，处理好家庭伦理关系是首要任务，即所谓"正家而天下定"。瞿同祖认为，在中国古代社会，人伦的核心部分是家庭，这也是儒家所说的礼的一个重要部分。儒家学说主张更多地通过道德教化来实现家庭和谐，有孝、有亲、有爱才能达到"仁"的境界。因为在家事关系领域中总是掺杂着情感、伦理等多种主观因素，"亲亲得相容隐"。所以，许多亲属间的关系不像交易关系那样简单、清晰。即便是清官，介入到家事领域，也难以理清楚，即便把道理讲清楚了，裁判的执行效果也十分不理想。所以人们感叹：清官难断家务事。

再到家事判决的执行环节，这种困难同样存在。在很多人看来，只要涉及家务事，就会有点有理说不清的感觉。所以，一旦法院采取强制执行的措施，反而容易激化家人之间的矛盾，使之无法继续在同一屋檐下生活，如在本案中，假如法官没有给家庭子女做通思想工作，即便老人勉强搬进子女家里，恐怕也难得到善待。而本案法官的执行方式比较好地解决了这一问题，对如何将法治作为一种生活方式这一根本性的问题具有不小的启发意义，主要体现在如下几点：

首先，即便清官难断家务事，法官也不得不断家务事。因为按照现代法治理念，法官不得拒绝裁判。家庭领域的纠纷，尤其是婚姻、继承等方面的纠纷，在现代社会也趋于复杂，此类案件在全部案件数量中占据了一定的比例，法官不能拒绝对此类案件进行裁判。特别是我国是成文法国家，20世纪70年代就已颁布了《婚姻法》，此后《继承法》也得以颁布，《婚姻法》的相关司法解释也逐渐颁布，在家庭法领域的有法可依已经实现，法官必须依法对家事纠纷作出裁判，即便家务事难断，法官也必须裁判。

而且，就家庭事务纠纷的处理而言，由法院通过裁判的方式解决，具有一定的优势：一方面，法院裁判是对家庭事务的法律评价，并通过这种评价发挥导向作用，特别是对于不履行赡养义务之类的触犯基本公共道德的情形，法院通过公开裁判文书、引入舆论监督，能敦促和引导社会形成和保持尊老爱幼、孝敬父母、赡养老人的良好风气。另一方面，与街道、村委会的调解相比，法院裁判具有更大的优势：一是法院是专门的纠纷裁判机关，具有解决纠纷的专业性和职业性的特点；二是法院按照法定的司法程序来审理案件，能够充分保障纠纷解决的公正性与合法性；三是法院不仅能够进行裁判，还能够强制执行裁决，所以对于家事领域的纠纷解决也更有优势。上述特点在一些地方法院成立的家事法庭上有突出体现。这些家事法庭专门审理有关婚姻、继承纠纷和家庭成员间的民事纠纷,实践证明其工作更加高效。

其次,虽然通过法院裁判的方式解决家庭纠纷具有一定的优势,但我认为,即使是清官,在家务事的裁判方面,也要保持一定的谦抑态度,不应使法律过多介入家庭事务,主要原因在于:

一方面,家庭关系具有很强的伦理性,道德色彩浓厚。家庭领域具有浓厚的情感色彩,朱熹在《近思录》中曾言:"人之处家,在骨肉父子之间,大率以情胜礼。"在家庭关系的调整中,应当准确划分道德与法律所调整的范围,而且与一般的社会公共生活领域不同,家庭关系具有很强的伦理性特点,这也决定了家庭纠纷主要依靠家庭成员的道德自律和道德观念来解决,法律不应当过度介入。法律过多介入家庭纠纷的解决,既不符合家庭关系伦理性的特点,也可能导致法律过多侵入道德生活领域,反而不利于家庭纠纷的解决。例如,将夫妻之间发生的口角作为侵权处理,不仅无助于纠纷的解决,反而可能加快双方矛盾的激化和婚姻关系的破裂。另一方面,家庭关系具有私密性的特点,法律过多介入可能破坏家庭关系的私密性。家庭关系属于个人的私人生活领域,家庭也是人们情感的重要场所。在家庭关系中,个人应当有权选择自己的生活方式,即便发生了家庭纠纷,法律也不应当过分地介入,否则可能导致个人私人生活被不正当地公开或者介入,这不仅不利于家庭纠纷的解决,反而可能暴露家庭关系的私密性,影响家庭关系的稳定。

最后,基于上述因素,与一般的民事纠纷相比,在家庭纠纷的解决过程中,法官应当立足于维护传统伦理道德和家庭关系和谐的角度,给予当事人更多的人文关怀。特别是要合理区分伦理问题和情感问题,法官有责任积极弘扬伦理道德,努力促进家庭和谐。如前述案件的纠纷涉及家庭成员之间赡养义务的履行,法官有责任介入。但对家庭成员间的情感问题，法官应当谨慎地介入，以免因其过度介入而影响家庭关系的和谐和稳定。而且，法官在处理家务事的同时，应以有别于一般商事交易案件的方式处理，在不违反法律规定的前提下，尽量采用富有人情味的裁判和执行方式，既使法律得到执行，又尽量不妨碍家庭伦理亲情关系。

家庭是情感的港湾，是个人事业发展的起点，人们在社会上所经历的成功与失败，最终还是要与家庭成员才能分享其喜悦与失落。家庭是个人事业的基石，在这样一个情感的港湾中，家庭成员之间的关系，远远超出了法律所规定的权利和义务关系，家庭关系不是单靠理性和规则就能说清的权利义务关系。这就表明，家务事之所以难断，确有其复杂的一面，法官必须对此有清醒的认识，在裁判家务纠纷时，切忌简单化。法律不是枯燥冰冷的文字，法治也不是不容人情的冷漠治理，一旦激发了司法的智慧，法律就能变成调节人情冷暖的"调味剂"。

多从法律职业共同体中选拔法官*

面向社会开展法官公开选拔工作，有利于推动社会优秀法律人才向法院有序流动，这对于拓宽法官来源渠道，进一步优化法官队伍结构具有重要意义。日前，来自学界、律师界和检察系统的5名人选经过激烈竞争、层层选拔，从195名报名者中脱颖而出，被确定为最高人民法院公开选拔高层次审判人才人选。这是最高人民法院深化干部人事制度改革，创新选人用人方式的重要举措。

本次公开选拔的第一个特点就是选拔程序公开透明，从程序上保证了选拔结果的客观公正。此次选拔设置了严格的报名、资格审查、专业评审、面谈、体检、考察、公示等一系列程序，以确保选拔过程公开透明。最终，5名人选经过激烈竞争，层层选拔，从195名报名者中脱颖而出，被确定为最高人民法院公开选拔高层次审判人才人选，从而实现了最大限度地选贤任能、择其优者而录之的队伍建设目标。

本次公开选拔的第二个特点，在于从法律职业共同体中选拔优秀人才担任法官。本次公开选拔的最终结果是两名法学家、两名检察官和一名律师脱颖而出，进入最高人民法院

---

* 原载《人民日报》2014年4月2日。

的法官队伍之中，充实了审判力量。众所周知，现代社会法律关系日益复杂多元，人民群众对于公正司法的需求也在不断增长，没有一支精良、专业的法官队伍，无法满足人民群众的需求。而建设这样一支队伍，有赖于法律职业共同体的形成。法官、检察官、律师、法学家、立法者等法律工作者共同构成了一个法律职业共同体。其中最为典型者，是法官、检察官和律师，他们常常被称为推动法治进步的"三驾马车"。法律职业共同体具有相同的理念，接受相同的训练，掌握相同的技巧，因此能够共同护佑法治之舟的平稳航行。正是因为法律人接受了共同的训练，具有共同的思维，他们才能够在司法实践过程中对法律规则形成共同的理解，并且能够以法律思维而不是以普通的经验思维来看待每一个具体的争议个案，从而保证法律的确定性和可预期性。从法律职业共同体的大范围中选拔优秀人才，既有利于实现法官来源渠道的多元化，也有利于推动法官、检察官、学者、律师等法律行业之间的良性流动。

本次公开选拔的第三个特点，是注重被选拔者的实践经验。霍姆斯曾说："法律的生命不是逻辑，而是经验。"现代社会，法律成为规范人们生活重要的行为规则，法律部门越来越细化，法律知识越来越庞杂，尤其是审判活动，是一门复杂的艺术，需要依靠长期的经验积累才能有效把握。所以法官必须具有丰富的实践经验，才能依法公正进行裁判，实现法律效果和社会效果的统一。本次公开选拔法官，一个重要的条件，就是报考者必须具有长期的法律实践经验。这充分反映了最高人民法院对法官职业的深度把握。

本次法官公开选拔工作还是比较成功的，取得了良好的社会效果和工作实效。期望人民法院进一步总结经验，将公开选拔与内部选任、逐级遴选等方式结合起来，不断提高法官队伍的整体素质。

程序是人身安全的保障

1996年4月9日,内蒙古自治区呼和浩特市毛纺厂年仅18周岁的职工呼格吉勒图被认定为"4·09毛纺厂女厕女尸案"凶手。案发仅仅61天后,法院判决呼格吉勒图死刑,并立即执行。2005年,被媒体称为"杀人恶魔"的内蒙古系列强奸杀人案凶手赵志红落网。其交代的第一起杀人案就是"4·09毛纺厂女厕女尸案",从而引发媒体和社会对呼格吉勒图案的广泛关注。2014年12月15日,内蒙古自治区高级人民法院再审判决宣告原审被告人呼格吉勒图无罪,之后启动追责程序和国家赔偿。2014年12月19日,内蒙古公、检、法等部门已全部启动呼格吉勒图案的追责调查程序。① 最近,真凶赵志红已经伏法,但此案仍受到社会的广泛关注。

一直以来,冤假错案是法律人心中"永远的痛"。近几年来,从媒体不断披露的冤案来看,从"佘祥林案""赵作海案""二张案",再到最近出现的"呼格案",都让无辜者遭受牢狱之灾,甚至付出生命的代价。冤假错案对当事人造成的损害,仅依靠国家赔偿难以完全填补。正如河南高院院

---

① 参见《遏制刑讯逼供之恶,别等到冤案后》,载《新京报》2014年12月20日。

长张立勇在评价"赵作海案"时指出,这个冤案造成赵作海家庭破裂、妻离子散,其四个子女因为没钱上学成为文盲,可以说祸及三代。而赵作海等毕竟保住了生命,但呼格吉勒图则因为办案人员的失职而失去了生命。值得注意的是,这几个案件都是因为真凶出现或"亡者归来",导致真相大白后,错案才被纠正,而事实上,真凶出现或"亡者归来"的概率较低,还有一些冤假错案可能尚未得到有效纠正。

在冤案披露后,留下了许多值得法律人反思的教训,但最深刻的教训莫过于对法定程序的尊重,这也反映了尊重法定程序对保障个人人身安全的重要意义。这里所说的程序,主要是刑事诉讼程序,它是人身安全的最基本保障。戴西在提出"法治"概念时,认为法治的第一层含义就是惩罚任何人都必须按照法定的程序进行,且必须获得公正的审判。英国1215年《自由大宪章》第39条就确认了"任何人非经合法判决,或依国法,不得被关押,或被监禁,或被剥夺其权利和财产,或被放逐或流放,或以其他任何方式被褫夺身份,我等不得以武力或委派他人以武力威胁之。"这实际上也承认了程序的正当性。在美国1789年《权利法案》起草过程中,詹姆斯·麦迪逊就提出了正当程序(due process)的概念,同年生效的美国宪法,在第5条修正案中明确规定"非经正当法律程序,不得被剥夺生命、自由或财产"。正当程序是法治的重要内涵,它包括了实质性的正当程序和程序性的正当程序(procudural due process),后者就是我们今天所说的程序正义,其成为对个人人身和财产保护的最基本的宪法原则。

霍布斯(Hobbes)曾言:"人民的安全,乃是至高无上的法律。"[①]

[①] 〔美〕E. 博登海默:《法理学:法律哲学与法律方法》,邓正来译,中国政法大学出版社1999年版,第293页。

人身安全不仅是每个人生活幸福、安宁的前提，也直接关系到个人人格尊严，试想，如果连个人的人身安全都得不到保障，更何谈对其人格尊严的保护！美国的"米兰达"规则在一些人看来有点不合情理，但西方社会却将其奉为经典，这主要是因为，它形成了对个人人身安全的保障，也构成对国家公权力的严格制约。法律所要维护的安全，首先应当是个人的人身安全；法律所要维护的自由，首先应当是个人的人身自由。如果个人人身的安全与自由不能得到保障，则一旦身陷囹圄，即便其有万贯家财，也可能在一夜之间化为乌有。但是要保障每个人的人身安全，使人们真正享受安全、幸福的生活，必须要有法定程序的保障。因此，我们在法治建设过程中，虽然应当通过实体法对个人的人身安全和人身自由提供保护，但更应当完善相关的法律程序，并逐渐培养程序正义的理念。上述几个冤案给我们几点教训，最根本的就是要重程序、守程序、严格依照程序办案，具体表现为：

一是公检法三机关之间应当相互制约、相互配合。实践中，一些地方为了便利办案，提高办案效率，形成了"以侦查为中心"的格局，也就是说，侦查机关提交什么证据，检察机关就予以提交，法院一般就予以采信，并没有真正依据证据规则对其效力进行认定。在办案过程中，三机关只讲互相配合，而不讲相互制约。其实，依据我国《宪法》的规定，三机关在刑事诉讼活动中应当各司其职、互相配合、互相制约，其主要目的在于保障三机关均依照法定程序办理案件，防止因枉法裁判等原因而侵害公民的人身、财产权益。因此，遵循法定的程序，首先就要按照《宪法》第135条的规定，使公检法三机关分工负责，互相配合，互相制约，以保证法律的准确有效执行，充分保障人权。

二是法官始终保持独立、中立的地位。法官独立、居中裁判是正当程序的基础，不独立就不能公正，不中立必然偏失。过去有一种观点认为，在民事案件中，法官才应当居中裁判，而在刑事案件中，基于共同打击犯罪的需要，法官与检察机关应当相互配合，不能讲法官的中立。受这种观念的影响，一些法官往往先入为主，疑罪从有，一开始就认定被告人实施了犯罪行为。为保证司法公正，无论是民事案件，还是刑事案件，法官在裁判过程中都应当保持独立、中立，不受外来因素的不当干预，都应当执法如山，刚正不阿，不受人情关系和社会舆论的不当影响。在刑事案件审判中，法官应当坚持无罪推定、疑罪从无的原则，"宁可放过一个坏人，不能冤枉一个好人"。

三是依法保障被告人的辩护权。法谚云："律师多的地方最安全"。律师的辩护就是对法官最大的帮助，只有借助律师的充分辩护，法官才能准确查明和认定案件事实。同时，律师的有效辩护也是被告人实体权利和诉讼权利保障的基础。在刑事案件中，面对强大的公诉机关，被告人在举证能力、辩护能力等方面都明显处于弱势地位，其在客观上也需要借助律师为其辩护。在上述几个案件中，辩方和控方并没有平等的话语权，律师的声音十分微弱，有的法官基本上是采取"你辩你的，我判我的"的做法，听不进律师的辩护意见，这就难免造成偏听偏信、枉法裁判的后果。所以，要防止冤假错案，尤其需要保障被告的辩护权。如果被告因经济困难无力聘请律师，则应当为其提供必要的法律援助。在裁判作出以前，应当保障被告能够充分地陈述其意见，充分行使其辩护的权利，充分尊重律师在调查取证等方面的权利。

四是要坚决禁止刑讯逼供。"棰楚之下，何求不得？"上述几个冤假错案的发生，都与刑讯逼供屡禁不止有关。以刑讯逼供的方法所获得的证据是"毒树之果"，即使其可能能够证明案件事实，但一旦被采用，就等于变相鼓励刑讯逼供，严重违背程序正义，甚至铸成重大错案，这已为大量的冤假错案所反复证实。我国《刑事诉讼法》第54条已经明确规定了"非法证据排除"规则，但问题在于，如何真正地贯彻该规则。从根本上杜绝刑讯逼供，通过三令五申很难做到，只有从程序上将刑讯逼供所取得的证据作为非法证据予以排除，才可能遏制刑讯逼供的发生，从而有利于防止冤案的发生。这可以说是真正保障了人权，保障了公民的人身自由。遏制刑讯逼供之恶，必须在日常的侦查活动中，对刑讯逼供零容忍。唯有如此，才能让司法人员依法、谨慎、公正地行使好手中的权力，尽可能避免冤案的重演。

最后需要探讨的是，是否有必要赋予刑事案件的犯罪嫌疑人以沉默权？自美国1963年的"米兰达诉亚利桑那州案"确立沉默权之后，该规则逐渐被许多国家和地区采纳。警察在逮捕犯罪嫌疑人时，需要作出"米兰达警告"："你有权保持沉默。如果你开口说话，那么你所说的每一句话都将作为呈堂证供。你有权请律师，并可要求在讯问的过程中有律师在场。如果你请不起律师，我们将免费为你提供一位律师。在讯问的过程中，你可随时要求行使这些权利，不回答问题或者不作出任何陈述。"该规则对于防止刑讯逼供、保护被告人的合法权益具有重要意义。我国《刑事诉讼法》第50条规定："不得强迫任何人证实自己有罪。"依据该条规定，任何人不得被强迫证实自己有罪，并因此形成一个重要的法律原则，但该条并未赋予犯罪嫌疑人、被告人沉默权，相反，新《刑事诉讼法》第118条仍然规定："犯罪嫌疑人对侦查人员的提问，应当如实回答。"该规定在一定程度上否定了犯罪嫌疑人的沉默权。事实上，不得强迫任何人自证有罪原则与犯罪嫌疑人的如实回答义务之间存在一定的冲突。① 因为依据不得强迫任何人自证有罪原则，面对侦查机关或者检察机关的询问，为保障被告人的人权，被告人应有权保持沉默，即便犯罪嫌疑人保持沉默，公权力机关也不得因其沉默而对其加重惩罚。

丹宁勋爵指出，"正义不仅要实现，而且要以看得见的方式实现。"而程序正义就是看得见的正义。"佘祥林案""赵作海案""二张案""呼格案"等冤案反复提醒我们应当严格遵循法定程序，而不能重实体、轻程序，更不能以方便办案为由而漠视程序，不讲程序将最终威胁个人的人身安全。"立国之道，惟在富民"。而人生最大的幸福莫过于自由、安宁和安全，而公正的法律程序则是人身安全的最大保障。十八届四中全会决定指出："坚持以事实为根据、以法律为准绳，健全事实认定符合客观真相、办案结果符合实体公正、办案过程符合程序公正的法律制度。"按照四中全会的精神，做到办案过程符合程序公正，同时推进以审判为中心的诉讼制度改革，必将有力地推动司法公正、依法保障人权。

---

① 参见杨文革：《美国口供规则中的自愿性原则》，载《环球法律评论》2013 年第 4 期。

不宜鼓励被告人揭发律师的伪证行为

在重庆打黑中,"李庄案"一度成为国内外关注的焦点。本案中,李庄是否构成犯罪暂且不论,但在该案中,出现了一个戏剧性的情节,即被告人龚刚模因揭发律师李庄而立功,并最终因此被减刑。这种做法曾经引起法律界的普遍质疑,也在社会上引起热议。

在这个案件中,实际上有两个问题需要讨论:一是被告人能否揭发律师?二是能否通过给被告人减刑的方式鼓励其揭发律师?第一个问题虽然复杂,但从法律上来看,由于我国《刑法》第306条、第307条对伪证罪作出了规定,因此,在刑事诉讼中,如果律师涉嫌伪证罪,则应当允许被告人揭发该行为。从我国现行法律规定来看,被告人揭发律师构成伪证罪,其行为并不违法。但即便允许被告人揭发律师的伪证行为,在法律上是否应当鼓励被告人揭发律师?

我个人认为,不宜鼓励被告人揭发律师的伪证行为。首先从道德上看,此种行为属于背信行为,会损害被告人和其辩护律师之间的人身信任关系。在刑事诉讼中,律师是受被告人的委托为其辩护,律师和被告人之间不仅存在契约关系,而且也存在一定的人身信任关系,这也是律师正常开展执业活动的前提和基础。一方面,没有此种人身信任关系,律师就无法正常开展辩护工作。缺乏此种人身信任关系，被告人就无法将其所知道的一些案件情况告知律师，这也会直接影响律师的辩护行为。另一方面，律师是为被告人的利益而辩护，在一定程度上是在帮助被告人，如果被告人反戈一击，揭发律师的伪证行为，在道德上也不可取。正如牧师不能揭发忏悔的人的行为一样，法律上不允许律师揭发被告人的犯罪行为，甚至律师知道被告人存在一些新的犯罪事实，也不能揭发被告，在很大程度上就是为了维护二者之间的人身信任关系。与此相对应，法律也不应当鼓励被告人揭发律师的伪证行为，否则将破坏当事人之间基本的信任关系。中国古代就有"亲亲相隐不为罪"的原则，这实际上就是要维护正常的伦理和社会关系，虽然"亲亲相隐"的主要目的是为了维护家庭成员之间的情感、伦理关系，但其也具有维护社会诚信和相关伦理道德的功能。而不鼓励被告人揭发律师的伪证行为，也是要维护律师与被告人之间特殊的人身信赖关系。

鼓励被告人揭发律师的伪证行为，也会使律师难以正常履行职责。律师职业是法治文明发展到一定阶段的产物，也是法治文明的标志。律师是法治建设的重要力量，律师与公检法机关在法律上并不是对立的，而是和公检法机关一起，构成了法律职业共同体，并且都是法治建设的重要力量，因此，律师、法官和检察官被称为法治的三驾马车。我们要推进社会主义法治建设，就必须充分发挥律师的作用。律师不仅捍卫着程序公正，而且律师参与诉讼活动本身就是程序公正的体现。为维护程序公正，也不宜鼓励被告人揭发律师的伪证行为。因为一方面，法律一旦鼓励被告人揭发律师，则被告人为了减轻自己的刑事责任，可能会反戈一击，揭发律师，律师将动辄得咎，无法正常执业。另一方面，被告人和律师之间的关系具有一定的私密性，两者之间的交谈内容，一般只是他们之间知道，法律上也不可能要求二者公开谈话内容。一些律师为了充分保障被告人的利益，可能会给被告人提供一些诉讼策略，如果被告人立功心切，胡编一通，揭发律师存在伪证行为，外人又很难知晓其内情，则律师将有可能百口难辩，这样反过来也会严重影响律师的执业活动，甚至导致律师身陷囹圄。如果律师的人身安全都得不到保障，又何谈维护程序正义呢？

尤其应当看到，如果鼓励被告人揭发律师的伪证行为，最终也不利于保护被告人本人的利益。从个案来看，被告人揭发律师可能会使该被告本人的刑事责任得到减轻，但从长远来看，此种行为将最终损害被告人的利益。因为一旦鼓励被告人揭发律师，律师可能不愿意单独会见被告人，或者即使见面，也不愿意过多谈及案件内容，这可能导致会见的环节对整个诉讼程序的进行产生不了多大的作用，也不利于有效平衡控辩双方的法律地位。从实践来看，律师本来就经常遇到会见难、取证难、阅卷难等困难，如果再鼓励被告人揭发律师，对律师行业的正常发展无疑是雪上加霜，这将从根本上危及律师制度的发展，这反过来也会损害被告人的利益。例如，在"李庄案"发生之后，一些律师在会见当事人时甚至要求警察在场，一些律师在调查举证后，要求采取公证机构公证或申请法院调查的方式，这也导致律师无法尽职尽责地维护被告人的合法权益。

应当指出的是，如果律师在辩护过程中故意毁灭证据、毁灭、伪造证据，帮助当事人毁灭、伪造证据，威胁、引诱证人违背事实改变证言或者作伪证，已构成伪证罪，则应当由司法机关追究律师的法律责任，而不应当鼓励被告人揭发律师的不法行为。另外，如果律师有违反职业道德的行为，律师协会或者相关的主管机关也有权依法对其予以处罚。

保障公民的人身自由就要切实保障公民的辩护权。修改后的刑事诉讼法加强了对律师的权益保障，旨在保护被告人的合法权益，防止冤假错案的发生，维护程序正义。扑朔迷离的李庄案、龚刚模案看似已经尘埃落定，但在此后，接连发生了一些被告人揭发代理律师的案件，说明该案的影响仍然存在①，这种现象确实令人担忧。在法律上不宜鼓励被告人揭发律师的伪证行为，应当成为法律职业共同体的基本共识。

---

① 参见秦旭东：《"龚刚模式立功"示范 被告人检举律师事件再现》，载财新网，2014年6月4日访问。

深化司法改革　保障司法公正[*]

随着我国公民法律意识的逐步提升，司法公正已经成为人民普遍关切的问题和利益所在。人民大众对司法公正的诉求日益提高，公众舆论对司法公正的关注日益广泛。然而，近年来，我国法治建设进程中呈现出的一系列司法不公现象表明，我国司法公信力当前正面临严峻的考验。

司法改革活动必须积极回应人民群众的呼声，从人民群众最不满意的地方改起。改革必须为了人民、依靠人民、惠及人民。只有深化司法改革，切实保障司法机关依法独立、公正行使审判权和检察权，才能促进和保障司法公正。我认为，在当前形势下，我国司法改革活动至少应当着力解决好如下问题：

一、真正实现司法机关的去地方化

近年来的一些事件表明，因地方党政部门和领导干部干预个案所造成的"权力案"是司法不公的一项重要成因。审判权、检察权属于国家公权力，而不是地方公权力，应当依照《人民法院组织法》和《人民检察院组织法》的规定统

---

[*] 原载《法制日报》2013年8月21日。

一行使。因此，进一步去地方化是确保审判机关、检察机关依法独立行使审判权、检察权的必然要求。但要真正实现司法机关的去地方化，需要逐步消除地方政府对司法机关人事权和财政权的管控，让司法机关有依法独立、公正司法的人力和财力基础。否则，司法机关的去地方化问题很可能就沦为空谈。

二、设立巡回法庭以促进司法公正

近年来，我国跨区域经济交往活动日益频繁，但因地方保护主义而产生的司法不统一和司法不公正问题也日益成为关注的焦点。有鉴于此，最高人民法院有必要研究通过向地方派出巡回法庭的方式，负责审理某些跨地区的、案情较为复杂的民事、行政案件。需要指出的是，设立巡回法庭并不是要建立两套司法机构。这些巡回法庭并不是一级法院，而是最高人民法院的派出机构，其代表最高人民法院在各地审理案件。与此相配套，检察机关也应当设置一定的派出检察机构。这些检察机构不属于独立的检察机构，而是代表最高人民检察院在全国巡回行使检察权的机构。除可以消弭地方保护主义的不当影响外，巡回法庭还有利于应对那些社会高度关注的跨地区案件，提升司法的公信力。

三、推进检法人员分类管理改革

科学的岗位职级设置、充足的人力资源配备和健全的职业保障体系是司法活动得以公正、高效运行的必要前提。近些年来，人民法院和人民检察院的岗位编制不断扩大，但实际办案人员的数量却相对较少，大量具有法官、检察官职级头衔的工作人员却不直接参与办案。这就要求司法机关实行严格的分类管理制度，即根据司法工作人员的工作性质、基本职能、岗位特点和工作规律进行分门别类的管理，以保证审判和检察工作的专业性、有序性和高效性。

为了应对这一问题，不仅需要将司法机关与一般行政管理机关区别对待，而且需要在司法机关内部将审判、检察工作岗位与行政管理岗位、后勤服务岗位严格区分，落实法官法、检察官法规定的不同于公务员序列的职务级别要求，提高法官、检察官的职级待遇、身份保障，鼓励法院、检察院人力资源向办案一线倾斜。如此才能有针对性地加强司法职业队伍的专业技术培养，提升职业道德和职业操守，完善纪律惩戒制度，建立一支高素质、职业化、专业化的司法队伍，走队伍"精英型"道路。如此才能促进司法职业群体在职业伦理、职业操守等方面形成共识，建立有效的内部自律机制。同时，需要加强司法人员保障制度。

四、落实办案人员责任制

我国有关司法机关的研究报告显示，目前检法机关内部存在"案件层层审批"、"判者不审、审者不判"等问题。这既降低了司法效率，也导致司法机关内部权责不明。权力不清、责任不明是岗位失灵的主要原因，其不仅降低了办案人员主动提升审判质量的积极性，也为徇私舞弊创造了条件，造成激励机制和约束机制的双向缺失。实践中，案件经"层层把关，层层审批"之后，出了问题就由集体而不是办案人员负责。这不仅使个别法官、检察官有机会以集体决定为名谋取个人私利，不用担心责任追究；而且也会导致一些法官、检察官得过且过、不思进取，没有动力去提高司法活动的质量。为此，一是需要依法落实合议庭的权力，实行审理权、判决权的统一。合议庭不仅有权依法审理案件，而且有权作出判决。只有依法落实主审法官和合议庭的审判权，才能够强化责任制。二是要改变现行的"层层审批"制度，突出法官、检察官的司法主体地位并明确其相应责任，庭长、院长不得随意改变合议庭的判决结果。三是应当进一步明确、限制提交审判委员会讨论的案件范围。审判委员会所讨论的应当是法律所规定的案件类型，不能随意扩大讨论案件的范围。

五、进一步深化司法公开

应当进一步全面深化司法公开，以司法公开促进司法公正。具体而言，司法公开领域的改革包括：一是办案流程公开。即司法机关办案活动的各个环节，除法律另有规定不得公开的以外，都应当予以公开。二是实行庭审公开，特别是落实旁听制度以及庭审全程录像制度。三是要强化判决书的说理。判决书之所以需要说理，就是要真正让人民群众从个案中感受到司法的公平正义。俗话说："有理走遍天下，无理寸步难行。"司法的固有特性决定了法院是最讲逻辑、最讲道理的地方，人民群众之所以将纠纷提交到法院，正是为了寻找说理的地方。如果判决书不讲道理，就意味着司法不讲道理，老百姓也就没有其他的地方可以说理了。四是裁判文书公开，各级法院判决书应当上网公开，最高人民法院应当依据《民事诉讼法》的规定，率先公开所有民商事裁判文书。

六、将执行机构与法院分离

切实落实"审执分离"，将执行机构与法院分离，由司法行政机关或者组建的专门执行机构从事执行工作。此种做法的优点在于：一方面，有利于法院认真履行审判职责，集中精力做好案件的审理。另一方面，将行政性的执行实施权交由行政机关行使，符合司法权力配置的内在规律，既有利于提高办案水平和办案质量、提升司法公信力，又有利于促进法官队伍的专业化。尤其应当看到，这种做法有利于完善分工制约、加强对执行工作的监督。从近年来法院系统发生的一系列腐败大案来看，很多都与执行有关，法院系统的执行部门成为腐败的高发地，这也严重损害了人民法院的形象。由于执行人员兼具审判人员和执行人员两种身份，同时承担对裁判文书的执行以及对执行行为合法性进行司法审查两项工作，这使得执行行为实际上脱离了司法监督，审判机构也无法及时审查和纠正执行工作中存在的问题。

　　司法改革是一个循序渐进的过程，也应当依据社会的发展和人民群众对司法的需求而不断完善。只有深化改革，才能有力地保障司法的公正。

一项防范干预司法的重要举措

数年前,我在某地法院讲课时,一位法官谈到了一个普通的民事案件,简单的案情是:本地一家企业欠外地企业的货款,外地企业在本地法院起诉,请求本地的该企业清偿货款。当地的一位主要领导多次批示,说该案关系本地企业的正常发展,如判本地企业败诉,会严重影响本地的经济发展。这个案件的法律关系十分清晰,但由于该领导的多次批示,法院感到案件很难裁判。如果驳回外地企业的请求,找不出理由,但如果判本地企业败诉,更无法下判。其实大家都知道,影响本地经济发展只是一个借口,其实质是一个地方保护问题。

这个案件反映了地方领导干部干预司法活动的状况,此类现象时有发生。尤其是在行政诉讼案件中,从案件的受理到案件的判决,法官的裁判活动都可能会受到本地相关领导干部各种干预的不当影响,即使判了,也难以执行。近些年来,行政诉讼案件数量不断下降,原告的胜诉率也明显下降,这也在一定程度上折射了行政诉讼案件中外来干预的不当影响。

众所周知,法院是解决争议的审判机构,是维护社会正义的最后一道防线。法院所享有的司法权,实质上是判断权、裁判权。从这个意义上说，法官就是裁判者，其在司法裁判中的作用与体育裁判在体育比赛中的作用极为相似。一旦争议双方将其争议提交法院，双方就类似于体育比赛的两方，法官就相当于体育比赛的裁判。在比赛中，裁判应当始终秉持公正，不偏不倚，独立执法，不得偏袒参加比赛的任何一方，并且应当严格依据比赛规则独立判断，不仅不能受任何领导、队员、俱乐部等的干扰，甚至要避免受到观众情绪的影响。如果裁判能够独立公正地吹哨，整个比赛的程序就是公正的。即便裁判有漏判、错判现象，裁判结果也不得更改。但是，如果裁判怀里揣着批条，脑子里总是想着批条，裁判中总是想到按照批条吹哨，这个裁判其实就是"黑哨"了，比赛的公正性也将不复存在。同样，在司法裁判中，法官也应当依法、独立、公正裁判，如果某个地方党政领导干预司法，法官必须按照该领导的指示裁判，司法公正性将荡然无存。

我国《宪法》第126条明确规定，人民法院应当依法独立行使审判权，不受行政机关、社会团体和个人的干涉。司法公正以司法的独立性为前提，审判独立既是保障裁判公正和独立的正当程序，也是实现司法对行政的监督、制约，保护公民权利不受侵害的关键。因此，要保障司法的独立、公正，首先必须严格防范领导干部干预司法。然而如何从制度上防范领导干部干预司法，一直没有找到一个可行的办法。

十八届四中全会决定提出，"建立领导干部干预司法活动、插手具体案件处理的记录、通报和责任追究制度"，该规定对于保障人民法院、人民检察院依法独立行使审判权和检察权，保障司法独立和司法公正具有重要意义。这是一项防范领导干部干预司法的重要举措，也是该决定的一大亮点。为具体落实四中全会决定的要求，我认为，有必要通过有关立法或司法解释确认该项制度，建立完善的防止领导干部干预案件的实施规则。该制度至少需要明确如下几项内容：

一是要明确"领导干部"的范围。禁止领导干部干预司法，首先应当对"领导干部"的范围作出界定。有人认为，"领导干部"仅限于党政领导干部，其实不然，除了党政领导干部之外，法院、检察院内部的领导对案件的干预也是客观存在的，为充分保障司法机关依法独立公正行使审判权和检察权，保障司法独立，应当对"领导干部"的范围作相对宽泛的理解，其既包括党委、政府、人大、政协等党政机关的领导干部，也包括法院、检察院等司法机关内部的领导干部；既包括在任的领导干部，也包括已退休的领导干部。因为，从实践来看，这些领导干部干预司法裁判活动的现象时有发生，因此，都应当纳入"领导干部"的范围。

二是要明确"干预司法活动、插手具体案件处理"的类型。总体来说，领导干部干预、插手司法活动主要有两种情况：一是一般的干预，如一般性的过问，为一方当事人打招呼、批条子，要求承办法官尽可能地给予关照。二是严重干预并妨碍司法公正，甚至造成冤假错案或给当事人造成重大损失。由于这两种情况对司法公正的影响程度有差异，因此，对两类情形要区别对待，两类情形中领导干部的责任也应当有所差别。如果因领导干部干预、插手具体案件的处理，严重妨碍司法秩序，造成严重损害后果的，应当依法追究法律责任。而对于前一种情况，主要还是一个违纪的问题。当然，如果其中涉及贪污受贿等违法犯罪活动，也应当依法追究法律责任。

三是建立记录、通报和责任追究制度。要建立领导干部干预、插手案件的记录、通报制度，关键在于使相关规则具有可操作性，解决法官、检察官不敢记录、不敢公开的问题。从实践来看，司法工作人员不愿意记录、不敢记录的现象十分普遍。要真正落实该制度、解决现实问题,首先应当将相关记录活动规定为司法工作人员的一项法律义务。也就是说,司法工作者依法负有记录的义务,这也是其对当事人、对社会、对国家所应当负担的义务。同时,为保障记录及时、真实、准确,还应当建立相关的法官、检察官职业保障和身份保障制度,以解决他们的后顾之忧,真正让领导干部干预司法活动、插手具体案件处理的记录、通报和责任追究制度发挥其应有的作用。

四是建立相关的通报制度。这里所说的通报制度,主要是指将相关的记录公开。我认为,该项记录的公开也应当纳入司法公开的范围。如果不公开,社会公众也就无法发挥一般的关注和监督作用。具体而言,应当改变原来将相关记录置于"副卷"的做法,而应将其放在"正卷"中。但通报制度的内容并不限于通过案卷公开,还应当包括其他方式的公开。例如,针对过问干预案件比较频繁的单位或个人,应当定期向其所在单位或相关部门(如纪检监察部门)报告,由相关纪检部门予以通报和处理。

五是建立责任追究制度。建立防范领导干部干预司法的制度后,如果缺乏相应的配套责任制度,最终该制度将流于形式,难以真正发挥其效用。因此,建立领导干部干预司法活动、插手具体案件处理的记录、通报制度的同时,还应当建立相应的责任追究制度。应当依据领导干部干预、插手具体案件情形的不同,分别确定其责任。此种责任既包括法律责任,也包括因违反相关的党纪党规而可能产生的责任。在领导干部干预、插手具体案件的处理时,应当依据具体情形分别追究相应的法律责任,或由相关的纪检部门给予党纪政纪处分。当然,两类责任的产生依据、功能不同,不可互相取代。

回到前面的案例，如果办案法官敢于把那位领导的批示直接放到卷宗里面去，可以允许律师查阅，我想可能就不会有哪位领导再作出类似的批示，十八届四中全会决定的上述举措就能够落到实处，如此就能真正保障司法独立和司法公正。

关于巡回法庭制度的几点思考

十八届四中全会决定提出,最高人民法院设立巡回法庭,审理跨行政区域重大行政和民商事案件。按照这一部署,最高人民法院目前已经分别在深圳和沈阳设立了最高人民法院第一巡回法庭和最高人民法院第二巡回法庭。设置巡回法庭是司法体制改革的重要举措,对于推动最高人民法院审判重心下移、就地解决纠纷、方便当事人诉讼等,具有重要意义。

巡回法庭制度并非我国独创,该制度来源于英美法。早在诺曼征服以后,英国国王就派遣专员赴各地进行司法视察,这些视察的专员后来便成为了巡回法官,专门负责重大刑事案件的审理。英国设置该制度最初是为强化中央司法权威,宣示中央权力,但在客观上也有利于方便当事人诉讼。此种经验后来传到美国,在1789年的《司法法》中,美国就规定建立三个巡回法院(南部、中部和东部巡回法院),每个法院由最高法院的两名法官和一名地区法院的法官组成。由于最高法院的法官每年要到各地巡回审理案件,经常旅行也十分辛苦,最高法院强烈要求国会修改《司法法》。于是,1801年国会通过《法官法》,不再要求最高法院的法官赴各地巡回审理案件,而要求指定16名巡回法院的法官专门在巡回法院工作；该法也扩大了巡回法院的职权，将许多原来由最高法院审理的上诉案件交给巡回法院审理。1891年国会通过了一个法案，建立九个巡回上诉法院，每个法院管辖来自几个州的联邦地区法院上诉案件，从而使绝大多数在联邦法院审理的上诉案件都到巡回法院审理。1911年，国会通过一个立法，正式确认巡回法院专门负责审理上诉的案件，1948年的司法法典将巡回法院称为上诉法院。目前，美国共有11个巡回法院，负责审理联邦地区法院的上诉的案件。在其他国家，如日本、加拿大等，都设置了巡回法庭。从世界各国来看，各国设置巡回法院（法庭）的模式有多种，有的设常设机构，有的设临时机构；有的采用设置分院的方式，有的则采用法庭的方式；有的形成了独立的审级，有的还没有形成独立的审级。但总的来说，巡回审判制度对于保障司法独立、公正，提高审判效率发挥了重要作用。

我国在司法体制改革中，借鉴国外司法的有益经验，逐步推行巡回审判制度。2010年，最高人民法院出台了《关于大力推广巡回审判方便人民群众诉讼的意见》，旨在规范地方法院的巡回审判，通过巡回审判便于人民群众诉讼、便于法院办案，面向农村、面向群众、面向基层，但是巡回审判并不跨行政区划，且不是常设性的机构。四中全会为推进司法改革、保障司法公正，进一步就司法体制改革作出重大部署，要求最高人民法院设立巡回法庭，审理跨行政区域重大行政和民商事案件。此种举措的主要意义在于：

一是便民利民，保障诉权。我国实行四级法院建制和两审终审制。各高级人民法院的上诉案件以及全国有影响的重大案件，由最高人民法院负责审理。但因为我国地域辽阔，幅员广大，如果许多跨行政区域重大行政和民商事案件都集中到北京审理，必然给当事人带来诸多不便。

在设置巡回法庭后,许多当事人就不必到北京最高人民法院本部起诉、应诉,而可以直接在巡回法庭起诉、应诉,这就为当事人诉讼提供了很大的便利。另一方面,近年来,随着社会矛盾增多,导致审判接访压力增大,息诉罢访难度增加,最高人民法院通过设置巡回法庭的方式,实现审判重心的下移,就地解决信访问题,也有利于在当地及时化解矛盾。

二是去除司法的地方化。一方面,巡回法庭主要负责审理跨行政区域重大行政和民商事案件,由于这些案件本身是跨区域的,如果一审、二审都交给地方法院审理,则难免出现地方司法保护主义,出现司法的"主客场"现象。而由巡回法庭审理,就可以尽量避免上述问题。另一方面,巡回法庭作为最高法院的派出机构,人、财、物不受地方管辖,而且法官定期巡回(目前是两年轮换),这样也能避免出现人情案、关系案。众所周知,中国社会仍是人情社会,如果法官长期在一个地方工作,其可能与当地产生千丝万缕的关联,如果相关的监督措施不完善,法官就可能被腐蚀,滋生腐败。建立巡回法庭之后,法官不断轮换,在陌生的环境中,其就不会受到太多的人情关系的影响。还应当看到,巡回法庭可以有效监督、指导、支持地方法院依法独立公正行使审判权,保障法律正确实施,防止司法地方保护主义的发生,保障司法公正。

三是提高审判效率。巡回法庭受理的案件大多为再审审查案件。过去,最高人民法院的再审一般采用书面审理,很少调阅案件材料、查勘现场、询问当事人,这种做法可能不利于全面了解案件情况,也可能影响司法公正。而在设立巡回法庭之后,法官调卷阅卷、询问当事人更为方便,这也有利于提高审判效率,大幅降低诉讼成本。而且法官可以就近了解社情、民情,这也有利于公正审理案件。

四是保障法律的统一适用。裁判中统一适用法律、使类似问题得到类似结果，是保持法的确定性（certainty）、可预测性（predictability）和实现公平正义所必须的。大量的案件由巡回法庭审理后，最高人民法院本部主要负责制定司法解释、政策，制定指导性案例，这就有利于最高人民法院本部集中精力制定司法政策和司法解释、审理对统一法律适用有重大指导意义的案件，这也有利于更好地发挥最高人民法院的功能。

我国并不是一个联邦制的国家，而是单一制的国家，设置巡回法庭并不是要建立两套司法机构。巡回法庭是最高人民法院的派出机构，而非独立的法院，巡回法庭所作出的判决就是最高人民法院所作出的判决。巡回法庭设置与《宪法》和《人民法院组织法》关于人民法院设置的相关规定并不矛盾。《人民法院组织法》第30条第2款规定："最高人民法院设刑事审判庭、民事审判庭、经济审判庭和其他需要设的审判庭。"这也是最高人民法院根据实际审判需要设立巡回法庭的法律依据。由于巡回法庭仍然是最高人民法院的组成部分，其作出的判决仍是最高人民法院的判决。

由于巡回法庭是最高人民法院的派出机构，其与地方法院的巡回审判制度不同。最高人民法院的巡回法庭与地方法院相互独立，只接受最高人民法院的领导和监督，对最高人民法院负责并报告工作。问题在于，巡回法庭是否享有监督地方法院的职权？我认为，既然最高人民法院享有监督地方人民法院的职权，则巡回法庭也应当享有此种职权，巡回法庭通过抽查案卷、接受信访等方式，如果发现存在重大疑问的案件，可以依据《民事诉讼法》的相关规定依法改判、发回重审或者启动再审程序。

关于巡回法庭负责受理的案件性质，根据十八届四中全会精神，其原则上受理跨区域的重大民商事和行政案件。一是跨行政区划的案件。所谓跨行政区划，是指两个当事人是跨省、市的，如果只是在同一省、市的案件，则不属于巡回法庭的受理范围。原有的案件管辖主要是按照标的确定的，没有突出其跨行政区划的特征。二是重大案件。何为重大案件？目前没有统一标准。我认为，在判断某一案件是否为重大案件时，可以综合考虑案件标的大小、案件的社会影响、当事人数量以及案件的复杂程度等因素，这与过去简单地依据标的确定最高人民法院受理的案件范围不同。一般来说，在全国范围内重大、复杂的第一审行政案件，或在全国有重大影响的第一审民商事案件，应当属于重大案件。三是主要限于行政和民商事案件。这就是说，巡回法庭主要是为了解决"民告官"的重大案件和重大的民商事案件中的地方保护主义问题。至于涉外、海事海商、知识产权、执行、国家赔偿等案件，应由原来的专门法院或者地方法院处理。当然，将来巡回法庭受理案件的范围和类型也可以根据实际需要进行调整。

巡回法庭的法官应当不断流动，以减少法官与当地的各种联系，从而防范地方保护和司法腐败。巡回的特点并不在于设置派出机构，而在于审理法官的流动性。因此，巡回法庭的法官应当不断流动。巡回法庭的法官应当具有丰富的实践经验，并且有较高的法律素养和业务能力，这样才能保障巡回法庭的案件审理质量，维护司法权威。需要指出的是，巡回法庭作为一项司法改革的重要举措，应当与司法改革的其他措施结合起来，共同发挥作用。这就是说，在设置巡回法庭的过程中，应当落实十八届三中、四中全会精神，实行主审法官负责制、员额制。一是实行主审法官负责制。巡回法庭的主审法官应当对案件的审理负责，改变"审者不判、判者不审"的审、判分离现象，真正去行政化，增进司法审判的独立性。二是实行法官员额制。巡回法庭的机构和人员设置应当尽量精简，而不能膨胀。巡回法庭的每个主审法官都可以形成独立的单元，即围绕主审法官，配备助理和书记员，其独立性和专业性更强。

推进法院人员分类管理*

最高人民法院在"四五改革纲要"中提出,要"推进法院人员分类管理制度改革,将法院人员分为法官、审判辅助人员和司法行政人员,实行分类管理"。

对法院人员分类管理,根本原因是为了顺应司法规律、推进法官的职业化和专业化建设,以此保障一线办案法官的数量,并使优秀法官能够真正充实到办案一线。当前,许多干警虽有法官的头衔,但实际从事的是非审判工作。久而久之,这种人员结构造成案多人少、办案法官工作负荷过重,且容易导致优秀审判业务骨干升迁困难、人才流失。一些优秀法官因办案压力大、责任大、负担重,天天加班加点,还要经常接待信访人员、处理涉诉信访案件,不堪重负,导致其不愿留在审判岗位。还有的优秀法官因业务庭的庭长、副庭长职位非常有限,竞争激烈,长期得不到职务升迁,不得不想办法转到宣传处、办公室等部门,以获得行政级别的晋升,因此逐渐脱离了审判岗位;有的法官因上述原因干脆调离了法院,导致人才流失。

---

* 原载《人民法院报》2014年8月1日。

此外，一些优秀法官在提升为庭长、副庭长之后，或者到非审判部门担任领导职务之后，便脱离了办案一线，忙于行政事务的管理，出现"提拔一位庭室领导，就少一名好法官"的局面。由于这种升迁主要是以行政级别的提升为唯一目的，自然也以行政干部的考核为标准，因此并不必然与升迁者的办案水平、能力、专业素质等挂钩。在以行政级别升迁为导向的情况下，难以真正激励法官提高其业务水平、全面提升专业素质，而只能导致法院行政化的加剧。长此以往，如果不对法院人员实行分类管理，法官队伍的专业素质将逐渐下降，而法院行政化的色彩将越来越重，法官队伍的职业化、专业化建设也越来越困难，这也违背了司法部门自身的规律。

在非分类管理的情况下，由于许多法官追求的是行政级别，而不是法官固有的专业性和技术性，从人员优化配置的角度来看，其不能将最优秀的法官留在办案第一线，在这种情况下，要实行法官责任制其实是非常困难的。例如，一些法院推行终身追责制，有的法官认为自己待遇低、级别低、风险大，还不如转到非审判部门或者干脆离开法院。因此，终身追责制很难落实。在实行分类管理以后，将有助于把那些具有良好的职业道德和较高的专业水准的法官选拔并保留到办案法官队伍中来，让他们真正充实在第一线办案，并真正使责任制落到实处。

对法院人员进行分类管理，还为落实法官单独序列、法官单独薪酬标准创造了条件。目前，许多在一线办案的法官责任大、任务重、待遇低。要改善一线法官的待遇问题，只能借助于分类管理，建立少而精的法官队伍。道理很简单，如果法官队伍数量庞大，将很难从根本上改善法官的薪酬待遇；而在分类管理后，法官的薪酬待遇与法官级别挂钩，而非与其行政级别一致，这样有利于激励法官在第一线办案，并全面提升法官的办案水准。

对法院人员进行分类管理，也有助于加强司法权威。如果在一个法院，什么人都能获得"法官"的称号，甚至有的地方，法院的后勤工作人员都被称为法官，加上第一线办案的法官水平参差不齐，就会给当事人和社会公众一种"什么人都可以当法官、都可以办案"的印象。在此情况下，就很难使社会公众对法官这一职业产生尊重和崇敬，也很难真正树立司法的权威。甚至法官自身也缺乏职业荣誉感，一些法官从事法官职业不是为了追求高级法官、大法官的目标，而是为了追求当个科长、处长等，随时希望转到一些行政级别晋升更快的党政部门，或者转到晋升更快的非审判岗位，在此情况下，无法真正提高司法的权威和公信力。

另一个现实的问题是如何全面推进法官分类管理。对此，首先要对法官和审判辅助人员进行分类。从国外经验来看，统计显示美国法院法官的年平均办案数大约在300到400件，比我国法院法官的年均办案数高出15倍。但是与此似乎相矛盾的是，实践中经常有法官反映工作压力大、办案数量太多、天天加班加点，有些基层法院的法官每年办案数量甚至达到500到600件，以至于许多法官不堪重负。造成这种矛盾的根本原因在于我国法院中顶着法官头衔不办案的人太多，真正从事一线办案的法官则太少，所以统计起来人均办案数量就很低。因此，法官的队伍要少而精，应当将法官和审判辅助人员进行分类管理后，把那些具有良好的职业道德和较高的专业水准的人士选拔到办案法官队伍中来，让他们真正在第一线办案。同时，为他们配备必要的审判辅助人员，使法官从事务性、文秘性的工作中脱身，将主要精力投入到案件的审理中，这有利于从根本上减轻法官负担、保证办案质量。

其次，要实行法官与司法行政人员的分类管理。在许多基层法院，所设置的非业务部门的数量几乎与审判庭的数量相当。例如，一些基层法院除了民庭、刑庭等业务部门之外，想方设法设置各种机构（如宣传室、老干部室等）以解决编制和级别问题，由此带来的不仅仅是非审判人员越来越多、办案人员越来越少的问题，还可能导致法院的行政化倾向越来越严重，法官队伍的专业化、职业化水平越来越低。而实行法官与司法行政人员的分类管理，明确划定审判人员和非审判人员、业务管理与行政管理之间的职责边界，这也是真正落实法官责任制的前提和基础。此外，司法行政人员也应当优化，不能为了解决法官的级别而放任非审判机构膨胀，并导致优秀的法官脱离审判岗位。

再次，要严格按照《法官法》所规定的法官级别来落实法官的序列。应当将法官等级做实，让法官的薪酬与法官等级挂钩、法官的荣誉与法官等级同步，法官级别越高则待遇越好、荣誉越高；法官的待遇不应当套用行政级别，而应当严格按照法官法的规定予以评定，确保一线办案法官即使不担任领导职务，也可以正常晋升至较高的法官等级，保持较高的地位和待遇。为此，现在迫切需要制定每个法官级别的评定标准和办法，以保障法官级别评定工作的有序开展。

最后，要真正落实法官负责制，依法对法官实行必要的监督。只有真正实行法院人员的分类管理，才能实行法官的责任制。因此，在全面推进法院人员分类管理时，需要落实法官岗位职责，强化对法官的监督机制，使权力与责任一同落实，使待遇、荣誉与职责相联系，让司法权运行在阳光之下。

谈谈刑事诉讼以审判为中心

十八届四中全会决定提出:"推进以审判为中心的诉讼制度改革,确保侦查、审查起诉的案件事实证据经得起法律的检验。"该决定是在以人民法院庭审为中心的基础上形成和发展的,是对人民法院依法公正审理刑事案件的重大改革,对刑事诉讼制度的完善具有重要的指导意义。

以审判为中心是优化司法职权配置的重要措施。我国《宪法》第135条规定:"人民法院、人民检察院和公安机关办理刑事案件,应当分工负责,互相配合,互相制约,以保证准确有效地执行法律。"我国《刑事诉讼法》也规定公检法三机关在刑事诉讼活动中应当各司其职、互相配合、互相制约,这是符合中国国情、具有中国特色的诉讼制度。但在实践中,一些地方为了三机关互相配合的需要,形成了"以侦查为中心"的格局,侦查机关提交什么,检察机关就向法院提交什么,法院一般就予以采信,并没有真正依据证据规则对其效力进行认定。三机关相互之间"强调配合多,相互制约弱",这是对宪法原则和诉讼制度的悖离,"以审判为中心"就是要纠正这一状况,重新回到三机关相互配合、相互制约的宪法原则上来。

以审判为中心旨在实现程序正义。由于审判是案件事实认定、证据采信、法律适用和依法裁判的中心环节，也是维护司法正义、保护当事人合法权益的最后一道防线。因此，应通过法庭审判的程序公正保障案件裁判的实体公正。丹宁勋爵曾经指出，"正义不仅要实现，而且要以看得见的方式实现。"程序正义要求在刑事案件的裁判过程中，法官更应当坚持中立裁判的原则，依照法定程序裁判，对于难以认定有罪的案件，应当坚持疑罪从无的原则，而绝不能先入为主，一开始就认定犯罪嫌疑人实施了犯罪行为。在庭审中，法官要严格按照证据规则，确保侦查、审查起诉的案件事实证据经得起法律检验，保证庭审在查明事实、认定证据、保护诉权、公正裁判中发挥决定性作用，而不能完全根据侦查机关和公诉机关的证据标准来认定证据的证明力。在审判过程中，要充分尊重被告的辩护权。法谚有云，"律师多的地方最安全"。在裁判作出以前，应当保障被告能够充分地陈述其意见，充分行使其辩护的权利，充分地尊重辩护律师的意见，坚决改变"你辩你的，我判我的"的现象。

以审判为中心是有效防范冤假错案的重要措施。一直以来，冤假错案是法律人心中"永远的痛"。近几年来，从"佘祥林案""赵作海案""二张案"，再到最近出现的"呼格案"，都让无辜者遭受牢狱之灾，甚至付出生命的代价。值得注意的是，这几个案件都是因为真凶出现或"亡者归来"，才导致真相大白后错案被纠正，而事实上，真凶出现或"亡者归来"的概率较小，可能还有一些冤假错案尚未得到有效纠正。要防范冤假错案的发生，就要坚持以审判为中心。认定被告有罪，必须达到"案件事实清楚、证据确实充分"的法定要求，对案件事实的认定，必须达到排除一切合理怀疑的标准。要坚决纠正刑讯逼供现象，"棰楚之下，何求不得？"我国《刑事诉讼法》第 54 条已经明确规定了

"非法证据排除"规则,但刑讯逼供的现象仍时有发生。要真正贯彻这一规则,就必须从程序上将刑讯逼供取得的证据作为非法证据予以排除,才可能遏制刑讯逼供的发生,这也在客观上要求"以审判为中心",由法官按照证据规则对检察机关所提供的证据的效力进行认定,从而有利于防止冤案的发生。

为了确保"以审判为中心"诉讼制度改革的顺利进行,要求落实宪法关于三机关相互配合、相互制约的原则,尤其需要强调三机关之间的互相制约。除此之外,还需要做到以下几点:

一是进一步完善证据制度。"以事实为根据"实际上是要求以证据为根据,证据是认定案件事实的基础,证据规则的完善也是司法公正的重要保障。然而,多年来,一些法院在证据制度方面过分注重口供,证人、鉴定人不出庭的现象十分普遍。据统计,证人平均出庭作证的比率不足1‰。因此,必须要完善证人、鉴定人出庭作证制度,采取直接言词原则,推动更多的关键证人出庭作证。要求事实调查在法庭,证据必须在法庭上出示,经过控辩双方的质证、认证,法庭最终才能予以认定。如此,才能保障程序的公开、公正。

二是进一步完善庭审程序。庭审程序是刑事诉讼活动的中心,因此,以审判为中心在客观上也要求进一步完善庭审程序。我国司法实践中确实存在过度重视庭审前的侦查程序、忽略庭审活动在案件事实认定中的核心作用的现象。另外,法院内部也存在"审者不判、判者不审"的现象,严重削弱了庭审活动应有的功能和作用,导致庭审过程虚化,流于形式。为进一步完善庭审程序,实行"审判案件以庭审为中心,事实证据调查在法庭,定罪量刑辩论在法庭,裁判结果形成于法庭",要求真正落实主审法官负责制,从而发挥庭审质证、认证在认定案件事实中的核心作用。

三是进一步保障被告人的合法权益,尤其是诉讼权利。保障被告人的合法权益既是"以审判为中心"的诉讼制度改革的目标之一,也是保障这一改革顺利进行的有效途径。保障被告人的合法权利对于保障诉讼程序的公正性具有重要意义。例如,最高人民法院最近发布了《关于全面深化人民法院改革的意见》,其中要求禁止让刑事在押被告人或上诉人穿着识别服、马甲、囚服等具有监管机构标识的服装出庭受审,这既彰显了现代司法文明,也有利于保障被告人的诉讼权利,尤其是辩护权。

四是保障被告人辩护律师的权利。以审判为中心也要求强化控辩对等诉讼理念,依法保障律师履行辩护代理职责,落实律师在庭审中发问、质证、辩论等诉讼权利。如禁止对律师进行歧视性安检,为律师依法履职提供便利。此外,还应当保障律师调查取证的权利,律师调查取证的主要目的是为了保障被告人的合法权利,保障法官作出合法公正的判决,即在刑事诉讼中,律师可以通过寻找新的证据材料,并对公诉机关所提供的证据提出异议,法官也应当对此证据进行质证、认证。

完善检察院提起公益诉讼制度

　　党的十八届四中全会决定明确提出要"探索建立检察机关提起公益诉讼制度",这是优化司法职权配置、完善行政诉讼制度、推进法治政府建设的重要举措。

　　公益诉讼是与私益诉讼相对应的概念,其目的在于保护社会公共利益,最早可以追溯到古罗马时期,在这一时期,除法律另有规定的情形外,任何市民均可提起公益诉讼。近代以来,公益诉讼案例日益增多,公益诉讼制度逐步发展、完善,尤其是自20世纪中期以来,面对日益恶化的生态环境,各国都普遍对环境公益诉讼制度作出了规定。自21世纪初以来,我国各地法院陆续受理了一批环境民事公益诉讼的案件。其中一些案件就是由人民检察院提起的,且社会效果良好。例如,2003年11月,四川省阆中市人民检察院针对该市群发骨粉厂的生产经营活动对环境的侵害,向阆中市人民法院提起民事公诉,要求法院依法判决被告停止对环境的侵害,并在1个月内改进设备,直至排出的烟尘、噪声、总悬浮颗粒物不超过法定浓度限值标准为止。法院审理后认为,被告的排放污染物的行为已对周边群众的工作、生活构成了侵害,并依法支持检察院的请求。这个案例是否属于检察院提起公益诉讼的第一例,不得而知,但该案的效果却得到了社会的一致好评。

检察院提起公益诉讼，其必要性主要在于，一方面，在现实生活中，对一些行政机关违法行使职权或者不作为对国家和社会公共利益造成侵害或者有侵害危险的案件（如国有资产保护、国有土地使用权转让、生态环境和资源保护等），由于与公民、法人和其他社会组织没有直接利害关系，使其没有也无法提起公益诉讼，所以，通过检察院提起公益诉讼，有利于加强对公共利益的保护。另一方面，检察院在提起公益诉讼方面具有显著的优势，因为检察机关居于法律监督者的特殊地位，检察机关作为国家利益和社会公共利益的代表者、维护者和实现者的职能角色，由其提起公益诉讼，也与公益诉讼的目的具有高度契合性。尤其是与享有公益诉权的其他社会组织相比，检察机关在收集证据、调查证据的权限、担负诉讼成本的能力以及进行诉讼所必需的法律专业素养等方面具有明显的优势，由其提起公益诉讼，对于保障公益诉讼目的的实现也具有重要意义。还应当看到，由检察机关提起公益诉讼，有利于完善行政诉讼制度，推进法治政府建设。例如，在环境保护诉讼中，就是因为行政机关不作为，影响生态环境的保护，检察院才提起公益诉讼。因而，通过此种公益诉讼，有利于督促行政机关依法行政、及时履行法定职责，严格执法。

但是，检察院提起公益诉讼作为一项制度，尚未建立起来。所以四中全会决议提出，应当建立检察院提起公益诉讼的制度。为此，需要总结检察院提起公益诉讼的经验，不断完善这一制度。不过，在推进建立由检察院提起公益诉讼制度的过程中，还有几个问题需要在法律上解决：

一是应当在法律上明确规定检察院有权提起公益诉讼，从而为检察院提起公益诉讼提供法律依据。《民事诉讼法》第55条、《消费者权益保护法》第47条以及《环境保护法》第58条等并没有规定检察机关有权提起民事诉讼。古人云，名不正则言不顺。在法律依据尚不具备时，检察院提起公益诉讼的动力十分有限，实际案例也不多。我国应当尽快修改法律，将检察机关提起公益诉讼的资格写进法律，这样由检察机关提起公益诉讼也可以做到于法有据，更系统地发挥检察院的公益诉讼职能。

二是应当明确检察院提起公益诉讼的范围。从实践来看，有的国有企业因交易不成功，或者招标、投标出现问题，就希望检察院介入，在法院提起宣告合同无效的诉讼。这种做法虽然可能在短期内维护国有资产、防止国有资产的流失，但从长远来看，其不仅可能导致检察机关不适当地介入经济案件，而且可能挫伤非国有企业与国有企业开展平等交易的信心，损害市场的公平竞争和自由交易。事实上，对公益诉讼案件而言，并非所有涉及公益的案件都需要检察院提起公益诉讼，特别是涉及国有资产的保护，哪些情况需要起诉，哪些情况不宜检察机关介入，要作出明确的界定。

三是应当明确检察院、行政机关、有关组织的公益诉权发生竞合时的处理规则。2013年《消费者权益保护法》第47条规定："对侵害众多消费者合法权益的行为，中国消费者协会以及在省、自治区、直辖市设立的消费者协会，可以向人民法院提起诉讼。"2014年《环境保护法》第58条规定："对污染环境、破坏生态，损害社会公共利益的行为，符合下列条件的社会组织可以向人民法院提起诉讼：（一）依法在设区的市级以上人民政府民政部门登记；（二）专门从事环境保护公益活动连续五年以上且无违法记录。"因此，依据上述法律的规定，消费者协会和有关社会组织可以提起公益诉讼。例如，前不久，因倾倒废酸污染河水，江苏省泰州市环保联合会提起环保公益诉讼，状告江苏常隆农化有限公司等6家化工企业，要求其赔偿环境修复费用1.6亿余元。一审和二审都支持了该环保联合会的诉讼请求。最近，最高人民法院颁行了《关于审理环境民事公益诉讼案件适用法律若干问题的解释》，该司法解释第2条规定了可提起公益诉讼的社会组织的标准："在设区的市级以上人民政府民政部门登记的社会团体、民办非企业单位以及基金会等，可以认定为环境保护法第五十八条规定的社会组织。"这就使得可以提起公益诉讼的社会组织的范围保持了开放性，而且放宽了社会组织的条件，这些社会组织提起公益诉讼也不受地域限制，这些都为社会组织提起公益诉讼创造了有利条件。

问题在于，如果这些组织能够提起公益诉讼，检察机构是否也有必要提起公益诉讼？如何处理多个主体提起公益诉讼的关系及先后顺序？我认为，凡是有关组织能够起诉的，检察机关都不必再起诉，原因在于：一方面，毕竟检察机关在性质上是法律监督机构，主要应当发挥司法监督功能，而不需要过多介入具体的民事案件。检察院提起诉讼之后，一旦败诉，这将会影响检察院作为法律监督机构的权威。另一方面，检察机关起诉之后，如果败诉，也难以通过抗诉的办法实现进一步的监督。因此，凡是有关社会组织能够提起公益诉讼的，应当支持和督促其提起公益诉讼，而不应由检察院首先提起公益诉讼。这就是说，检察院应当侧重发挥法律监督功能。

四是关于检察院提起公益诉讼与检察院提起检察建议、支持起诉、督促起诉的关系。依据我国现行做法，检察院可采取支持起诉、督促起诉的方式。在这两种方式中，检察院都不属于诉讼当事人，而是支持或督促一方当事人起诉的监督主体，只是在诉讼外发挥作用。而公益诉讼的提起，使得检察院不能再置身事外，而成为诉讼案的原告。因此，有必要首先对提起公益诉讼的条件和范围作出规定。同时要规定，凡是通过支持起诉和督促起诉能够达到应有预期效果的，就不必要由检察院亲自提起诉讼，这样才有助于检察院发挥法律监督的作用。

检察院提起检察建议书也是有必要的。在环境污染事件发生后，检察机关向污染企业发出检察建议，建议企业采取各种有效措施，对治污设施进行整改，对已经造成的污染进行整治，并将整改情况限期报送检察机关，逾期不整改将对其提起民事公诉。此种方式在实践中也发挥了很好的效果。因此，如果检察院能够通过检察意见书的方式解决问题，则主要应当采取此种方式，因为此种方式的成本更低，所取得的效果也更好。

提起公益诉讼制度的建立，实际上对检察官的法律素养和专业能力提出了更高的要求。为此，需要进一步提高检察机关工作人员的法律素养，尤其是在民商事法律方面的业务能力。

创造良好仲裁法治环境[*]

在经济全球化时代，各国经贸交往越来越频繁，对跨国经贸纠纷解决机制的需求大大增加，国际商事仲裁法律服务因其在解决争议上的特点和优势而受到各国立法的推崇。实践中，一些知名国际仲裁机构提供的仲裁等服务在全球已经处于领先地位，这与本国完善的仲裁法律制度及法制环境密切相关。在这一领域实际上已经出现了一种服务的竞争，涉外仲裁的竞争力主要体现在 3 个方面：一是本国的法制环境，二是仲裁机构的服务水平，三是仲裁文化的氛围。其中最为重要的是国家仲裁立法对本国仲裁的支持、监督和保障作用。缺乏立法上的依据及保障，本国仲裁的发展将举步维艰，或陷入无序的状态，进而对国家的对外贸易秩序带来不利影响。

自改革开放以来，以中国国际经济贸易仲裁委员会（以下简称"贸仲委"）为代表的我国涉外仲裁取得了长足进步，有力地推动了中国对外开放事业的发展，为改善我国投资和贸易的法制环境做出了积极贡献，在配合中国企业实施"走出去"战略中也发挥着越来越重要的作用。在短短几十

---

[*] 原载《法制日报》2013 年 6 月 28 日，原标题为《完善国际争端解决机制 创造良好仲裁法治环境》。

年时间里，我国一跃而成为世界第二大经济体，我国涉外仲裁在这一历史进程中发挥了重要作用。

涉外仲裁是国家法治建设的重要内容。我国涉外仲裁的实践促进了我国仲裁立法的发展。就贸仲委而言，其1956年制定的第一部仲裁规则，充分尊重国际惯例，学习借鉴国际仲裁的先进做法，为我国涉外仲裁国际化发展方向打下了坚实基础。我国仲裁立法在制定过程中，充分考虑了贸仲委的涉外仲裁实践及做法，并专门制定了"涉外仲裁的特别规定"一章，确立了涉外仲裁有别于国内仲裁的制度，如对涉外仲裁裁决的司法审查不同于国内裁决，涉外仲裁委员会的设立由中国国际商会设立，不同于国内仲裁委员会的设立方式，涉外仲裁规则的制定由中国国际商会制定等，以立法的形式保障我国涉外仲裁更快、更好地朝着国际化方向发展。贸仲委从1988年仲裁规则的制定，到2012年新版仲裁规则的颁布，历经七次修订，每一次都是适应国际化争端解决变化趋势，吸取各大国际仲裁机构规则之所长而进行的。涉外仲裁的实践也催生了相关司法解释的出台，同时，也让对现行仲裁法律进行修改以符合国际化趋势的声音呼之欲出。

在法律从业人员的培养方面，涉外仲裁是培养涉外法律人才的重要基地。涉外仲裁的发展培养了一大批涉外仲裁法律工作者，为他们提供了大量与国际仲裁界、法律界进行业务交流与合作的机会，开阔了其国际视野，提升了其专业能力。贸仲委作为世界上受理国际案件最多的仲裁机构之一，为我国从事涉外仲裁的律师和仲裁员提供了良好的平台，使其在国际仲裁舞台上崭露头角，并得到了很好的锻炼。很多律师、仲裁员通过贸仲委的仲裁实践感受到为当事人解决经贸争议所做的实实在在的工作，并由此走向国际化律师、仲裁员的职业道路。此外，不同国籍的法律专家"同堂会审",也促进了不同国家法律和文化的交流,推进了我国仲裁法治环境的进一步完善。

我国的涉外仲裁在短短几十年时间里得到了长足发展,但是,我国仲裁的现状还有待进一步改善。

第一,仲裁国际化程度仍待进一步提高。近60年来,我国涉外仲裁的实践主要以贸仲委为主。贸仲委是根据新中国成立之初对外贸易发展的需要而设立的第一家仲裁机构,50多年来,贸仲委仲裁的国际化水平不断提高。从仲裁规则修订的内容、仲裁案件国际化因素、机构管理机制等诸多方面,努力与国际惯例保持一致,不断学习借鉴先进的国际仲裁理念,推进国际仲裁在中国的发展,并在国际仲裁领域树立起了良好信誉和品牌。贸仲委2012年修订的仲裁规则在约定仲裁协议的适用法、仲裁语言、仲裁地点等方面更加尊重当事人意思自治;允许仲裁庭采取临时措施的规定也体现了国际仲裁机构的通常做法,走在了我国仲裁立法的前面。但是我国国内仲裁机构发展水平不均衡,大多数仲裁机构与国际上著名的仲裁机构相比,案件质量存在一定差距,其重要原因就在于仲裁机构的国际化水准有待提高。我国仲裁业如何能更加具有吸引力,更加国际化,是摆在我国仲裁事业发展面前的一个重大课题。

第二,要防止仲裁的诉讼化倾向。与诉讼相比较,仲裁具有程序灵活、高效、费用低廉、充分体现当事人意思自治等特点,因而其不能够为诉讼程序所替代。只有保持仲裁程序的独特性,才能发挥仲裁在纠纷解决机制中的特殊作用。多年来,贸仲委的仲裁实践始终坚持与国际惯例相一致的做法,发挥了仲裁在解决经贸争议中的独特作用。但是,鉴于我国仲裁立法起步较晚,以及纠纷解决机制长期由诉讼主导,一些仲裁机构的仲裁程序出现了诉讼化的倾向:仲裁程序繁缛冗长,缺乏灵活性,甚至在某种程度上照搬诉讼程序,从而弱化了仲裁程序的鲜明特点,不利于发挥其独特价值。比如在仲裁中适用法院诉讼的证据规则、证据开示等诉讼程序的做法,这些都失去了仲裁应有的价值和氛围。仲裁的诉讼化不利于发挥当事人的意思自治,有可能导致仲裁面临着更多的司法干预,包括对仲裁裁决的司法审查监督过严、超出当事人提出的审查范围以及进行不正当的司法监督等。

第三,仲裁机构日趋专业化,但仲裁从业人员的能力建设有待进一步加强。仲裁的成败关键取决于仲裁员。仲裁的发展对仲裁员的专业化和国际化提出了更高的要求,这就要求仲裁员不仅要熟悉国内法,而且需要熟知国际公约、条约等法律文件,掌握国际贸易惯例。相关仲裁从业人员,从仲裁员、律师到仲裁机构的案件秘书等,都应当具有深厚的法律功底、专业知识、相应的语言沟通能力和丰富的国际仲裁实践经验。例如,在大陆和香港之间发生贸易争议时,当事人约定在贸仲委仲裁,但同时聘请了香港和大陆的仲裁员,所使用的语言为中英文双语,适用的法律为香港法律,这就要求仲裁员熟知相关区际程序法、实体法,并具备良好的语言沟通能力。目前,依托于贸仲委这一国际化平台,虽然涌现出一批具备国际化争端解决能力的仲裁从业人员,但总体而言,涉外仲裁人才依然匮乏,整体水平也有待进一步加强。

鉴于我国涉外仲裁在全球化背景下的独特作用,我们要加大力度促进涉外仲裁的发展。多元纠纷解决机制的完善对推进依法治国战略具有重要的意义,涉外仲裁能够有效缓解司法资源的紧张状况,对于完善多元纠纷解决机制、有效化解社会矛盾具有重要意义。涉外仲裁制度也是一个国家和地区软实力的重要内容。只有具备完善和先进的国际争端解决机制和法律服务,才能实现十八大报告所提出的"完善法治保障"的目标。

友好仲裁应当慎用

一讲到仲裁,我们都会强调依法仲裁,这个道理毋庸赘言,如同司法审判必须依法进行一样浅显明白。然而,仲裁毕竟不同于司法审判活动,尽管二者都是多元化纠纷解决机制的组成部分,但二者在启动方式、运行程序、裁判依据等方面存在区别。对司法审判活动而言,虽然其启动可能是因当事人的起诉或者上诉而引发,但法院审判的程序、审判的法律依据等,都是由法律明确规定的。而仲裁本质上是当事人意思自治的产物,法律允许当事人通过协议选择仲裁这一纠纷解决方式,并且允许当事人选择仲裁机构、仲裁员、仲裁的法律依据等,可以说,无意思自治就无仲裁。

在国际商事中出现的友好仲裁(amiable composition 或 ex aepuo et bono)则将当事人在纠纷解决中的意思自治推到了新的高度。根据友好仲裁规则,当事人可以选择不依法仲裁,法院事后也不得完全依据法律规定否定友好仲裁裁决的效力。友好仲裁是与依法仲裁相对应的概念,其区分标准即在于仲裁员在仲裁过程中是否需要严格依法律规则裁决。友好仲裁的概念源于法国法律用语"amiable compositeur",即友好调停者(amiable 意为友好),是指仲裁员在仲裁过程中不需要严格按照法律规则仲裁,而依据当事人的约定、按照公平原则进行裁决,由于它更充分地体现了私法自治,从这个意义上说,此种仲裁对当事人而言是"友好"的。此种仲裁要依据公允善良的原则(ex aepuo et bono)作出裁决。"ex aepuo et bono"为拉丁语,aepuo 有公平、衡平的含义,而 bono 更接近于善意、诚信之意。友好仲裁是在国际商事仲裁实践中逐步形成的一项制度,后逐渐被各国采纳。

"友好仲裁"主要适用于国际商事仲裁领域,在国内仲裁中,并未采取这一制度,但上海自贸区设置以后,《中国(上海)自由贸易试验区仲裁规则》率先引入了友好仲裁制度,并且将其作为一种可复制、可推广的经验,开始在全国范围内推行。中国国际贸易仲裁委员会、北京仲裁委员会等仲裁机构在借鉴上海经验的基础上,开始在其仲裁规则中引入这一规则。

作为国际贸易仲裁委员会和北京仲裁委员会的一名成员,在讨论是否有必要引入友好仲裁制度时,我的态度一直比较保守。诚然,友好仲裁有利于尊重当事人的意思自治,符合仲裁制度的特点。因为仲裁与审判活动不同,虽然仲裁员在仲裁过程中也不得违反法律的强制性规定,但仲裁员在仲裁过程中并不一定要依法仲裁,而应当尊重当事人的意思自治,这也符合仲裁制度的特点。友好仲裁适用的前提条件是当事人的授权,一旦当事人选择友好仲裁,就意味着当事人间接地放弃了依法仲裁,仲裁员在仲裁过程中也无须适用相关的实体法律规则,而主要依据公平合理原则对相关事项进行仲裁,这也是友好仲裁制度的突出特点。友好仲裁充分尊重当事人对实体法的选择,即只要仲裁当事人达成合意,可以不选择国内法作为裁判依据,而允许仲裁庭依据公平、合理的原则作出裁决,这实际上也赋予了仲裁员更大的裁量权;在仲裁裁决作出后,法院也不得完全依据法律规定否定其效力,或者不予执行,这就赋予了当事人意思自治更大的效力。

我认为,友好仲裁制度运用在国际商事纠纷领域可能是成功的,因此,中国国际贸易仲裁委员会引入这一规则是可行的,因为其主要仲裁国际商事纠纷,引入这一制度也符合国际商事纠纷解决的现实需要。但在国内仲裁领域,是否同样有必要引入这一制度,值得探讨。我认为,在国内仲裁中应当慎用友好仲裁,主要理由在于:

一是友好仲裁排除了法律的强制性规定,也会排除司法解释的适用,这可能影响友好仲裁裁决的合法性。仲裁制度的合法性基础之一在于,仲裁员在仲裁过程中必须依法裁决,法律的强制性规定和司法解释的相关规定能够对仲裁员的裁决活动进行有效规范和约束。而对友好仲裁而言,当事人可以通过协议的方式排除法律规则的适用,其中也排除了法律的强制性规定和相关司法解释规则的适用,这可能影响友好仲裁裁决的合法性。例如,如果选择友好仲裁,能否排除适用《仲裁法》的规定?回答应当是肯定的,但由此也会引发一些问题。因为仲裁法律规则包括《民事诉讼法》关于仲裁制度的规定,主要是强制性的规定,而且大量的是程序性的规定,一旦被排除,也会影响仲裁裁决的合法性问题。

二是友好仲裁排除了法院依法审查仲裁裁决效力的权力,从而赋予双方当事人意思自治过高的效力。在友好仲裁裁决作出以后,法院不能依据法律规定否定其效力,这实际上赋予了当事人的合意高于仲裁法律规则的效力。即便一些友好仲裁裁决不符合法律的强制性规定,法院也无法依据法律规则对友好仲裁裁决的效力进行审查,在其违反法律的强制性规定时,法院无法否定仲裁裁决的效力,也不能依据法律规定宣布不予执行仲裁裁决,这也难以保障友好仲裁裁决的合法性,从而也不利于维护法律秩序。

三是友好仲裁存在被当事人不当利用的可能，不利于维护国家、社会公共利益以及第三人利益。在友好仲裁中，正是因为法院无法依法对仲裁裁决的效力进行审查，即便其与法律规则不符，法院也应当尊重当事人的选择、尊重仲裁裁决的效力，这可能不利于保护国家、社会公共利益以及第三人的利益。例如，申请人和被申请人双方恶意串通，进行虚假仲裁，而仲裁的结果直接损害第三人的利益（如将某个本属于第三人的房产确认属于申请人所有）。在友好仲裁裁决作出后，即便其与法律规定不符，法院也难以依法否定其效力，难以在事后对友好仲裁裁决的效力进行审查，第三人既不能申请撤销该仲裁裁决，也不能申请不予执行，这可能导致第三人的权利无法得到有效保护。

四是友好仲裁赋予仲裁员过大的自由裁量权，可能会损害当事人的合法权益。目前，自1995年《仲裁法》实施以来，我国共建立了200多家仲裁机构，各地仲裁员的素质也参差不齐。如果在仲裁员水平高、处理复杂案件能力强的仲裁机构，推行友好仲裁或许能保证仲裁裁决的质量；如果在一些仲裁员水平较低、业务能力较弱的仲裁机构推行，则很难保证裁决的质量。尤其对一些地方仲裁机构而言，其管理尚不规范，制度也不健全，甚至仲裁员的选定都不规范，在此情形下，一旦推行友好仲裁，仲裁员无须从具体的法律规则中寻找裁决依据，而只需要借助"公平合理"、"诚实信用"等基本原则进行裁决，这难免使裁决产生一些差错。因为这些原则较为抽象，仲裁员在运用这些原则进行裁决时，需要对当事人选择的有效性以及其与强行法和社会公共利益之间的冲突进行更为细致的判断，这实际上对仲裁员本身的素质提出了较高的要求，但我国目前许多仲裁员的水平还难以达到如此高度。加上整个社会道德滑坡、诚信缺失，一旦全面推广友好仲裁，则可能为一些仲裁员不依法仲裁提供了依据。

无论是否引入友好仲裁制度，在仲裁过程中都应当尊重当事人的意思自治，真正做到"对当事人友好"。从这个意义上说，有必要在仲裁领域提倡友好仲裁的精神，充分尊重当事人在纠纷解决方面的意愿，这也符合仲裁制度的发展趋势。

裁判方法研究：依法公正裁判的源泉*

中国特色社会主义法律体系的形成，表明我们已经基本结束了无法可依的历史，基本的法律制度已经齐备，法治工作的重心应当从解决有法可依的问题，转向有法必依、执法必严、违法必究方面来。可以说，法律体系形成后，一个"解释者的时代"已经到来了，我们要从过去主要关注立法论转向重点关注解释论，要从过去关注应然问题转向关注实然问题，要从过去关注规范如何产生转向关注法律规则如何适用。古人说："天下之事，不难于立法，而难于法之必行。"可见，法治建设的任务更为繁重，在全面推进法律实施的过程中，我们需要加强方法论的研究。

法学方法论不是指法学研究的方法，而是指裁判的方法，其以裁判活动为研究对象，从裁判中总结规律，进而上升为一种理论的方法。裁判方法研究的目的是实现依法公正裁判，其具有非常重大的现实意义。

法学方法论主要围绕依法公正裁判而展开。近几年，我研究了一些民事裁判文书，发现在一些裁判文书中，与过去的裁判文书相比，法官在案件事实的认定、对证据的分析、

---

* 本文为作者在中国应用法学研究所成立20周年座谈会上的发言，原载《光明日报》2012年4月19日。

认证等方面有了长足的进步,一份判决书可能在事实认定方面要写十多页。但裁判文书在作出裁判结论时,缺乏对法律的解释,尤其是对法律和事实如何结合、法律适用的说理论证较为欠缺。我们说要以事实为根据、以法律为准绳,就是说,既要把事实认定清楚,又要把法律的适用理由阐述清楚,而且法律的适用必须和事实形成密切的连接,两者缺一不可。这就必须要正确"找法",而且在找到法律规范后,需要通过法律解释的方法,使法律规范和案件事实实现正确的连结,法无解释不得适用,法律解释是准确适用法律规范的前提,解释过程本身就是说理过程。说理不仅仅是对证据的认定、案件事实的认定进行说理,而且需要对法律规则的内涵以及法律规则的具体适用展开说理。丹尼勋爵曾经说过,"正义不仅要实现,而且要以看得见的方式实现",这句话虽然是就法律程序而言,但同样适用于法律规则的适用过程,法律解释的过程其实就是要以"看得见"的方式展示法官适用法律的过程,使人民群众在法律适用的过程中看得见公平、体会到正义。

裁判方法研究的重点在四个方面:

一是如何"找法"?事实阐述清楚之后,要解决根据事实"找法"的问题。实践中出现的"同案不同判""同法不同解"等问题,在很大程度上是因为法官就"找法"缺乏共识,没有形成共同方法、没有形成共识性规则。例如,我们经常看到这样的案件:消费者从商场购买了一件商品质量不合格,造成损害,于是起诉商家赔偿。在这样的案件中,究竟应当根据什么样的法律规则来裁判,法官在裁判中适用的法律多种多样。例如,有的援引《消费者权益保护法》,有的援引《合同法》,有的援引《民法通则》,有的援引《侵权责任法》,有的援引《产品质量法》。由于援引的法律规定不同,裁判结论也不尽相同,比如,《消费者权益保护法》规定了惩罚性赔偿，而其他法律并没有对此作出规定，所以，一审法院可能认为，需要依据《消费者权益保护法》对销售者适用惩罚性赔偿，而二审法院可能基于《合同法》，认为出卖人不需要承担惩罚性赔偿责任。这就出现了"同案不同判"的后果。这种状况就难以保证司法裁判的统一性，也无法保证司法的公正性。

从上述例子可以看出，要保障同案同判、保障法律适用的统一性和裁判的可预期性，首先要从找法着手，形成找法方法的基本共识，确立找法的基本方法和规则，这就是法学方法论应当解决的问题。正是因为我们缺乏方法论的指导，因而找法的规则和方法尚付阙如。我认为，找法应当有这样一个共识，即在可适用基本民事法律的情况下，首先应当援引基本民事法律裁判民事案件，而不能直接援引特别法来裁判。哪些法律是民事基本法？我认为，凡是将要成为未来民法典组成部分的法律，如《民法通则》《合同法》《侵权责任法》等，就是民事基本法。《侵权责任法》第2条明确规定：侵害民事权益应当依据本法承担侵权责任。为什么要加上"依据本法"四个字？就是要强调，凡是侵权案件，原则上都要援引《侵权责任法》。所以，《侵权责任法》有规定的，就应当援引《侵权责任法》。此外，找法还要遵循"上位法优先于下位法""新法优于旧法"等法律适用规则。

二是如何"解"法？也就是说，如何准确地解释法律。这就需要形成对法律解释方法和规则的共识，如此才能保证"同案同判""同法同解"。法律的生命力在于适用，但是要准确适用法律，就必须要准确解释法律。法律解释本身就是一门科学，它是法学方法论的重要内容。其实，立法并非是多多益善的。繁杂但又不实用的法律，不仅将耗费大量的立法成本，也使得有些法律会形同虚设，影响法律的权威和法律的信仰；立法应当重点解决社会生活的主要矛盾，但显然不是要去规范社会生活中的一切问题。在社会生活的基本法律确定之后，再通过一定的法律进行必要的配套，并辅之以法律的解释。如此，就可以解决社会生活的规范问题。从司法实践来看，法律解释方法正是防止法官解释和裁判活动的任意性、保障司法判决公正性的有效手段。

必须承认，目前我们有些裁判文书中的说理性论证并不充分，这很大程度上是因为我们缺乏方法论的自觉运用。因为实践中没有一套科学的解释方法，导致法官针对法律文本的思维模式差异很大，对同一文本的理解相去甚远。同案不同判现象在司法实践中常有发生，更为极端的是，个别法官甚至"操两可之说"随意进行裁判。在实践中经常出现这样的问题，本来可以援引具体的法律规则裁判案件，但法官不去寻找具体的法律规则，而是依据高度抽象的法律原则裁判，甚至完全撇开现行法，以追求所谓"社会效果"为理由进行裁判。这种裁判表面上看也是"依法"裁判，但实际上却并没有严格依法裁判，因为法官已经向一般条款逃逸，回避了与案件具有最密切联系的法律依据的适用。依法裁判要求法官必须找到与案件具有最密切联系的法律规则，从而产生特定的法律效果。如果法官都援引一个空洞而抽象的基本原则来判案，那么制定《物权法》《合同法》《侵权责任法》的意义就不大了。因为几乎任何一个民事案件都可以援引这些基本原则来进行裁判。如此则将赋予法官过大的自由裁量权。如果法官可以完全撇开法律规定，而依据社会效果裁判，而且这种效果又完全是法官自己理解的社会效果，这就难免出现司法的恣意和专横，司法公正也难以得到保障。所以，要求法官遵循法律解释的规则，在一定程度上也是约束法官的自由裁量权，也有利于保障法官的裁判结果是依法、公正裁判。

三是如何连接事实和法律？"以事实为根据、以法律为准绳"，就是解决事实和法律如何连接及"三段论"中大前提和小前提如何对应的问题。在连接过程中，应当进行详细、充分的说理论证。前面已经说过，法官在分析大量事实之后，应该寻找与这些事实中具有最密切联系的法律规则。但怎么寻找到这些法律规则呢？就是要对法律进行全方位、体系化的思考和考察，从而找到与案件有最密切联系的法律规则。找到规则之后，要对规则的构成要件进行准确的解释，然后看案件的事实是否符合法律规则的构成要件，这就需要进行说理论证。如果不符合这样的构成要件，我们就需要再去寻找新的法律规则。德国学者恩吉施教授曾经提出一个著名的观点，他认为在连接过程中，应当进行"目光的往返流转"，也就是说，连接不是一次性完成的，而是需要不断观察事实、寻找法律；或者从找到的法律中再回到事实进行验证。只有这样往返回顾和验证，才能保证找到与案件事实联系最为密切的法律规则。

四是如何进行价值判断和利益衡量？霍姆斯有句名言：法律的生命不在逻辑，而在于经验。他还有另外一句名言：在逻辑的背后总是隐藏着人们对价值和相互冲突的立法理由的判断。司法裁判其实就是一个价值判断的过程。法律的最高价值应该是公平正义，公平公正是法官应当始终秉持的价值取向。一个案件只有做到了公平公正，才能真正做到案结事了。如果裁判结果不公正，就只能是案结事不了。一方面，要依据法律规定作出价值判断，而不能抛开法律规定随意判断。另一方面，判断时要准确把握立法中预设的价值取向。我们讲法律效果与社会效果的统一，绝不能误认为法律是不讲社会效果的，不能把法律规定与社会效果对立起来。任何一个法律规定都有立法者预设的价值判断，都已经考虑到了法律要实现的社会效果。所以，首先要发现立法者在立法中预设的社会效果，然后具体运用到待决的个案；只有发现立法规定已经不符合社会需求时，法官才可以根据社会的需求来解释论证法律规定，以实现更大的社会效果。

  在过去的几百年里，科学给人类生活带来的变化，超过了人类历史几千年的自然演化。而法学作为一门学科，其在法治社会中具有不可估量的作用。而法学方法论通过总结几百年来法律适用过程中的规律，为法官准确适用法律、公正裁判案件提供了极大的方便，其在法治建设中所发挥的巨大作用也将日益凸显。

从"律师被逐出法庭"谈律师的职业定位

近些年来，律师在法院庭审过程中被法官逐出法庭的事件屡见报端。比如，据《潇湘晨报》报道，2012年1月10日，贵阳市小河区法院在审理"黎庆洪案"的过程中，因辩护律师集体就管辖权问题向法庭提出质疑，导致庭审中发生争执。在全天的庭审过程中，由于律师和法官对抗激烈，法官频频对律师进行口头警告和训诫，并当场将3名辩护律师逐出法庭。[1]

这种现象引起了法律界和法学界的广泛关注，最高人民法院院长周强针对这一现象发表意见，他认为"若法院律师对立，法律不可能健全。"周强院长的看法击中了问题的要害。

产生律师被逐出法庭这一现象的重要原因之一，是律师的职业定位不清，法律职业共同体的观念尚未形成。律师究竟是法律专业人士，还是自由职业者？一直存在争议。根据《律师法》第2条第1款的规定，律师是指依法取得律师执业证书，接受委托或者指定，为当事人提供法律服务的执业

---

[1] 参见《贵州法院庭审激烈，3名律师被逐出法庭》，载《潇湘晨报》2012年1月11日。

人员。由此可以看出，律师属于提供专业法律服务的人士。但在实践中，人们常常将律师界定为自由职业者，以显示其与公职人员，特别是与公务员之间的区别。我不赞成这种定位，因为此种看法没有突出律师的专业性、职业性特点，且容易使人们误以为律师是游离于体制之外的人，忽略了其在法律职业共同体中的应有作用，也很容易导致律师与法官、检察官等的对立。另外，此种定位既不利于对律师的管理，也不利于律师行业自身的健康发展。

我认为，对律师最恰当的职业定位，是把其作为法律职业共同体中的一员。所谓法律职业，按照美国著名法学家庞德的观点，是指"一群人从事一种有学问修养的艺术，共同发挥替公众服务的精神，虽然附带地以它谋生，但仍不失其替公众服务的宗旨。"① 从历史上看，在早期罗马法时代，随着罗马法的发展，出现了一批专门为罗马贵族服务的法律专家，称为法学参议。在罗马帝国时期，已有一批以专门收取法律服务费为生的法律专业者。所以也有人认为，从这个时候开始，法律职业共同体初露端倪。在英国，法律职业共同体是伴随着普通法一起成长的。在 14 世纪初，一些通晓罗马法的人士聚集在一起创立"法学会（Inns of Court）"，这就是最早的法律职业组织。该组织不仅自己训练律师，而且也为法官提供候选人。这个组织像基尔特组织（一种商人联合会）一样具有自己的职业纪律和规则，从而保证了法律职业者（无论是律师还是法官）不仅训练有素，而且能够秉持良好的职业道德。在中世纪后期，法律职业者已经形成。可以说，从历史发展的角度来看，律师向来都是法律职业共同体的重要组

---

① （美）哈罗德·伯曼编：《美国律师讲话》，陈若桓译，三联书店 1988 年版，第 208 页。

成部分。对此可予佐证的是英语"律师"一词"lawyer",它既可以指律师,也可以指法律人,其包括了律师、法官在内的所有法律职业共同体的成员。

"徒法不足以自行",在任何法治国家,法律职业者都是法治的操作者和实践者,是一群精通法律专门知识并实际操作和运用法律的人,包括法官、检察官和律师等。他们不仅受过良好的法律专业训练,具有娴熟的运用法律的能力和技巧,还因为具有相同的理念、接受相同的训练、掌握相同的技巧,其专门从事法律工作,或提供法律服务,履行法定职责,从而形成了法律人共同体。这个共同体是基于法律理性、法律知识、法律思维和法律技术的专业共同体,是有共同的知识背景、思维方法、话语体系的职业共同体。这个共同体是法治的基础,能护佑法治之舟的平稳航行,也能有效地保护交易安全。恩格斯对此曾经指出,"产生了职业法律家的新分工一旦成为必要,立刻就又开辟了一个新的独立部门,这个部门虽然一般地是完全依赖于生产和贸易的,但是它仍然具有反过来影响这两个部门的特殊能力。"① 在法律职业共同体之中,律师是重要的支柱之一,可以说是三分天下有其一。按照哈佛大学昂格尔教授的观点,法律职业共同体的存在是法治的重要标志。② 把律师视为法律职业共同体的一员,对于推进法治建设十分必要:

——准确认识律师在法治社会中的地位和作用。在近现代,法律职业的分工是和现代法治文明的发展、诉讼程序的完善联系在一起的,而律师的产生与发展,与正当法律程序的产生和发展密不可分,可以说,

---

① 参见《马克思恩格斯全集》(第37卷),第488—489页。
② 参见〔美〕昂格尔:《现代社会的法律》,吴玉章、周汉华译,译林出版社2008年版。

没有律师，就没有现代的诉讼制度，就没有正当的程序。就此而言，律师是法治文明发展到一定阶段的产物，也是法治文明的标志；律师是程序公正的保障，不仅捍卫着程序公正，其对法律案件的介入本身就是程序公正的体现。作为实现程序正义和实体正义的重要力量，律师担负着和其他法律人一样的共同使命。而且我国的法律实践业已表明，律师在庭审等法律活动中发挥的作用越大，对法官的帮助就越大，因此，律师和公检法机关不是对立的，而是和公检法机关一起，共同构成法治建设的重要力量。既然如此，我们要推进社会主义法治建设，就必须承认法律职业共同体这一概念。

——推进以审判为中心的诉讼制度改革。律师在整个法律正当程序中是不可或缺的一环，其对法治的发展具有重要意义。正如《律师法》第2条第2款所言，律师除维护当事人的合法权益外，还有维护法律的正确实施，维护社会的公平正义等重要功能。而这些功能主要是在庭审过程中发挥出来的。从我国的司法实践来看，"庭审虚化"是一个颇为常见的现象，其产生的一个重要原因即在于法律职业共同体观念的缺乏。有的法官认为，法官是官，律师是民，法官有一种高高在上的感觉，对律师的辩护或代理采取"你辩你的，我判我的"的立场，甚至听不得不同意见，结果就屡屡出现法官在法庭上禁止或武断地打断律师的发言，甚至把律师赶出法庭的现象。要杜绝这些不良现象，就应切实把律师纳入法律共同体之中，使法官树立起大家都是法律共同体一员的观念，法官在庭审中要尊重律师的意见，只有这样，才能真正实现以庭审为中心。

——推进法官、检察官和律师之间的交流。有人认为，律师是自由职业者，法官是公务员，律师职业与法官职业之间不能设立"旋转门"，因为它们之间存在鸿沟。其实这是一种误解。党的十八届四中全会决定指出,应当建立从符合条件的律师中招录立法工作者、法官、检察官的制度。这实际上确认了法律职业共同体的概念,并将律师纳入法律职业共同体之中。为什么可以从律师中选拔法官检察官?其主要原因在于:律师是法律共同体的重要组成部分,律师与法官、检察官拥有同样的思维方式,掌握共同的法律技巧,分享相同的法治理念和实践经验。因此,可以从律师中选拔法官、检察官。如果不认为律师身处法律共同体,就无法实现律师向法官、检察官等职业的身份转变。

——加强律师行业自身的建设。不可否认,有的律师只是把律师职业看作是谋生手段,或养家糊口的职业,而并没有将律师职业看得非常崇高。其实,律师客观上以为公众服务为宗旨,不同于虽有一定技巧但完全追逐私利的工匠。而且在现代社会,律师与法官等其他法律人一起,实际操作着法律机器,保障着社会机制的有效运作,对推进社会的法治进程、保障人权、维护公平正义,具有重要的作用。既然律师实际发挥着如此重要的作用,首先就应当使每一个律师认识到自己是法律职业共同体的一员,形成职业荣誉感,要像爱护自己的眼睛一样珍惜自身的职业。同时,为了保障律师职业的健康发展,律师协会和有关主管机关也应当制定相关律师职业道德、执业规则等,推动律师职业的建设,使每一个律师都能够真正按照职业道德和规则活动,对于损害法律职业共同体的害群之马,也应当依法予以惩戒。

实践表明,律师的地位关系到公民的人身安全保护,甚至关系到国家法治的兴衰。党的十八届四中全会决议提出,要发展律师、公证等法律服务业,政府要聘请法律顾问,建立从符合条件的律师、法学专家中招录立法工作者、法官、检察官制度,等等,这些都表明律师行业迎来了一个大好的发展机遇。为此,我们需要进一步维护律师的合法权益,保障律师依法参与诉讼活动,充分发挥其在法治建设中的应有作用。更为重要的是,我们应当树立法律职业共同体的观念,把律师视为法律职业共同体的重要组成部分,一起为了实现法治的理想而奋斗。概括而言,包括律师在内的法律人必须要有宪法、法律至上的信念,秉持法律人的职业理念和操守,具备法律人应有的专业素养和解决纠纷的能力。知法、懂法并信仰法律,心存正义并公正廉洁,真正践行法治的理想。

法治：良法与善治

第五编
法 学 教 育

所谓人文,则须兼知有家庭、社会、国家与天下。

——钱穆

大力培养法治创新人才

经济学家奥尔森曾在《国家的兴衰》等作品中写道，与自然禀赋、历史传统等条件约束相比，制度创新能力对一个国家的繁荣与兴衰具有更为重要的决定作用。在全面推进依法治国方略、全面建设法治社会的今天，现代法学教育在推进国家制度创新方面承担着重要的历史使命。因为，法学教育的质量直接决定了未来法治人才的创新能力，并对国家制度创新能力产生深刻的影响。

法学教育与法治人才的培养是法治工作队伍建设的基础性、先导性工作。"徒法不足以自行"，法治中国建设的关键在于培养大量的法治创新人才。党的十八届四中全会决定提出推进法治专门队伍正规化、专业化、职业化，完善法律职业准入制度，健全从政法专业毕业生中招录人才的规范便捷机制，并提出了"创新法治人才培养机制"的任务。四中全会绘就了培养法治创新人才的蓝图，为今后一个时期的法学教育指明了方向，创造了良好的历史机遇。我国法学教育应该以四中全会决议为指引，进一步明确改革目标，深化人才培养模式的改革，提高人才培养质量，培养更多实施依法治国方略所需要的法治创新人才，为依法治国做出应有的贡献。

四中全会绘就的蓝图关键在于实施。中国几千年的文明史并没有给我们提供这样的人才储备，也没有打下这样的思想基础。改革开放以来，中国法学教育经历了重建、恢复发展的过程。30多年来，中国法学教育发生了翻天覆地的变化，目前，高等法律院系达600多所，各类在校法科学生近百万。然而，我国法学教育系统的人才培养质量仍有待提高，法治创新人才严重缺乏，这是当前法学教育改革必须解决的重大问题。

什么是法治创新人才？这些人才是指能够立足中国实际，具有世界眼光，洞察世事人情，具有担纲意识，职业道德优良，法律素养深厚，能够完成建设中国特色社会主义法治体系和法治中国任务的人。因此，培养法治创新人才就是要培养具有良好的职业道德和修养、掌握扎实的专业知识、能够娴熟运用法律解决实际问题、具有国际视野的优秀法律人才。具体来说，法治创新人才应当具备如下几个方面的素质：

一是要具有良好的职业道德。法学教育具有现代高等教育的一般特征，其首先应当培养一个优秀公民应当具有的素质，或者说具备国民表率的素质。法学教育除培养学生热爱祖国、关爱他人、服务社会等基本公民素质外，还要培养学生强烈的正义感和人文关怀理念。对法治创新人才而言，其应当有严格的道德自律，其人性应当达到一种更高的境界。正如陶行知先生所言，"千学万学，学做真人"，这也是教育的基本目的。另一方面，法学教育是现代高等教育中的一门职业教育。职业教育首先需要注重职业道德问题。懂法但无职业道德，更会规避法律、玩弄法律。在实践中，一些法律人纯粹受经济利益驱使，徇私枉法、违背良心和道德，非但没有促进法治，反而破坏了法治。所以，只有形成良好的职业道德体系，才能够保证所学能为所用。

二是要有深厚的法律素养。法治创新人才要信仰法律、心存正义、忠于职守、不畏艰苦、廉洁公正、铁面无私。法治创新人才需要知法、懂法。不仅要做法律的"专家",而且要做法律的"通才"。只有知法懂法,才能信仰法律,严格遵循法律。现代法律正朝着专业化方向发展,与医学等科学一样,要求操练者具有职业思维、职业方法,掌握良好的依法化解纠纷的职业技能。这就要培养法治创新人才的法治理念和法律思维,使其具有扎实的法学功底,具备解决纠纷、化解矛盾的技能。这些技能既包括法学技能,也包括社会技能。法学技能包括理解各类法律规范含义的能力、法学逻辑推导能力以及法律事实的判断能力和法律思维能力等。社会技能包括掌握心理学知识、经济学知识以及谈判能力等。法学教育还需要培养法治创新人才浓厚的法律意识和法律思维,以及敏锐地观察、分析和反思各种社会现象的能力。法律思维要求依循法律规范,运用法律逻辑,秉持公平正义等价值观念,去思考问题、处理问题、解决矛盾。法律思维不仅需要符合法律,更需要符合法治,即要符合现代法治理念。法律思维需要从权利与义务这个特定的角度来认识和处理各种社会关系。

三是要具备服务于国家和社会的担纲意识。法治创新人才应当立足中国实际,解决中国问题。法学院培养精英人才与法学教育大众化并不矛盾。法治创新人才要能够熟练掌握法律知识、掌握处理各种社会和法律问题的能力,这本身就是社会需要的精英人才。但法治创新人才的培养必须要坚持以大众教育为主、兼顾精英教育的改革理念。从我国当前的法治建设进程来看,我们现在需要的仍然是大量的面向大众、扎根基层的法治创新人才。法治创新人才应当和社会公众保持密切联系,而不能以一种精英人才的心态高高在上,阻断和社会大众的接触和联系。法治创新人才既要有精英意识,又需要接地气,需要具备服务国家和社会的担纲意识。

四是具有良好的法律技能,熟练解决法律纠纷。这就不能仅仅局限于课堂教育,还需要法治创新人才从实践中吸取经验,具备良好的法律实践操作能力。作为合格的法律人才,无论是从事立法、执法和司法工作,还是要成为律师、仲裁、公证、专利、商标以及企业法律业务等领域的实务人才,都必须能够熟练掌握法律知识以及实务操作技巧,具有良好的思维能力和分析问题的能力,熟练运用法律分析的方法去分析问题、化解纠纷。这样的人才不是仅仅在课堂听课、图书馆看书就能培养出来的,也不是仅仅依赖网上获取的知识和信息就能培养出来的,更重要的是要通过各种实践教学,培养实务能力。正因为如此,法治创新人才的法学素养,不在于其能够背诵或记忆多少法条和经典,而在于其掌握了多少实际应用的本领。能够把法律当作活的知识加以理解和运用,能够准确地分析事实、寻找法条并解决纠纷,这仅仅靠掌握概念、理论、学说是不够的。法治创新人才需要了解社会、精通事理,具有对事理的综合、分析与判断的能力,要能做到事理明晰,法理透彻,逻辑严谨。

五是具有国际视野。我们需要一大批具有国际视野、通晓国际规则、能够参与国际竞争的法治创新人才。在经济全球化时代,由于国际间经济交往日益频繁,法律事务日益增多。我国正在积极推进"走出去"和"一带一路"战略,但企业走出去后遇到的一个最大的困难就是法律障碍,出现了纠纷以后,往往不知道如何从法律层面应对,许多企业为此蒙受重大损失。尤其是,我国虽然是联合国常任理事国,但无论是在联合国还是在有关的国际组织中,所派驻的相关法律人才都远落后于韩国等国家,这与我国的大国地位是不相称的。再如,在 WTO 争端解决机制中，我国在加入WTO之后，逐渐成为了大量案件的当事方。但是，不仅中国籍的WTO上诉机构的法官数量非常有限，而且，当前代理我国开展诉讼活动的律师主要也来自欧美国家。这与我国法学教育的知识供给不足有关。因此，法学院需要培养一大批具有国际视野、面向世界的国际型的高素质法治创新人才。法学院培养出来的法治创新人才，不应当仅仅了解国内的法律，而且要熟谙域外法律。法学教育要培养一大批具有国际视野、通晓国际规则、能够参与国际竞争的国际化人才。

法治创新人才的范围是很宽泛的，包括政界、商界等各领域的人才。未来社会的发展方向是法治社会，因此，无论是国家管理还是社会管理，均需要一大批具有法律知识的专门人才。也就是说，必然有一批法治创新人才要走上国家和社会管理岗位，成为社会的领导者。法学教育也应当将培养法律学生的组织和领导能力作为学生培养的重要内容。但是，这里说的领导能力应当包括在各个行业从事各类管理活动的领导能力，而不仅仅限于某一个领域的组织协调能力。在现代法治社会，法治创新人才所需要具备的不仅仅是法律专业知识和法律操作技能，还需要具备社会组织和领导能力。他们要参与到国家政治、外交、经济、文化和社会管理的各方面事务，能够妥善应对各种事务管理中所涉及的各种法律问题。但这些人才首先应该是从一名平凡的律师做起，从一个普通的基层法官做起，而不能以为自己是精英而自命不凡，把自己封闭在象牙塔之中。只有在实践中不断增长实践经验，才能够成为真正的精英。真正有水平的法官、律师都是长期扎根基层，通过不断磨练、不断探索而逐步成长起来的。

那么，如何培养法治创新人才？一是要立德树人。习近平同志指出，办好中国特色社会主义大学，要坚持立德树人，把培育和践行社会主义核心价值观融入教书育人全过程。法学教育应当坚持育人为本、立德为先的正确方向，将立德树人的理念贯穿法学教育的各个环节。引导学生树立正确的世界观、人生观、价值观，把学生培养成为合格的法治中国践行者和建设者。二是要接中国地气。培养法治创新人才就是培养治国理政的后备军，必须要扎根在中国的土地上。法治创新人才需要了解国情、人情、民情和社情，实现国际化与本土化的结合，理论与实践的结合。三是要推进法学教育的综合改革。按照四中全会所提出的要求，应当进一步推进法学教育改革，努力提高人才培养质量。改革、创新现有的法学教育模式，需要在改善教育管理体制、师资知识结构、评价机制等方面作出积极的努力。在这方面，美国法学院的苏格拉底教学法①、法律诊所②、模拟法庭和模拟谈判等实践课程都为培养未来的优秀律师提供了有效方法，这些经验也是值得我们高度重视的。四是注重因材施教、分类培养，尊重学生的个性化发展和自主选择。这体现的是中国传统教育因材施教的理念，即根据学生的个人特点、职业兴趣和未来规划，对学生实施分类培养，同时根据学生的素养和意愿把他们培养成为合格的法律人才。为此，需要对学生进行专业化、精细化的指导，培养学生的法律专业技能，帮助他们树立自己的职业发展目标。五是为

---

① 苏格拉底教学法是一种问答式、论辩式的教学法，这种方法出自于柏拉图的苏格拉底对话录上，苏格拉底将此种方法运用于探讨如神和正义等许多重要的道德议题上。在美国的法律教育中，广泛地采用了这一方法。

② 法律诊所也即诊所式的法律教育（clinical legal education），系指仿效医学院学生在医疗诊所临床实习的做法，由教师指导，将法学专业学生置于"法律诊所"中，为处于生活困境而又迫切需要法律援助的人提供法律咨询，"诊断"其法律问题，开出"处方"，以此促进学生对法律理论的深入理解。参见章武生主编：《模拟法律诊所实验教程》，法律出版社2013年版，第2—3页。

适应国际化和经济全球化的需要,应当培养法科学生的国际化视野。提高学生把握学科前沿的能力和跨文化沟通的能力。这就要求,中国的法学教育需要坚持"引进来"和"走出去"并重的战略,加强与国际前沿法学教育机构的交流与合作。

21世纪国家之间的竞争在于法治力量的竞争,而法治力量的竞争又体现在法治创新人才的竞争。四中全会决定提出的一系列措施为法治创新人才的培养提供了更为广阔的空间。作为高校法学教育工作者,我们深受鼓舞,也深感责任重大,使命光荣。我们要坚持走中国特色社会主义法治道路,为培养造就社会主义法治人才,发展和繁荣社会主义法学理论体系,作出应有的贡献。

构建中国民法学理论体系[*]

古人云:"君子之为学也,将以成身而备天下国家之用也。"(见清宋纁《药言剩稿》)我也一直铭记先师佟柔教授"治学报国、奉献法治"之教诲,以研究中国法治建设中的现实问题为使命,以为中国当代法治建设问题建言献策为己任,藉此追求法治梦和民法梦。我国《宪法》通过对"依法治国"方略的确认,书写下我们的法治梦,描绘出中国法治的宏伟蓝图。而新中国几代民法学人的民法梦就是期待一部中国民法典的面世。就我个人而言,民法梦还有一层含义,就是要构建中国民法学理论体系,这样一个体系是立足于中国实践、内生于中国文化传统、回应中国社会现实需求、展示民族时代风貌的理论体系。在世界文化多元化背景下,这样一个中国民法学理论体系也应当是一种具有自身特色、受世人广泛关注、高度评价和普遍尊重的法律文化样态,其能够为促进世界民法文化的繁荣与发展作出我们中国人自己的贡献。那么,我们应当构建什么样的中国民法学理论体系呢?

——它应当以研究中国现实问题为重心。"社会不是以

---

[*] 原载《北京日报》2015年1月12日。

法律为基础的。""相反地,法律应该以社会为基础。"(马克思语)中国民法学理论体系在内容上应当与市场经济建设过程中诸种问题相照应,包括作为市场经济基本规则和市民生活"百科全书"的民法和商法。所有这些内容都应该在中国大地上谱写,直接回应中国的现实问题。在我看来,本土特色的制度文明也就是国际的文化贡献,扎根于本国现实并解决现实问题的民商法学也就是居于国际领先水平的民法学文化。解决了市场经济体制构建中的中国特色民商法重大问题就是解决了为世界普遍关注的问题,就是对世界民商法学发展的重大贡献,也就达到了国际领先水平。

——它应当以解决中国现实问题为依归。对于"法律究竟是什么"这一问题,我认为,古罗马的西塞罗在其名著《法律篇》中提及的"人民的福祉是最高的法律(Salus populi suprema lex esto)"这一名言给出了最佳的回答。民法学研究应当以实现人民的福祉作为指导理念。民之所欲、法之所系。一个学者研究法律的所有出发点都是实现人文关怀,保障人的自由和尊严,促进人的全面发展。这就要求我们的民法学研究应当来源并服务于中国改革开放的伟大实践,对社会生活中产生的现实问题提出创造性的解决方案,以此为民主法治建设作出贡献。有真问题,才可能有真学问。民法学要成为一门治国安邦、经世济民、服务社会的学问,就必须以解决中国的现实问题为依归。

——它应当具有对世界优秀民法文化的开放和包容态度。构建以研究我国现实问题为重心的民法学理论体系并不等于对异域法律文化的排斥。相反,在全球化背景下,中国民法学体系应当是一个包容世界民法文化精髓的体系,它反映了人类社会发展进程中面临的共同问题和应对智慧。理论自信不等于盲目自大,学术自信离不开我们对异域法律文化的充分了解，离不开我们对人类社会最新成果和趋势的准确把握。对人类法律文明的优秀成果，应秉持鲁迅所言"我们要运用脑髓，放出眼光，自己来拿"，我想这也是比较法研究的重要任务和价值所在。在文化多元化的时代，中国特色民法学体系的构建将有助于世界民商法学文化的繁荣，有助于增进人类共同的福祉。我们从来都不能完全照搬外国民法理论体系来构建自己的民法学体系，虽然我们的研究需要借鉴两大法系的有益经验，需要把握国际民商法学的发展趋势，但我们不能妄自菲薄，不能对异域研究亦步亦趋、随波逐流。

近 30 年来，我本人的民商法研究经历基本上遵循了前述思路。回顾自己的学术历程，从最初在佟柔教授指导下研究民法调整对象和民法体系、民法与经济法的关系以及经济体制改革过程中的所有权形态等问题，到 20 世纪 80 年代末期赴美学习后回国开始从事民法总则、侵权责任法归责原则、物权法基本原理等问题研究，再到后来因参与合同法立法而开始全面研究合同法问题，这期间，本人就民法中的诸多重大疑难问题撰写了一些学术论文。20 世纪 90 年代末期我又赴哈佛进修，重点研究司法改革等法治热点难点问题。新世纪以来，随着民法法典化的正式启动，我作为起草人之一参与民法典草案的编撰工作，就物权法、人格权法、侵权责任法和民法典体系等基本理论问题展开了专门研究。后又配合物权法、侵权责任法的起草，就相关领域的重大理论问题展开了认真探讨。作为中国民法法典化见证者和参与者，我在整个研究历程中都尽最大的努力提供建设性意见和理论支持，我也与其他民法学同仁一道大力助推中国民法学体系的建构和民法学文化的传播。

弹指一挥间，近 30 年过去了。当初荒芜的法学园地而今已繁花似锦，当初被称为"幼稚的法学"今天已成为一门显学，民法学在其中表现得尤为突出。记得在改革开放之后相当长的时间内，社会上一般人都不知民法为何物。一些重要的民法制度和民法术语更为人们所陌生。例如，在20世纪90年代初期，我国权威词典仍然把"隐私"这一概念理解为"阴私"，将其视为一种贬义词汇。而今天，"隐私"这一术语已广为人知，保护隐私的观念也已深入人心，这不能不说是一个巨大的社会进步。不得不承认，这一历史性演变凝聚了一代又一代民法学人的汗水、心血与期盼。还记得20世纪80年代初我大学毕业时，民法教科书仅寥寥数本，且尚未公开出版，民法论文屈指可数。而今，我国民法学教科书汗牛充栋，民法学论文浩如烟海，民法学研究人才辈出，民法学的未来一片光明。

但我们还应当清醒地意识到，中国仍处于人治向法治的转型时期，法治建设任重道远，市场经济法律制度还处于不断完善之中，与此直接相关的是民法学理论体系仍处于初创阶段。这不仅仅表现在现有民法理论和相应民法制度还未能有效地回应诸多重大现实问题，还表现在我国民法学理论的国际影响尚不尽如人意、民法学理论的国际话语权仍然有限。虽然法治梦和民法梦已经开启，但这些梦想的实现，还有待我们为之作长期不懈的努力。

尼采有句理想主义名言，"不断重复一个梦幻，就能把它变为现实"。我们已经从迷茫中醒来，选择市场经济这一发展道路，法治是中国的唯一选择，舍此别无他路。在这一过程中，法学工作者肩负着重大职责和光荣使命。基于这样一种认识，我希望藉此民法典编纂的机会，重复我的中国民法梦想，以助推法治梦的实现。这就像涓涓细流汇入大海一样，学术繁荣就像水流汇集成川一样，需要靠每个人不断的努力和积累。我愿意化作沧海一粟，汇入中国民法学文化的江海；我愿作为一粒石子，铺上法治的康庄大道。

期盼中国民法梦梦想成真，期待中国法治梦早日实现。

法学教育需要弘扬人文精神

2000年12月16日，北京市西城区人民法院开庭，法警11083号把一名行动不便的女被告背上了三楼的法庭。当旁听的市民见到法警背上来一名戴着手铐、行动不便的女被告人，大厅立刻安静下来。此时，法警的额头已经渗出了汗水，女被告流出了眼泪，在场的人也深受感动。①

这个十余年前的事例看似普通，但读来至今仍然令人感慨和感动。之所以感慨，是因为法警是司法工作人员，被告则涉嫌犯罪，要一个司法工作人员屈尊背着被告人爬上三楼，似乎不合常理。但在场并没有人认为法警的这一举动有何不妥，这说明无论在司法工作人员还是在旁听的市民看来，尽管女被告人涉嫌犯罪，但她仍是行动不便的需要帮助者，对她进行适当的照料和帮助，并无不妥，这无疑是社会观念的进步。之所以感动，是因为法警能自觉地关爱行动不便的被告，以确保她能顺利参加诉讼活动，这一举动表现了法警对被告人的人文关怀，他无疑是值得大家尊重的一位司法工作人员。

在感慨和感动之余，我从这个事例中想到了法学教育应

---

① 参见《法警背起生病被告》，载《北京青年报》2000年12月16日。

当强化人文教育的问题,在谈该问题之前,我先说说对人文精神的理解。所谓人文,即人之道也。按照 Lamont 的看法,人文精神是运用人的智慧和合作精神,建立和平、美丽的人生城堡,并创造人的幸福生活。① 在我看来,人文精神就是要关怀人本身,既关爱自己,又关爱他人,其集中体现为对人的尊严、价值、人格的尊重和维护,对人类优秀传统文化的珍视和爱护,对弱者的关爱,对生命的尊重,对一种全面发展的理想人格的肯定和塑造。而且,强调人文精神,具有强烈的教化作用,即通过人文精神教化个人,并塑造整个社会的人文精神,正所谓"化成天下","以文教化"。

人文精神与法律、法学教育又有什么关系呢?从历史上看,人文主义充分尊重个人的人格自由、人格独立,提倡人格平等。正是这种人文主义运动所确立的信念,使人相信法律可以建立在理性的基础上,这种理性的动机导致了法律变革,导致了理性与法律传统的结盟,促成了官方编纂法典。艾伦·沃森就说:"理性的思潮,例如人文主义,从实质上影响着法律传统。"② 可以说,人文主义和人文精神渗透于法律和法学的方方面面,因此也是法学教育中不可或缺的要素。而且,还要看到,法律适用的过程并不是冷冰冰的法条的机械适用,现实中的冲突和矛盾往往具有复杂的背景和社会根源,法律人要想妥当解决好这些冲突和矛盾,除了要有精准的法学知识和精湛的法律技术,还应当具有关爱大众、关爱弱者、尊重他人、崇尚正义等人文主义情怀,而这些人文情怀需要贯彻在法学教育中,需要在法学教育中培养法科学生的人文情怀

---

① See Corliss Lamont, *The Philosophy of Humanism*, New York, Fredrick Unger, 1979, p.12.

② 参见〔美〕艾伦·沃森:《民法法系的演变及形成》,李静冰、姚新华译,中国政法大学出版社1992年版,第120页。

和素养，以便使其在未来的工作中更顺利、更有效地化解社会冲突和矛盾。

然而，多年来，我们的法学教育主要是一种知识教育、技能教育，忽略了对学生的人文素养的培育。特别是近些年来，法学教育越来越向职业教育转化，以至于很容易使人们认为，法学教育似乎有别于素质教育，法学的人文精神特质逐渐被忽略，对法科学生进行人文精神的培养和熏陶也逐渐被忽略。与此相关，近些年出现了不少野蛮执法、机械司法等现象，虽然这些行为不无依据，但效果广受诟病，与法律所要追求的社会效果相距甚远，原因不是执法或司法人员的专业素养不够，而是缺乏必要的人文关怀理念。试想，在上述事例中，如果女被告人因行动不便步履蹒跚，法警不仅不施以援手，反而推推搡搡，大声喝斥，每一个旁观者势必会对法警的行为产生反感，可能案件还未开始审理，大家都会对司法活动以及司法程序产生一定的不良印象，司法的公信力也会因此受到影响。其实，梅利曼早就警示过这一点，他形象地描述过机械司法的画面，即"大陆法系审判过程所呈现出来的画面是一种典型的机械式活动的操作图。法官酷似一种专业书记官。"[①] 在这一画面里，法律只是纯粹的社会纠纷解决工具，法律人只是机械适用法律的工匠，法律规则中和法律适用过程中所蕴含的人文精神均被忽略，此种现象也早就备受批判。

这个事例中的法警给我们树立了一个人文关怀的好榜样，也给法学院的人文教育上了生动的一课。法学教育要重视人文教育，这是教育活动的基本要求，因为任何一种教育，本质上都是要教育受教育者如何做

[①] 参见〔美〕约翰·亨利·梅利曼：《大陆法系》，顾培东、禄正平译，法律出版社2004年版，第36页。

人。"十年树木,百年树人",教育人们如何做人是任何教育的核心目的和基本要求。即便将法学教育纳入职业教育的范畴,法学教育也绝不仅仅只是传授职业能力、职业技能、职业素养以及职业技巧,其最终目的应当是传授职业道德和职业素养,其中就包括对学生的人文精神培养。法律人不是机械适用法律的工具,所面对的是现实社会具体的社会冲突和矛盾,往往具有复杂的背景和社会根源。对此,在法学教育中,要培养学生的人文情怀和素养,使其在未来的工作中更顺利、有效地化解社会冲突和矛盾。人文关怀在法学教育中的体现,要求从人的视角上看待人,既不能采用机械主义的思维模式,也不能采用功利主义的思维模式,不能把人简单化。法学教育要重视人文教育,还是法学学科特点的基本要求,法学的学科特点要求法科学生应具有人文关怀的理念。法学涉及多个知识领域,法律规则本身是人类自我克制、提升、升华的表现,从此种意义上说,法学教育也是一种人文教育。

  从历史来看,我国古代的法家主张法制统一、严刑峻法,在古代的不少时期,严酷的法制的确起到了维持安定社会秩序的效果,但在这样的社会秩序中,人们可能动辄就面临刑事处罚,个人人格的发展无从谈起,也缺乏人文主义精神。与法家相比,儒家则强调道德教化的功能和个人精神禀赋的提高,但其过于依赖道德,难以对人们的行为进行有效的规则约束。在今天看来,如果能够发挥法家和儒家的组合优势,一方面通过法治建构和维系安定有序的社会生活环境,另一方面为这个社会秩序的内容注入人道主义精神和人文关怀,那么就有可能建构一种新的社会秩序、新的法治秩序,我们不妨称此种秩序为"人道的法治秩序"。在这一背景下,一个优秀的法律人应当是一个具有人文精神和人文关怀的人。那么,应该从哪些方面培养法科学生的人文关怀精神呢?换言之，一个法科学生应当具备哪些人文关怀的理念呢？

我认为，一个优秀的法律人应当是一个关爱大众的人。"大学之道，在明明德，在亲民，在止于至善"（《论语·大学》）。"亲民"的含义在于顺应民心，爱民，富民，保民。"民之所好好之，民之所恶恶之，此之谓民之父母"（《大学》）。其实，今天我们强调立法为民、司法为民、执法为民，本质上体现的仍然是亲民的要求。既然如此，法学教育在提倡个人独立的同时，也应注意防止萌生以我为中心的自私自利的观念；法学教育在提倡个人责任的同时，也应鼓励人们之间的互助行为。基于此，法学教育就要培养法律人对人的关爱，特别要强调仁者爱人、与人为善，己所不欲、勿施于人，出入相友、守望相助。

一个优秀的法律人还应当是一个关爱弱者的人。所谓以人为本，其应有之义，就是要充分考虑社会相对弱势群体一方的利益和诉求，给予相对弱势的一方充分表达自己意思的途径，充分尊重其人格尊严，保障其合法权益。可以说，一个现代化的、文明的社会应当更多地是关爱和同情弱者、扶贫济困的社会，而非是崇拜强者的社会，如果人人都能够关爱弱者，则社会就会充满和谐和温暖。法律是社会进步的推进器和保障力，在以人为本、关爱弱者的社会中，法律应对此有所体现，法律人对此也应有所作为。所以，一个优秀的法律人应该是一个关爱弱者的人。在上述事例中，因被告行动不便，与正常人相比，她就是弱者，正是在此意义上，我们才说法警的行为体现了关爱弱者的人文精神。

一个优秀的法律人还应当是一个尊重他人人格尊严的人。进入 21 世纪以来，尊重与保护人权已经成为整个国际社会的普遍共识，法律本身也以人为出发点，其根本目的是为了实现个人的福祉，维护个人的尊严，实现个人的全面发展，与法律的这一目的匹配，法律人也应有高尚的人文情怀,能尊重他人人格尊严。而且,人格尊严是人作为法律主体应当得到的承认和尊重,是人能够成其为人的重要条件,因为人在社会中生存,不仅要维持生命,而且要有尊严地生活,个人无论贫富贵贱,其人格尊严都平等地受到法律的保护。而尊重他人的人格和尊严,是每一个个人应尽的义务,同时也使我们的社会成为大家都有尊严地生活的共同体,法律人在此方面尤应起到表率作用。故而,一个优秀的法律人应当时刻秉持人文关怀的理念,尊重他人的人格尊严。

总而言之,人文精神是法律人应当秉持的一种精神,只有将之落实到具体行为中,才能拉近法律人与民众的距离,使立法为民、司法为民、执法为民不仅仅体现在口号上,更体现在活生生的现实当中。要做到这一点,法学教育必须弘扬人文精神,法学教育培养出的法律人应是像上述事例的那位法警一样,能心怀人文关怀理念。

积极参与立法工作，服务国家法治建设*

改革开放以来，我国确立了依法治国的战略方针，大力推进立法工作，经过30多年的不懈努力，中国特色社会主义法律体系如期形成，法治建设取得了举世瞩目的辉煌成就。在这一伟大的历史进程中，一大批高校法学工作者依托专业与学术研究的优势，积极参与国家重大立法并提供了高水平的咨询服务，为国家民主法治建设作出了重要贡献，充分发挥了高校思想库和智囊团的作用。

坚持治学报国，履行社会责任。法治建设事关社会进步、人民福祉。而法治的前提是良法之治，为此需要加强科学立法，提高立法质量。作为当代中国高校法学研究工作者，我们最大的社会责任就是为国家法律的制定、修改、完善提供理论上的论证和支持，为中国的法治建设提供智力贡献，这也是我们从事法学研究的最大价值所在。改革开放以来，一大批高校法学研究工作者树立治学报国的理念，坚持把参与国家立法作为自身的光荣责任和崇高使命，将个人的学术研究与国家立法活动结合起来，为国家立法工作作出了重要贡献。一是直接参与立法活动；二是起草立法草案建议

---

* 原载《光明日报》2013年5月31日。

稿和立法理由书;三是就立法中的重大疑难问题进行专题研究,提出立法建议;四是总结国外立法经验,提供立法借鉴;五是发布立法质量评估,对法律的实施效果进行评估。例如,中国人民大学许崇德教授参与了新中国成立以来的四部宪法和港澳基本法的起草;高铭暄教授是刑法草案的主要执笔者;中国人民大学民商法教师团队参与了改革开放以来所有重要民商事法律的起草和修订工作,承担了全国人大法工委委托的《中国民法典草案建议稿及说明》项目、国家社科基金重点项目《物权立法研究》、教育部人文社会科学重大项目《中国民法典体系和重大疑难问题研究》《中国侵权责任法立法疑难问题研究》、教育部基地重大项目《民法典草案建议稿及立法理由书》等一系列事关立法全局性、战略性、前瞻性的课题研究工作。可以说,改革开放以来颁布的244部重要法律的制定和完善,都有高校学者的深度参与,都凝聚着高校学者的智慧和贡献。

坚持问题导向,深化对策研究。法学是一门实践之学,而不是象牙塔的学问,法治实践中的重大疑难问题既是立法工作的难点,也是高校法学研究工作的重点。高校法学工作者应具有鲜明的问题意识,顺应社会发展进步的潮流,准确把握时代的脉搏,注意观察与了解国家法治建设的动态过程,敏锐发现与把握法治建设中出现的新情况新问题,及时深入地加以研究并提出相应的解决对策和方案。中国人民大学、北京大学等高校的学者在参与起草《合同法》《物权法》《侵权责任法》等法律的过程中,曾经针对合同欺诈的效力、瑕疵担保责任、履行不能制度的存废、物权法定原则、物权平等保护原则、物权体系、登记制度、侵权责任法的保护范围、过错与违法性的关系、产品召回制度、惩罚性赔偿等疑难问题展开了专门的研究,并提交有关报告,得到立法机关的重视,有不少观点为立法所采纳。

坚持立足中国,确立世界眼光。我国改革开放以来30多年法治国家建设的实践表明,法治的进步与完善,既需要立足本土,从中国的实际出发,又需要学习借鉴世界一切法治文明的优秀成果。作为当代中国高校的法学研究工作者,应当既立足中国,将自己的研究植根于中国社会的深厚土壤,不能无视本土的法治现实而照搬照抄国外的法律条文,跟着外国学者后面亦步亦趋;又要放眼世界,总结人类社会的规律,学习借鉴国外先进的立法经验,不能无视人类社会的共同发展趋势和潮流,逆人类文明潮流而动。例如,在民法典立法过程中,我国民法学者就主张既要学习借鉴国外法治建设的优秀成果,又要突破传统的大陆法系国家民法典的体系,在体例设计上大胆地将人格权独立成编,并且将侵权责任法从债法中独立出来,构建中国自己的民法典体系。这些建议为立法机关所采纳,并在《侵权责任法》中得到体现。该法在国际上受到普遍好评,并被认为是中国对传统大陆法系立法模式的重大发展和突破。

坚持严谨学风,提供真知灼见。科学的态度,客观的立场,严谨的学风,是高校学者作出有质量的研究、提供高水平立法咨询服务的基础。我个人在从事法学研究和参与国家立法活动的过程中就深刻体会到这一点。多年来,我始终秉持"人民的福祉为最高的法律"的理念,坚持严谨求实的学风,坚持独立的人格和学术良知,不人云亦云,不盲从潮流,不信口开河,"不唯书,不唯上",更不做某一利益集团的"代言人",而坚持为民众代言,为国家服务。例如,在物权法制定过程中,曾经就是否要制定物权法、是否坚持物权平等保护原则,在社会上引发了激烈的争议,甚至出现了一些杂音,为此我和民法学界同仁一起组织了一系列理论研讨会,就相关问题达成基本共识,并向国家立法机关提交报告,最终促使立法确认了物权平等保护原则,并积极推动这部法律的问世。

建设法治国家,推进法治昌明,是党和政府的奋斗目标,是亿万人民的美好期盼,是实现中华民族伟大复兴中国梦的必然选择,也是我们高校法学研究工作者的共同梦想。我们要深刻认识自身肩负的神圣职责和光荣使命,积极投身中国特色新型智库建设,努力为国家立法、政府决策提供高质量的智力支持和知识贡献。

大数据时代的法学

众所周知，第一次工业革命是以蒸汽机的发明和使用为标志，第二次工业革命是以电气化为代表，而第三次工业革命则以信息化为核心。在当今中国同时发生着第二次和第三次工业革命，这种新情况在历史上并未存在先例，因为这些原因我们进入到一个大数据的时代。

大数据所说的"大"，首先是指信息增量的巨大，涂子沛的《大数据》一书，深刻而生动地描述了这种趋势。由于计算机技术和海量数据库的发展，个人在真实世界的活动得到了前所未有的记录，使得海量信息像波涛一般涌现和聚集。在信息社会绝大部分社会活动都已经信息化，对于信息的处理成为了社会活动的主要内容，因此每分每秒都有巨大的信息产生。其次，是指信息存量的巨大，在巨大信息增量的基础上，考虑到整个社会生活逐渐信息化，使得社会信息的总量达到难以计数的程度。最后，是指需处理和分析的信息量巨大。如前所述，社会生活逐渐以对信息的处理为主要内容，那么每一个社会成员，无论是自然人还是社会团体，其每时每刻都面对着巨量的信息，那么对这些信息的处理则无疑是使社会生活正常延续的关键因素。总而言之我们已经进入了一个信息社会和大数据时代，数据治国、数据驱动决策,也成为一种趋势。

法学作为一门古老的学科,在大数据时代,其发展也受到巨大的冲击,这尤其表现在如下几个方面:

一是由于数据库、资料电子分类系统的广泛使用,对于过往经验的总结变得更加便捷。过去需要翻阅大量资料才能寻找收集的相关同类案例判决,在信息时代只要在数据库中轻按几个按钮就能全部罗列出来,这非常有利于总结裁判的相关规律,也在未来法学研究中为全国范围内广泛裁判的总结概括提供了有利的条件。最高人民法院已经在2014年7月1日开通了中国裁判文书网,积极推动符合条件的裁判文书全部上网,并实现了中国裁判文书网与各高院裁判文书传送平台的联网,这意味着全国3000多个法院的裁判文书将集中传送到统一的网络平台上公布,这是一项史无前例的浩大工程。法学理论的终极目的就是指导判决,在具体的判决中得到适用,因此法学研究也必须充分贴近具体的判决实践,解决司法实践中遇到的难题,总结裁判经验。对历史判决的梳理和总结则是实现这一目标的必然手段之一,因此为了使法学理论成为活的理论,保证法学发展的生命力和活力,必须重视对判决的研读和总结归纳。信息时代技术的进步大大便利了这一工作。

二是在大数据时代,科技的进步提供了新的数据处理手段和方法,这些方法也可以为法学的论证提供依据。由于信息总量和信息处理量的剧增,在大数据时代过往对信息处理的方式已然落后于时代,因此需要采用"海量、高维、复杂、即时、非结构化"的信息数据提供储存、处理和分析的手段,以满足社会生活的需要。大数据时代的到来,改变了我们必须通过田野调查才能获取数据的方法,可以通过各种渠道取得数据,并在此基础上进行分析。直接通过数据库、案例库即可获得较为全面的数据。例如1981年美国总统里根在其颁布的行政命令中要求联邦政府作出重大管制决定时,必须进行成本效益分析,只有当收益大于成本时,该决定才能被批准,此项措施被称为"管制效果分析(Regulatory Impact Analysis)"。此后这种分析方法借助于数据处理方法的进步,逐渐成为了美国两党判断政策合理性的重要依据,并被认为是美国最重要的行政进步和改革措施。① 在大数据时代,各种信息的搜集和传播都极其便利。这也将对立法活动的方式、法律文本的形式产生重要影响。

三是促进法学与信息科学、数学、统计学等自然科学的结合。早在18世纪德国著名学者沃尔夫就曾通过数学与法学之间的关系的研究,把数学思维引入法学,将法学全部系统化。笛卡儿等人认为,体系化是借助于逻辑工具而企图实现法律的科学化,因而是一种对数学的模仿。法学是可以量化并依数学的方法进行度量和计算的。② 但在很长时间内,法学其实与数学是分离的,法学学科不需要借助于数学的方法,而更多地借助于逻辑、经验、价值判断、概念分析等来完成,因此才形成了学科体系的自洽。但大数据的发展深刻地冲击了法学学科的自洽性。传统法学是基于传统的社会生活所产生的规范体系,在社会生活日益信息化的今天,我们应当通过数据分析方法,为社会关系的调整寻找更细致、具体、合理的规则,促使法律规范体系和新的社会生活完美的结合。借助于多种研究方法,在立法层面对现有的法律规范进行填补,以跟上社会发展的步伐。

四是促进法学研究方法的转型。传统上法学研究方法注重比较法的

---

① 参见涂子沛:《数据之巅》,中信出版社2014年版,第163—164页。
② 参见杨代雄:《私权一般理论与民法典总则的体系构造》,载《法学研究》2007年第1期。

研究方法，极少运用实证的分析方法，因此无怪乎有批评认为法学的理论研究是象牙塔中的学问，不接地气。应当说这样的批评有其道理，法学学者确实很少像社会学者那样进行专门的田野调查等活动。对比较法的分析也主要局限于介绍国外的立法经验，从理论上分析其利弊，而缺少将其与中国具体的社会现实相结合。在具体的论证方法上也局限于逻辑上的论证和推导，但究竟现实的实施效果如何却很少有人关注。这或许是我国法学研究方法上的一大欠缺。而大数据的产生，应当说使得田野调查的难度大大降低，对社会具体状况的分析的难度也在减少，对广大的法学研究工作者来说，这是一个改变我国传统法学研究弊端的最好时机。大数据的产生也为法学研究提供了更为可靠的素材。法学研究应当注重借鉴数据分析的方法，例如，从立法论的层面而言，提出任何一项立法建议，有必要通过翔实的数据进行立法论证，注重立法的前期评估；在法律颁行以后，也应当通过数据的分析来确定法律实施的实效。立法者对公众法律预期和需求的了解更便捷，立法者或者研究者可以通过网络调研等各种方式及时获取相关信息，了解社会现状，使得立法具有更强的针对性。对于立法讨论和学术讨论中的大量事实问题，可以通过便捷的数据收集予以佐证。公民获取立法信息的途径变得更容易。尤其需要指出的是，在某一项规则出台前，尤其是涉及民生的制度和规则，应当通过数据采样进行分析。例如，在确定小区车位的归属时，究竟应当属于业主还是开发商所有时，首先应当进行数据分析，哪一种方式才有助于鼓励开发商修建车位、车库，缓解城市停车难问题，这些分析必须要有翔实的数据予以支撑。

五是法学学科理念的变化。法学观察社会现象，如何使研究者更能够准确地观察人们的行为？麻省理工学院的布伦·乔尔森教授认为，大数据将成为我们观察人类自身社会行为的显微镜,和监测大自然的仪表盘。① 在大数据时代,借助于信息技术,对个人信息碎片的分析、整合成为可能,这在创造巨大经济价值的同时,也可能给个人人格权的保护带来巨大挑战,这就要求在大数据时代,在立法理念、司法理念等方面,应当更加注重对个人人格尊严的保护。然而,越是在这个时刻,作为一名法律人就越应该以冷静、辩证的态度,看待大数据技术与个人信息保护之间的关系,始终将维持公民个人信息保护与信息资源优化配置之间的平衡关系,作为建构个人信息法律制度的核心价值目标。而要实现此种平衡关系,一个至关重要的前提条件,就是准确界定个人信息的法律概念,即法律究竟应该将哪些个人信息纳入保护的范围。

通过以上几点,也可以进一步地验证和保障法学的科学性。法学是不是一门科学,一直是受到质疑的,这很大程度上是因为法学缺乏必要的实证分析。因此,早在1847年,德国学者Kirchmann就认为,"立法者修改三个字,所有法学文献将因此变成一堆废纸"。这句话虽然未免夸张,但也在一定程度上反映了法学学科缺乏科学性、实证性的特点。2007年雅虎的首席科学家沃茨博士指出,得益于计算机技术和海量数据库的发展,个人在真实世界的活动得到了前所未有的记录,这种记录的力度很强,频度也在不断增加。因此,为社会科学的定量分析提供了极为丰富的数据,社会科学将脱下准科学的外衣,在21世纪全面迈进科学的殿堂。② 在大数据时代,人们的立法、司法行为将得到相关数据的验证和检验,例如,在法律颁行后,如果某一法律条文存在比较大的模糊性和争议性,除了按照传统模式从法律文本中的抽象规则来推导之

---

① "The Age of Big Data", *New York Times*, Steve Lohr, February 11, 2012.
② Duncan Watts, "A Twenty-first Centry Scinece", *Nature* 445, 489; 1 February 2007.

外,还可以直接通过数据反映到国家立法机关和司法机关,要求他们及时作出回应。这使得法学学科的科学性成为可能。

法学作为一门古老的学科,借助于数据决策等分析方法,可以丰富法学学科的方法,使法学的研究更为精细化。但在将数据分析方法用于法学研究时,也应当充分考虑法学的学科特点。

两大法系法律思维方式的区别

在经济全球化时代，两大法系在法律的外在形式、法律思维方式等方面相互借鉴，出现了融合的趋势，大陆法越来越重视判例的作用，而英美法也越来越重视成文法，一些重要的法律制度创新也是通过成文法完成的。因此，有人认为，两大法系的区别在逐渐缩小。但是，我认为，两大法系的区别仍然是非常明显的，判例法和成文法的区别依然存在，尤其是此种区别对法律人的培养产生了重大影响，以至于这两大法系法律人的思维模式都截然不同。

比如说，如果和一个德国的律师讨论一个具体的民事案件，他会立刻给你列出该案所涉及的《德国民法典》的相关条文，然后告诉你各个法条之间的适用关系，其请求权基础是什么，各个请求权之间的适用关系等；但如果你要和一个英美的律师讨论，他会立刻给你找出与该案类似的相关案例，然后比较，哪些案例与所讨论的案件最相类似。德国的律师总是推崇体系思维，总是要从法典中找法；但英美的律师则并没有此种思维习惯，他们总是不断地从浩如烟海的判例中寻找与待决纠纷最为类似的先例。从法条出发还是从先例出发，代表了两大法系法律人的思维特性，也呈现出两大法系所特有的法律文化特征。

再举一个例子，如果你要找一个德国律师帮助订立合同，他肯定会从《德国民法典》中寻找指引性的规范，对于法典中已经作出了规定的内容，即便是任意性的，他也不会将其写入合同，因为即便合同没有对其作出约定，在发生争议后，其也可以直接成为合同的内容。因此，请德国律师所订立的合同，合同的内容都相对简练。但英美的律师不这样，因为他无法去查询成文法典，而是要将合同所要约定的内容，凡是能够想到的细节，都一概写入合同文本，明确约定成条款。所以，英美律师帮助客户订立的合同都要写成厚厚的一本。

产生这一差异的主要原因在于，两大法系在法律渊源的形式上存在一定差别，大陆法是成文法传统，找法要以法典为中心，法律适用以制定法为中心；而英美法是判例法，其法律适用以判例为中心，因此，寻求法律解决方案首先是在先例中寻找类似的判例，并对各个判例以及各个判例与待决案件之间的异同进行分析，并最终寻求法律解决方案。两大法系所形成的独特的法治文化，深刻地影响了法律人的思维模式，这主要体现在以下几个方面：

一是体系化思维与个案化思维的差异。成文法是以法律概念为基础而构建的体系，其强调法律体系内部概念的统一和和谐；而判例法则是以个案的解决为核心，强调待决案件与先例的契合性。大陆法系法律人偏好体系化思维，注重形式理性，一般通过缜密的思维方式，从体系的角度搜寻法律规范，寻找最具有密切联系性的大前提。在大陆法系法律人看来，如果单纯地、孤立地从某一个领域出发，可能使我们观察问题的视角受到限制，难以找到最妥当的规范。但英美法传统中并不具备这样的体系思维习惯，其在很大程度上采用了"个案应对"策略，习惯于为现实的个案提供法律答案，因此，其裁判具有具体针对性，在裁判过程中，法院会考虑具体裁判可能对相关社会、经济等各方面产生的影响，但并不注重体系化的思维。

二是理性主义与经验主义的区分。成文法致力于事先建构一个完善的法律体系，注重法律体系内法律概念和法律规范之间的协调。因此，大陆法的法律人有注重通过对立法文本及其体系展开理性分析和结构安排的思维习惯，强调事前提供一套法律应对方案。而判例法是流动中的法，是从实践中总结出来的法，是通过"一事一议"的方式形成的。英美法的发展主要是建立在对个案的经验观察基础之上的，强调通过对个案的经验观察和总结来应对未来的问题。在遇到民事纠纷时，大陆法学者会告诉你该案涉及民法典的哪些条文，而英美法学者更关注的是"我们上次是如何判决的"。大陆法学者更倾向于从权利和义务的视角思考，而普通法学者更愿意从救济的角度考虑。这种差异体现了理性主义与经验主义的区分，前者表现为从原则、规则到个案的推理过程，后者则表现为从个案到一般原则的推理过程。

三是注重文本与注重社会发展的不同。成文法是凝固的法，表现为由立法机关集中颁布的成文法典，拟事先为类似案件提供统一的裁判依据。在英美法学者看来，法律本身是一种社会现象，其要和其他的社会现象的发展变化形成互动，因此，其更注重法律与经济、社会等其他领域的互动，强调直接通过法律这个工具去影响和改变具体的社会政治、经济关系。这也是在美国产生法经济学等交叉学科的重要原因。然而，大陆法以成文法典为标志，大陆法学者观察、分析任何一个案例，都首先要从文本出发，"找法"首先就是寻找相关的法律文本，这尤其表现在撰写合同文本的过程中。但英美法学者则并不过分受文本的拘束，而更多地注重法律如何有效解决实际问题。在英美法，尤其是受法律现实主义的影响,更注重法律的实用性、演进性和灵活性,强调法律要与时俱进,对社会现实的变迁要及时作出反应,而不能受到既有固定理论范式的拘束。大陆法学者关注法律规则的政策目的和基本原理,普通法学者更在意该规则的社会效果;大陆法学者的本能是将法律体系化,而普通法学者的思维模式则是"在前进中解决问题"。①

四是演绎推理与归纳推理的区别。当成文法制定完成后,就意味着其已经存在了一定的概念体系,其成文法内部的规范制度应当具有理论上的自洽性。大陆法普遍采用演绎推理,即从一般到个别的方法,或者说,是从抽象的命题演绎出具体的现象。然而,在判例法的语境下,无论是法官还是法学家,都只能通过对现有的案件和判决进行总结,才能建立相应的理论体系,而且理论体系内部的自洽与否,取决于其所总结的判决的内容,以及法学家和法官对其所进行的解释。所以,相较成文法而言,普通法下的法学理论体系并不那么强调其内部的自洽性和逻辑的一贯性。英美法注重采用归纳推理,即通过对各个判例的分析,从中确定一以贯之的规范原则。虽然两大法系在司法实践中都会应用三段论的逻辑分析方法,但是,逻辑推理的方式并不完全相同。

五是在司法裁判中对法学理论的重视程度不同。艾伦·沃森曾言:"在法典化的前夜,民法法系里的英雄人物是法学家,而非法官。"② 法典化之后,法学理论对法律适用依然有重要的影响,大陆法虽强调成文法的重要性,但却并不排斥学理作为法律渊源的作用。例如,《瑞士民法典》第1条就规定,如法无相应规定时,法官应该依据惯例;如无惯

---

① T. M. Cooper, "Common and the Civil Law: A Scot's View", *Harvard Law Review*, vol. 63, 1950, pp. 470—71.

② 〔美〕艾伦·沃森:《民法法系的演变及形成》,李静冰、姚新华译,中国法制出版社2005年版,第236页。

例时，法官应依据实践确定的学理和惯例。德国所谓的法教义学，就是强调法律规范、法学理论和司法裁判三者的相互统一和相互促进。然而，由于法教义学过分强调法学话语体系的专业性和自足性，其后果容易导致割裂法学与其他社会科学之间的内在和有机的联系，对于复杂的社会现象的分析，往往仅仅只从法学自身去分析和判断。在英美法系，法官在裁判过程中则会更多地考量裁判当时的政治、经济、文化等社会背景，以及裁判作出后对于社会各个层面可能产生的影响，更注重法律适用所产生的社会效果。二者之所以存在此种差异，与法律知识的建构模式存在紧密关联。大陆法系注重理论体系的逻辑性和严谨性，希望通过一套形式主义的制度规范对人们行为的正当性进行判断，因此，要对此种知识体系进行调整和发展，通常只有经过严格法学训练的法学家们才能胜任。与之相反，英美法从一开始就没有高度抽象的形式逻辑思维习惯，也缺乏高度形式化的法律概念体系，因此法官在裁判过程中，更为注重对当时社会发展状况的考察，力求使裁判结果能够顺应时代的发展轨迹。这诚如梅里曼在《大陆法系》一书中指出的，大陆法系的法院更推崇法学家的作用，而在英美法系，"法官是法律帝国的主人"。作为其逻辑后果，从学科话语体系来看，法教义学从来不可能在英美法系占据主导地位，而法社会学在其中则有深厚的土壤和影响；反之，法社会学则很难在大陆法系成为主导性的学术分支。

两大法系的法制区别，不仅导致了法律思维模式的差异，而且也对两大法系法学教育模式产生了重大影响。总的来说，大陆法系，特别是德国式的法学教育，更注重对于法律知识的体系性灌输，追求理论上的自我圆满，也就是所谓的法教义学。此种教育方法一方面有助于学生从宏观角度了解法律规范的逻辑架构，并训练其严谨的规则适用能力；但另一方面，这可能导致对社会现象的复杂性欠缺足够的敏感性。相较之下，英美法法学教育虽不太注重法律体系的完整性，但却比较重视引导学生从具体的判例中发现法律适用的规则，并在潜移默化中培养其独立思考和判断的能力，以及实际操作的能力。英美法的模式在很大程度上受到了苏格拉底式教育方法的启发，它总是从一个现实案件引导学生进行独立思考、判断，从而开启智慧。近几十年以来，受到临床医学的影响，不少国家引入了所谓诊所式的法律教育模式，极大地提升了法科学生解决纠纷的能力。从全世界范围来看，世界上的法律服务市场基本上都被英美律师所垄断，与此也不无关系，以至于德国的商人在国际贸易、投资中常常也需要聘请英美律师。这种现象表明，法科学生的能力不仅在于知道多少法条和经典，掌握了多少概念、理论、学说，更在于掌握了多少实际应用的本领。美国式的诊所教育在此方面的作用相当突出，学生通过在模拟法庭的辩论和教学，能够实际地分析案例，从而可提高动手解决问题的能力。

比较两大法系的法律思维方式差异，并非要得出二者孰优孰劣的简单结论，而是要清楚地看到，二者根植于各自独特的法律文化传统之上，经过千百年来的历史磨砺发展而成，并在当代社会中保持着各自旺盛的生命力。我国的法治现代化虽然立足于我国的基本国情和对自身经验的总结，但也注重对两大法系法治发展经验的广泛借鉴。因此，对两大法系思维方式进行比较观察，有助于为中国法律职业共同体思维方式的发展提供参考，也能为我国法学教育发展提供若干启示。说到底，法学是经世济民的应用学科，最终要服务于实践，法学教育必须对此有所重视。具体到我国法学教育，我认为，应当把两大法系的法学教育模式结合起来，在注重法学理论体系、概念体系、知识体系的同时，也要注重案例教学、诊所式教学等实践教学方式,并且有必要探索通过苏格拉底式教学法来增强学生的分析和解决纠纷的能力。另外,在法学教育和法学研究中,也要注重总结审判实践中的有益经验和做法,为法学教育和研究提供鲜活和富有生命力的典型素材。

论法律人的素质

——从所罗门审判谈起

我在做中国人民大学法学院院长期间,在装饰法学楼的大厅时,曾经专门请人将著名的"所罗门审判(The judgement of solomon)"绘成了一幅油画,挂在法学院图书馆,希望法学院的学生能从所罗门审判中吸取智慧。

所罗门审判的故事出自《圣经·旧约》。该故事又称为"所罗门王劈儿断母",记载的是这样一个故事:两个妇女争抢一个婴儿,都主张该婴儿是其孩子,因争执不下,便请所罗门王明断。所罗门说:"那就把孩子分成两半,每人一半好了。"他就吩咐,"拿刀来",把孩子高高举起,准备摔在地下。这时,其中一个女人说:"不要!求我主将活孩子给那妇人吧,万不可杀他。"可另一个女人却说:"这孩子也不归我,也不归你,把他劈了吧!"最后,所罗门作出了明智的判决,将孩子给了那个希望孩子活着的妇女。他判决的理由在于,母子情深,母亲绝不希望孩子被摔死,因此,担心孩子生命安全的妇女才是孩子真正的母亲。《圣经》记载,以色列民众得知所罗门王的这般判决,都心悦诚服,敬畏他。民众认为所罗门王具有上帝的智慧,能够明辨是非。再后来,所罗门王成为智慧的象征。《圣经》说,所罗门的智慧前无古人,后无来者。

所罗门王的审判也塑造了经典的法官形象,千百年来一直为人们所传颂,成为法律经典中的必选故事。那么,这个故事到底给今天的法律人提供了哪些启迪?我们能够从所罗门王的审判中领悟到什么呢?

实际上,所罗门审判所展现的远不仅限于法律知识和智慧,还在一定程度上展现了法律人所应当具有的素质。所罗门之所以能够表现出高超的审判智慧,在很大程度上与其内心深处秉持的人性良知和正义感有关。可以说,智慧本身是中性的,反映了一个人去追求和实现特定目标的能力。但用智慧所追求的社会目标或目的的本身却是存在价值立场差异的。一些人用其智慧去干好事,惠及万民,泽被苍生;另外一些人的智慧却用在挖空心思干坏事,损人利己,以公谋私。而只有前者才叫真正的大智慧。《圣经·列王纪上》三章记载道,所罗门说:"你仆人——我父亲大卫用诚实、公义、正直的心行在你面前,你就向他大施恩典。"所罗门王的经典故事告诉我们,一个优秀的法律人应当是一个充满正义感的人。

天行有道,人间有正气,这种正气就是一种正义精神。法律是这种精神的最充分体现,法律人也应始终保持正义感,秉持法律至上的理念,信仰法律,忠于职守,廉洁公正,不徇私情。正如罗马的法谚所云:"为实现正义,哪怕天崩地裂(Fiat justitia, ruat caelum)。"中国历朝历代不乏类似于所罗门王的公正裁判者,如宋朝铁面无私铡亲侄、为民请命的包青天包拯,明朝的再世包公海瑞,他们都一身正气,因而能够明辨是非,公正办案,执法如山。在现代社会,法律人都是知法、懂法的人,应当具有良好的职业道德和操守,缺乏良好的职业道德和操守的法律人,比一般人更会规避法律、玩弄法律,翻手为云,覆手为雨,其对法治的危害更大。此外,法官是社会正义的最后一道守护者,是社会矛盾的化解者，其平亭狱讼、判断是非曲直、惩恶扬善，必须公正无私，"理想的法官就是公正的化身"，正义和良知应当是法官的职业道德底线。正义感如此重要，但却是一种源自内心深处的良知和道德观，需要通过内心修养的不断提升来实现。如果法官不能秉持公平正义，将会危害整个司法制度。正如培根所言，"一次不公的（司法）判决比多次不公平的举动为祸尤烈。因为这些不公平的举动不过弄脏了水流，而不公的判决则把水源败坏了"。法律人信仰法律、坚守法律，也有利于社会全体成员对法律的信仰，维护法律的权威与公信力，对法治建设具有重要意义。

一个法律人的智慧从哪里来？有智慧的法律人首先应当知法懂法，业务精良。除了充满正义感之外，优秀的法律人同时应当是法律领域的专家，精通法律知识。法官的正义感和专业技能都很重要，前者为法官指明了审判工作的努力方向和工作目标，而后者是法官准确实现审判目标的必备工具。对于一名优秀的法律人来说，二者缺一不可。如果法官空有一腔热血却不具备精良的业务知识，仅凭经验办案，那么，其很可能因为经验不足或落后而偏离立法的初衷，其结果可能是好心办坏事。特别是在现代社会，社会分工日益复杂，纠纷的多样化和复杂性程度都较以往大为增加。要将抽象的法律规则准确运用到具体个案之中，这不仅要求法官能够准确理解法律规则的内涵，而且要求法官具备熟练运用法律规则的能力。法律人不应仅会简单地记诵法律条文，更注重的是如何将抽象的法律条件运用到个案之中，公正地作出裁判，所以，运用法律分析和解决纠纷的能力，是法律人所应具备的最基本的素质，这就是我们通常所说的法律能力。这不仅是其职业本身的基本要求，也是建设现代法治国家的必然要求。

所罗门王的经典故事还说明，优秀的法律人必须形成良好的法律思维，在思考法律问题时能够做到逻辑严谨、分析缜密。逻辑是人类能够客观认识和科学思考的必备工具。优秀的法律人应该具有清晰、严谨的思维能力，应该有准确判断法律事实、灵活运用各项法律规定的能力。事实清楚是判断任何一个案件的前提条件。如果一个法律人不能拨云见日，陷入了事实的迷宫，其最终判断就很可能是错误的。优秀的法律人绝不会在堆积如山的案卷中迷失方向，而是总能在千头万绪中抽丝剥茧，搞清案件的基本事实，然后在此基础上依法作出公正裁判。他在面对纷繁复杂的案件事实时，既不能完全机械地适用法律，也不能完全罔顾法律而专横裁判。既要坚持法律的规定，不能逾越法律规定的界限，又要兼顾案件事实的实际情况，考虑法律适用的具体社会效果。在具体运用法律时，不要将目光停留在物体和事件的表面，而应当透过现象来分析事物发展的规律。在所罗门审判中，所罗门王在两个妇女争抢孩子的过程中，并没有为二人争吵的事实所困扰，也没有因此将争议搁置不管。相反，他有自身的逻辑判断，即最爱孩子的人才是孩子的生母，按照这一逻辑，他才作出要劈儿断母的举措，并依据母子之间的情感联系，最终作出判决。

所罗门王的经典故事还告诉我们，有智慧的法官需要具有人文情怀，能够洞察生活。法律人应当洞悉世事人情，了解社会、精通事理、熟悉国情，具有对事理的综合分析和判断能力。能够准确地观察社会现象，并作出理性的判断。试想，如果所罗门王不食人间烟火，教条式地理解公平，在缺乏必要证据时将活孩子一分为二。这样的审判远离了社会生活和人文情怀，是极为荒谬的，是不可能被社会所接受的。这也如博登海默所评论的那样，"如果一个人只是个法律工匠，只知道审判程序之规程和精通实在法的专门规则，那么他的确不能成为第一流的法律工作者"。① 法律人应当具有广博的社会知识，具有人文关怀的精神。所罗门王的审判之所以被传颂，正是因为其将母子情深的简单世事人情融入到了审判中，符合人民大众的情感。所罗门王虽然劈儿断母，但其"劈儿"是假，只是为了判断两个妇女与婴儿之间的情感密切程度，并最终确定孩子的生母，其本身也包含了对孩子的关爱。法律人在理解法律、适用法律过程中，也应当具有此种人文关怀的理念，注重情、理、法的统一。

千百年来，所罗门断案的法律智慧在中西方被传为佳话。其中最被中外法律人所看中的是所罗门王作为一名断案者在司法裁判中的明辨是非能力。世易时移，虽然法官在现代社会所面临的事实和法律更为复杂，需要更严格地遵守程序法的要求，所罗门王在"劈儿断母案"中的审判技巧在今天难以被完全复制，但是，其中所体现的优秀法律人的基本素质仍然是今天法律人所需要具备的。

每次我走在"所罗门王劈儿断母案"的油画前，都会凝神静气，仔细思考法律人应当具备哪些智慧和素养。

---

① 参见〔美〕E. 博登海默：《法理学：法律哲学与法律方法》，邓正来译，中国政法大学出版社 2004 年版，第 531 页。

私法自治与责任自负

我几次去中国证监会开会，都发现大门口聚集了一些上访户。一交流才知道，一些人是因为炒股亏大了而愤愤不平，要求证监会主持公道。这些上访者多为亏损的散户。其中有人怀疑，亏损是因为大户坐庄等原因造成的，并要求证监会予以调查。

后来，我几次到外地出差，发现一些政府门口也出现了不少上访户。其中一些人是因为房价下跌而上访。他们认为，自己最初高价购房，大多是贷款按揭，包袱很重。本以为置业可以升值，但没想到房价一跌，损失不少，和最初的预期差距很大。所以，他们强烈要求政府出面干预，有的甚至打出了"开发商，请还我血汗钱"的标语。

这两个例子让我感触良多。诚然，股市中确有老鼠仓、坐庄等市场操纵行为，损害公平交易，损害广大股民的合法权益。对于这些问题，的确需要监管部门加强监管和执法力度，营造良好的市场秩序，但受害者完全可以按照法定的程序向证监会投诉，要求查处，甚至在有证据时提起民事赔偿之诉。但是，我们也不能简单地将股价下跌和炒股亏损都归因于大户操纵。俗话说，股市有风险，投资需谨慎。这其实是中外股市长期经验的总结，说明股市本身必然伴随着价格波动和市场风险,房价的涨跌同样如此。

　　无论是股市还是房市,都是整个大市场交易的缩影,反映了市场运行的一般规律。只不过,股市和房市交易一般是大宗交易,甚至占据了一个人或者家庭的大部分财产。即便涨跌幅度有限,对个体来说,相关财产变动的总额也显得十分巨大。当事人在这样的问题上,对价格变动就显得格外的敏感。相反,对于小宗商品的交易,即便发生特别重大的价格波动,但因为其占个人或家庭财产总量的比例很小,因此一般不会引起当事人的剧烈反应。这也说明了,投资者进入这两个市场要谨慎行事、理性投资,万不可草率决策、跟风行事。

　　从这两个例子中,我联想到了民法的基本精神,即私法自治与责任自负。私法自治,也叫意思自治,是指民事主体有权依照自己的理性判断,去设计自己的生活,管理自己的事务,自主选择、自主参与并自负责任。私法自治是民法的精髓,德国学者梅施麦克将私法自治称为私法体系的"恒星",认为私法自治原则永放光芒。① 私法自治意味着我们每个自然人作为具有完全行为能力的人,有权在法律规定的范围内自主决策自己的事务。例如,股民有权决定是否进入股市,买哪一只股票,买多少等等,他人不得非法干涉。房市亦然,我们有权利决定是否购房,购哪里的房,购多大面积的房,购房款的支付期限和方式,等等,他人也不得非法干预。这是市场经济社会民法赋予每个人的行为自由。如果我们从这些自主决策中获得了利益,除了依法纳税、照章缴费之外,都是自己的合法收入,受到法律的保护。私法自治在很大程度上也就是一种契约精神,也就是说,如果我选择了某种行为,作出了某种承

---

① 李非:《富与德——亚当·斯密的无形之手 市场社会的架构》,天津人民出版社2001年版,第165页。

诺，我就必然受到我作出的选择的约束，自愿承受其可能引发的所有后果，而不会反悔；这是市场经济所要求的必备条件。

历史经验也反复告诉我们，私法自治是个人自由的重要保障。改革开放以来，中国经济的迅速发展与市场主体自由的扩大密不可分，因为自由意味着机会，意味着创造，意味着个人潜能的发挥，正是因为我们采用了以私法自治为基本理念的市场经济制度，我们的经济迅速增长、国民财富快速增加，人们生活水平也才获得了极大的提高。民法应当充分确认自由的价值，进一步落实私法自治原则，尤其是要充分保障市场主体的行为自由。

不过，就像硬币具有正反面一样，任何事物都有两面性。私法自治的另一面就是责任自负。也就是说，一个具有完全行为能力的人，不仅享有自主决策的权利，同时也应对自己的行为后果负责。权利与责任成正比，享受更大的权利，就必然意味着承担更大的责任，承受由于权利行使所带来的全部后果，包括也可能引发的不利后果。这也是私法自治包含的契约精神所必然要求的，通俗的说，就是一种"愿赌服输"的精神。责任自负通常被理解为违法行为人应该对自己的违法行为负责，即不能让没有实施违法行为的人承担法律责任，即反对株连或变相株连。但这实际上只是责任自负的一层含义，责任自负还有另一层含义，即每个人都要对自己的行为选择承担风险和责任。这也被概括为对自己行为负责。例如就房屋买卖而言，如果我们选择了以何种价格购买哪一套房屋，那么，我们就要承担房价下跌的风险。除非购房人有证据证明开发商具有欺诈等违法活动，损害了公平、自由的市场交易秩序。否则，我们就不能轻易否定在双方自主决策基础上的交易。其实，反过来的道理也一样，在房价上涨的情况下，如果开发商将房屋一物数卖或者要求退房返款，法律也是不会支持这种行为的。房价的下跌和上涨是一个相互的问题，只是承担不利后果的当事人不同。

我们在享受私法自治带来的自由以及因此而带来的利益时（如股市进入牛市，房价上涨），也不能忘记私法自治的另一面，即责任自负。从这个意义上讲，责任自负其实有义务的色彩，其在本质上是与我们行使权利相伴相生的负担。权利与义务本不可分，没有无权利的义务，也没有无义务的权利。责任自负意味着，投资者不能挣钱归自己、但遇到亏损找政府。一个具有完全行为能力的人，作为法律上的独立主体，他有权选择如何行为，也理所当然地承担其行为的风险以及不利后果，这本身也是对个人自由和主体地位的尊重。

诚然，我们也常常说政府是责任政府，但这并不是说，政府应当对所有的责任大包大揽，对本应由个人承担的责任，也应由政府负担。在市场经济中，政府既不能充当保姆的角色，事必躬亲，也不能对市场风险所引发的损失负无限责任。从人类历史的发展经验来看，大包大揽的政府未必就是一个善治的政府，其也可能成为公民自由的绊脚石。政府应当是一个有限政府，这就是说，政府只能在法律范围内活动，做法律允许其做的事情。例如，在前例中，如果个人在股市的亏损确实是因为大户坐庄等原因而造成的，政府理所当然应当介入，保护投资者的合法权益，但如果该损失是因市场风险或者投资者投资失败等原因造成的，则应当由投资者自担风险。

市场经济最本质上是要求私法自治和责任自负。现代法治的核心是"规范公权，保障私权"，因此，我们需要倡导私权平等、私权神圣、人格自由等理念。然而，我国自古以来缺乏私法文化，我们在今天仍然需要传播私法理念。众所周知，我国是一个缺乏私法传统的国家，我国古代的法律历来是诸法合体、民刑不分，而且以刑为本，并且主要通过刑事方法制裁民事违法行为。新中国成立以后，在相当长的时间内实行高度集中的计划经济体制，否定私法关系，私法自治受到极大的压抑，私权观念也未得到发展。改革开放以后，随着社会经济的发展，私法才焕发出活力，私权观念才逐步勃兴。但从总体上看，中国仍然缺乏私权文化和私法自治，前述的两个例子也说明，在现实生活中，不少人仍然缺乏私法自治和责任自负的理念。

在建设法治社会的过程中，需要弘扬私法自治的精神，而只有通过倡导私法自治和责任自负，才能有效地激活市场主体的活力，激发社会的创新和创造力，从而促进市场的发展和社会财富的增长。

什么样的案例才是教学案例？

今天，法学教育工作者都意识到案例教学的重要性，并在教材编撰、课堂讲授等各个环节注重案例的选取和引用。霍尔姆斯曾言，"法律的生命不在于逻辑，而在于经验"。这种经验产生于各种典型案例的司法实践。案例就是活生生的法律，也是行动中的法律。虽然我国是成文法国家，法律规范主要表现为立法机关制定的法律文本，且尚未建立也不承认判例制度，但是，成文立法毕竟不是无所不包的，有可能面临立法滞后于社会发展和立法速度较慢等问题。在这些情形中，引入案例制度有利于弥补成文法的固有缺陷。在此背景下，案例教学就显得更为重要。

从法学研究的层面来看，案例研究可以明确现实中对法学理论的需求，发现实践中的真问题，从而有助于法学研究工作。通过典型的案例，学者能够发现社会实践对法学理论的新的需要，激发理论的创新，有助于学者真正把握时代发展的脉搏，实现理论和实务的良性互动。法学研究不是阳春白雪，更不能闭门造车，它必须面对实务中生动活泼的案例才能永葆青春，而大量生动的案例正是理论之树常青的源头活水。案例研究本身也是对于理论成果的验证，理论能否对实务提供指导，通过案例研究可以予以证实或者证伪。对于民法等部门法而言，应用性是其本质特征，如果某种理论不能为司法实务服务，不能帮助解决现实纠纷，则未免无的放矢。尽管我国属于大陆法系国家，重视以法律条文为中心的教科书的讲授①，但是这绝不意味着可以削弱案例研究的作用。案例教学的模式是以问题为中心，以实务为导向，以讨论为方法，以理论与实践相结合为教学目的。案例研究立足于司法实践，通过真实的案例发现法律适用中的焦点问题，并在此基础上探明法律的意旨，或者填补法律的漏洞，这就为培养实务型、创新型的人才提供了有效的途径。案例研究是一门实践性很强的学问，需要对案例进行全方位研究，尤其是要结合司法裁判中表现出的争议焦点，对司法审判实践中较为典型、突出和疑难的问题进行总结和归纳，并以学说理论对其进行逐一分析和定性，尤其是要对法律适用中的具体问题做出理论上的解答，最终得出科学妥当的案例分析结论，这些都有助于培养学生的思辨能力、表达能力和实际操作能力。

案例教学首先要求回答什么是"案例"，特别是要区分"案例"和"例子"。来自商科的案例教学研究为法科同行提供了良好的经验，可资参考和借鉴。现代商科教学在很大程度上是围绕案例教学展开的，且特别强调区分案例和例子。二者在使用目的、内容结构、分析视角、学生参与度和结论确定性上都存在明显的区别。这些区分在法学案例教育中同样具有适用空间。我认为，案例和例子存在如下几方面的区别：

一是使用目的有差异。案例旨在对特定案件和法律事实予以准确描述，以便引导学生展开讨论，并最终通过讨论形成自身的法律知识和思考能力，特别是注重培养学生的法律思考能力；而例子的使用目的要简

---

① 参见〔日〕星野英一：《民法的另一种学习方法》，冷罗生等译，法律出版社2008年版，第57页。

单得多，主要是为了对特定法律规范予以说明，以便于学生认识和记忆这一法律规范。

二是内容结构不同。案例涉及的情况相对比较复杂，一方面，一个完整的案例应该叙述一个较为完整的故事，至少应该把法官在判决书中认定的各项基本事实交代清楚，需要学生自己去分析和梳理。通过完整的事实叙述，有助于培养学生学会认识和处理真实案例的能力。而例子的结构则比较简单，便于学生直接认识某一个单一的知识点，通常是从完整的故事中抽取某一个知识点来分析的。另一方面，一个完整的案例还需要展示法官适用法律的过程，包括找法、法律解释和法律适用等多个环节，从而帮助学生能够从事实出发，具备准确适用法律的能力。而例子通常是为了说明某单个的法律规范及其对相应事实的适用。

案例的分析应注重培养学生把握案件的关键点、区分事实问题和法律问题，以及综合运用各种规则的能力。案例的分析应当将典型的案例与所讲述的理论密切结合，这不是一个机械的、"两张皮"式的拼凑，而是案例与分析、理论与实务的有机结合。在案例的分析过程中应当展示严密的逻辑推理以及分析过程，法律条文内涵的解释以及与案件事实的联结性，应当将形式逻辑的三段论和法律的解释方法结合在一起，形成一套完整的分析法律现象的方法。而例子通常较为简短，只是针对某一个观点进行举例说明，并不需要发挥案例的上述功能。

三是分析视角有别。案例教学通常鼓励学生从当事人、第三人、法官等多种不同的立场去认识特定法律问题。案例分析的目的就是为了帮助学生形成熟练的法律技巧和操作能力，能够全面认识和综合权衡来自各方的利益诉求，并根据国家立法作出妥当的判断结论。而例子则通常是站在中立的第三方的立场去分析问题。从学生参与度和基本结论上看，案例很可能是尚未事先设定结论的问题，旨在通过学生充分参与讨论来形成结论；而例子则是答案明确，结构是既定的，无须学生的积极参与。

不同课程的授课目标和功能有差异。但无论如何，我们都需要在教学中经常举例子，因为法律绝不是抽象的、枯燥无味的条文解读，而应当是建立在社会现实生活基础之上的规范分析。每一个法条背后都应当有大量的鲜活例子。学生接触任何一个条文，都应当能够及时在大脑中映射出相应的鲜活例子。也只有这样才能够融会贯通、举一反三。不过，例子不能代替案例。虽然例子是帮助学生理解和熟记各单个法律规范的重要工具，但这种知识主要还限于一种对各具体规范的一般认识，在培养学生的系统思考能力上面存在不足。要想让学生形成系统的分析和解决现实案件的能力，还需要有专门的案例设计和案例教学，让学生通过深入参与一个个复杂案例的讨论来形成一种职业的法律思维，实现案例教学的目的。

为了实现案例教学的目的，我们必须对案例进行精心筛选和逐个整理。在如何选择案例方面，我个人有如下几点体会：

第一，所选案例应该具有典型性和系统性。案例不在多少，内容不在繁简，关键在于所选案例能否解释一个或多个法律规则的内涵及其运用。所谓典型性，不在于案件当时所产生的新闻效应，而在于案情与法律规则的联系性。所谓系统性，是指案例的编排能够在总体上系统阐述法律规则体系。

第二，案例应当具有一定程度的疑难性。疑难主要是指在案件的定性、法律关系的内容、法律的适用、责任的承担等方面存在着分歧意见。重大案例不一定是疑难的，但某些情节非常简单的案件，却能出现多种结论性意见。各种处理意见、方案及理由均应提供出来,从而给学生开辟一个广阔的思维空间,避免采用单一化和模式化的僵硬思维方式。

第三,案例的选用不能拘泥于现行法的框架。现实生活是极为丰富复杂和多样化的,而立法不可能对之包罗万象或一成不变,法律漏洞在所难免。许多案例的处理必然在现行法上难以找到现实的依据。将这些案例适当地引进教材,并通过学理的分析及各种研究方法(如比较法的方法、请求权基础分析方法、经济分析的方法等)的导入找到对案件的最佳解决方案,这将进一步增强学生分析问题和解决问题的能力。

第四,所选的案例应当包括一定的推理过程,无论是事实推理还是法律推理。此处所谓推理,既包括事实的推理,也包括法律适应的推理。案件的处理结论应该是缜密推理的结果,也只有通过周密推理所导出的结论,才足以具备说服力。学生也只有在掌握了这样的推理手段之后,才真正掌握了法律思维方式及正确适用法律的能力,从而真正掌握法律。如果案例分析不需要推理,那就成了例子,就是用确定的单一事实去说明某个单一的法律知识点。其功能也就仅限于对这个单一知识点的认识和记忆。

理论是灰色的,生活之树长青。案例都是鲜活的生活经验总结和再现。只有贴近社会现实,比较全面地提炼和展现诸种重要的要素,才能够让案例准确反映社会现实生活,从而为学生提供准确认识社会现实、养成系统的法律思维能力的机会。

"要办成一个团结、包容的学会"

——记佟柔老师在民法学会创立与发展中的贡献*

1984年秋天的一个晚上,佟柔老师找到我,兴奋地说中国法学会准备设立民法学经济法学研究会,这是学界的一件大事,我们要认真做好筹备工作。几天后,在有关的筹备会上,当讨论到是否应当将民法、经济法学结合一起成立学会时,会上出现了不同的意见,有个别同志提出了一些担忧,认为当时关于民法与经济法的调整对象、经济法是否应当成为独立的法律部门等问题意见分歧很大,两个学科的学者很难坐在一起讨论。但是佟老师认为,"学会本身就是要团结一致,学会既是一个团结学人的平台,也是一个倡导大家发表不同意见的平台,学会就是要倡导百家争鸣、畅所欲言,否则学会就失去了存在的价值"。这样,佟老师的一席话打消了这些同志的顾虑。

由于佟老师崇高的学术声誉和人格魅力,大家都欣然接受了民法、经济法合并为一个学会的建议。会后,佟柔老师要我代表他认真听取包括王家福老师、魏振瀛老师等老师的意见,他们也都表示赞同佟柔老师的意见。这样,民法学经济法学研究会的筹备工作正式启动。在此期间,因为找不到

---

* 原载《北京日报》2013年5月13日。

会议室，我们就在佟柔老师的家里多次召开会议，佟老师认真听取民法学、经济法学者的意见，在有关会议上，佟老师反复强调："学会本身就是一个团结学人的平台，应当把民法学与经济法学者团结在一起，协同攻关，这样才能有效回应中国改革开放初期面临的重大经济问题，一定要把民法学经济法学研究会办成一个团结、包容的学会。"后来，学会就是按照佟柔老师的这一意见，顺利地完成了筹备工作。

1985年春暖花开的季节，民法学经济法学研究会成立大会在美丽的苏州大学召开。会上，佟柔老师顺利地当选为民法学经济法学研究会第一届总干事。在学会随后进行的研讨会上，大家就民法、经济法的关系等问题展开了热烈讨论，会上确实有个别老师对佟柔老师关于该问题的看法，提出了商榷意见。佟柔老师的一些学生对此表示不满，认为在年会上发表这种意见，是对佟老师不尊重，但佟柔老师听到不同的意见后，感到很高兴。并一再强调，真理越辩越明，应当鼓励大家发表不同的意见，这样我们的学会才能有生气、有活力，才能真正凝聚共识。在会议结束后，我受佟柔老师和秘书长王保树老师委托，负责编辑学会论文集，因为提交的论文比较多，有不少文章不能选入文集。佟柔老师指出，在选择文章时，凡是经济法学者提出的有价值的观点的文章，都应当收入其中，尤其是和他的观点不一致的，要尽可能收入。从这件事可以看出佟老师兼容并包的学术胸怀。

学会成立以后，正遇国家立法机关要制定《民法通则》，佟柔老师和王家福老师都是该法的主要起草者，在涉及该法有关民法调整对象的表述时，民法学经济法学研究会内部确实存在不同看法。佟柔老师坚持采用民法调整平等主体间的各种人身关系和财产关系说，其意见最终为《民法通则》所采纳，但他对一些不同的意见始终表示理解和尊重，并曾对一些持不同意见的老师说，你们的看法也促使我对民法与经济法的关系作进一步的思考。在各种场合，佟柔老师都强调，民法学经济法学研究会要团结，学会只有团结才有力量，才能完成自己承担的社会职责和学术使命。尽管外界存在广泛的担心，认为民法学者与经济法学者很难团结，但学会成立后的实践证明，在佟老师和其他老师的努力下，民法学经济法学研究会始终保持着和谐的学术氛围。

　　1990年，佟柔老师因病去世。在去世前，他力荐王家福老师担任民法学经济法学研究会总干事，他在病床上曾对我说："我之所以推荐王家福老师，不仅是因为他学术人品具佳，而且胸怀宽阔，与人为善，能够听取不同意见，能够团结所有民法、经济法学者。"在王家福老师十多年担任民法学经济法学研究会总干事期间，在学会中形成了浓厚的团结、包容、和谐的气氛，并使之成为民法学会宝贵的优良传统。

　　屈指算来，从民法学经济法学研究会筹建以来，民法学会已经走过了近30年不平凡的岁月。但我们回首往昔，深切感受到了团结、包容精神对民法学会发展的重要性，就更加感念佟柔老师当年为民法学经济法学研究会的成立所作出的贡献，也更加感激王家福老师为民法学经济法学会的发展所付出的心血。落其实者思其树，饮其流者怀其源。佟柔老师、王家福老师等老一辈的民法学家筚路蓝缕，启迪山林，开创了新中国民法学教育与研究事业，为学会的成立和发展作出了不可磨灭的贡献。

我国为什么缺乏科技创新？

中华民族以勤劳聪明著称，并被经常与犹太民族的聪慧相提并论。但迄今为止，中华民族与犹太民族在技术创新方面却存在极大差距。据统计，犹太民族在全球只有650多万人，但自诺贝尔奖设立以来，犹太人共拿走了20%的化学奖、25%的物理奖、27%的生理与医学奖、41%的经济学奖。此外，犹太民族造就了一大批如马克思、爱因斯坦等伟人与名人。

对于近代以来中国科技落后于西方的原因，国外中国问题专家有不同的论述。例如，英国学者李约瑟（Joseph Needham）认为，这主要是源于一些文化因素（如道家等无为而治的思想）阻碍了科技的创新。美国学者费正清（John Fairbank）则认为这是源于政治的因素，认为封建专制禁锢了人们的思想。还有人则认为其源于经济因素，"中学为体、西学为用"的思想影响等。这些说法都不无道理，但是似乎仍然无法穷尽这一现象背后的深刻原因。比如李约瑟撰写的《中国科学技术史》一至四卷，详细记载了中华民族对人类科技发明的贡献，但他也留下了著名的"李约瑟之谜（Needham Puzzle）"，即为什么近代科学不是在中国而是在文明相对落后的15世纪的欧洲产生？其谜底到现在仍然没有揭开。

　　我个人以为,中国人缺乏创新的原因是多方面的,其中一个重要原因在于根深蒂固的官本位思想、官本位文化。儒家思想成为正统学说之后,"万般皆下品,惟有读书高"。而所谓读书,也不过是四书五经,诸子百家之类,读书的目的也主要不是为了知识创新,而是为了获得一官半职。孔子曰:"三年学,不至于谷,未易得也。"意思是说,读书学习三年却不滋生从政做官的念头,这种境界是很难得的,这也说明,我国古代读书人读书的主要目的是为了做官。官本位主导了中国文化,让其他一切现象都成为了文化的末流。

　　科举制度更是固化了这种趋势。中国从隋朝开始实行科举制度,尽管开科取士、选拔人才也算是现代考试制度的发端,但它带来的副作用却极其深远广泛。科举制度不是鼓励大家创新创造,而是对"四书五经"单纯地背诵记忆,尤其是与科技创新基本没有关联。榜上有名的人,一般就能够得到一定的官位,从而进入仕途官场。从此之后,读书人最大的价值追求就是"金榜题名",而金榜题名意味着人生从此得以踏上仕途,也会因此获得最大的物质利益保障。常言说,"一人得道,鸡犬升天",官员出行,或四抬大轿,或八抬大轿,前呼后拥,尽显尊荣,光宗耀祖,这也使读书之人趋之若鹜。既然读书的目的就是为了做官,还有谁会去搞科技发明呢?我国历史上流传的一些经典戏曲就保持了这种官本位文化色彩。比如西厢记、秦香莲等都是讲述"洞房花烛夜、金榜题名时"的"学而优则仕"的故事。由此可见这种文化之根深蒂固,已经浸淫到我国知识分子的骨髓。

　　历史上,中国也曾拥有"指南针、火药、印刷术、造纸术"这"四大发明"。但很可惜,这些发明创造并没有进行很好的转化和再创造,这些早期的科技辉煌并未形成科技创新的文化传统。正如鲁迅在《电的利弊》一文中描述中国封建社会后期的社会现象:"外国用火药制造子弹御敌,中国却用它做爆竹敬神;外国用罗盘针航海,中国却用它看风水;外国用鸦片医病,中国却拿来当饭吃。"

中国缺乏科技创新的文化的原因还在于,创新文化对社会宽容度的要求,与中国的官本位思想并不相符。一方面,科技创新缺乏环境和制度激励。如果某个读书人不致力于考取功名,而是热心发明创造,不仅社会难以理解,其家人和家族也会将其视为热衷"奇技淫巧"、"玩物丧志"的异类。另一方面,中国社会也欠缺容忍创新失败的文化氛围。举一个例子,东汉张衡发明地动仪时,经常被人认为是骗人把戏,遭人嘲笑。如果不是因为一次地震预测成功,张衡的地动仪发明或许永远无法流传后世,他也很可能要永远戴上"骗子"的帽子。事实上,尽管张衡取得了巨大成功,但依然无法得到重用,其价值也未被社会广泛认可。所以,官本位文化和官本位思想及其对科技发展的影响或许能够很好地解开"李约瑟之谜"。

官本位文化延续到今天,仍然在严重束缚着我国创新事业的进步。官本位的消极影响也仍然广泛存在于各个社会群体:比如,许多知识分子的思想中,仍然是以做官为追求、为人生价值目标。反过来,许多官员也认为,对一个科技人员或知识分子成功最大的奖赏,就是给个一官半职。据媒体报道,一些地方就规定:凡是取得一定成果的科研人员,可以提拔到相应的正处级、副处级等领导岗位。不少优秀的青年才俊在科研中取得成绩后,也希望获得相应的行政职务,甚至将获得高官厚爵、衣锦还乡视为人生最大的成功。在我国,行政权力配置社会资源的现象普遍存在,科技领域同样难以避免。有了一定官位,会对拿课题、评奖、获取相应学术头衔等都带来好处，这更使得一些科技研究人员对官场趋之若鹜。一些学术性称号如院士等，有行政职务就会有更多资源来争取，行政职务本身在评定中也占有一定权重。这都加剧了全社会对官位的追求，而不是对科技创新的追求。遗憾的是，许多科研人员本来在学术上极有成就，一旦进入官场就成了"华威先生"：大量的时间不是用在会场上，就是用在去开会的路上，学术从此被荒废。

其实，官场与科技创新是两个不同的领域，虽不无关联，但本质上明显不同，甚至是截然相悖。官场要求遵守层次规范、遵循命令服从，而科技创新则强调独立判断、独立思想。科技创新需要多元化视角，正是通过不同方向的思考检验和测试，才可能找到突破方向和手段。这意味着：多元化思考的程度越高，视角越广阔，产生突破的概率就越大。而官场文化中，虽然也讲求管理创新，但管理的有效性取决于服从与被服从的关系。这就决定了官场交往与思考不可能满足科技创新的要求。官场文化越浓、官本位思想越占据社会主流，创新文化就越会被边缘化，有创造潜力的技术也很难得到发挥运用。

官本位文化对科技创新的妨碍是重大的。首先，该种文化遏制了科技创新人才的科技创新精神。那些具有科技创新潜力的人才，本可以在科技创新方面取得更大成果，但刚取得一定成果，即进入官场，时间与精力不能再专心从事科学研究。其次，该种文化给科技研究带来浮躁之风。因为官本位文化让不少年轻人看到做官的好处，对官场趋之若鹜，使得科学研究之路成为进入官场之路、晋升官职之路。这些学者更重视研究的短期效应，对于那些需要花费大量时间，研究成果尚不能确定的疑难问题可能退避三舍。本来，科技研究需要潜心、静心、专心投入到相应领域的研究与实验之中，爱迪生说："天才是百分之九十九的勤奋，加上百分之一的灵感。"科技创新必须做到淡泊名利、热情执着，万万不能图短期效益、过于功利。最后，官本位文化与宽容失败的创新精神不相符。科技创新可能历经多年仍无法取得成功，但这些"失败"对未来的科技创新仍然有重要意义。但是从官本位的角度来说，短期内没有取得成果就是失败。官本位只强调研究结果，所谓"十年寒窗无人问，一举成名天下知"。官场注重人际关系的交流，而科技创新注重潜心的深思研究，而不需要过多的人际交往、交朋结友、迎来送往。官场往往与人的情感联系在一起，是一种主观视野，而科技则更关注自然界的问题，客观性较强。官场文化要求遵守既有规则。科技创新需要一种突破既有、打破成规的心理，强调发挥自由思想、发挥个人兴趣。这些都是造成创新氛围难以养成、创新文化难以普及、创新成果难以涌现的重要原因。

习近平同志指出，一项工程科技创新可以改变世界。要鼓励创新，宽容失败，真正培育科技创新的文化。幸运的是，这些年来，全社会已经认识到官本位思想对科技创新的负面影响。据媒体报道，新一届的院士增选已经向行政级别说不。在其评选细则中更是明确规定，"处级以上干部不得成为候选人"，这将有利于从根本上祛除官本位思想对科技发展的束缚。要真正鼓励科技创新，不是让这些优秀的科研工作者担任过多过高的行政职务，更重要的是给他们资源支持，鼓励他们把更多时间用在科研上。

第六编
人 生 感 悟

君子尊德性而道问学,致广大而尽精微,极高明而道中庸。

——《礼记·中庸》

实事求是永无止境*

1981年，我考入中国人民大学法律系攻读研究生，一进校门，竖立在校园内的"实事求是"标语就映入眼帘。在校学习期间，我处处感受到人民大学严谨踏实、务实创新的校风。我的导师佟柔教授和我第一次见面，就对我说，要老老实实做人，踏踏实实做事，不来半点虚假。我想这就是对实事求是的内涵最为朴实的一种概括和诠释。

我时常到图书馆阅览室阅读，在那里经常见到方立天教授。方教授穿一双布鞋，拎一个水壶，经常在图书馆一坐一天，无论寒暑，无论节假日，都在那里查阅各种资料。据图书馆的工作人员对我讲，方教授大年三十都在这里看书，每天都是最后一个离开图书馆的人，图书馆专门给他准备了一个座位。后来方教授成为享誉海内外的著名佛教学家、宗教学家，与他的长期埋头治学、"板凳坐得十年冷"密不可分。方教授治学的历程就是实事求是精神的最好解读。

我在研究生学习期间，给我们上《资本论》的孟氧老师是一个具有传奇色彩的人物。在"文革"期间，他曾因对"极左"思潮提出意见，被打成现行反革命，并被判处死

---

* 原载《光明日报》2014年12月22日。

缓。在狱中，他受尽折磨和摧残，但他始终坚定不移地信仰马克思主义，并坚持研究《资本论》，在狱中完成了《资本论的故事》等著作。据他介绍，他给我们讲授《资本论》的许多备课资料都是在狱中完成的。孟氧老师坚持追求真理，只向真理低头，不向邪恶屈服，也深刻地诠释了实事求是的内涵。

我从这些前辈大师身上深刻领会了实事求是的精髓，也受到了潜移默化的熏陶。自1984年留校任教以来，我始终以实事求是的精神严格要求自己。我一直主张，我国的民法学研究不能仅仅从古希腊、古罗马出发，也不能简单地照搬外国法，而应当符合我国的国情，创建中国特色的理论体系。我国的民法学研究作品应当谱写在中国的土地上，而不能在外国学者所设定的"笼子"中跳舞。多年来，我始终秉持"人民的福祉为最高的法律"的理念，坚持严谨求实的学风，坚持独立的人格和学术良知，不人云亦云，不盲从潮流，不信口开河，更不做某一利益集团的"代言人"，坚持为民众代言，为国家服务。在参与立法的过程中，我也始终主张，我国的立法应当以我国的基本国情为基础，相关的制度设计也应当以解决我国的实际问题为出发点和归宿。2005年，在《物权法》起草期间，网络上、社会上对物权法草案的讨论非常热烈，有人在会上公开批评我所主张的平等保护原则，认为国家财产和个人财产不能平等对待，穷人的打狗棍不能和富人的宝马车放在一起保护，平等保护就是保护富人，《物权法》一旦颁布，就是社会主义的倒退。这一争论关系到我国是否应当制定《物权法》，甚至关系到如何看待我国基本经济制度等问题。我自己经过认真调研，撰写并发表了一系列论文和报告，捍卫《物权法》，坚持《宪法》所确立的平等保护原则。我和全国民法学界的许多学者一起，召开一系列理论研讨会，形成基本共识,并向国家立法机关提交报告,最终促使立法确认了物权平等保护原则,并积极推动这部法律得以问世。值得欣慰的是,《物权法》颁布以来的实践表明,平等保护原则是保护老百姓财产权的重要法律依据,也是鼓励亿万人民群众投资创业、积极创造物质财富的制度保障。这也表明,《物权法》是符合我国国情和亿万人民需要、符合实事求是原则的法律。

法学是一门实践之学,而不是象牙塔式的学问。人大校训蕴涵的不唯书、不唯上、只唯实的"求是"之义,鼓励我求实奋进,与民法同行,同时,实事求是所包含的踏踏实实做人的含义也成为我为人处事的基本准则。

从纪录片《寿司之神》看职业精神

美国导演大卫·贾柏拍摄的《寿司之神》，记录了日本"数寄屋桥次郎"寿司餐厅老板小野二郎的故事。这位老人8岁被赶出家门，十几岁开始学做寿司，却不料从此与小小的寿司结下了终生情缘。在此后的70多年时间，他每一天都想着要在厨艺上超越，每一天都想着要做出更好的寿司，终于成为全球公认的"寿司第一人"，不仅两度获得米其林三星评价，还以86岁高龄被吉尼斯世界纪录鉴定为"全世界最年长的米其林三星大厨"。

纪录片《寿司之神》讲述的是小野二郎个人的故事，但给观众的感受却极其震撼。小野二郎是用生命在做寿司。他是一个追寻职业深度的人，以人生全部之精力关注于一点，却能由此出发而收获整个世界。说到底，这就是一种可贵的职业精神，日本人称之为"职人精神"。

职业精神就是干一行，爱一行，对自己的职业高度热爱，全身心地投入。做寿司是再平凡不过的职业，但平凡的工作之中也能做出不平凡的事业。小野二郎曾说："你必须要爱你的工作，你必须要和你的工作坠入爱河。即使到了我这个年纪，工作也还没有达到完美的程度。我会继续攀爬，试图爬到顶峰，但没人知道顶峰在哪里。"只有热爱自己职业的人，才能焕发出巨大的工作热情，把人生的快乐、人生的幸福、人生的追求、人生的理想都融入职业生涯中。这就是小野二郎带给我们的启示。现在不少人无法安心本职工作，这山望着那山高，不仅难以企及小野二郎这样的人生高度，甚至无法达到职业道德的底线要求。

职业精神要求个人始终保持认真负责的工作态度。世上的事，怕就怕在"认真"二字。既然选择了某一职业，除非你放弃它，否则就应当善始善终。小野二郎每天做寿司时，从食材选择，到寿司制作，再到顾客食用，每个步骤都会经过缜密的计算。小野二郎会从最好的鱼贩那里买鱼，从最好的虾贩那里买虾，从最好的米贩那里买米，力求食材选择做到最好。在寿司制作过程中，醋米的温度、腌鱼的时长甚至按摩章鱼的力度，小野二郎都会亲自监督。在顾客食用过程中，小野二郎还会根据顾客的性别、用餐习惯精心安排座位，并时时关注客人的用餐情况。整个过程中，小野二郎都会一丝不苟、精益求精。就像马丁·路德·金所说的：打扫街道也应当像米开朗琪罗绘画、贝多芬谱曲、莎士比亚写诗那样去做。

职业精神要求勤奋努力，精益求精。小野二郎对寿司制作的追求达到了精益求精的地步。在对手艺的不断践行中，其个人自身修养和心灵境界也随之得到升华。正如影片中小野二郎所说，"我一直重复同样的事情以求精进，总是向往能够有所进步，我继续向上，努力达到巅峰，但没人知道巅峰在哪里。我依然不认为自己已臻完善，爱自己的工作，一生投身其中。"不知道巅峰在何处、甚至不在乎这个巅峰，那么可是到底是什么让这位老人依旧坚持呢？我想应当是精益求精的职业精神。要有这样的一种职业精神，在平凡的岗位中，个人会努力学习各种技能，掌握工作中所需的本领，努力学习，终生学习，练就高超的技能，真正成为本岗位的行家里手,甚至是行业典范。

职业精神要求执着、坚毅、终生追求。日语中有种说法叫"一生悬命",意思就是说要付出自己的一生去做一件事情。小野二郎的这种"执着",就是终生专注地做一件事情,知行合一,从一而终。人生是短暂的,人的一生假若能够做成、做好一件事情,已属难能可贵。每天重复做一件事情,看起来很枯燥,容易让人感到索然无味,但实际上,对知识、技艺的探求永无止境。正是这样一种平凡的过程,才能真正体现个人坚持以及不断追求进步的可贵。

其实,职业精神是中华民族宝贵的传统文化。儒学倡导"敬业乐群"(《礼记·学记》),《老子》中说"安其居,乐其业",都强调个人对职业应当怀有一种敬畏、敬重、负责的态度。梁启超在《敬业与乐业》篇中,专门阐述了敬业的职业精神。他认为,"敬业"就是"凡做一件事便忠于一件事,将全副精力集中到这事头上,一点不旁骛"。即"专心致志以事其业"。我们中华民族涌现出很多敬业乐业的杰出代表,各行各业的劳模就是他们的典范,也是全社会学习的榜样。但也应看到,现代社会充满各种诱惑,市场经济"利润最大化"原则对许多人择业观念和价值理念带来了极大冲击,职业精神、职业操守和职业标准等,都亟待重建并形成共识。以餐饮业为例,中国菜种类繁多,其做法也比寿司复杂得多,从事餐饮行业的人成千上万,但为什么难以诞生像小野二郎这样愿意"以生命做寿司"的厨艺大师?投资餐饮业的老板成千上万,但真正将餐饮当作事业,而不仅仅是谋利手段的却极为罕见。许多人崇尚的是追求利润"最大化、最快化",哪里有钱赚就到哪里:今天做地产,明天作理发,后天改餐饮,大街上的门帘恨不得一天换三遍,并美其名曰"水银泻地、见缝插针般赚钱"。实际上,此种做法缺少了坚守、缺少了职业精神，更缺少对自己事业的追求。我国相关产业中，缺少品牌企业，缺少国际名牌，缺少百年老店，或许与相关企业经营者缺少这种持之以恒的职业精神密切相关。

在平凡的岗位上实现自己的人生目标，展现生命的意义和价值。这是纪录片《寿司之神》带给我个人的深刻启示。如果人人都像小野二郎那样对待自己的职业，数十年如一日，兢兢业业，那么人人都可以在平凡的岗位上成就非凡，也必将为国家富强和民族进步作出自己的贡献。

要有大海一般的胸怀

我出生在江汉平原，儿时从未见过大海，只能从古人诗句中想象大海的苍茫无垠，憧憬那天水相连、一望无际的壮阔，想象那"秋风萧瑟，洪波涌起"的气势。古人赞扬大海，每每表达的是气薄云天的豪迈情怀。李白在《行路难》中，借"长风破浪会有时，直挂云帆寄沧海"抒发壮志情怀。曹操"东临碣石，以观沧海"，留下千古绝唱《观沧海》，抒发开阔的胸襟和凌云壮志。

后来，我终于能够来到海边，体验大海的壮阔，感受古人借海咏志、抒发豪情的缘由。然而，大海是变化莫测的，时常会展现不同的奇观：风和日丽、风平浪静时，海面像一幅巨大的绿色绸缎。微风吹过，卷起阵阵涟漪，蓝天白云倒映在海面上，绘出种种奇妙的景观。但如遇狂风暴雨，浊浪拍岸，发出雷霆般的咆哮，巨浪起伏，恰似奔腾的野马，耸立的波涛像高山一样巍峨，似乎要张开大嘴吞噬一切。然而，雨后天晴，风平浪静，大海又会恢复了她温柔平静的一面，丝毫体会不到曾经的汹涌与狂躁。夜深人静之时，月光轻柔地洒在宁静的海面上，如果有悠扬的音乐响起，则使人恍若坠入仙境。面对此情此景，不禁使人想起唐代诗人张若虚《春江花月夜》中的诗句"春江潮水连海平，海上明月共潮生。潋滟随波千万里，何处春江无月明？"那是一个何等梦幻般的海景。

由于从小生活在江边，我自幼爱好游泳，时常体验水的圆融与温柔，并接受水的洗礼。然而，在大海中游泳能体会到与江河中游泳不一样的情趣。我投入大海的怀抱，尽情畅游，浪花打来，随着波浪起伏逆浪而进，能让我体会到迎难而上的乐趣，以及那征服波浪的"弄潮儿"快感。顺浪而游，偶遇一群群小鱼在身边穿梭，似乎要与人结伴而行，心中感受到大海的爱抚与体贴。如遇风平浪静，静静平躺在海面上，头顶一望无际的蓝天和自由飞翔的海鸥，蓝天就好像是大海的延伸，真正感受到人、水、天合一的意境。凌晨时分，在水中遥望东方，霞光四射，磅礴的红日渐渐从海面升起，大海仿佛就是太阳的摇篮，是大海的力量将太阳托起，此刻感受到的是大自然的宏伟与寂静。

按照老子的说法，大海之所以能纳百川，众流归之，是因为它具有"善下"的品格。"江湖所以能为百谷王，以其善下之"（《老子·道德经》）。"不拒众流方为江海"，海的本意就是容纳百川。许慎在《说文解字》一书中对"海"字释为："天池也，以纳百川者。"小时候，我看到河水永远不停地流淌，永远那么匆忙，那么执着。我就想，它们要流到哪里去？他们为什么要到那里去？后来才明白，原来它们在不断地往东奔流，都要奔向大海。

有一天，我来到黄河入海口，眺望河流涌入湛蓝大海的景观。黄河古道如黄色绸缎，蜿蜒曲折伸向远方，但是在入海口，黄色的河水变成蓝色的海水，黄绿交融，正是一幅大自然的奇景。我突然觉得，原来百川入海，是源于大海的召唤，如同母亲召唤离家的孩子；而江河也只有涌入大海，才能找到生命的归宿。这是大自然永恒的运行规律，也成为千百年来诗人咏之无尽的题材。许多诗人借此抒发其大海般的豪情壮志，如陆游发出"三万里河东入海，五千仞岳上摩天"（《秋夜将晓出篱门迎凉有感》）的感慨，王之涣谱就了"白日依山尽，黄河入海流"（《登鹳雀楼》）的歌咏，都是对大海容纳百川胸襟的赞美。

大海容纳百川的品格给予人类无限的智慧启迪。不论是治理国家，还是管理社会，都应有大海般的胸怀。人类发展历史上，无数的王朝兴衰更替，都反映了这一规律：广纳贤士、知人善任、广开言路、从谏如流则王朝兴、国力盛；任人唯亲、排挤忠良、闭塞言路、刚愎自用则王朝灭、国力衰。两千多年前，秦朝李斯为向秦王讲述客卿强国、广纳贤士的道理，在《谏逐客书》中提出至今广为传颂的名言："泰山不让土壤，故能成其大；河海不择细流，故能就其深。"秦王采纳了这一建议，终成秦朝霸业。但遗憾的是，这种治国精神并没有一以贯之。焚书坑儒、横征暴敛，最终导致秦朝二世即亡，秦始皇横扫六合的霸业迅即灰飞湮灭。中华文明上下五千年，曾出现多个王朝"盛世"，政通人和，百业兴旺，四海升平，八方宁靖，路不拾遗，夜不闭户。究其重要原因在于，君王注重选贤与能，广纳人才，从谏如流。所谓善政，其实在重复一个海纳百川的道理。

从海纳百川中，我们也悟到了许多做人做事的道理。海有容则大，山久积则高。在大海的怀抱中，才能体会到人的渺小。大海之所以成为大海，是因为无论涓涓细流，还是滔滔江海，均予以接纳。做人、做事也是同样的道理。知识爆炸的信息时代，个人更要不断吸收接纳新的知识，才能跟上时代步伐。古往今来的故事也说明，只有胸襟开阔、能够听取不同意见者，才能有大的作为。一人智慧抵不上众人的智慧，只有汇集众人之智，听取不同的意见，才能作出科学的决策。所谓胸襟开阔，就要以"三人行，必有我师"的要求为人处事，善于借鉴他人的优点，而不能自我陶醉、对他人求全责备。

大海无垠，浩淼苍茫，所谓"海阔凭鱼跃，天高任鸟飞"。胸如大海，才具有广阔的视野和胸襟。胸如大海，就会有无穷的勇气和勇于探索的精神，不断克服困难，破浪前行。大海也给予我们人生的宁静与平和。面对广阔无垠的大海，我们能够真实感受到宇宙之苍茫，人类之渺小，一切忧虑、烦恼都可置之度外。生活充满波折，不可能一帆风顺，"人生若波澜，世路有屈曲。"我们应该不以物喜、不以己悲，波澜不惊，安之若素，在遇到烦恼的事情时来到海边眺望大海，烦恼就像是大海上的阴霾一样被海风吹散。

站在海边，思索人生，能够使人内心平静，陷入无限的遐想。"逝者如斯夫，不舍昼夜。"光阴如同白驹过隙，人生苦短。赵朴初先生曾在《宽心谣》一诗中写道："日出东海落西山，喜也一天，忧也一天，恩恩怨怨随风卷，天也无边，地也无边。"天地悠悠，生命易逝，人生无常，世事难料，做人做事都应该有大海般的胸襟。

读"风雪夜归人"有感

每次读到唐朝诗人刘长卿的《逢雪宿芙蓉山主人》，都令我感慨不已。这首诗的原文是：

> 日暮苍山远，
> 天寒白屋贫。
> 柴门闻犬吠，
> 风雪夜归人。

千百年来，这首诗广为流传。作者刘长卿以极其凝练的笔墨，勾画了一幅令人充满想象的风雪夜宿图。

诗的上半首采用远景描写的方式，描绘了诗人在投宿前看到的景象：日近黄昏，暮色苍茫，莽莽的青山和暮色相互交映，远远望去，看不到尽头；恰逢寒冬傍晚，山色模糊不清，使青山看起来更觉遥远。诗人在暮色降临时在山中行进，孤寂劳顿，但山回路转，不知投宿何方。一个"远"字画龙点睛，既表达了千山之遥远，青山在日暮时分更显得千峰百嶂，没有尽头，同时流露出诗人行走在山间疲惫跋涉的艰辛和寻找投宿之所的焦虑。就在这天寒地冻的傍晚，诗人焦虑地寻找投宿之地时，远远看见了前方出现一个白茅草盖的房屋，那就是诗人所要投宿之地。"白屋"既可能是白茅草盖成的房屋①，也可能是因为覆盖了积雪而形成的白色房屋，无论如何，白色的房屋都仿佛衬托着房屋的简陋贫寒——这里一个"贫"字既与天寒地冻的场景相对应，也与下文的"柴门"相衔接。但这处简陋的茅草屋仍然能够给身处天寒地冻中的诗人一丝希望，这两句便勾勒出了诗人心境的一种变化，"寒""白""贫"三字互相映衬，渲染贫寒、清白的气氛，也反映了诗人独特的感受。

下半首勾画出了诗人投宿时"风雪夜"的场景，由远及近，由静转动。诗人在山间的小路上行进，夜路茫茫，正急于寻觅投宿之地时，发现远处的一间白屋，不免喜出望外，急切地赶往白屋。渐近白屋时已是夜幕降临，从柴门外就听到了屋子里面的狗在汪汪叫，诗人迎着漫天的风雪走进柴门，赶去投宿。"闻犬吠"三个字使全诗的环境由一种寂静的场面转向一个动态的画面，一定程度上将赶路人内心的一种喜悦巧妙地表达出来。赶路人一直为寻找安身之所而奔波在寂静的山路中，突然出现的声声犬吠打破了山村之夜的宁静，也给苍茫的夜景增添了几分生气，使人感受到了家的温暖。"犬吠"属于"鸡犬之声"，呈现了人世间的生活气息，而"风雪夜归人"中的"风雪"二字对应天寒，"夜"也与"日暮"首尾呼应，写出了诗人内心的喜悦之情。此处的"归"字其实表达的是一种宾至如归的感受：虽然白屋不是诗人的家，但是在寒冷的风雪夜，寂静的山村里，它是挡雪避寒的温暖场所，带来了家的气息。"夜归人"是一个倒装句，寥寥三个字，把读者带入了无限的想象之中。正如《唐诗笺注》中说："上二句孤寂况味，犬吠人归，若惊若喜，景色入妙。"

虽然诗的上半首和下半首描绘两种不同的情景，但是上下环环相

---

① 刘长卿曾有诗句云：白屋渐看秋草没，青云莫道故人多。（《赠崔九载华》）

扣、浑然一体。上下两联勾画的情景相互交融。"柴门"与"白屋"承接，"风雪"与"天寒"对应，"夜"与"日暮"紧紧衔接，整个全诗其实是围绕着主题"宿芙蓉山"而展开的。

究竟"风雪夜归人"是指白屋的主人回来？还是指诗人前来投宿？这一直是唐诗鉴赏者争论的话题，这里关键是对"归"字怎么解读。认为是白屋主人回来的理由在于，只有主人才有"归"来的意思，其他人不可能是"归"来。但笔者认为，如此理解，可能会割裂全诗的场景，前两句写的是诗人投宿白屋，单身只影，天色已晚，后两句如果写的是主人归来，那么诗人又在何处呢？如果说诗人已经住在了屋子里，则全诗的前后意境就差别太大了：诗人已经进入到了茅屋就寝，突然听到柴门外"犬吠之声"，原来是在这风雨交加的夜晚，白屋的主人顶着漫天大雪归来了——这样理解并不符合逻辑，也不符合诗人所要表达的意境和心境；而且这样理解的话，诗的主题也变了，前两句写自己，后两句写他人，造成了人物的急剧转换，前后脱节。

第一，从时间上来看，全诗是围绕主题"宿芙蓉山"而展开的。前半首描写的是诗人在将近傍晚时赶路，急于投宿，心情焦虑，远处望见了一处白茅草屋，在天寒地冻之中看到了投宿的希望。后半首描写的是投宿过程，即诗人急切地向白茅草屋走近，待靠近时，天色已晚，风雪弥漫，突然听到柴门里面的狗在叫，诗人顶着漫天的风雪走进了柴门。所以，本诗正是围绕着诗人投宿展开的。如果是主人归来的话，那么从诗人接近茅屋"闻犬吠"，到走近茅屋叩门、安顿就寝，再到就寝后听见主人归来，中间这一段时间和情节就被省去了，跨度太大，不太符合逻辑。

第二，从主体来看，整首诗都是围绕着诗人的所见所闻展开的，不可能是写两个人。如果是指茅屋主人归来，诗人所要描写的就是两个人，不仅时空脱节，意境也会脱节。因为诗人在山中赶路的时候，只是天气严寒，并没有下雪，快接近茅屋的时候，天气才变得风雪交加；如果按主人归来理解，则该诗前两句并没有下雪，后两句却写了下雪，若诗人已经安顿就寝，怎么知道外面下雪了呢？怎么能感受到主人是顶着漫天飞雪归来的呢？正是因为在诗人赶路的过程中渐渐下起了大雪，才会出现场景的变化。所以诗的后两句写的仍是诗人的所见所闻，而不是写诗人就寝后躺在床上听到的犬吠声、风雪声和主人踏雪归来的声音。此外，从"闻犬吠"三个字也可以解释出是诗人归来而不是主人归来，因为犬是具有灵性的动物，一般而言，其感觉到主人归来时不会汪汪乱叫，只有在出现陌生来客之时才可能以吠示警。

第三，本诗标题的核心是"宿"，对这个"宿"字的通常理解是投宿、留宿，"宿"字只能与客人联系在一起，如果是主人归来的话，显然不需要用到"宿"字。

第四，"归"字也不能完全理解成"归来"。它不仅仅是回家归来的意思，还有归去的含义。例如，陶渊明的《归去来兮辞》中提到，"及少日，眷然有归欤之情""归去来兮，田园将芜胡不归"，其中的"归"字就包括了归去的含义，而不仅仅是指归来。如果按照这样理解的话，诗人找到了投宿之地，找到了临时的家，何尝不是归去呢？更何况，此处的"归"字绝非一种单纯的客观景象描写。一个"归"字，很好地刻画出了诗人急切的心情，也道出了诗人从日暮到夜晚、终于归宿的喜悦，表达了一种"宾至如归"的心情。如果将"归"字仅仅理解为主人归来的客观景象，则无法反映诗人的内心活动。

这个"归"字在刻画诗人的内心活动方面是点睛之笔，其实，这也是作者抒发自身的一种感受。刘长卿一生漂泊湘楚，他曾经有两句诗："东道若逢相识问，青袍今已误儒生。"青袍是八品、九品官员的官服，在这首诗中，他抱怨自己做这种小官耽误了前程，为了一官而奔走，为生活而劳累，确有归来之意。所以，"归"字应当也是作者自身感受的一种写照。

从全诗来看，如果我们换一种解释，将其理解为作者投宿，而不是主人归来，则整首诗的意境就可以衔接了。"风雪夜归人"一句唤起了多少人的共鸣，那落日，那青山，那茅屋，那柴门，那犬吠，都是在衬托风雪中的归人，叩击着无数人的心扉。每每读到这首诗，我就想起20世纪80年代的一个夜晚，我赶往美国密歇根大学留学，那天由于航班延误，到达底特律时已经是半夜。走出机场，北风呼号，漫天飞舞鹅毛般的大雪，我要从底特律机场赶往安娜堡。我拎着沉重的行李，走出机场，放眼望去，夜色笼罩下，白茫茫的大地望不到尽头。人生地疏，语言不通，真感到四顾茫茫、行路艰难。我只能返回机场，并在机场停留了数个小时，好不容易联系上了一位故友，待雪下得稍微小一些，才搭上一辆巴士。路上的积雪已经深没膝盖了，巴士在雪中缓缓行进，快到天亮的时候才到达安娜堡。那里仍然是白雪茫茫，朋友告知的地点，我也不知道在哪儿。积雪已经没了膝盖，鞋中已经浸透了雪水，我拎着行李几乎寸步难行，好不容易在路上遇见一个行人，我赶紧上去打听，才一步一步找到了目的地，见到了故友，无限欢喜。一路上，我的脑子里都回想着"风雪夜归人"这句诗，尽管安娜堡不能算是我的家，但见到故友后那种"归去"的喜悦之情，至今仍然在我脑海中。

其实，我们每个人都可能是"风雪夜归人"。"人生如逆旅，我亦是行人。"是啊，我们都是人生旅途中匆匆前行的赶路人。生命旅途漫长，走在这人生之路上，谁又不会遇到风雪呢？谁又不会遭遇严寒呢？但只要我们心中有坚定的信念和目标，那么漫天的风雪不过是对我们的考验而已。暴雪不能阻挡我们前进的步伐，严寒也不能熄灭我们心中的火焰，白茫茫大地更不会使我们迷失方向。只要我们有坚定的"归去"的信念，即便是四顾茫茫、举步维艰，也一定能砥砺前行，在经历各种磨难后到达目的地。"一夜北风寒，万里彤雪厚"，在白茫茫的雪地上留下的脚印是我们人生道路上跋涉前行的印记，也承载着我们的努力、奋斗和汗水。顶着严寒风雪前行是艰难的，在旅途中，每个人都会有自己独特的经历，或痛苦，或欢悦；但在风雪中夜归的人一定是幸福的。

　　最后，笔者不揣浅陋，对这首诗的理解释义如下：
　　暮色苍茫，觉得前面的青山愈加遥远，
　　天寒地冻，倍感白茅盖的房屋多么清贫，
　　忽听到柴门内传来了阵阵犬吠声，
　　我便在这风雪交加的夜晚赶到了投宿地。

也谈十年磨一剑

名句"十年磨一剑,霜刃未曾试"出自唐代诗人贾岛的《剑客》,意思是十年磨成一剑,还未试过锋芒。贾岛可以说是"十年磨一剑"的典范。在其著名的《题诗后》一诗中,贾岛感叹,"两句三年得,一吟双泪流"。这两句话表现了贾岛吟诗苦作的艰辛,以及反复琢磨、推敲的精神。一般文人把吟诗作词当做生活消遣,而贾岛却将其作为人生追求。为吟出佳句,他如痴如醉,据说有次骑着毛驴经过长安朱雀大街,被深秋时节凉风卷起落叶的景象所吸引,吟出一句"落叶满长安"后,无法想出上句。经过苦思冥想,终于对上一句"秋风吹渭水"。贾岛非常高兴,却不料创作时过于投入,竟然撞上京兆尹刘栖楚的仪仗队,稀里糊涂被抓起来关了一夜。①

今天,我们在治学时仍应提倡贾岛"十年磨一剑"的精神。

一是日积月累,坚持不懈。个人要实现厚积薄发,必须经过长期的积累。贾岛曾经有一句名言,"一日不作诗,心源如废井"(《戏赠友人》)。正如范仲淹所言,"诚以日至,

---

① 参见孙立群:《中国古代的士人生活》,商务印书馆2014年版,第56页。

义以日精。聚学为海，则九河我吞，百谷我尊。淬词为锋，则浮云我决，良玉我切"（《范文正公文集》）。只有经过长期积累，才能实现"聚学为海"、"九河我吞，百谷我尊"。知识在于积累，文化在于沉淀。牛顿曾经说过，如果说我看得比别人更远些，那是因为我站在巨人的肩膀上。有人将这句名言误解为牛顿能够发现"牛顿定律"，是因为站在巨人肩膀上。事实上，牛顿的意思是说，知识的积累和进步得益于此前研究者的集体努力，其所要阐释的，是知识积累的重要性，以及对前人劳动成果的尊重。治学确实要深思熟虑，知识需要长期积累，学术绝无"捷径"可寻。

二是专心治学，心无旁骛。治学应当提倡悉心研究、持之以恒、寂寞自守，不怕孤独。学者应当淡薄明志，能够抵挡外界的各种诱惑，徜徉在学术的海洋里，把学术当作自己的第二生命。如果被繁花迷眼，经不起各种诱惑，是很难做出好的学问的。贾岛所说的"两句三年得，一吟双泪流"，就集中体现了心无旁骛的治学精神，反映出贾岛本人已经完全沉浸在作诗的快乐中，达到了忘我的境界，这样才留下了不朽的传世佳作。

三是惜时如金，刻苦钻研。贾岛曾经被称为"苦吟派"，这也说明他在作诗过程中刻苦钻研的精神，可谓"词中多苦心"（《戏赠友人》）。今天在治学中也应当提倡这样一种刻苦精神。正如马克思所说，"在科学的道路上，是没有平坦的大路可走的，只有在那崎岖小路上攀登的不畏劳苦的人们，才有希望到达光辉的顶点"。我在研究生学习期间，时常到图书馆库本阅览室阅读，在那里我经常见到方立天教授等人，方老师穿一布鞋，拎一个水壶，经常在图书馆一坐一天，无论寒暑。据图书馆的工作人员介绍，方老师大年三十都在这里看书，每天都是最后一个离开图书馆的人，图书馆专门给他准备了一个座位。后来方老师成为享誉海内外的著名佛教学家、宗教学家，与他长期埋头治学、"板凳坐得十年冷"密不可分。因此，在治学过程中提倡"十年磨一剑"的治学精神，对于实现知识的厚积薄发具有重要意义。法学研究有着严格的学术规范与学术规律，学者在研究过程中也要有"板凳坐得十年冷"的精神。

但是，这句话也常常被理解成要像贾岛那样"两句三年得，一吟双泪流"，述而不著，或者多述少著。甚至有人认为，应当花大量时间去打磨，不到十年八年，绝不推出作品。有的学者不屑于发表文章，认为宁可让文章烂熟于心，也不轻易问世，如此才算"治学严谨"。应当看到，社会科学大量的是对策性、应用性研究。尤其是对法学而言，其主要是一门实践之学，需要从实际出发，回应时代不同时期的现实需要。古人云，"法与时转则治，治与世宜则有功"（《韩非子·心度》），"世易时移，变法宜矣。"法律应当因时而治，法学研究也应当以实践需要为出发点，重点解决实际问题。

光阴荏苒，斗移星换，岁月催人，只争朝夕。在信息爆炸的时代，田园牧歌般的生活已然不复存在。各类社会问题和挑战层出不穷，要求社会科学迅速解释和解决这些问题，社会工作者必须适应这种变化，回应社会发展中的新需求、新挑战。时间不等人，事情不等人，如果我们的作品不到十年不出手，一概要求"十年磨一剑"，可能许多研究成果就会失去时效性，社会效果也会大打折扣。如果一味埋头象牙塔之中，所作积年的研究可能会与社会需求脱节，这既会浪费社会资源，也会荒废学者自身的年华。就法学来说，同样如此，法学是一门实践之学、应用之学，社会迫切需要我们解决的问题，尤其是法治建设中迫切需要解决的问题，绝不可能留待十年以后解决。今天社会需要解决的问题，十年之后也许已不成其为问题或者已经转变成了其他问题。对一个有责任感的学者来说，应当时刻关注社会问题，及时提出建设性意见。提倡"十年磨一剑"的治学精神，反对急功近利和浮躁的学风是十分必要的。但如果以此为借口，数十年里都没有向社会提供任何知识产品，也不可取。学者的研究要紧跟时代发展、把握时代脉搏、回应社会关切。正如王安石在《上人书》中指出："所谓文者，务为有补于世而已矣。"学以致用，治学的目的仍然是服务于社会。任何研究都应该尽可能建立在扎实的理论和实践基础之上，学者在推出自己的研究成果时，需要对其进行缜密的思考、认真的求索、详尽的考证，但成熟的作品或者好的作品也许永远是一个相对概念，它只是对某个阶段的成果总结，未必永远都是成熟的，学者在推出成果后，还应当不断修正研究思路和研究成果。社会在发展，知识在更新，"智者千虑必有一失"，"完美"的作品也可能有瑕疵，如果要求从事任何社会科学研究都要像贾岛那样"两句三年得，一吟双泪流"，在今天看来也不现实。

重温贾岛的名句"十年磨一剑，霜刃未曾试"，深为古人的治学精神所折服，现代社会需要提倡这种严谨治学的精神，但在新的时代，也需要为这"十年磨一剑"注入新的内涵。

我是快乐的园丁

闲暇之余,在家里给阳台上的小花浇水、芟除周边的杂草,是我繁重工作之后很好的放松。后来,学校派我到苏州工作,在独墅湖畔一片荒地上建设中国人民大学苏州分校。那段时间工作异常繁忙,偶尔闲暇之余,我就经常与园丁为伴,仔细观察他们的劳动,体味到工作的艰辛。

园丁日出而作,日落而息,周而复始进行着同样的劳动。他们在炎炎烈日下给花草灌水,在数九严寒中为花草施肥。每棵树苗都需要他们精心培育,否则就难以成长;每株花草都需要他们精心呵护,否则就会枯萎。他们需要了解花草的习性,在不同时期施加适当的水分养料。诚如清朝允禧在《灌花》诗所云:"园丁汲井栏,时时自灌溉。"他们的劳动是平凡而孤独的,谁也不知道他们姓甚名谁,但他们并不落寞,仍然每天默默而充实地从事着自己的劳动。

与他们为伴,仿佛自己也成为园丁中的一员。这让我想到上小学时,经常唱的一首歌,歌词就是"我们是祖国的花朵,老师是辛勤的园丁"。一场文革浩劫,让许多园丁遭受到不同程度的迫害。但风雨过后,老师们重新站上讲台,"祖国园丁"又再次赢得社会的尊重。

就古义而言,园丁就是在花园里忙碌的奴仆下人。而现代园丁一词已经不具有此种贬义色彩。园丁们为满园春色尽心尽职，虽然平凡却职责重要、乐趣无限。教师耕耘于三尺讲坛，虽然平凡，却教书育人、乐为人梯，关系到一个国家和民族的未来。

我自1984年留校任教以来，已30余年，中间虽然也有多次从政或致富机会，但每次都因舍不得三尺讲坛，离不开朝夕相处的学生而毅然放弃。每每想来，终身与学生为伴，其乐融融。尽管现在也从事一定的行政管理工作，但内心最大的快乐还是当一名平凡而光荣的园丁。相较于一些社会头衔相比，最喜欢听到的还是人们称呼我为老师。

我是快乐的园丁，因其与花朵为伴。与学生在一起是我莫大的快乐。教师是一个神圣的职业，传道授业解惑。如同园丁不择花草，教师也须有教无类。俗语说，"没有教不好的学生，只有不会教的老师"。教师是一个以学生为中心的职业，"一切为了学生，为了学生的一切，为了一切学生"。园丁的使命就是与花为伴，根据每棵花草树木的特点精心修剪培养，使之成为花园里的一景。作为教师，我也深知自己的使命是如何让不同性格与知识结构的学生，成为符合时代需要的人才。

我是快乐的园丁，因职业而倍感崇高与尊严。《礼记》有言："师也者，教之以事而喻诸德者也"。作为一名老师，要懂得为人师表。"学高为师，德高为范"，教师有人类灵魂工程师之美誉，我们的言行会直接影响到学生未来。古往今来，但凡为师者都须注重德才兼备，不仅要授学生"谋事之才"，更要传学生"立世之德"，而传德尤为根本。教师不仅要不断学习新知识，充实自己，还要加强修养，静以修身，俭以养德。老师应当是德的标杆。爱因斯坦说：使学生对老师尊重的唯一源泉，是老师的德和才。所谓为人师表者，谓德业耳。多年来，我在言行举止方面战战兢兢，如履薄冰，因为我总是在想，在学生眼中，自己的任何行为都可能成为示范。如果自己行为失范,将会给学生带来何种负面影响,日后又如何对学生进行培养?因此,对学生提出的任何要求,首先都要从自身做起。

我是快乐的园丁,因为学生的成长历程中有我的身影。柳仲甫在《园丁之歌》中说:"好花要靠园丁育。"园丁需要经常对花木进行修剪,依据花木各自的特点,结合自己的经验和审美加以改进和塑造。梅贻琦曾经说过:"师生犹鱼,行动犹游泳,大鱼前导,小鱼尾随,从游既久,其濡染观摩之效,不求而至,不为而成。"这生动地描绘了老师与学生之间的关系。对学生成长影响最大的就是教师。先师佟柔教授曾有一句名言:每个学生都是我写的一本本活书。因为在学生身上,镌刻着老师不同程度的印迹,这些印迹甚至将伴随学生一生。

我是快乐的园丁,因为我可以每天感受到自己的成长。时代在发展,花木的类型与成长环境也不断变化。一个好的园丁,每天也需要吸取新知识。同样,作为一名教师,在日新月异的时代,也需不断充实自己。作为一名教师,从每天与学生的交流中、从学生求知好学的提问中受到启发,进而要求自己掌握更多知识、进行更深入的研究,不断实现自我完善,这正是"教学相长"带来的人生乐事。

我是快乐的园丁,因为我可以看到满园春色与郁葱。元朝马臻有诗曰"园丁花木巧梧楼,万紫千红簇绮筵"(《西湖春日壮游即事》诗之十二)。我在苏州校区工作几年后,原来荒芜的土地已成为一片花草秀丽、风景旖旎的校园。春时花团锦簇、百草丰茂、竞相怒放;夏日香远益清、繁花似锦、争奇斗艳;秋月桂馥兰郁、丹桂飘香、迷离沉醉;冬至梅花盛开,疏影横斜、暗香浮动、沁人心脾。一年四季,无数的花花草草各领风骚,整个校园无时不是郁郁葱葱。同样,每次看到学生在各自领域发表论文、出版相关著作、受到各种表彰，或职称职务晋升，事业有成，我也由衷地为他们感到高兴，恰如园丁看到尽心栽培的花木成为园中一景。《道德经》曰："生而不有，为而不恃"，是为大德。这个时候，我真正感受到作为一名园丁的快乐。

在学生毕业即将奔赴四面八方之际，我总是对学生讲，你们就像满园的花草一样，有的已经开花、结果，有的仍然含苞待放，但一定要相信，付出相应的努力，最终必定会开花结果，而你们的成长就是对老师最大的回报。

我是一名快乐的园丁，在于这份责任、在于这份坚持。尽管平凡，却不平庸；尽管地位并不显赫，但深感职责重大；尽管没有花团锦簇，但内心仍觉荣耀。如果我的人生之路再次选择，我还会选择做一名老师。

三人行必有我师

人民大学的校徽是"三人行"的形象,取义是"三人行,必有我师焉"。据说在征求校徽的设计方案时,曾有不同的方案,但最后选取"三人行"作为校徽,主要就是看中其蕴含了谦虚、包容、求学、奋进的精神。

子曰:"三人行,则必有我师焉。择其善者而从之,其不善者而改之。"这句话成为千古流传的至理名言,深深融入中华民族的血液之中,成为中华民族谦虚、好学精神风貌的重要体现。正是因为具备如此宝贵的品质,我们的民族才能生生不息、永葆活力,中华文明才能成为人类最为古老的文明之一,并且至今仍然焕发出活力。可以说,这一思想闪耀着中华民族智慧的光芒,塑造了国人优良的品质。近几十年来,中国经济社会发展能够取得翻天覆地的变化,一个重要原因也是因为采取了改革开放政策,善于学习借鉴其他国家的有益经验。

"三人行,必有我师焉",讲到了治国的道理。美国虽然强大,却摆出一副"三人行,我必为师焉"的姿态,并以"好为人师"、"世界警察"的面孔出现在世界各地。美国是目前世界上唯一的超级大国,但其不能看到自己的不足和别人的长处,而是奉行单边主义国际战略,强制推行其政治理念和政治模式,这也使其在国际事务中深陷各种泥潭。

作为一名教师和法学研究者,我更能体会"三人行,必有我师"的深刻含义。一方面,它体现了教学相长、向他人学习,至今仍被人们奉为经典的教育规律。正如韩愈在《师说》一文中所阐述的:"弟子不必不如师,师不必贤于弟子,闻道有先后,术业有专攻,如是而已。"另一方面,它要求在学习研究过程中应不耻下问、博采众长。学习能使人"闻于四方","有终身之乐","无一日之忧"。正如孔子所言,"君子不可以不学,见人不可以不饬。"这也是儒学重要的治学、修身理念。

"三人行,必有我师"也深刻阐释了做人做事的道理。儒学的精要在于教导我们修身养性,做一个讲礼节、守道义、负责任的人。从这个意义上说,儒学又是一种为己之学、君子之学。我觉得,"三人行,必有我师"体现了儒学对个人修身的基本要求,至少揭示出以下做人做事的道理:

一者,敏而好学,不耻下问。孔子在《论语》中说:"君子食无求饱,居无求安,敏于事而慎于言,就有道而正焉,可谓好学也已。""好学"是君子重要的品性,也是君子应当保持的生活方式。儒家认为,学习是人生最快乐的事情,只要一心向学,无论起点多低,都能展现生命的意义。好学应当包含两层意思:一方面,要有好学的精神和善于向他人学习的态度。求得一字便为师,每个人都会因为不同的知识积累、价值取向,对事物形成不同的看法。为了求同存异、在最大范围内达成共识,就需要人们积极与他人交流想法,不断修正自己的看法。通过观点碰撞、思想交流,从中悟道觉理。孔子承认自己的德性和才能都是学来的,并不是"生而知之"。因此,终其一生,孔子都"学而不厌,诲人不倦"(《论语·述而》)、"吾尝终日不食,终夜不寝,以思,无益;不如学也"(《论语·卫灵公》)。由此可见,即使圣人也有不懂的地方,更何况普通人呢?另一方面,好学还要求个人善于听取他人的不同意见,善于接受他人批评,闻过则喜,闻过则改。王阳明应当说是实现这一思想的楷模,其主张教学相长,鼓励学生"谏师",他在《教条示龙场诸生》中说:"凡攻我之失者,皆我师也,安可以不乐受而心感之乎?"(《王阳明全集》卷六《杂著·责善》)

二者,格物致知,悟道觉理。所谓"格物","即物而穷其理也"。即物穷理,是"就事事物物上求其所谓定理者也。"① 在儒学看来,"好学"有极高的价值,应"学而不厌"、"学如不及,犹恐失之"(《论语》)。但"学"的含义不仅限于学习知识、掌握技能,其根本目的是悟道、觉理。所谓"使先知觉后知,使先觉觉后觉也"(《孟子·万章》)。"人之蕴蓄,由学而大"(朱熹:《近思录》)。也就是说,人与人之间之所以会有差距,不在于先天智力水平的差异,而在于后天的学习。正如康有为所指出的,"同是人也,能学则异于常人矣;同是学人也,博学泽尔胜于陋学矣;同是博学,通于宙合,则胜于一方矣,通于百业,则胜于一隅矣,通天人之故、极阴阳之变,则胜于循常蹈故、拘文牵义者矣"(《长兴学记》)。因此,学习有利于提高个人的内在修为,真正实现个人内心的自由。

三者,见贤思齐,择善而从。何晏、皇侃《论语集解义疏》中说:"我三人行本无贤愚,择善从之不善改之,故无常师也"。"三人行,必有我师",意味着要虚心向他人学习,向贤者学习。"十室之邑,必有忠信如丘者焉,不如丘之好学也"(《论语·公冶长》)。"十步之泽,必有芳草"(汉刘向:《说苑·谈丛》)。人生在世,择师的唯一标准是导师

---

① 《答顾东桥书》,《王阳明全集》(卷二上册),第44—45页。

的智慧和德行，而不是导师的学历和权势。遇见贤者，就要与其比肩，遇见不贤者，就要反思自己有没有犯过与其同样的过失。正所谓"择其善者而从之，其不善者而改之"。孔子自己说过："丘也幸，苟有过，人必知之"（《论语·述而》）。每个人都有自己的长处和短处，我们应当看到自己的不足和他人的长处。"不以物喜，不以己悲"，春风得意时，不可忘乎所以，落魄失意时，也不可怨天尤人。

四者，谦虚包容，有容乃大。首先要有一种谦卑待人的态度、有虚心求教的精神，"他山之石可以攻玉"，不能高高在上、自以为是。古人说，"君子以虚受人"。孟子说："人之患，在好为人师。"有谦乃有容，有容方成广，泰山抔土不拒，故能成其高；江海不辞细流，故能成其深。世事洞明，皆为学问，人情练达，均成文章。位居庙堂之高，理应礼贤下士，谦虚待人，不能颐指气使、忘乎所以。身处江湖之远，也应心系社稷，时刻关注天下苍生，而不可妄自菲薄，落魄沉沦。宝玉在璞不掩其光，宝剑入鞘不减其锋，低调做人，踏实做事。一个人只有具有宽广的胸怀，能够接受不同意见，才能成长、才能成就一番事业。

"三人行，必有我师"，话语虽短，但却闪烁着无穷的智慧之光。我们要秉持这一精神，不断明德悟道、求学上进、谦虚包容，努力与时代同行。

读圣贤书，所学何事

"人生自古谁无死，留取丹心照汗青。"文天祥的这句名诗，许多人耳熟能详，其中蕴含的高尚气节，对当代社会的人仍有巨大激励作用。与此相比，"读圣贤书，所学何事"这句话则知者不多，它同样出自文天祥，且伴随着一段惊天地、泣鬼神的事迹，更能激荡人心。

南宋末年，蒙古入侵，临安陷落，皇帝遭擒。文天祥收拾残兵，移师广东抵抗。后兵败被俘，忽必烈多次派人劝降，并许以丞相高位，均被文天祥拒绝。1283年1月9日，文天祥被押往燕京城北的柴市处问斩。临刑前，行刑官利诱文天祥，说只要他此时反悔还可以当丞相。文天祥回答："我要做的事都做完了，无他愿，只求速死。"遂被斩。次日，其妻欧阳氏前来收尸，在文天祥衣带中发现了一首词，曰："孔曰成仁，孟曰取义，唯其义尽，所以仁至。读圣贤书，所学何事，而今而后，庶几无愧。"这首词取名《衣带赞》，也是文天祥光照日月、气壮山河的绝唱。

"读圣贤书，所学何事"反映了中国古代士大夫一种普遍的精神追求。千百年来，它不仅对读书人产生了深刻影响，时刻拷问着读书人的理想和气节，教导读书人应当有社会担当，也深刻影响着万千民众的价值观。在理解文天祥这句"读圣贤书,所学何事"时,不能忽视以儒学为代表的中国传统文化。正是在这种文化浸淫中,文天祥真正读透了圣贤书,悟透了世间事,才有了这句惊天之语。放在大历史背景下,历朝历代的杰出知识分子,如司马迁、林则徐、孙中山等,无不以自己的行为深刻演绎了"读圣贤书,所学何事"的精义。近代以来,一批批革命先烈心怀经世济民之志,行公而忘私之举,以追求真理为第一要务,以利泽于民为头等大事,前仆后继,死而后已,这些都是儒学思想的真实写照。

那么,在儒学思想背景下,读圣贤书,究竟所学何事?

一曰仁义为本,克己自律。儒学讲为人之道,做人之道,其核心价值是"仁义礼智信",在孔孟儒学看来,人生在世,念兹在兹,就是仁义二字。"人之为心,其德亦有四,曰仁义礼智,而仁无不包"(《朱文公文集》卷六七)。儒学所推崇的"仁",首先是指一种个人的修为观,它强调个人内在的道德自觉,即个人应当不断提升自己的道德水平。孔子曰:"仁远乎哉?我欲仁,斯仁至矣"(《论语》)。朱熹对此作了更明确的表述,他说:"仁者,心之德,非在外也,放而不求"(《四书章句集注》)。孟子更是把仁义看成人区别于禽兽的根本标志。"仁也者,人也","人之所以异于禽兽者几希,庶民去之,君子存之"。首先,人无论贫富、贵贱、强弱,均应培养严于律己的品质、不断提升道德修养,仁爱是人的本性,只要能时时、事事都遵循这种本性,积极克服不良欲望,以君子之德来约束提升自身,就可以将自己与天地美德合而为一。即便是当权者,也应当做到"以德配天",这也是对当权者所提出的一种道德要求。作为君子,应"以不仁为耻",以良知为本,不断加强道德自律和提高道德修养,这正是所谓"大学之道,在明明德"(《大学》)的含义。其次,它指一种与他人交往的社会观,即强调仁者爱人,善待他人。孟子曰:"爱人者,人恒爱之;敬人者,人恒敬之"(《孟子·离娄章句下》)。这有利于形成一种良好的人际交往秩序。

二曰三省吾身,反求诸己。儒学倡导自省,即通过不断地内心反省,实现自身道德修养的提升。道德修养是一个自我提升的过程,在这一过程中,需要个人时刻警醒,始终保持清醒的反省意识,做到"吾日三省吾身"。"三省吾身"意味着要常思己过,不断反思自身的不足,检查自身过失,而不是思忖自己多高明多伟大。做事不顺,不应推诿他人,不能怨天尤人,而应当反躬自省,从自身找原因,这就是孟子所说的"行有不得,反求诸己"(《孟子·离娄上》)。"常思己过"、"反求诸己",不是说悲观地认为自己不行,而是以此为新起点,不断改过。只有时常改过,修炼道德,才能成仁,否则,就会出现孔子的这种担忧:"德之不修,学之不讲,闻义不能徙,不善不能改,是吾忧也"(《论语》)。只有常思己过,时常改过,使自己的言行符合礼的要求,达致仁的境界,生命才有向上的动力,人生才能达到"止于至善"(《礼记·大学》)的境界。正是在此意义上,作为一种修为,人应当不断向"至善"的境界努力。

三曰孝悌为本,家国同构。儒学讲究"孝悌忠信"的道德伦理。孟子说:"尧舜之道,孝弟而已矣"(《告子章句下》)。孝悌是做人的根本,也是仁爱的根本,"百善孝为先","君子务本,本为孝悌"。只有孝敬双亲,爱护兄弟,才有可能修身、齐家、治天下,从而维护家庭稳定、社会和谐。儒学提倡家国同构,即强调家庭和国家在内部构造机理上具有同质性、家庭在社会组织中的重要性。如果家庭结构不完善,社会、国家的有序治理也无法实现。家庭在社会组织功能上承担了国家最基本的社会组织功能。一个充满仁爱的家庭，也是理想国家的结构状态，是一个国家的雏形和缩影。正因为孝悌如此重要，中国传统文化才从孝悌开始，到孝悌结束。讲孝悌，首先是讲要爱家人，把这份爱再展开一些，就是要爱他人，这也是儒学中"仁"的要义。所谓"老吾老，以及人之老；幼吾幼，以及人之幼"（《孟子·梁惠王上》）就是对此的经典写照。王阳明强调，"父子兄弟之爱，便是人心生意发端处，如木之抽芽。自此而仁民，而爱物，便是发干生枝生叶"（《传习录》八）。可以看出，儒学从孝悌拓展出爱他人，形成了一种自然的推演关系。

四曰己所不欲，勿施于人。儒学倡导的"己欲立而立人，己欲达而达人"、"己所不欲，勿施于人"的"忠恕"之道，首先阐述了深刻的做人道理，一是要推己及人，尊重他人。要将心比心，以对待自己的方法对待他人，排斥、否定自我中心主义。二是强调个人自律，无恶于身，设身处地，以己度人。在现代社会，在利益主体多元化和价值观多样化的时代背景下，倡导推己及人，有利于不同的价值主体在最大程度内达成价值共识。从这一意义上说，"己所不欲，勿施于人"具有一定的普世性意义，是道德哲学上的"黄金律"，其也可以成为沟通中西哲学的桥梁和基石。

五曰格物致知，悟道觉理。儒学注重"致知在格物"、"格物致知"（《礼记·大学》）。所谓格物，王阳明指出："在即物而穷其理也。即物穷理，是就事事物物上求其所谓定理者也。"所谓致知，朱熹认为是探索事物的定理或者原理，而王阳明则将其解读为"致良知"，就是达到良知、找到良知、合乎良知。① 概括而言，格物致知就是提倡通过学习和思考来探求事物的真理，即悟道觉理，以达到"君子尊德性而道问

---

① 《答顾东桥书》，《王阳明全集》（卷二上册），第44—45页。

学,致广大而尽精微,极高明而道中庸"(《中庸》)的境界。在此方面,提出"朝闻道,夕死可矣"《论语·里仁第四》的孔子是最生动的例子。在孔子看来,他的知识不是先天获得的,而是通过后天不断学习获得的,"好学"因此就有极高的价值。但"学"不仅是学习知识,掌握技能,更重要的是悟道觉理,即"好学"的目的是要悟道,这样才能"使先知觉后知,使先觉觉后觉也。"

六曰厚德载物,自强不息。《易经》曰:"天行健,君子以自强不息。地势坤,君子以厚德载物。"一方面,人生应当效法天道的刚健,发奋图强,永不停息。人生道路上难免遇到各种烦扰和苦难,但个人应当坦然面对,自强不息,应当不以物喜、不以己悲。这种思想与儒学的要义完全相通。如孟子认为,在面对困难和挫折时,个人应当具备"富贵不能淫,贫贱不能移,威武不能屈"(《孟子·滕文公下》)的坚韧品质,应当具有"自强不息"、"不坠青云之志"的拼搏精神。另一方面,人生应当效法地道的美德,厚实柔顺,容载万物。君子应不断修养自己的德行,培养自己宽广深厚、克让包容的品格。顺应天道,修身养性、不断进取。

七曰以民为本,明德亲民。《后汉书·皇甫规传》注引《孔子家语》:"孔子曰:'夫君者舟也,人者水也。水可载舟,亦可覆舟。君以此思危,则可知也'。"这体现了儒学中以民为本、亲民安民保民的思想。按照这种见解,君王要施行仁政,而仁政的核心是以民为本,立足在民,为天下苍生求幸福,即不仅要把人民当作衣食父母,更要使人民安居乐业,生活富足。孟子把儒学的民本思想推到极致,他说"民为贵,社稷次之,君为轻。是故得乎丘民而为天子,得乎天子为诸侯,得乎诸侯为大夫。诸侯危社稷,则变置。牺牲既成,粢盛既洁,祭祀以时,然而旱干水溢,则变置社稷"(《孟子·尽心下》)。这种民本仁政学说对中国后世有极大影响,"民贵君轻"的思想由此成为中国几千年封建社会判断"仁政"的重要标准。王阳明也阐释了明德、亲民、止于至善之间的关系。他说:"明明德必在于亲民,而亲民乃所以明其明德也","至善也者,明德亲民之极则也。"也就是说,为政的根本目的在于明德,其实践路径就是亲民,而止于至善则是明德亲民的根本目的。

八曰天下己任,忧国忧民。虽然儒学的基本出发点是个人修身养性,但其人文精神绝不仅仅是以个人为中心,以个人为本位,而是强调家国一体、天下己任。孔子说,"修己以安人""修己以安百姓"(《论语·宪问》),孟子云:"达则兼济天下"(《孟子·尽心章句上》),就是对这种精神的经典阐述。也就是说,在儒学思想中,修身的最终目的是"安民、治天下",实现个人的社会价值,此即所谓的"修身齐家治国平天下"的内涵。它也要求个人要有为天下苍生负责的社会责任感,具有"居庙堂之高则忧其民,处江湖之远则忧其君"的家国情怀。有积极入世、心系百姓、"先天下之忧而忧"的忧国忧民之心。这一点得到了广大知识分子的广泛认同——钱穆就指出,"所谓人文,则须兼知有家庭社会国家与天下"。诸多仁人志士也通过"舍生取义""杀身成仁"的实际行动,验证了其正当性,更在中华民族塑造了根深蒂固的家国思想、家国天下情怀。可以说,透过"天下己任,忧国忧民",儒学成功地把个人道德自律与国家治理结合起来,使道德的约束功能与道德责任有机融合在一起。

"落红不是无情物,化作春泥更护花"。儒家思想是中国传统文化的核心和典型代表,是中华民族最根本的精神基因,是中华民族生生不息、发展壮大的精神营养,是我们宝贵的文化遗产。现代社会所出现的物欲横流、精神家园失落、诚信缺失以及道德滑坡等现象,很大程度上是因为我们在提升个人道德修养上有所放松,不知"读圣贤书,所学何事",导致我们"富而不知理,贵而不幸福"。若把上述八个方面能与党纪国法有机结合起来,相信能有效提升个人的道德修养,减少违法乱纪的行为。正如习近平同志所指出的,"全党同志特别是领导干部一定要讲修养、讲道德、讲廉耻,追求积极向上的生活情趣,养成共产党人的高风亮节,做到富贵不能淫、贫贱不能移、威武不能屈",就愈发能感觉到儒家思想精华的重要性。在当代社会,我们不能只注重学习各种科学技术和知识,还要学习以儒家文化为代表的优秀传统文化,从中汲取精神营养,不断加强个人修养。

今天,我们重温文天祥的《衣带赞》,除了为其忠烈大义所感动,更应思考他提出的"读圣贤书,所学何事"的问题。要通过儒学中的讲仁爱、重民本、守诚信、崇正义等价值理念,不断提高自身道德修养,并把它体现在自己的生活和工作之中。

后　记

　　本书是作者继《人民的福祉是最高的法律》之后出版的第二部随笔集，也是作者近年来探索法治理论和实践的一点心得。在本书写作和整理过程中，承蒙中国人民大学郑水泉、高燕燕等同志拨冗审阅，北京大学法学院许德风副教授、常鹏翱副教授、对外经济贸易大学马特教授、中南大学许中缘教授、中国人民大学法学院熊丙万博士、王叶刚博士、北京理工大学孟强副教授等人提出了许多修改意见，在此谨致谢意。

图书在版编目(CIP)数据

法治:良法与善治/王利明著.—北京:北京大学出版社,2015.6
 ISBN 978-7-301-25804-0

Ⅰ.①法… Ⅱ.①王… Ⅲ.①社会主义法制—研究—中国
Ⅳ.①D920.0

中国版本图书馆 CIP 数据核字(2015)第 095913 号

书　　　名	法治:良法与善治 FAZHI:LIANGFA YU SHANZHI
著作责任者	王利明　著
责 任 编 辑	杨玉洁　周　杨
标 准 书 号	ISBN 978-7-301-25804-0
出 版 发 行	北京大学出版社
地　　　址	北京市海淀区成府路 205 号　100871
网　　　址	http://www.pup.cn
电 子 信 箱	law@pup.pku.edu.cn
新 浪 微 博	@北京大学出版社　@北大出版社法律图书
电　　　话	邮购部 62752015　发行部 62750672　编辑部 62752027
印 刷 者	涿州市星河印刷有限公司
经 销 者	新华书店
	965 毫米×1300 毫米　16 开本　30.25 印张　360 千字 2015 年 6 月第 1 版　2022 年 7 月第 6 次印刷
定　　　价	78.00 元

未经许可,不得以任何方式复制或抄袭本书之部分或全部内容。
版权所有,侵权必究
举报电话: 010-62752024　电子信箱: fd@pup.pku.edu.cn
图书如有印装质量问题,请与出版部联系,电话: 010-62756370